Contratação Direta sem Licitação
na Nova Lei de Licitações
Lei nº 14.133/2021

A Editora Fórum, consciente das questões sociais e ambientais, utiliza, na impressão deste material, papéis certificados FSC® (*Forest Stewardship Council*).

A certificação FSC é uma garantia de que a matéria-prima utilizada na fabricação do papel deste livro provém de florestas manejadas de maneira ambientalmente correta, socialmente justa e economicamente viável.

Coleção Jacoby de Direito Administrativo, v. 2

Ana Luiza Jacoby Fernandes
J. U. Jacoby Fernandes
Murilo Jacoby Fernandes

Contratação Direta sem Licitação
Na Nova Lei de Licitações
Lei nº 14.133/2021

- Aspectos legais da Contratação Direta
- Procedimentos exigidos para a regularidade da contratação direta
- Dispensa de licitação
- Inexigibilidade de licitação
- Sistema de Registro de Preços para contratação direta

11ª edição revista e atualizada até a LC nº 182/2021
3ª Reimpressão

Belo Horizonte

2023

2021 da 11ª edição *by* Editora Fórum: 3.000 exemplares
2022 1ª Reimpressão
2023 2ª Reimpressão
2023 3ª Reimpressão

Coordenação Editorial (projeto editorial/revisão): Lili Vieira.
Colaboração Editorial: Daiana Libia
Capa: Walter Santos

Dados Internacionais de Catalogação na Publicação (CIP) de acordo com a AACR2

J17c   Jacoby Fernandes, Ana Luiza

Contratação Direta sem Licitação na Nova Lei de Licitações: Lei nº 14.133/2021 / Ana Luiza Jacoby Fernandes, Jorge Ulisses Jacoby Fernandes, Murilo Jacoby Fernandes. 11. ed. 3. reimpr. – Belo Horizonte : Fórum, 2021.

387p.; 17x24cm
Coleção Jacoby Fernandes de Direito Administrativo, v. 2

ISBN da coleção: 978-65-5518-214-9
ISBN: 978-65-5518-232-3

1. Direito Administrativo. 2. Contratação Direta. 3. Licitação. I. Jacoby Fernandes, Jorge Ulisses. II. Jacoby Fernandes, Murilo. III. Título.

CDD 341.3
CDU 342.9

Elaborado por Daniela Lopes Duarte - CRB-6/3500

Informação bibliográfica deste livro, conforme a NBR 6023:2018 da Associação Brasileira de Normas Técnicas (ABNT):

JACOBY FERNANDES, Ana Luiza; JACOBY FERNANDES, Jorge Ulisses; JACOBY FERNANDES, Murilo. *Contratação Direta sem Licitação na Nova Lei de Licitações*: Lei nº 14.133/2021. 11. ed. 3.reimpr. - Belo Horizonte: Fórum, 2021. 387p. (Coleção Jacoby Fernandes de Direito Administrativo, v. 2). ISBN 978-65-5518-232-3.

Proibida a reprodução total ou parcial desta obra, por qualquer meio eletrônico, inclusive por processos xerográficos, sem autorização expressa do editor, em especial das notas e índice de assuntos.

Sumário

Apresentação 15

Nota à 11ª edição 17

Prefácio à primeira edição... 19

Capítulo 1 - Aspectos legais da contratação direta..................................... 23
1.1 Diretrizes práticas para conhecer a nova lei 25
1.2 Como estudar e aplicar a nova lei 27
1.3 Constitucionalidade da nova Lei de Licitações e Contratos 28
1.3.1 Repartição da competência legislativa na Constituição Federal......... 28
1.3.2 Normas gerais no art. 22, incisos XXI e XXVII.................................. 29
1.3.3 Competência legislativa na nova lei... 31
1.3.4 Conveniência de normas gerais sobre licitação.................................. 33
1.3.5 Art. 37, inciso XXI, da Constituição Federal..................................... 34
1.3.6 A contratação direta e a legislação não federal.................................. 35
1.3.7 Alienação de bens.. 36
1.4 Aplicação imediata da LLCA e a dependência do PNCP 37
1.4.1 Da hipótese dos municípios com até 20.000 habitantes 38
1.4.2 Dos órgãos e entidades pertencentes às demais esferas ou a municípios com mais de 20.000 habitantes 39
1.4.3 Da publicidade enquanto não houver a implantação do PNCP 40
1.5 Poder regulamentar da União, estados, municípios e DF 41
1.5.1 Competência legislativa do Distrito Federal e dos municípios 42
1.5.2 Um só regulamento ou uma consolidação ou um código 42
1.5.3 Aproveitamento das normas da União pelos estados e municípios e Distrito Federal.... 44
1.5.4 Induzimento ao uso de normas federais... 44
1.5.5 Poder regulamentar dos órgãos da Administração Pública 45
1.5.6 Poder regulamentar dos órgãos na Lei nº 8.666/1993 46
1.6 Regulamento do Poder Judiciário, do Poder Legislativo e do Tribunal de Contas..48
1.7 Boas práticas na regulamentação 50
1.8 Agências reguladoras 51
1.9 Conselhos de fiscalização do exercício de profissão regulamentada 52
1.10 Sistemática do Contrato de Gestão 54
1.11 Uso de recursos públicos por entidades privadas 55
1.12 Aplicação de recursos internacionais 55
1.13 Crimes na nova Lei de Licitações 56

1.14 Direito à qualificação e princípios adstritos ao controle 58
1.14.1 Dever de nomear agentes qualificados 59
1.14.2 Princípio da aderência a diretrizes e normas 61
1.14.3 Princípio da deferência 63

Capítulo 2 - Procedimentos exigidos para a instrução do processo de contratação direta 65
2.1 Em relação à legislação anterior 67
2.2 Processo de contratação direta 68
2.2.1 Seção I – do Processo de Contratação Direta 69
2.2.2 Recomendação prática 69
2.3 Art. 72, caput – Instrução do processo de inexigibilidade e dispensa 70
2.3.1 Recomendação prática 70
2.4 Art. 72, inc. I – Documento de formalização da demanda 71
2.4.1 Documentos necessários para a contratação direta 71
2.4.1.1 Diferença da instrução processual em relação à lei anterior 71
2.4.1.2 Documento de formalização da demanda 72
2.4.1.3 Expressão "se for o caso" 73
2.5 Art. 72, inc. II – Estimativa da despesa 73
2.5.1 Estimativa de despesas - abrangência 74
2.5.1.1 Artista – contratação sem parcelamento 74
2.5.1.2 Conferencista e outros – contratação sem parcelamento 76
2.5.1.3 Como estimar despesas 76
2.6 Art. 72, inc. III – Parecer jurídico e pareceres técnicos 78
2.7 Art. 72, inc. IV – Compatibilidade da previsão orçamentária 80
2.7.1 Compatibilidade e contratação sem LOA aprovada 81
2.7.2 Competência para declarar a compatibilidade 82
2.7.3 O Plano de Contratações Anual 82
2.8 Art. 72, inc. V – Requisitos de habilitação e qualificação mínimos 82
2.8.1 Habilitação e qualificação 83
2.8.2 Habilitação na contratação direta 83
2.8.3 Habilitação igual à licitação - exceção 84
2.8.4 Fornecedor exclusivo sem habilitação 85
2.9 Art. 72, inc. VI – Razão da escolha do contratado 85
2.10 Art. 72, inc. VII – Justificativa do preço 87
2.11 Art. 72, inc. VIII – Autorização da autoridade competente 88
2.11.1 Cargo e função - competência 89
2.12 Art. 72, parágrafo único – Divulgação do ato 90
2.12.1 Divulgação e disponibilização do ato 90
2.12.2 Publicar o ato ou o contrato 90
2.12.2.1 Informações mínimas 90
2.12.2.2 Divulgar independentemente do valor 91

2.12.2.3 Divulgar e manter a disposição 91
2.13 Portal Nacional de Compras Públicas **91**
2.13.1 Precedente histórico do PNCP 92
2.13.2 O futuro do PNCP 92
2.13.3 Contratação direta deve ser divulgada no PNCP 93
2.13.4 Contratação direta deve ser divulgada em diário oficial ou jornal de grande circulação? 93
2.14 Contratação direta via sistema de registro de preços **94**
2.14.1 Registro de preços para contratação direta relacionada a obras 96
2.14.2 Registro de preços para contratação direta em escolas de governo e escolas de contas ..97
2.14.3 Registro de preços para julgamento de técnica 101
2.15 Art. 73 – Contratação direta indevida **102**
2.15.1 Contratação consumada 102
2.15.2 Dolo, fraude ou erro grosseiro 103
2.15.2.1 O tema merece ainda uma melhor reflexão 104
2.15.3 O termo "indevida" 105
2.15.4 Dos requisitos para solidariedade 106
2.15.5 Sem prejuízo de outras sanções legais cabíveis 106

Capítulo 3 - Inexigibilidade de Licitação **107**
3.1 Evolução histórica **109**
3.2 Art. 74, caput – Inviabilidade de competição **110**
3.3 Art. 74, caput, inc. I – Fornecedor exclusivo **111**
3.3.1 Requisitos 111
3.3.2 O objeto do contrato 112
3.3.3 A possibilidade jurídica de indicar marcas 112
3.4 Art. 74, § 1º – Exclusividade **113**
3.4.1 A comprovação da exclusividade 113
3.4.1.1 Forma de comprovação 114
3.4.1.2 Prazo de validade 115
3.4.2 Atestado e certidão 116
3.4.2.1 Atestados e declarações autorrestritivas ou autolimitativas 116
3.4.2.2 Atestado da Junta Comercial 117
3.4.2.3 Atestado do sindicato, federação e confederação 118
3.4.2.4 Declaração do próprio interessado 119
3.4.2.5 Requisitos do contratado 121
3.4.2.6 Outro documento idôneo 122
3.4.2.7 Atestado falso – consequências 123
3.4.2.8 Contrato de exclusividade, declaração do fabricante 125
3.4.2.9 Exclusividade regional 125
3.4.2.10 Exclusividade para vender para Administração Pública e preços diferenciados. 126
3.5 Art. 74, inc. II – Contratação direta de artistas **126**

3.5.1 Requisitos 128
3.5.1.1 Objeto 128
3.5.1.2 Consagração pela crítica especializada ou pela opinião pública 130
3.5.1.3 Amplitude geográfica da consagração... 130
3.5.1.4 Impessoalidade 131
3.5.1.5 Preço 131
3.6 Art. 74, § 2º – Contratação direta ou por empresário 131
3.6.1 O que é "empresário exclusivo".. 132
3.6.2 Como comprovar que é empresário exclusivo? 132
3.6.3 Qual tipo de contrato não é aceito? 132
3.7 Art. 74, inc. III, a, b, c, d, e, f, g, h, § 3º e § 4º – Serviços técnicos especializados 133
3.7.1 Requisitos 134
3.7.1.1 Singularidade como atributo do objeto e do sujeito............................ 135
3.7.1.2 Serviço a ser contratado com notório especialista 136
3.7.1.2.1 Competição por preço 136
3.7.1.2.2 A nova diretriz da LLCA.. 137
3.7.1.2.3 Subjetividade na caracterização do objeto e do profissional 138
3.7.1.2.4 Execução direta do serviço.. 141
3.7.1.2.5 Serviços advocatícios e serviços contábeis 143
3.7.1.2.6 Serviços de publicidade e divulgação.. 145
3.7.1.3 Elenco do inciso III - serviço técnico e serviço técnico profissional especializado 146
3.7.1.4 Serviço técnico profissional especializado – rol exaustivo ou exemplificativo?..... 147
3.7.1.4.1 Treinamento... 147
3.7.1.4.2 A notória especialização 148
3.7.2 Da relatividade à vedação a subcontratação 150
3.8 Art. 74, inc. IV – Contratação direta por credenciamento..................... 151
3.9 Art. 74, inc. V – Aquisição ou locação de imóvel.................................... 152
3.9.1 Licitar ou contratar sem licitação.. 153
3.9.2 Comprar ou alugar imóvel.. 153
3.9.3 Necessidade de instalação e localização condicionando a escolha 154
3.9.4 Finalidades precípuas da Administração 154
3.9.5 Chamamento público – boa prática 155
3.9.6 Built to suit ou locação sob medida.. 155
3.9.7 Regularidade com a seguridade social 158
3.9.8 Despesas de condomínio.. 159
3.9.9 Condomínio e facilities.. 159
3.9.10 Contrato de gestão para ocupação de imóveis públicos 161
3.9.11 Condomínio de órgãos públicos... 162
3.9.12 Avaliação prévia e compatibilidade de preços 163
3.9.13 Inexistência de imóveis públicos vagos e disponíveis 164
3.9.14 A Administração Pública na condição de inquilino 165
3.9.14.1 Legislação aplicável... 165
3.9.14.2 Prazo e prorrogação de prazo da locação 165
3.9.14.3 Hospitais e escolas.. 167

3.9.15 Imóveis da Administração Pública alugados a terceiros 168
3.9.15.1 Imóveis da União 169
3.9.15.2 Imóveis da União no exterior 171

Capítulo 4 - Licitação Dispensada **173**
4.1 Art. 75, *caput*, incs. I e II – Dispensa em razão do valor **175**
4.1.1 Art. 75, § 1º - valor do objeto do contrato 177
4.1.2 Serviços de engenharia 178
4.1.3 Serviços de manutenção de veículos automotores 179
4.1.4 Modificações do valor pelo reajuste ou alteração da obra ou serviço 180
4.1.5 Valor de mercado 181
4.1.6 Compras e serviços tratados no inciso II 181
4.1.7 Treinamento 182
4.1.8 Alienações 182
4.1.9 Art. 75 - § 3º e 4º - publicidade e impessoalidade 183
4.1.10. Escolha da proposta – nepotismo e único fornecedor ou prestador de serviço.... 184
4.1.11. Forma de pagamento 186
4.2 Art. 75, inc. III, a, b – Licitação deserta ou fracassada **186**
4.2.1 Repetição da licitação 188
4.2.2 Um só licitante 188
4.2.3 Art. 75, inc. III - licitação anterior 189
4.2.4 Art. 75, inc. III - licitação realizada há menos de um ano 190
4.2.5 Imutabilidade das condições anteriormente ofertadas 190
4.2.6 Requisitos da alínea "a" do art. 75, inc. III 191
4.2.7 Ausência de interesse 192
4.2.8 Licitação deserta e licitação fracassada 192
4.2.9. Dos requisitos da alínea "b" - propostas com sobrepreço 193
4.2.10 Processos separados ou continuados 194
4.3 Art. 75, inc. IV – Natureza do objeto **194**
4.3.1 Art. 75, inc. IV, a 195
4.3.1.1 Requisitos 196
4.3.1.1.1 Objeto 196
4.3.1.1.2 Componente necessário à manutenção do equipamento 198
4.3.1.1.3 Período de garantia técnica 199
4.3.1.1.4 Fornecedor original do equipamento 200
4.3.1.1.5 Aquisição junto ao fornecedor original e a condição da garantia 201
4.3.1.1.6 Peças genuínas 201
4.4 Art. 75, inc. IV, b – Acordo Internacional **202**
4.4.1 Alcance da dispensa 203
4.4.2 Requisitos 203
4.5 Art. 75, inc. IV, c – Produtos para pesquisa **205**
4.5.1 Objeto 206
4.5.2 Obras e serviços de engenharia 207
4.6 Art. 75, inc. IV, d – Transferência de tecnologia ou licenciamento **208**

4.6.1 Conceituações 209
4.6.2 Requisitos 209
4.7 Art. 75, inc. IV, e – Alimentos perecíveis 210
4.7.1 Requisitos 211
4.7.1.1 Requisito temporal.. 211
4.7.1.2 Requisitos do objeto.. 212
4.7.1.3 Preço 213
4.8 Art. 75, inc. IV, f – Bens de alta complexidade tecnológica e defesa nacional 214
4.9 Art. 75, inc. IV, g – Materiais de uso das forças armadas 215
4.9.1 Requisitos 216
4.9.1.1 Objeto do contrato... 216
4.9.1.2 Material de uso pessoal e administrativo... 217
4.9.1.3 Manutenção da padronização 218
4.9.1.4 Padronização impositiva... 218
4.9.1.5 Autorização por ato do comandante da força militar 219
4.10 Art. 75, inc. IV, h – Operações de paz no exterior 219
4.10.1 Dispositivos correlatos 221
4.10.2 Requisitos 221
4.11 Art. 75, inc. IV, i – Abastecimento/suprimento de efetivos militares........... 222
4.11.1 Requisitos 222
4.11.2 Contratante responsável pelo abastecimento... 223
4.11.3 Localização em caráter eventual... 224
4.11.4 A necessidade do abastecimento.. 225
4.12 Art. 75, inc. IV, j – Resíduos sólidos... 225
4.12.1 Titularidade do contratante... 226
4.12.2 Requisitos 227
4.13 Art. 75, inc. IV, k – Restauração de obras de arte e objetos históricos........... 227
4.13.1 Objeto 228
4.13.2 Contratante 231
4.14 Art. 75, inc. IV, l – Provas em persecução penal.. 233
4.14.1 Requisitos 234
4.14.1.1 Autoridade competente 234
4.14.1.2 Objeto - serviços técnicos especializados, aquisição ou locação de equipamentos.... 235
4.14.1.3 Finalidade do objeto a ser contratado: obter prova para fins de persecução penal .. 235
4.14.1.4 Publicidade 235
4.15 Art. 75, inc. IV, m – Medicamentos para tratamento de doenças raras 236
4.15.1 Requisitos 236
4.16 Art. 75, inc. V - Inovação e pesquisa científica e tecnológica 237
4.16.1 Dispositivos correlatos 238
4.16.2 Requisitos 238
4.16.2.1 Requisitos vinculados ao art. 3º.. 238
4.16.2.2 Requisitos vinculados ao art. 3º-A.. 240
4.16.2.3 Requisitos vinculados ao art. 4º.. 241

4.16.2.4 Requisitos vinculados ao art. 5º 243
4.16.2.4.1 Noções 244
4.16.2.4.2 Sociedade de propósito específico 244
4.16.2.4.3 Relações entre a SPE e a instituidora 245
4.16.2.4.4 Requisitos específicos da dispensa 246
4.16.2.5 Requisitos vinculados ao art. 20 247
4.17 Art. 75, inc. VI – Segurança Nacional 249
4.17.1 Comprometimento da segurança nacional 251
4.21.2 Caso SIVAM e financiamento externo 252
4.21.3 Decreto nº 2.295/1997 252
4.18 Art. 75, inc. VII – Guerra, estado de defesa, estado de sítio, intervenção federal ou grave perturbação da ordem 253
4.18.1 Guerra 254
4.18.2 Estado de defesa 255
4.18.3 Estado de sítio 256
4.18.4 Intervenção federal 257
4.18.5 Grave perturbação da ordem 257
4.18.6 Requisitos 258
4.19 - Art. 75, inc. VIII – Emergência ou calamidade pública 259
4.19.1 Emergência 260
4.19.2 Calamidade 262
4.19.3 Imprevisibilidade 264
4.19.3.1 Fato previsível, mas inevitável 267
4.19.3.2 Previsibilidade e contingenciamento do orçamento 268
4.19.4 Preço 269
4.19.5 Risco iminente 269
4.19.6 Limitação do objeto 270
4.19.7 Limitação temporal 271
4.19.8 Prazo do contrato 271
4.19.8.1 Prorrogação do contrato 272
4.19.9 Documento formalizador da demanda e projeto básico 272
4.19.10 Contrato provisório – demora na apreciação judicial 272
4.19.11 Boas práticas - manualização de rotinas 276
4.20 Art. 75, inc. IX – Bens e serviços de entidade pública 277
4.20.1 Origem histórica 278
4.20.2 Descentralização – competição e licitação 279
4.20.3 Requisitos 280
4.20.3.1 Contratante: pessoa jurídica de direito público interno 280
4.20.3.2 Contratado: órgão ou entidade integrado à Administração Pública 281
4.20.3.2.1 Contratado: prestador de serviço público delegado 283
4.20.3.2.2 Contratação entre unidades da federação 283
4.20.3.3 Contratado criado para o fim específico do objeto 286
4.20.3.4 Preço compatível com o mercado 288

4.20.3.5 Entidade que explora atividade econômica..................................289
4.21 Art. 75, inc. X – Intervenção no domínio econômico........................ 290
4.21.1 Crimes contra a economia popular e as relações de consumo 292
4.22 Art. 75, inc. XI - Contrato de programa com ente federativo....................... 293
4.22.1 Divergência doutrinária quanto à natureza jurídica do instituto 293
4.22.2 Requisitos 294
4.23 Art. 75, inc. XII – Produtos estratégicos para o SUS 294
4.24 Art. 75, inc. XIII – Contratação de profissionais para comissão................... 296
4.24.1 Requisitos 296
4.24.2 Profissional ou empresa 297
4.24.3 Finalidade estrita 297
4.24.4 Comissão ou banca 298
4.25 Art. 75, inc. XIV – Associação de pessoas com deficiência física 298
4.25.1 Requisitos 300
4.25.1.1 Qualificação do contratado...300
4.25.1.2 Deficientes mentais..301
4.25.1.3 O objeto do contrato 302
4.25.1.4 Restrições ao contratante 302
4.25.1.4.1 Contratação eventual 303
4.25.1.4.2 Contratação não eventual - terceirização...................................305
4.25.1.5 Preço 307
4.26 Art. 75, inc. XV – Desenvolvimento científico, pesquisa e capacitação 308
4.26.1 Requisitos..310
4.26.1.1 Instituição brasileira 310
4.26.1.1.1 Instituição..310
4.26.1.1.2 Nacionalidade brasileira 311
4.26.1.1.3 Instituição pública de outra esfera de governo 311
4.26.1.2 Estatuto ou regimento e objetivo da instituição 312
4.26.1.2.1 Dedicação ao ensino, pesquisa e extensão 312
4.26.1.2.2 Desenvolvimento institucional..312
4.26.1.2.3 Fundações de apoio...315
4.26.1.2.4 Desenvolvimento científico e tecnológico e estímulo à inovação 318
4.26.1.2.5 Recuperação social do preso..318
4.26.1.3 Inquestionável reputação ético-profissional 319
4.26.1.4 Reputação ético-profissional e notória especialização 320
4.26.1.5 Objeto do contrato 323
4.26.1.6 Contratado sem fins lucrativos 325
4.26.2 Viabilidade de competição...326
4.26.3 Dispositivos correlatos 327
4.26.3.1 Preço 327
4.26.3.2. Limites à terceirização 328
4.27 Art. 75, inc. XVI – Insumos estratégicos para a saúde........................ 329
4.27.1 Do objeto..329

4.27.2 Do contratante 329
4.27.3 Dos potenciais contratados 330
4.27.3.1 Das parcerias 330
4.27.3.2 Da compatibilidade dos preços 330
4.28 Das hipóteses previstas na Lei nº 8.666/1993 e não incluídas na nova Lei.... 331

Índice Remissivo Alfabético de Assuntos 333
Índice Onomástico 386

Apresentação

O conteúdo desta obra se destina aos profissionais que trabalham com contratação direta sem licitação, isto é, com processo de inexigibilidade de licitação e com a licitação dispensável.

Na teoria, a contratação direta sem licitação é exceção à regra da licitação. Na prática, nos anos de 2017 a 2020, o volume de recursos com licitação foi inferior à despesa ordenada com licitação dispensável e inexigível.

Nesta edição, é apresentado o tema segundo se encontra na nova Lei de Licitações e Contratos, a Lei nº 14.133, de 1º de abril de 2021[1].

A Administração Pública vive, ao tempo desta edição, um cenário completamente novo, com a permissão para o uso de dois ordenamentos jurídicos distintos[2]. Refere-se a dois ordenamentos, porque não são apenas duas leis diferentes, mas todo um conjunto de normas, princípios e diretrizes que fundamentam cada uma. Embora a nova norma ainda não tenha jurisprudência, no sentido estrito da palavra, há um ideário que a sustenta com legitimidade para equiparar-se a um ordenamento jurídico: a vontade de romper um "entulho" criado por julgamentos casuístas associado a determinação de também fazer cessar a fábrica de escândalos diários que desencorajou o processo decisório no âmbito das licitações e contratações públicas.

Como a sociedade deverá conviver com dois ordenamentos jurídicos distintos, pareceu-me correto escrever a 11ª edição da obra com base na nova lei, mantendo a 10ª edição fundada na Lei nº 8.666/1993[3] cujo crepúsculo ocorrerá até 1º de abril de 2023, quando completa o biênio a Lei nº 14.133/2021.

---

[1] BRASIL. **Lei nº 14.133, de 1º de abril de 2021**. Lei de Licitações e Contratos Administrativos. Planalto. Disponível em: http://www.planalto.gov.br/ccivil_03/_ato2019-2022/2021/lei/L14133.htm. Acesso em: 1 abr. 2021.

[2] Aliás, três regimes, se for considerada a Medida Provisória nº 1.047, de 3 de maio de 2021, que dispõe sobre as medidas excepcionais para a aquisição de bens e a contratação de serviços, inclusive de engenharia, e insumos destinados ao enfrentamento da pandemia da covid-19. Antes dessa MP, a aquisição de bens e a contratação de serviços, inclusive de engenharia, e insumos destinados ao enfrentamento da pandemia da covid-19 foram tratados pela Lei nº 13.979/2020. O tema foi tratado na obra JACOBY FERNANDES, Jorge Ulisses; JACOBY FERNA-NDES, Murilo CHARLES, Ronny; TEIXEIRA, Paulo; RIOS, Verônica Sanches. **Direito Provisório e a emergência do coronavírus**: ESPIN - COVID-19 - Critérios e fundamentos de Direito Administrativo, Financeiro (responsabilidade fiscal), Trabalhista e Tributário. 2. ed. atualizada e ampliada. [O formato digital, conta com hyperlinks de acesso às fontes, especialmente das normas do Direito Provisório]. 2020.

[3] BRASIL. **Lei nº 8.666/93 [Versão Bolso]**. Organização dos textos e índice. 21. ed. ampl., rev. e atual. Belo Horizonte: Fórum, 2020. Livro digital.

A 11ª edição não mais contém os ensinamentos da licitação dispensada que trata da alienação de bens. Nossos leitores há tempos vinham reivindicando que o tema alienação fosse tratado em obra específica.

Nesta edição da obra também foi suprimido o capítulo que tratava das modalidades. Justifica-se a exclusão porque as novas modalidades não mais são definidas pelo valor, e, portanto, o risco do fracionamento ficou definido na própria lei e não mais haverá controvérsia se a contratação direta ocorreu com intenção de burla à regra de licitar. Os parágrafos do art. 75 resolveram a insegurança jurídica.

Nesse momento, esta obra foi reelaborada com o auxílio dos dois jovens coautores. Na sequência, há um compromisso entre os autores de produzir outra obra: Comentários à Lei de Licitações e Contratos. A vida inteira incentivei jovens doutrinadores e me pareceu justo que também auxiliasse aqueles que convivem comigo há quase três décadas e me viram fazer do ideário de bem doutrinar minha profissão de fé. O convívio e, depois, a prática com o tema também os inspiraram agora a ombrear esforços para contribuir no ensinamento dessa nova norma.

Permita-me uma recomendação: inicie os processos de contratação direta sem licitação, seguindo a nova lei. Faça-o imediatamente, deixando as licitações para serem ora por um, ora por outro ordenamento jurídico, dando ao seu órgão a possibilidade de um processo de aprendizado progressivo.

Por que faço essa recomendação?

Primeiro, porque grande parte dos casos de contratação direta sem licitação foram mantidos com redação praticamente igual àquela prevista na Lei nº 8.666/1993; segundo, porque os procedimentos foram melhor balizados; terceiro, porque não há mais a punição para a forma culposa; e, por fim, porque os limites de contratação direta passaram a ser de 100.000 e 50.000 reais.

Para melhor uso desta obra, consulte no sumário o tema que pretende conhecer e, por favor, não se esqueça de consultar o índice remissivo que está no final.

Professor Jacoby Fernandes.

Nota à 11ª Edição

A décima primeira edição está organizada e dividida em quatro capítulos, estruturados do seguinte modo:

- Capítulo 1 – A nova Lei de Licitações – compreensão dos fundamentos e diretrizes para aplicação.
- Capítulo 2 – Procedimentos exigidos para a instrução do processo de contratação direta.
- Capítulo 3 – Inexigibilidade de licitação.
- Capítulo 4 – Licitação dispensável.

A décima primeira edição é um marco editorial para um autor que já alcançou mais de 150.000 obras vendidas, incluindo as editadas impressas e as que integram a Biblioteca Virtual da Editora Fórum.

Esta obra reafirma não só a sua importância teórica, mas, sobretudo, a sua indubitável utilidade. Continua sendo a melhor obra sobre o tema, indispensável ao trabalho e à ação, construída e aperfeiçoada com paciência e dedicação pelo seu autor, Jorge Ulisses Jacoby Fernandes, hoje consagrado como um dos mais renomados escritores da área jurídico-administrativa. Esta obra passa a ter a colaboração de Ana Luiza Jacoby Fernandes e Murilo Jacoby Fernandes.

Os que conhecem o professor Jacoby Fernandes sabem de sua tenacidade e obstinação por alcançar sempre os melhores resultados naquilo que faz, como neste livro, que esgotou várias tiragens de suas edições e hoje desponta como imprescindível aos estudiosos e utentes dos sistemas de contratação na esfera pública. Vale recordar o que disse o autor em sua nota à segunda edição: "Continuamos com o firme propósito de fazer deste trabalho um guia seguro para todos quantos enfrentam o tema. A maior recompensa que almejamos é que ele seja verdadeiramente útil".

O editor.

PREFÁCIO À PRIMEIRA EDIÇÃO

Este livro, de autoria do professor Jorge Ulisses Jacoby Fernandes, cuida de matéria jurídica tormentosa, como bem o demonstram a bibliografia a respeito e as hesitações legislativas ao discipliná-la.

Envolvendo interesses econômicos de toda ordem de grandeza, visto que diz, intimamente, com a ação administrativa do Estado em suas relações negociais com o particular, não é difícil perceber sua relevância e complexidade.

Deferindo-se àquele, como fim último, razão mesma que o justifica, promover o bem da comunidade nacional que o organiza para que o realize, não é fácil tarefa estabelecer um estatuto jurídico que componha a multidão de interesses em confronto sem perder de vista aquela superior finalidade. Acrescentem-se o dinamismo do Estado moderno e a velocidade das transformações duma época induzida pelo desenvolvimento científico e tecnológico e ter-se-á uma avaliação aproximada do nível de dificuldades que se apresenta ao legislador incumbido de captar toda uma realidade que se faz esquiva no cotidiano das mudanças. Colocá-la na moldura de normas jurídicas aptas a acompanhar a multiforme atuação do Poder Público nesse campo, necessariamente relacionada com objetivos particulares em competição, é missão áspera. Exige do legislador um atilado senso para desentocar interesses escusos e barrar-lhes o passo; caráter, como virtude moral, para editar regras imantadas pelo bem comum a que devem servir; experiência, que deve tê-la própria ou adquirida pelo conhecimento das questões decididas pela jurisprudência. Certamente tais requisitos são exigências comuns à ação legiferante em geral, vez que o Estado exerce o monopólio legislativo e os legisladores, em qualquer caso, a esses devem atender.

Na matéria de que se trata, contudo, avultam de importância, visto que tais estatutos jurídicos disciplinarão as ações administrativas de todos os Poderes do Estado, além de pressupor a utilização de recursos públicos obtidos mediante a compulsão tributária. Estarão, assim, umbilicalmente ligados à execução das leis orçamentárias, seja, à vontade política parlamentária, expressão da vontade popular revelada por suas instituições representativas. E a história do orçamento é conquista libertária que custou muito sangue, preço muito alto pago pelos povos para barrar os abusos do poder. Todo esforço feito para que não seja, tal conquista, afetada pela imperícia dos legisladores e ineficiência das leis será meritório.

Impõe-se aqui destacar uma singularidade: o primeiro intérprete de tais normas é seu próprio executor, o agente da Administração competente para aplicá-las.

O governo, já definiu alguém, é a concretização humana do Estado. É no homem que descansa, finalmente, a ação governamental e é ele quem, na verdade, responde pela eficiência das instituições administrativas e sanidade das instituições políticas, engrandecendo-as pelo respeito e dedicação em fazê-las cumprir suas finalidades.

Ora, ademais de não se poder garantir que aqueles pressupostos estejam presentes na formação dos quadros burocráticos, em geral, ou, especialmente, nos decisórios, parece correto supor que esses não estejam preparados para o melhor desempenho no exercício das técnicas exegéticas.

É certo que a organização burocrática procura valer-se de meios que preservem a legalidade do comportamento administrativo, instituindo assessoramentos especialmente qualificados cuja audiência, máxime se obrigatória, tende a fazer aproximar, quando capacitada, as decisões e a disciplina jurídica aplicável.

Tais providências, por óbvio, não dispensariam às leis pertinentes cuidadosa elaboração.

Isto supõe, também, uma técnica que empreste organicidade aos estatutos legais, com linguagem própria da ciência do Direito. Endogenamente, articulação racional de seus dispositivos, de modo a ostentar uma arquitetura em que fiquem à mostra os travejamentos tronculares, o equilíbrio dos vários componentes, a verticalização hierárquica das regras. Exogenamente, seus limites horizontais, os pontos de contato que as inserem no sistema geral de Direito em cuja atmosfera deverão respirar, tonificar-se e viver.

Não se poderia afirmar, sem dano à verdade científica, que nossa legislação, na matéria, tenha obedecido aos cânones fundamentais que qualificam uma boa construção jurídica.

Clareza e precisão não seriam atributos, no geral, encontradiços em seus textos, à primeira. Por outro lado, não se faria homenagem à ética na crítica se não se assinalasse que, do Regulamento de Contabilidade Pública às leis atuais, consideradas, é claro, as circunstâncias de época, se registraram aperfeiçoamentos notáveis no trato do assunto.

Os legisladores de nossa contemporaneidade republicana, desde os constituintes aos que elaboraram as leis infraconstitucionais, e, até mesmo, os que legislaram sob os regimes de exceção, têm-se mostrado sensíveis aos esforços da doutrina e aos reclamos sociais que pedem o controle rigoroso da utilização dos recursos e bens públicos.

Entretanto, como advertido, as dificuldades já referidas tornam irrealizáveis as intenções de imprimir estabilidade às leis respectivas. Daí sua limitada duração, revogações a curto prazo, acréscimos ou supressões que acumulam problemas sobre problemas num terreno movediço em que o circunstancial, o imprevisível e o mutável são a permanência.

Não seria este o momento apropriado para demorar a atenção nas causas metajurídicas que respondem pela constância de dúvidas, avanços e recuos na formulação de tais leis. Estão embutidas na crise do Direito e compõem o Direito da crise, como delas diria Afonso Arinos. Mas calha bem, pensamos, um leve toque.

A ciência de Ulpiano sofre com a babelização da linguagem humana cuja verbalização a imagética vai substituindo; sofre, entre nós do ocidente, com o distanciamento, sempre maior, de nossa civilização, das fontes originárias de sua cultura, que nos ensinaram a pensar e exprimir o que pensamos, na concisão dos conceitos e superior formulação dos métodos; sofre, poluída por um pragmatismo utilitário que se empenha no fazer e não demonstra entusiasmo pelo dizer; sofre com o domínio, disfarçado ou ostensivo, duma tecnocracia que tem o Direito por desafeto e julga que pode resolver os problemas de governo dos povos com as ferramentas pouco hábeis de suas especializações...

Ora, é fácil deduzir deste conjunto de observações, mesmo que apenas esboçadas, que restará um vasto território pouco atingido, quando não inatingido ou malferido pela incidência legal reguladora. É aí que a contribuição dos estudiosos, dos intérpretes, nas exposições doutrinárias ou na construção da jurisprudência se faz preciosa no suprir lacunas, carências, defeitos de toda ordem da legislação editada.

A expansão das funções do Estado moderno despertou o interesse pelo Direito Administrativo, produzindo, em consequência, rico florescimento da bibliografia respectiva, a acompanhar a omnímoda atividade do Poder Público.

O aspecto particular de tais atividades regradas pelas normas relativas a licitações e contratos tem sido objeto de inúmeros e qualificados trabalhos de nossos juristas, atraídos, sem dúvida, pela importância e complexidade da matéria.

Vem somar-se a estes, agora, com igual destaque, este livro que temos em mãos.

O título adotado sugere um afunilamento do assunto versado, uma particularização mais aguda, intenção repisada na *Apresentação*: o objetivo declarado do trabalho é o demonstrativo de como pode a Administração contratar, diretamente, sem prévio processo licitatório, observando, com rigor, os ditames legais.

Ocorre, todavia, que, sem debandar da meta principal, o Autor espraiou sua visão crítica por amplos territórios convizinhos, oferecendo erudito suporte informativo ao esforço principal.

Evidenciou a legislação pertinente, buscou exemplos esclarecedores; decantou hipóteses legais, desdobrando-as com explicações didáticas, facilitando, com isso, sua compreensão.

O objetivo principal da obra foi, assim, plenamente alcançado, e essa plenitude inclui rico manancial de fontes, fruto de análise e pesquisa realizadas com honestidade intelectual e objetividade.

Demonstrando rigor científico nas citações e nas referências doutrinárias que bem testemunham suas aptidões para a abordagem dos aspectos teóricos que a matéria comporta, o autor preferiu realizar obra de cunho acentuadamente didático, de ensinança prática, fiel ao título que a encima e às intenções proclamadas na *Apresentação*, subentendidas, aliás, no *Sumário*. Este condensou, com extrema exatidão, os propósitos do autor e os assuntos versados. É roteiro firme para facilitar a consulta.

JORGE ULISSES é professor de Direito Administrativo e membro do Ministério Público junto ao Tribunal de Contas do Distrito Federal. Está, assim, inteiramente envolvido na problemática da matéria jurídica que aqui expõe. É de sua lida constante.

Isso explica o didatismo da exposição, a metodologia adequada, a preocupação de bem transmitir o que sabe, o que adquiriu com a vivência profissional, com o exercício da cátedra e das funções do Ministério Público.

Nome, pois, já conhecido nos meios jurídicos, por meio, ainda, de intensa colaboração em várias publicações especializadas, consolida seu prestígio com este trabalho, que será de consulta indispensável a todos os que devam interpretar, executar, aplicar ou fazer aplicar as normas que disciplinam a matéria de que cuida.

Não sendo um estreante nas letras jurídicas, é justa a expectativa de que o jovem autor continuará a enriquecê-las com novas contribuições e sob novos aplausos.

Brasília, fevereiro de 1995.

Ivan Luz
Ministro aposentado do Tribunal de Contas da União
1918 - 2004

Capítulo 1

Aspectos legais da contratação direta

Este capítulo apresenta diretrizes práticas para conhecer a nova lei de licitações, demonstrando a importância de iniciar a aplicação pelo capítulo VIII da Lei, que trata da contratação direta sem licitação. Após, trata do exame da constitucionalidade da Lei de Licitações e Contratos e da possibilidade da edição de leis supletivas e de regulamentos orgânicos. Esclarecida a base da ciência jurídica que sustenta o ordenamento jurídico das licitações e contratos, sucedem os demais capítulos.

A nova Lei de Licitações e Contratos Administrativos - LLCA, Lei nº 14.133, de 1º de abril de 2021, regula esses temas para os órgãos da Administração Pública, direta autárquica e fundacional, na União, estados, municípios e Distrito Federal[4].

Antes de passar aos fundamentos jurídicos que sustentam o tema desta obra, apresenta-se ao leitor o caminho para compreender o novo cenário em que se insere a norma objeto deste estudo.

1.1 Diretrizes práticas para conhecer a nova lei

É importante esclarecer sete pontos sobre a nova lei:

a) tem aplicação **restrita** às pessoas jurídicas da administração direta da União, estados, municípios e Distrito Federal, e suas autarquias e fundações abrangendo os poderes Legislativo e Judiciário no desempenho de função administrativa;

b) para essas pessoas jurídicas, terá **vigência concomitante** com a Lei nº 8.666/1993[5], por dois anos; após esse período, a norma que vem regendo as licitações desde 1993 perderá a vigência, mas continuará vigendo para regular os contratos que foram firmados usando-a como fundamento[6]; o mesmo se aplica à Lei do Pregão[7] e do Regime Diferenciado de Contratações - RDC;[8]

---

[4] BRASIL. **Lei nº 14.133, de 1º de abril de 2021**. Lei de Licitações e Contratos Administrativos. Organização de textos, remissões da Lei nº 8.666/1993, Lei nº 10.520/2002 e Lei nº12.462/2011 e índices por Ana Luiza Jacoby Fernandes e J. U. Jacoby Fernandes. Belo Horizonte: Fórum, 2021.

[5] BRASIL. **Lei nº 8.666/93 [Versão Bolso]**. Organização dos textos e índice por J. U. JACOBY FERNANDES. 21. ed. ampl., rev. e atual. Belo Horizonte: Fórum, 2020. Livro digital.

[6] Sobre o regime de transição, recomendamos a leitura de nosso artigo "Transição entre a Lei 8666 e a 'futura nova' Lei de licitações Insegurança ou prudência?" publicado no portal Jota, em 28.12.2021, disponível em: https://www.jota.info/opiniao-e-analise/artigos/transicao-entre-a-lei-8666-e-a-futura-nova-lei-de-licitacoes-28122020.

[7] BRASIL. **Lei nº 10.520, de 17 de julho de 2002**. Institui, no âmbito da União, Estados, Distrito Federal e Municípios, nos termos do art. 37, inciso XXI, da Constituição Federal, modalidade de licitação denominada pregão, para aquisição de bens e serviços comuns, e dá outras providências.

[8] BRASIL. **Lei nº 12.472, de 4 de agosto de 2011**. Institui o Regime Diferenciado de Contratações Públicas - RDC; altera a Lei nº 10.683, de 28 de maio de 2003, que dispõe sobre a organização da Presidência da República e dos Ministérios, a legislação da Agência Nacional de Aviação Civil (Anac) e a legislação da Empresa Brasileira de Infraestrutura Aeroportuária (Infraero); cria a Secretaria de Aviação Civil, cargos de Ministro de Estado, cargos em comissão e cargos de Controlador de Tráfego Aéreo; autoriza a contratação de controladores de tráfego aéreo temporários; altera as Leis nºs 11.182, de 27 de setembro de 2005, 5.862, de 12 de dezembro de 1972, 8.399, de 7 de janeiro de 1992, 11.526, de 4 de outubro de 2007, 11.458, de 19 de março de 2007, e 12.350, de 20 de dezembro de

c) a **interpretação** da nova lei tem fundamentos diferentes da Lei nº 8.666/1993, porque o ordenamento jurídico,[9] onde se insere, é diferente do que vigorava ao tempo da edição da norma anterior; portanto, não devem ser utilizadas decisões administrativas e judiciais, precedentes e jurisprudência que sustentaram a interpretação da Lei nº 8.666/1993;

d) o ordenamento jurídico no qual se insere a nova lei, e como essa mesmo já reconhece, considera ser necessário **prestigiar o agente público** e, ao mesmo tempo, considera o dever de assegurar a continuidade do serviço público; o prestígio se faz pela aplicação da responsabilização mais definida e precisa; com a aplicação do princípio da segregação das funções; com o direito à prévia manifestação perante as instâncias de controle, com o dever de qualificar antes de punir, com o direito à defesa pela advocacia pública e, principalmente, de não mais ser punida a conduta culposa na tipificação dos crimes de licitação e contratos. Já a garantia da **continuidade do serviço público** se faz pela imposição do dever do planejamento; pela harmonização do planejamento com o plano plurianual - PPA, com a lei de diretrizes orçamentárias - LDO e com a lei orçamentária anual - LOA; com a inibição das decisões que não consideram as consequências dos atos administrativos e de controle; com aplicação de três linhas de defesa de controle; com a redução do poder discricionário, obrigando a edição de pelo menos 40 atos regulatórios para que a vinculação, como tal entendida em oposição à discricionariedade, seja garantida além dos mandatos dos dirigentes de órgão ou poder;

e) diferentemente da Lei nº 8.666/1993[10], a LLCA **não** se aplica aos crimes das licitações e contratos[11]; também **não** se aplica às licitações e contratos das empresas públicas e das sociedades de economia mista, inclusive das subsidiárias e as relações dessas com outras participações em instituições privadas, que continuam regidas pela Lei específica, a Lei nº 13.303/2016;

f) a nova norma[12] não trata de licitações e contratos apenas; trata da contratação direta sem licitação, de pesquisa de preços, de regras decorrentes da Lei de Responsabilidade Fiscal, de planejamento das contratações; dos efeitos

---

2010, e a Medida Provisória nº 2.185-35, de 24 de agosto de 2001; e revoga dispositivos da Lei nº 9.649, de 27 de maio de 1998.

[9] Deve-se entender por ordenamento jurídico o conjunto sistematizado de todas as normas jurídicas vigente em determinada época e localidade. No caso, como pela Constituição Federal a repartição das competências para legislar fez predominar a União federal, quando no Brasil se utiliza o termo "ordenamento jurídico" deve-se compreender o ordenamento jurídico nacional.

[10] BRASIL. **Lei nº 8.666/93 (Versão Bolso)**. Organização dos textos e índice por J. U. JACOBY FERNANDES. 21. ed. ampl., rev. e atual. Belo Horizonte: Fórum, 2020. Livro digital.

[11] Com significativa melhoria de técnica legislativa, a Lei nº 14.133/2021 alterou o Código Penal para lá inserir os crimes. Ao assim proceder, os crimes ficaram sujeitos à regra geral do art. 18 do Código Penal e, por consequência, somente são punidos quando praticados na forma dolosa. Esta alteração tem aplicação imediata.

[12] BRASIL. **Lei nº 14.133, de 1º de abril de 2021**. Lei de Licitações e Contratos Administrativos. Organização de textos, remissões da Lei nº 8.666/1993, Lei nº 10.520/2002 e Lei nº12.462/2011 e índices por Ana Luiza Jacoby Fernandes e J. U. Jacoby Fernandes. Belo Horizonte: Fórum, 2021.

das políticas públicas, como os egressos do sistema prisional – art. 25, § 9º, I , e as mulheres vítimas de violência doméstica – art. 25, § 9º, I; proteção do meio ambiente, aplicações de normas e tratados internacionais, contratos de financiamento de organismos multilaterais, das denúncias e representações envolvendo estes temas, deveres e responsabilidades dos agentes envolvidos nestes assuntos;

g) a lei abre espaço para que o controle ajude o gestor, não só ordenando que jurídico e controle interno apoiem o agente da contratação, mas expressamente indicando que a lei da segurança jurídica, Lei nº 13.655/2018 que alterou o Decreto-Lei nº 4.657, de 4 de setembro de 1942 (Lei de Introdução às Normas do Direito Brasileiro), deve ser aplicada além dos princípios da legalidade, da eficiência, do interesse público, da segregação de funções, da motivação, da segurança jurídica, da razoabilidade, da proporcionalidade, entre outros.

1.2 Como estudar e aplicar a nova lei

Sugerindo aqui conselhos, também em número de 7, dado aos alunos deste tema, recomendamos:

a) inicie pela leitura completa da norma[13]; como visto, não é apenas uma lei, mas um novo ordenamento jurídico;

b) aproveite a liberdade de uso concedida pela LLCA: estruture o foco de sua atuação e inicie aplicando-a ao objeto que se sentir mais seguro;

c) lembre-se que, ao iniciar um processo, deve indicar expressamente qual norma vai reger a licitação ou a contratação direta. A partir dessa escolha, o contrato decorrente vai seguir a mesma regra; a lei não permite licitar por uma lei e contratar por outra; se decidir aplicar a Lei nº 14.133/2021, isto é a lei nova, ou a Lei nº 8.666/1993[14], ou a Lei nº 10.520/2002 ou a Lei nº 12.462/2011, a opção será **irretratável** após o lançamento do edital ou o pedido de proposta na contratação direta sem licitação; **irretratável em termos**, porque se mudar de ideia deve revogar o processo desde o início, e a lei limita o direito de revogar[15];

d) a contratação direta sem licitação no Brasil, em volume de recursos, ultrapassa a despesa com licitação, fato que deve ser considerado e pode ser uma

---

[13] BRASIL. **Lei nº 14.133, de 1º de abril de 2021.** Lei de Licitações e Contratos Administrativos. Organização de textos, remissões da Lei nº 8.666/1993, Lei nº 10.520/2002 e Lei nº12.462/2011 e índices por Ana Luiza Jacoby Fernandes e J. U. Jacoby Fernandes. Belo Horizonte: Fórum, 2021.

[14] BRASIL. **Lei nº 8.666/93 [Versão Bolso].** Organização dos textos e índice por J. U. JACOBY FERNANDES. 21. ed. ampl., rev. e atual. Belo Horizonte: Fórum, 2020. Livro digital.

[15] BRASIL. **Lei nº 14.133, de 1º de abril de 2021.** Lei de Licitações e Contratos Administrativos. Organização de textos, remissões da Lei nº 8.666/1993, Lei nº 10.520/2002 e Lei nº 12.462/2011 e índices por Ana Luiza Jacoby Fernandes e J. U. Jacoby Fernandes. Belo Horizonte: Fórum, 2021. Art. 71 dispõe sobre a revogação do processo licitatório.

prioridade para estudo; o tema foi concentrado no capítulo VIII da nova lei, nomeado "Da Contratação Direta";

e) o princípio da segurança jurídica será prestigiado se o novo operador do Direito iniciar por esse capítulo, pois a interpretação pode ficar mais consistente sem a necessidade de conhecer a jurisprudência anterior ou muitas outras normas; além disso, o capítulo foi redigido prestigiando toda a jurisprudência anterior e pode ser contido em si mesmo;

f) além dos artigos que estão nesse Capítulo VIII, o Agente da Contratação deverá conhecer outros que detalham a instrução processual e foram indicados nesta obra, mas o procedimento está suficientemente regulamentado nesse capítulo;

g) a Administração Pública inclusive terá redução de custos, pois a contratação direta amparada em valor passa de 33.000, para obras e serviços de engenharia, para 100.000 reais; de 17.600, para demais serviços e compras, para 50.000 reais, e os §§ 1º a 4º do art. 75 esclarecem com precisão as restrições ao uso desses valores, acolhendo a jurisprudência; portanto, a norma se tornou uma baliza mais segura.

1.3 Constitucionalidade da nova Lei de Licitações e Contratos

Este subitem e os outros que seguem tratam da constitucionalidade da nova Lei de Licitações e qual o limite em que a União, os estados, os municípios e Distrito Federal podem legislar nessa matéria.

O estudo acerca de um instituto jurídico, que se pretende prático, deve iniciar-se pela verificação de sua conformidade com o ordenamento legal. No presente caso, impõe-se examinar o fundamento constitucional que dá suporte de validade e eficácia à nova Lei de Licitações para, em seguida, verificar quais entes jurídicos detêm competência para abrir exceção à regra da licitação e, por fim, quais são essas exceções.

1.3.1 Repartição da competência legislativa na Constituição Federal

Repartindo a competência legislativa, a Constituição Federal elencou, no art. 22, aquela que deve ser exercida, em caráter privativo, pela União. Nos temas do Direito Administrativo, discriminou, especificamente, a área de atuação do Congresso Nacional em vários subtemas, *v.g.*, desapropriação, águas, radiodifusão, serviço postal, competência da polícia federal etc. Em dois assuntos do rol desse artigo, o texto foi precedido da expressão "normas gerais":

> Art. 22. Compete privativamente à União legislar sobre:
> [...]
> XXI - normas gerais de organização, efetivos, material bélico, garantias, convocação e mobilização das polícias militares e corpos de bombeiros militares;
> [...]

XXVII - normas gerais de licitação e contratação, em todas as modalidades, para as administrações públicas diretas, autárquicas e fundacionais da União, Estados, Distrito Federal e Municípios, obedecido o disposto no art. 37, XXI, e, para as empresas públicas e sociedades de economia mista, nos termos do art. 173, § 1º, III.[16]

1.3.2 Normas gerais no art. 22, incisos XXI e XXVII

Alguns aspectos devem ser destacados.

Em primeiro plano, cabe asserir que a expressão "normas gerais", utilizada no art. 22, tem significado próprio e bastante diferente do mesmo termo utilizado nos quatro parágrafos do art. 24 da Constituição Federal de 1988 – CF/1988, que versa sobre a **competência concorrente**.

A falta dessa distinção tem ensejado equívocos de alguns intérpretes que sustentam a tese de que a competência da União para editar normas sobre licitação e contratação não exclui a competência dos estados, municípios e Distrito Federal, numa alusão indireta e, em alguns casos, direta ao conteúdo do § 2º do art. 24 da CF/1988.

Outros juristas vêm insistindo que as "normas gerais" referidas no art. 22 deveriam ser poucas e bastante concisas, tal como dispõe o § 1º do art. 24. Incorrem esses hermeneutas no erro de interpretar a norma do art. 22 em conformidade com os parágrafos do art. 24, inadmissível no caso.

É que o art. 22 tem regramento próprio e sensivelmente diverso dos dois artigos que o sucedem na Constituição.

A competência privativa da União, nos termos elencados no art. 22, **inadmite**, em regra, **competência legislativa concorrente** de outras esferas de governo. Só mediante lei complementar da União é que os estados poderão legislar e, ainda assim, essa competência não será concorrente. Essa regra é uma condição suspensiva, imposta no parágrafo único do art. 22, que demonstra, a toda evidência, que a competência do estado-membro para legislar sobre os assuntos desse artigo não é regra, mas exceção.[17]

---

[16] BRASIL. **Constituição da República Federativa do Brasil**. Organização dos textos e índice por J. U. JACOBY FERNANDES. 3. ed. Atualizada até a EC nº 102/2019. Belo Horizonte: Fórum, 2020.

[17] a) neste sentido deliberou o TJDF: "[...] O Distrito Federal – conquanto disponha de competência supletiva para, na ausência de legislação federal, legislar sobre licitação – não pode ampliar os casos de dispensa e inexigibilidade da licitação, vez que as exceções à regra da obrigatoriedade da licitação são fixadas na lei federal". DISTRITO FEDERAL. Tribunal de Justiça do Distrito Federal e Territórios. Processo nº 4711297/DF. Acórdão nº 109.703 - 4ª Turma Cível. Relator: Desembargador Jair Soares **Diário da Justiça [da] República Federativa do Brasil**, Brasília, DF, 11 nov. 1998.

b) no trato deste assunto, noutro processo, o TJDF decidiu que: "no caso das normas gerais, citadas pela Lei de Licitações e Contratos da Administração Pública, não afasta, porém, a competência residual do Distrito Federal para legislar sobre essa matéria, no que a lei geral não for contrária, de modo que não há se falar em excesso legislativo por parte do Distrito Federal." DISTRITO FEDERAL. Tribunal de Justiça do Distrito Federal e Territórios. Processo nº 7423/1997. **Diário da Justiça [da] República Federativa do Brasil**, Brasília, DF, 20 maio 1998.

Ocorre que existem dois casos, previstos no precitado artigo, em que a competência privativa da União se exerce com a elaboração de "normas gerais". A localização dos incisos XXI e XXVII no conjunto do art. 22 demonstra que o Constituinte quis dar tratamento diferenciado aos assuntos relacionados nos arts. 23 e 24.

Esse aspecto leva ao questionamento dos conceitos jurídicos possíveis de serem atribuídos à expressão "normas gerais".[18]

Propugna uma corrente de pensamento que ser "geral" é da própria natureza da norma jurídica. Assim, se o legislador insiste no pleonasmo, o faz "para deixar patente sua deliberação no sentido de que essa competência se restrinja, realmente, àquelas normas cujo caráter de generalidade excluísse, de toda norma, as minúcias, os pormenores, a abrangência a qualquer aspecto particular".[19]

Sem opor-se radicalmente a essa tese, sustenta outra corrente, amparada em Baleeiro e Sá Filho, que:

> Casos haverá em que a regulamentação do detalhe estará na própria essência da norma geral, a fim de assegurar a observância do princípio no próprio funcionamento do instituto jurídico por ele regulado. Em suma, a norma geral não é necessariamente regra de conceituação apenas, mas também regra de atuação.[20]

Assim, é possível compreender que a nova lei definiu um conjunto de normas gerais e nesse mesmo texto da norma indicou a necessidade de que estados, municípios e Distrito Federal editem normas em complemento a essas normas gerais. A autorização dada pela nova lei, como existia na Lei nº 8.666/1993[21], não é para legislar sobre questões específicas que possam **concorrer** com as normas gerais, retirando a incidência da norma geral sobre determinados fatos. Se isso acontecer, a lei somente poderá ser válida se editada após a edição da Lei Complementar referida no parágrafo único do art. 22.

Neste momento, a autorização dada pela nova lei para estados, municípios e Distrito Federal é para legislar supletivamente e não concorrentemente. O que foi posto na nova lei, como norma geral, não pode ser contrariado.

E quando um dispositivo tem natureza jurídica de "norma geral"? A resposta mais precisa consiste em definir o tema: tem conteúdo de norma geral o dispositivo que define o processo, os princípios e as garantias das partes envolvidas. Mesmo com esse balizamento, pode remanescer alguma dúvida no caso concreto.

Nesse âmbito, no tocante aos dispositivos da LLCA que tratam de norma geral, a competência legislativa estadual e municipal está contida até o advento da lei complementar referida. **As unidades da federação só possuem competência suple-**

---

[18] Sobre o conceito de normas gerais, os autores servem-se da monografia de Raimundo de Menezes Vieira, assessor legislativo do Senado Federal, publicada pela Gráfica do Senado Federal em 1993.
[19] ATALIBA, Geraldo. Normas Gerais de Direito Financeiro. **Revista de Direito Administrativo**, out/dez/1965. São Paulo: NDJ, p. 82.
[20] SOUZA, Rubens G. Normas Gerais de Direito Financeiro. **Revista Forense**, n. 155, ano 51, Rio de Janeiro: Forense, 1954, p. 23.
[21] BRASIL. **Lei nº 8.666/93 [Versão Bolso]**. Organização dos textos e índice por J. U. JACOBY FERNANDES. 21. ed. ampl., rev. e atual. Belo Horizonte: Fórum, 2020. Livro digital.

tiva. Não **concorrem**, não editam dispositivo antagônico à norma geral; não complementam o texto legal em condições de **igualdade** com a União, mas em condição subalterna.

O passado pode orientar a interpretação. Vários estados da federação editaram leis de licitação em cumprimento ao art. 118 da Lei nº 8.666/1993[22]. Em alguns casos, essas normas têm estabelecido procedimento diferenciado do que consta na lei federal, autolimitando o número de modalidades de licitação, autorizando a inversão das fases do procedimento, impondo a modalidade do pregão como obrigatória, restringindo o uso da contratação direta.

É correta a legislação supletiva; é permitida a edição de normas que restrinjam o poder discricionário dado pela norma geral; chamadas normas de autocontenção, como são as que limitam o uso de modalidade, obrigam o uso do pregão, restringem o uso da contratação direta. Também é válida a norma que dispõe sobre o procedimento, invertendo as fases, desde que mantenha as duas fases exigidas pela norma geral. Isso porque a própria norma geral, à época, assim definiu, nos arts. 115, 117, 118 e 119.

A LLCA traz em seu bojo a mesma filosofia, diversos dispositivos preveem a regulamentação de procedimentos previstos na Lei.

Não é correta a edição de normas concorrentes.

Os limites jurídicos dessa competência hão de ser avaliados com o balizamento já referido e agora repetido: tem conteúdo de norma geral o dispositivo que define o processo, os princípios e as garantias das partes envolvidas.

Um exemplo elucidará melhor a questão: a permissão para legislar sobre o procedimento não pode retirar do processo licitatório uma fase, vez que a norma geral exige as sete; se retirasse uma fase deformaria o instituto da licitação; a lei estadual pode impor uma modalidade como obrigatória e não autorizar o uso de outra, mas não pode criar nova modalidade; não pode criar nova hipótese de dispensa ou inexigibilidade de licitação.

1.3.3 Competência legislativa na nova lei

Quanto à edição de normas supletivas das normas gerais, a nova lei traz um ponto que merece melhor reflexão.

Na Lei nº 8.666/1993[23], o art. 118 foi categórico, autorizando todos os entes federados, em condições de igualdade, a editarem normas de natureza supletiva.

Eis o dispositivo:

> Art. 118. Os Estados, o Distrito Federal, os Municípios e as entidades da administração indireta deverão adaptar suas normas sobre licitações e contratos ao disposto nesta Lei.

---

[22] BRASIL. **Lei nº 8.666/93 [Versão Bolso]**. Organização dos textos e índice por J. U. JACOBY FERNANDES. 21. ed. ampl., rev. e atual. Belo Horizonte: Fórum, 2020. Livro digital.

[23] BRASIL. **Lei nº 8.666/93 [Versão Bolso]**. Organização dos textos e índice por J. U. JACOBY FERNANDES. 21. ed. ampl., rev. e atual. Belo Horizonte: Fórum, 2020. Livro digital.

A norma geral, Lei nº 8.666/1993, determinou expressamente que estados, municípios e Distrito Federal deveriam adaptar. Adaptar não é copiar, mas ajustar a sua realidade, editando normas de caráter supletivo.

A Lei nº 14.133/2021 pretendia repetir o mesmo comando e ainda aprimorando o texto legal. Consciente da possibilidade de estender a inteligência do processo legislativo consagrado na Lei Complementar nº 95, a lei que pretendeu organizar o direito positivo pátrio, a nova lei dispôs: "Art. 188. Ao regulamentar o disposto nesta Lei, os entes federativos editarão, preferencialmente, apenas 1 (um) ato normativo"[24].

Numa injustificável confusão, o chefe do Poder Executivo decidiu vetar o dispositivo, apresentando as seguintes "razões do veto":

> A propositura legislativa dispõe que ao regulamentar o disposto nesta Lei, os entes federativos editarão, preferencialmente, apenas 1 (um) ato normativo.
> Entretanto, e em que pese o mérito da proposta, o dispositivo incorre em vício de inconstitucionalidade formal, por se tratar de matéria reservada à Lei Complementar, nos termos do parágrafo único do art. 59 da Constituição da República, o qual determina que lei complementar disporá sobre a elaboração, redação, alteração e consolidação das leis.[25]

O referido dispositivo que ampararia o veto dispõe:

> Art. 59. O processo legislativo compreende a elaboração de: [...]
> Parágrafo único. Lei complementar disporá sobre a elaboração, redação, alteração e consolidação das leis.[26]

A simples leitura dos dispositivos revela o erro da decisão do veto, pois:

a) a norma não tinha natureza impositiva, mas programática;

b) a edição de norma única pode ou não ter função consolidadora ou codificadora, ou ainda não ter nenhuma dessas funções; a inferência de que seria consolidadora revela precipitação do intérprete que recomendou o veto;

---

[24] BRASIL. **Lei nº 14.133, de 1º de abril de 2021.** Lei de Licitações e Contratos Administrativos. Organização de textos, remissões da Lei nº 8.666/1993, Lei nº 10.520/2002 e Lei nº 12.462/2011 e índices por Ana Luiza Jacoby Fernandes e J. U. Jacoby Fernandes. Belo Horizonte: Fórum, 2021.

[25] a) BRASIL. Presidência da República. Mensagem nº 118, de 1º de abril de 2021. Disponível em: http://www.planalto.gov.br/ccivil_03/_ato2019-2022/2021/Msg/VEP/VEP-118.htm.

b) os vetos foram analisados pelo Congresso Nacional no dia 1.06.2021. Foram derrubados os vetos aos incisos I e II do § 2º do art. 37; § 1º do art. 54; § 4º do art. 115 e § 2º do art. 175. Mantido o veto aos demais dispositivos da Lei nº 14.133/2021, incluindo o veto ao art. 188. A publicação da promulgação dos dispositivos ocorreu no Diário Oficial da União do dia 11.06.2021.

[26] BRASIL. **Constituição da República Federativa do Brasil.** Organização dos textos e índice por J. U. JACOBY FERNANDES. 3. ed. Atualizada até a EC nº 102/2019. Belo Horizonte: Fórum, 2019.

c) a reunião de dispositivos em uma só lei está em perfeita simetria com a Lei Complementar nº 95, de 26 de fevereiro de 1998, que dispõe sobre a elaboração, a redação, a alteração e a consolidação das leis, conforme determina o parágrafo único do art. 59 da Constituição Federal, e estabelece normas para a consolidação dos atos normativos que menciona. Aliás, todos os operadores do Direito reconhecem que o fiel cumprimento dessa lei complementar poderia organizar o sistema jurídico nacional. Infelizmente, perdeu-se, com o veto, mais uma possibilidade de induzir a melhoria legislativa;

d) não há precedente do Supremo Tribunal Federal declarando inconstitucional norma programática de teor semelhante.

Com o veto, cabe perguntar: cessou a competência legislativa supletiva?

Antes de responder, para completar o cenário da compreensão, importante trazer ao debate dispositivo da Lei nº 14.133/2021, com o seguinte teor: "Art. 187. Os Estados, o Distrito Federal e os Municípios poderão aplicar os regulamentos editados pela União para execução desta Lei"[27].

Sem recursos a complexos processos hermenêuticos, limitando a compreensão ao sistema literal: a norma autoriza estados, municípios e Distrito Federal a "aplicar os regulamentos editados pela União para execução desta Lei". Se não fossem autorizados, como poderiam proceder a execução da lei nos casos em que o regulamento é necessário? A resposta lógica é inevitável: editando regulamento próprio para a execução da lei. Como concluído: é a resposta lógica e inevitável, que há uma competência legislativa suplementar, expressa ou implícita na própria lei que edita normas gerais.

1.3.4 Conveniência de normas gerais sobre licitação

É de Celso Bastos[28] a precisa lição: "[...] a regra de ouro da nossa federação tornou-se a de que à União cumpre um papel hegemônico na atividade legislativa em todos os níveis". Não há, a rigor, prejuízo decorrente dessa hegemonia, mormente em se tratando de um país pobre e com escassez de orientação técnica e material jurídico que possam auxiliar o administrador a adaptar a lei ao caso concreto.

Não apenas, portanto, sob o aspecto constitucional, a LLCA não invadiu a competência legislativa das unidades federadas, como também é conveniente, sob o aspecto prático, que a diversificação de normas se restrinja ao mínimo necessário.

Victor Nunes Leal, ministro do Supremo Tribunal Federal, que tinha orgulho de ter integrado o Tribunal de Contas do Distrito Federal, onde exerceu o cargo de Procurador-Geral, na obra *Ensaio sobre Técnica Legislativa*[29], em coerência com o

---

[27] BRASIL. **Lei nº 14.133, de 1º de abril de 2021.** Lei de Licitações e Contratos Administrativos. Organização de textos, remissões da Lei nº 8.666/1993, Lei nº 10.520/2002 e Lei nº 12.462/2011 e índices por Ana Luiza Jacoby Fernandes e J. U. Jacoby Fernandes. Belo Horizonte: Fórum, 2021.

[28] BASTOS, Celso. **Curso de Direito Constitucional.** 21. ed. São Paulo: Saraiva, 2001, p. 295.

[29] LEAL, Victor Nunes. **Técnica Legislativa.** In: Estudos de Direito Público. Rio de Janeiro, 1960, p. 7-8.

jurista alemão Hermann Jahrreis, na obra *Groesse und Not der Gesetzgebung*, assinalava que "Legislar é fazer experiência com o destino humano"[30]. Há nessa expressão um senso muito apropriado na interpretação dos limites à inovação da legislação.

Essa responsabilidade de inovar, gerar "experiências", exige sabedoria, cautela e a permanente prática de um ideário de devoção, nem sempre ao alcance dos parlamentares.

A cautela deve considerar também que o tema é complexo e o aplicador, agente da contratação, já está sobrecarregado com o dever de usar a licitação e o contrato para, de forma indireta, executar políticas públicas. A busca da proposta mais vantajosa e do contrato mais eficiente tem esses objetivos turvados por leis ruins e intérpretes que precisam evoluir.

1.3.5 Art. 37, inciso XXI, da Constituição Federal

O art. 37 da Constituição Federal estabeleceu o delineamento básico da Administração Pública brasileira, seja direta, indireta ou fundacional, de qualquer dos Poderes da União, dos estados, dos municípios e do Distrito Federal.

No seu inciso XXI, impôs a licitação como princípio básico a ser observado por toda a Administração Pública, com a amplitude definida no *caput*.[31]

Verifica-se que a edição da Lei de Licitações, com a finalidade de regulamentar o precitado inciso, não pode ter limite diverso do pretendido pela Constituição Federal[32]. Todas as unidades da federação e todos os Poderes dessas unidades, assim como, obviamente, da própria União, assujeitam-se à obrigatoriedade de licitar.

Mais do que impor esse procedimento seletivo aos contratos da Administração, a Constituição Federal estabeleceu que caberia à União editar normas gerais e impôs o dever de fiel acatamento das demais esferas de governo, nos termos do art. 22, inciso XXVII.

---

[30] JAHRREISS, Hermann. *Groesse und Not der Gesetzgebung*, 1953, p. 5 *apud* MENDES, Gilmar Ferreira et All (Coord.). **Manual de Redação da Presidência da República**. 3. ed. rev. e atual. Brasília: Presidência da República, 2018, p. 103.
[31] BRASIL. **Constituição da República Federativa do Brasil**. Organização dos textos e índice por J. U. JACOBY FERNANDES. 3. ed. Atualizada até a EC nº 102/2019. Belo Horizonte: Fórum, 2019.*In verbis*: "Art. 37. A administração pública **direta** e **indireta** de qualquer dos Poderes da **União**, dos **Estados**, do **Distrito Federal** e dos **Municípios** obedecerá aos princípios da legalidade, impessoalidade, moralidade, publicidade e eficiência, e também ao seguinte: [...] XXI - ressalvados os casos específicos na legislação, as obras, serviços, compras e alienações serão contratados mediante processo de licitação pública que assegure igualdade de condições a todos os concorrentes, com cláusulas que estabeleçam obrigações de pagamento, mantidas as condições efetivas da proposta, nos termos da lei, o qual somente permitirá as exigências de qualificação técnica e econômica indispensáveis à garantia do cumprimento das obrigações." - (grifos nossos)
[32] BRASIL. **Constituição da República Federativa do Brasil**. Organização dos textos e índice por J. U. JACOBY FERNANDES. 3. ed. Atualizada até a EC nº 102/2019. Belo Horizonte: Fórum, 2019.

1.3.6 A contratação direta e a legislação não federal

A questão relevante para os tópicos que serão desenvolvidos nesta obra diz respeito à possibilidade ou não de serem ampliadas as hipóteses de contratação direta, criando-se novos casos de dispensa ou inexigibilidade de licitação. Já foi antecipada a conclusão: não é possível criar novas hipóteses de contratação direta sem licitação.

As hipóteses definidas pela lei não resistem a um exame rigoroso dos estudiosos que pretendam estabelecer um denominador comum. Antes, constituem-se em três agrupamentos:

a) alienação dos bens e serviços da Administração sem licitação, denominada pela lei de casos de "licitação dispensada";
b) contratação para a Administração, sem licitação, denominada pela lei de casos de "licitação dispensável";
c) inviabilidade de competição, denominada pela lei de casos de "inexigibilidade de licitação", na qual se pode, em tese, e apenas em tese, definir um parâmetro comum como precitado. A doutrina, contudo, não deixa de reconhecer, nesse amplo rol de hipóteses disformes em relação à natureza jurídica, o caráter de norma geral.

Agora, na nova Lei de Licitações[33], a alienação de bens não foi inserida no capítulo VIII, que trata da contratação direta. Mais do que isso: o legislador, no *caput* do art. 72, declarou expressamente que a contratação direta deve ser compreendida como inexigibilidade e licitação dispensável. Foi vitoriosa a tese de que a alienação de bens e serviços da Administração Pública não é contratação direta, mas alienação direta ou venda direta, conforme o caso.

Assim, as normas gerais de licitação, como referido anteriormente, têm o condão de regular o tema e estabelecer as restritas hipóteses em que licitar não é necessário.[34] Por uma questão mais lógica do que propriamente jurídica, não se conceberia que o legislador regulasse o tema deixando ao inteiro alvedrio das demais esferas de governo a conveniência de abrir exceções. Para ilustrar, basta referir que as hipóteses de dispensa de licitação tentadas por alguns municípios acabaram por violar frontalmente relevantes princípios constitucionais, como o da livre iniciativa, quando buscaram estabelecer privilégios a entidades paraestatais ou favorecimentos,

---

[33] BRASIL. **Lei nº 14.133, de 1º de abril de 2021.** Lei de Licitações e Contratos Administrativos. Organização de textos, remissões da Lei nº 8.666/1993, Lei nº 10.520/2002 e Lei nº12.462/2011 e índices por Ana Luiza Jacoby Fernandes e J. U. Jacoby Fernandes. Belo Horizonte: Fórum, 2021.

[34] Neste sentido o TCU se manifestou: "[...] adote medidas adequadas e suficientes para evitar a contratação por dispensa de licitação ou inexigibilidade, quando o procedimento licitatório deva ser utilizado, observando que os agentes administrativos que praticarem atos em desacordo com os preceitos legais ou visando frustrar os objetivos da licitação, sujeitam-se às sanções previstas em lei e nos regulamentos próprios, sem prejuízo das responsabilidades civil e criminal que seu ato ensejar, conforme estabelecido no art. 82 da Lei nº 8.666/93. [...]." BRASIL. Tribunal de Contas da União. Processo TC nº 007.964/2003-3. Acórdão nº 1.613/2004 - 2ª Câmara. Relator: Ministro-Substituto Lincoln Magalhães da Rocha. **Diário Oficial da União**, Brasília, DF, 13 set. 2004. Seção 1.

e quando criaram cadastro para a contratação direta, no qual só poderiam participar entidades com sede na localidade, entre outros infelizes casos.

Como à União compete privativamente regular o tema, cabe-lhe por dedução lógica definir quando a norma geral não deve ser aplicada, mormente quando essa tem conteúdo de princípio constitucional, como é o caso do dever de licitar.

Com base nas considerações expendidas, concluíamos outrora com a seguinte afirmativa: "Não podem as demais esferas de governo, sejam estados, municípios ou Distrito Federal, tentar elastecer ou criar novas hipóteses de contratação direta, sob pena de serem inquinadas de inconstitucionalidade".

Caso concreto ocorreu com dispositivo da Lei nº 15.608/2007 do Estado do Paraná, que ampliava as hipóteses de dispensa de licitação, e foi considerado inconstitucional pelo STF em 2019.[35] Com a decisão da Suprema Corte, 12 anos depois da entrada em vigor da norma, foi necessário modular os efeitos do art. 34, inc. VII, a fim de preservar a eficácia das licitações eventualmente já finalizadas com base no dispositivo. Assim, os efeitos da decisão passaram a valer da data do julgamento. De acordo com o STF, a competência da União para legislar sobre normais gerais de licitação havia sido usurpada.

Nesse sentido e à luz da atual sistematização procedida pela lei, é correto, portanto, concluir que as hipóteses dos arts. 74 e 75 não podem ser, por normas não-federais, ampliadas ou inovadas, ao contrário do que sucede com o art. 76. Esse último tema, licitação dispensada para alienação de bens e serviços, não mais integra, por força de lei, o tema contratação direta. Por consequência, teceremos apenas breves comentários sobre a questão.

1.3.7 Alienação de bens

É inafastável o acerto do entendimento que estados, municípios e Distrito Federal não podem criar novas hipóteses de contratação direta sem licitação. Evoluímos, porém, a partir da 2ª edição, para considerar possível a todas as esferas de governo legislarem no caso específico da alienação de bens – móveis ou imóveis – integrantes do seu respectivo patrimônio.

Esse, aliás, é o fundamento utilizado pelo Supremo Tribunal Federal para guiar a decisão da ADI nº 927-3e outras ações que chegaram àquela Corte.[36]

A conclusão precisamente mais correta é que somente a União pode legislar sobre a contratação direta de bens, obras e serviços, mas todas as esferas de governo podem legislar sobre a alienação direta dos seus próprios bens que integram seus respectivos patrimônios, desde que observados os princípios do art. 37, *caput*, da Constituição.[37]

---

[35] BRASIL. Ação Direta de Inconstitucionalidade nº 4.658, de 27 de novembro de 2019. Diário Oficial da União. Seção 1, Brasília, DF, ano 157, nº 229, 27 nov. 2019, p. 1.
[36] BRASIL. Supremo Tribunal Federal. ADI nº 927. Relator: Ministro Carlos Veloso. Disponível em: http://redir.stf.jus.br/paginadorpub/paginador.jsp?docTP=AC&docID=346697. Acesso em: 20 abr. 2021.
[37] Consulte subtítulo 1.3.5 desta obra.

Infelizmente, porém, o legislador ignorou completamente as preciosas lições do Supremo Tribunal Federal e repetiu no art. 76 a armadura legislativa que obriga a venda aos órgãos da Administração Pública, a doação e outros atos. Portanto, ofendendo a lógica da evolução do entendimento e as decisões judiciais, a nova Lei de Licitações mantém as regras do art. 17 da Lei nº 8.666/1993[38].

Interessante notar que a norma não é, em si, inconstitucional ao determinar que é permitida a venda direta para órgãos e entidades da Administração Pública, mas é inconstitucional quando se compreende que somente é permitida a venda direta para esses destinatários. Assim, não é inconstitucional lei municipal que decide a venda direta ou doação ou permuta para entidades privadas. Será inconstitucional se tal venda ofender outros princípios como o da impessoalidade, por exemplo.

1.4 Aplicação imediata da LLCA e a dependência do PNCP

Uma das grandes inovações da nova Lei foi a criação do Portal Nacional de Contratações Públicas – PNCP.

Alinhado à diretriz de profissionalização da gestão pública e aumento da governança, o PNCP, quando definitivamente implementado, concentrará:

a) banco de preços para facilitar a estimativa dos processos licitatórios;[39]
b) registro cadastral unificado de licitantes, contando inclusive com as notas por desempenho dos contratados;[40]
c) inteiro teor dos editais publicados;[41]
d) após a licitação, os documentos utilizados para a fase preparatória do processo licitatório;[42]
e) extrato dos cartões de pagamento;[43]
f) divulgação dos contratos celebrados;[44]
g) planos anuais de contratações;[45]
h) catálogos eletrônicos de padronização;[46]
i) atas de registro de preços;[47]
j) notas fiscais eletrônicas;[48]

---

[38] BRASIL. **Lei nº 8.666/93 [Versão Bolso]**. Organização dos textos e índice por J. U. JACOBY FERNANDES. 21. ed. ampl., rev. e atual. Belo Horizonte: Fórum, 2020. Livro digital.
[39] BRASIL. **Lei nº 14.133, de 1º de abril de 2021**. Lei de Licitações e Contratos Administrativos. Organização de textos, remissões da Lei nº 8.666/1993, Lei nº 10.520/2002 e Lei nº12.462/2011 e índices por Ana Luiza Jacoby Fernandes e J. U. Jacoby Fernandes. Belo Horizonte: Fórum, 2021. Art. 23. § 1º, I.
[40] Idem, art. 37, III.
[41] Idem, art. 54, caput.
[42] Idem, art. 54, §3º.
[43] Idem, art. 75, § 4º.
[44] Idem, art. 94.
[45] Idem, art. 174, § 2º, I.
[46] Idem, art. 174, §2º, II.
[47] Idem, art. 174, § 2º, IV.
[48] Idem, art. 174, § 2º, VI;

k) divulgação da atualização dos valores fixados na Lei.[49]

Como é possível verificar, o PNCP constituir-se-á em excepcional ferramenta de auxílio à gestão.

O conflito surge quando consideramos que a LLCA já está vigente, desde 1º de abril de 2021, porém os contratos celebrados com base nesta Lei, apenas terão eficácia quando divulgados no PNCP, nos termos do art. 94.[50]

Considerando que até o momento desta edição, o PNCP não se encontrava funcional, a dúvida consiste na possibilidade jurídica de utilização da LLCA para celebração de contratos.

1.4.1 Da hipótese dos municípios com até 20.000 habitantes

Para os municípios com até vinte mil habitantes a celeuma encontra-se superada, tendo em vista a expressa previsão do parágrafo único do art. 176, *in verbis*:

> Art. 176. Os Municípios com até 20.000 (vinte mil) habitantes terão o prazo de 6 (seis) anos, contado da data de publicação desta Lei, para cumprimento:
>
> [...]
>
> **Parágrafo único.** Enquanto não adotarem o PNCP, os Municípios a que se refere o **caput** deste artigo deverão:
>
> I - publicar, em diário oficial, as informações que esta Lei exige que sejam divulgadas em sítio eletrônico oficial, admitida a publicação de extrato;
>
> II - disponibilizar a versão física dos documentos em suas repartições, vedada a cobrança de qualquer valor, salvo o referente ao fornecimento de edital ou de cópia de documento, que não será superior ao custo de sua reprodução gráfica.[51]

Da leitura do texto legal é possível identificar que, para os municípios de até vinte mil habitantes e seus órgãos e entidades, há prazo elasticido, de até seis anos, para se adequarem a algumas formalidades legais, entre elas, adesão ao PNCP.

Evidente, portanto, que não havendo a obrigatoriedade de adoção do PNCP, a sua inexistência não traz qualquer obstáculo à utilização da LLCA, desde que observadas as regras de publicidade estabelecidas no parágrafo único do art. 176.

---

[49] BRASIL. **Lei nº 14.133, de 1º de abril de 2021.** Lei de Licitações e Contratos Administrativos. Organização de textos, remissões da Lei nº 8.666/1993, Lei nº 10.520/2002 e Lei nº12.462/2011 e índices por Ana Luiza Jacoby Fernandes e J. U. Jacoby Fernandes. Belo Horizonte: Fórum, 2021, art. 182.

[50] Idem: Art. 94. A divulgação no Portal Nacional de Contratações Públicas (PNCP) é condição indispensável para a eficácia do contrato e de seus aditamentos e deverá ocorrer nos seguintes prazos, contados da data de sua assinatura: [...]

[51] BRASIL. **Lei nº 14.133, de 1º de abril de 2021.** Lei de Licitações e Contratos Administrativos. Organização de textos, remissões da Lei nº 8.666/1993, Lei nº 10.520/2002 e Lei nº12.462/2011 e índices por Ana Luiza Jacoby Fernandes e J. U. Jacoby Fernandes. Belo Horizonte: Fórum, 2021.

Para se ter uma ideia da dimensão nacional do comando, temos exatos 3.783 municípios com menos de 20 mil habitantes, num total de 5.570 existentes em 2.020[52], ou seja aproximadamente 67,9%.

1.4.2 Dos órgãos e entidades pertencentes às demais esferas ou a municípios com mais de 20.000 habitantes

A celeuma, portanto, cinge-se aos órgãos e entes que não se enquadram na exceção prevista no art. 176 da Lei nº 14.133/2021, ou seja, constituem-se em municípios com mais de vinte mil habitantes, estados, Distrito Federal, União e órgãos ou entidades integrantes destes entes.

Utilizando-se das ferramentas hermenêuticas são possíveis algumas construções interpretativas:

a) que a lei está vigente, mas não é possível a celebração de contratos com base em seus procedimentos;
b) que a lei está vigente e é possível utilizá-la.

A primeira construção, que consiste na interpretação literal da norma, não aparenta representar a melhor solução, porquanto não se admite uma lei vigente, porém, não eficaz, ou seja, que não produza efeitos jurídicos ou que tenha seus efeitos condicionados à vontade de órgão ou agente público, que não seja o Legislativo ou o poder Executivo, quando na condição de agente com poder regulamentar. Nesse caso, para essa corrente de entendimento, a lei teria a vigência condicionada a alguém responsável por implementar um portal na rede mundial de computadores.

Se a finalidade da nova lei é a celebração de contratos, seja por meio de licitação, contratação direta ou licitação dispensada, a vigência integral da lei está diretamente relacionada à possibilidade de celebração de contratos.

Nada obstante, esse foi o entendimento adotado pela Advocacia-Geral da União, no parecer n. 00002/2021/CNMLC/CGU/AGU[53]. Vale destacar que o posicionamento adotado apenas se aplica à esfera federal, ficando os estados e municípios livres para adoção de entendimento diverso, como fez o Estado do Rio Grande do Sul[54], como será visto a seguir.

A segunda construção interpretativa, por sua vez, aparenta ser a mais adequada ao cenário jurídico e legislativo atual, qual seja: que a nova lei está vigente e é possível utilizá-la.

Essa construção, decorre dos seguintes argumentos:

---

[52] IBGE. Disponível em: https://www.ibge.gov.br/cidades-e-estados.html?. Acesso em: 12 maio 2021.
[53] BRASIL. Advocacia Geral da União. CGU. CNMLC. **Parecer n. 00002/2021**. Disponível em: https://jacoby.pro.br/site/licitacoes-e-contratos/AGU22021-PNCP.pdf. Acesso em: 16 jun. 2021.
[54] RIO GRANDE DO SUL. Procuradoria Geral do Estado. **Parecer nº 18.671/21**. Disponível em: https://jacoby.pro.br/site/licitacoes-e-contratos/PAR-1876121-PGERS.pdf. Acesso em: 16 jun. 2021.

a) no dispositivo que regulamenta a vigência da nova lei, não há condicionamento à existência do PNCP;

b) quando a lei quis limitar vigência de dispositivo, o fez de maneira pontual e expressa, no dispositivo;

c) a lei expressamente previu procedimentos que atendem ao princípio da publicidade;

d) não é juridicamente razoável condicionar a eficácia de Lei à implementação de sistema procedimental;

e) como mencionado pelo Professor José Anacleto Abduch, condicionar a aplicação da LLCA à criação do PNCP, poderia levar a uma situação inusitada: caso cheguemos a 03 de abril de 2023, data da revogação da Lei nº 8.666/1993, Lei nº 10.520/2002 e Lei nº 12.462/2011, sem a criação do PNCP, não poderá ocorrer contratações pela Administração Pública direta.

Evidente, deste modo, que é razoável a construção jurídica no sentido da aplicação imediata da LLCA, independente da implantação do PNCP.

Esse, inclusive, foi o entendimento consubstanciado no Parecer nº 18.671/21 da Procuradoria-Geral do Estado do Rio Grande do Sul.

1.4.3 Da publicidade enquanto não houver a implantação do PNCP

A cautela do aplicador da nova lei deve ser principalmente acerca do respeito ao princípio da publicidade.

No caso das hipóteses de contratação direta, tema desta obra, a questão é mais simples, posto que, no parágrafo único do art. 72, já foi estabelecido procedimento para conferir publicidade ao ato:

> Art. 72. O processo de contratação direta, que compreende os casos de inexigibilidade e de dispensa de licitação, deverá ser instruído com os seguintes documentos:
>
> [...]
>
> **Parágrafo único.** O ato que autoriza a contratação direta ou o extrato decorrente do contrato deverá ser divulgado e mantido à disposição do público em sítio eletrônico oficial.[55]

Para o processo licitatório, por sua vez, a lei traz procedimento complementar à divulgação no PNCP que, em sua ausência, torna-se o mínimo obrigatório:

> Art. 54. A publicidade do edital de licitação será realizada mediante divulgação e manutenção do inteiro teor do ato convocatório e de seus anexos no Portal Nacional de Contratações Públicas (PNCP).
>
> § 1º Sem prejuízo do disposto no caput, é obrigatória a publicação de extrato do edital no Diário Oficial da União, do Estado, do Distrito

---

[55] BRASIL. Lei nº 14.133, de 1º de abril de 2021. Lei de Licitações e Contratos Administrativos. Organização de textos, remissões da Lei nº 8.666/1993, Lei nº 10.520/2002 e Lei nº12.462/2011 e índices por Ana Luiza Jacoby Fernandes e J. U. Jacoby Fernandes. Belo Horizonte: Fórum, 2021.

Federal ou do Município, ou, no caso de consórcio público, do ente de maior nível entre eles, bem como em jornal diário de grande circulação.

§ 2º É facultada a divulgação adicional e a manutenção do inteiro teor do edital e de seus anexos em sítio eletrônico oficial do ente federativo do órgão ou entidade responsável pela licitação ou, no caso de consórcio público, do ente de maior nível entre eles, admitida, ainda, a divulgação direta a interessados devidamente cadastrados para esse fim.[56]

Considerando que a interpretação jurídica de aplicação imediata da LLCA decorre de uma construção hermenêutica e não da simples leitura do texto legal, sugere-se ao gestor que seja ainda mais cauteloso no tocante à publicidade, aplicando por analogia, o disposto nos incisos I e II do parágrafo único do art. 176:

Art. 176. Os Municípios com até 20.000 (vinte mil) habitantes terão o prazo de 6 (seis) anos, contado da data de publicação desta Lei, para cumprimento:

[...]

Parágrafo único. Enquanto não adotarem o PNCP, os Municípios a que se refere o caput deste artigo deverão:

I - publicar, em diário oficial, as informações que esta Lei exige que sejam divulgadas em sítio eletrônico oficial, admitida a publicação de extrato;

II - disponibilizar a versão física dos documentos em suas repartições, vedada a cobrança de qualquer valor, salvo o referente ao fornecimento de edital ou de cópia de documento, que não será superior ao custo de sua reprodução gráfica.[57]

Necessário destacar que, em nenhuma hipótese, devem ser aplicadas as regras previstas na Lei nº 8.666/1993, sob pena de violação ao art. 191 da LLCA que, expressamente, veda a aplicação combinada da nova Lei com a Lei nº 8.666/1993, Lei nº 10.520/2002 ou Lei nº 12.462/2011.

1.5 Poder regulamentar da União, estados, municípios e DF

É possível a União, estados, municípios e Distrito Federal regulamentarem a aplicação da nova Lei de Licitações?

O regulamento para esses entes federados pode ser feito mediante Decreto do chefe do Poder Executivo ou, ainda, por outra lei.

---

[56] BRASIL. **Lei nº 14.133, de 1º de abril de 2021.** Lei de Licitações e Contratos Administrativos. Organização de textos, remissões da Lei nº 8.666/1993, Lei nº 10.520/2002 e Lei nº12.462/2011 e índices por Ana Luiza Jacoby Fernandes e J. U. Jacoby Fernandes. Belo Horizonte: Fórum, 2021.
[57] Idem.

1.5.1 Competência legislativa do Distrito Federal e dos municípios

Tema interessante a ser enfrentado diz respeito à possibilidade de os municípios e o Distrito Federal editarem leis sobre licitações e contratos administrativos. Em princípio, o Constituinte limitou a possibilidade de uma adventícia lei complementar autorizar **apenas** os estados federados a legislarem sobre questões específicas, omitindo-se em relação às demais unidades da federação.

Sobre o caso, descabem quaisquer interpretações construtivas, ampliativas ou analógicas que busquem assegurar competência legislativa a esses entes não citados, porque a Constituição Federal[58], expressamente, refere-se aos mesmos em diversas outras passagens, inclusive bastante próximas, como é o caso dos arts. 23, *caput* e seu parágrafo único, e 24, entre outros. A literalidade, no caso, não pode ser elasticida para alcançar pessoas jurídicas de direito público que não são citadas. Este é um típico caso em que vale ressuscitar o brocardo *cum in verbis nulla ambiguitas est, nom debet admitti voluntatis quaestio.*[59]

Esse entendimento pode até surpreender leigos afeiçoados à legislação local ou regional disciplinadora das licitações e contratos, sem qualquer oposição na ordem jurídica. É que a maioria das legislações foi emitida antes da Constituição de 1988, em acatamento ao amplo poder de regulamentar previsto no Decreto-Lei nº 2.300, de 21 de novembro de 1986. Como exposto, após o advento da nova Carta Política, não cabe qualquer legislação **concorrente** das unidades federadas, exceto, para os estados, se lei complementar autorizar.

No caso do Distrito Federal, pode este exercitar a competência legislativa que for reservada aos estados, pois, de acordo com o § 1º do art. 32 da Constituição Federal, esse ente da federação acumula a competência legislativa destinada aos estados e municípios. Logo, poderá legislar concorrentemente, após a lei complementar, referida no parágrafo único do art. 22, também sobre questões específicas.

1.5.2 Um só regulamento ou uma consolidação ou um código

A nova Lei de Licitações previu a necessidade de regulamento em mais de 38 situações, mas deixou de forma indireta na grande maioria das hipóteses, quem detém essa competência.

O art. 188, já analisado no subitem 1.3.3 anterior, de fato definiu a responsabilidade e, foi além, recomendou a unificação da norma. ao "regulamentar o disposto nesta Lei, os entes federativos editarão, preferencialmente, apenas 1 (um) ato normativo"[60],

---

[58] BRASIL. **Constituição da República Federativa do Brasil**. Organização dos textos e índice por J. U. JACOBY FERNANDES. 3. ed. Atualizada até a EC nº 102/2019. Belo Horizonte: Fórum, 2020.
[59] Que, em vernáculo, corresponde a: "quando nas palavras não existe ambiguidade, não se deve admitir pesquisa acerca da vontade ou intenção" (Digesto, liv. 32, tít. 3. frag. 25, § 1º).
[60] BRASIL. **Lei nº 14.133, de 1º de abril de 2021.** Lei de Licitações e Contratos Administrativos. Organização de textos, remissões da Lei nº 8.666/1993, Lei nº 10.520/2002 e Lei nº12.462/2011 e índices por Ana Luiza Jacoby Fernandes e J. U. Jacoby Fernandes. Belo Horizonte: Fórum, 2021.

O veto imposto ao art. 188 foi mantido pelo Congresso Nacional.

Esse seria o ideal de normatização: criar um código de licitações a nível estadual ou municipal. A propósito, os autores participaram de uma singular experiência ao elaborarem um Código de Licitações e Contratos, o qual, tendo assumido a forma de lei, foi regulamentado por cinco Decretos. A iniciativa da Governadora Roseana Sarney, seguida de intenso treinamento e capacitação, com mais de 120 horas de dedicação, alterou todos os paradigmas, reduziu para a metade o prazo entre o documento de formalização da demanda e a assinatura do contrato e não teve nenhuma licitação paralisada pelo Tribunal de Contas ou pelo Poder Judiciário. Nenhuma licitação regida pelo referido Código teve a mácula de superfaturamento, enquanto vigeu.

Preferiu-se a forma de Código para unificar todas as normas vigentes e transformar em norma a melhor jurisprudência. O sucesso do empreendimento levado a termo serviu de base a muitos dispositivos inseridos na nova Lei de Licitações e Contratos Administrativos.

Um dos complicadores na aplicação das licitações e dos contratos é a grande quantidade de normas, em vários níveis, editadas pelo Congresso, pelo Poder Executivo, pelos ministérios, pelas delegacias regionais, órgãos autônomos, agências executivas. Esse conjunto sem sistematização, caótico e com objetivos diferentes vai subjugar o agente da contratação e todos os que direta ou indiretamente trabalham com o tema. Ao codificar e manter atualizado, prevendo épocas de atualização, num calendário bem definido, seguido de qualificação periódica dos operadores, há possibilidade de criar um novo paradigma sobre o tema.

Como visto, a Lei Complementar nº 95, de 26 de fevereiro de 1998, que dispõe sobre a elaboração, a redação, a alteração e a consolidação das leis, conforme determina o parágrafo único do art. 59 da Constituição Federal[61], e estabelece normas para a consolidação dos atos normativos que menciona, deve ser observada também pelos legislativos das demais esferas de governo.

Ao contrário do que foi exposto como razões do veto, a própria lei, conforme redação dada pela Lei Complementar nº 107, de 26 de abril de 2001, determina que as leis federais "serão reunidas em codificações e consolidações, integradas por volumes contendo matérias conexas ou afins, constituindo em seu todo a Consolidação da Legislação Federal"[62]..

Se é assim um dever imposto para a esfera federal, mostra-se lógico e razoável que a nova Lei de Licitações tivesse a prerrogativa de recomendar editar, "preferencialmente, apenas 1 (um) ato normativo".

---

[61] BRASIL. **Constituição da República Federativa do Brasil**. Organização dos textos e índice por J. U. JACOBY FERNANDES. 3. ed. Atualizada até a EC nº 102/2019. Belo Horizonte: Fórum, 2019.
[62] BRASIL. **Lei Complementar nº 95, de 26 de fevereiro de 1998**. Dispõe sobre a elaboração, a redação, a alteração e a consolidação das leis, conforme determina o parágrafo único do art. 59 da Constituição Federal, e estabelece normas para a consolidação dos atos normativos que menciona. Disponível em: http://www.planalto.gov.br/ccivil_03/leis/lcp/lcp95.htm. Acesso em: 20 abr. 2021.

Com o veto, ainda é possível a consolidação ou a codificação? A resposta é afirmativa, pois o veto foi imposto para não interferir na competência legislativa das demais esferas de governo. Assim, se quiserem codificar ou consolidar, continuam tendo plena competência para essa matéria, desde que observem as normas gerais.

1.5.3 Aproveitamento das normas da União pelos estados e municípios e Distrito Federal

Com o veto ao art. 188, criou-se um cenário sem resposta imediata às unidades federadas que exerceram a competência legislativa supletiva ao tempo da Lei nº 8.666/1993[63]. Tais normas continuam válidas ou a autorização para edição, que estava na Lei nº 8.666/1993, não mais existe? Referidas normas foram ou não recebidas no novo ordenamento jurídico?

Pelas considerações expendidas, concluiu-se que a nova Lei de Licitações e contratos, como a Lei nº 8.666/1993, mantém implícita a competência para legislar supletivamente.

Em termos práticos, devem essas legislações "repetir" o que dispôs a nova Lei de Licitações, acrescentando-lhe regramentos de caráter integrativo e supletivo dos procedimentos, em nada alterando a sua essência ou conteúdo básico.

Essa visão, que acolhe como constitucional a regulamentação das normas gerais insculpidas na Lei de Licitações, é a mais correta juridicamente e é também a mais adequada ao interesse público, escopo perpétuo da atividade administrativa.

Nada há na nova lei que possa levar à conclusão de que não mais existe o poder regulamentar dos estados, dos municípios e do Distrito Federal. Devem, contudo, proceder à atualização para se adaptarem às novas normas gerais inseridas na Lei nº 14.133/2021.

1.5.4 Induzimento ao uso de normas federais

O governo federal vem induzindo os entes municipais, estaduais e do Distrito Federal a usarem ferramentas de gestão, como a licitação eletrônica, na formatação federal.

Isso tem sido feito, inserindo como condição para assinar convênio e outros meios de transferência voluntária. Aceita a condição, o ente é beneficiado com a descentralização dos recursos.

Vale transcrever, à propósito, lição dos jovens doutrinadores Everson Biazon e Hamilton Bonatto:

> [...] a transferência voluntária de recursos da União para os demais entes federativos, além de encontrar previsão na Lei Complementar 101/2000 (art. 25), é harmônico com o regime constitucional de repartição de competências e receitas tributárias e permite que a União, notoriamente com maior capacidade arrecadatória, colabore com os

---

[63] BRASIL. **Lei nº 8.666/93 [Versão Bolso]**. Organização dos textos e índice por J. U. JACOBY FERNANDES. 21. ed. ampl., rev. e atual. Belo Horizonte: Fórum, 2020. Livro digital.

demais membros da Federação em demandas específicas, contribuindo, assim, para o aprimoramento dos serviços públicos, tratamento social equânime e equilíbrio federativo.

De acordo com a Lei Complementar nº 101, de 4 de maio de 2000, 'entende-se por transferência voluntária a entrega de recursos correntes ou de capital a outro ente da Federação, a título de cooperação, auxílio ou assistência financeira, que não decorra de determinação constitucional, legal ou os destinados ao Sistema Único de Saúde'.[64]

O detentor dos recursos pode validamente definir condições para a execução. Essa política, inclusive, nasceu para combater o uso indiscriminado do convite pelos municípios, obrigando o uso do pregão e, depois, com o Decreto nº 10.024/2019, ordenando a forma eletrônica.

A nova Lei de Licitações segue o mesmo trajeto, em vários pontos recomendando o uso de normas federais e ou autorizando o uso, como faz o seguinte artigo: "Art. 187. Os Estados, o Distrito Federal e os Municípios poderão aplicar os regulamentos editados pela União para execução desta Lei."[65].

Não há na lei disposição diferente dessa, e qualquer ação, além de induzir, recomendar ou até estabelecer como condição para liberação de recursos, passa a ser ofensiva ao federalismo.

1.5.5 Poder regulamentar dos órgãos da Administração Pública

No Brasil, pela melhor tradição do Direito Administrativo, o dirigente de todas as unidades detém cinco poderes: dar ordens, avocar decisões, delegar poderes, punir e normatizar. Pouco compreendem que a normatização é um poder implícito à direção, poder implícito à chefia. Isso porque o poder de normatizar nada mais é do que dar uma ordem, repetidas vezes, no mesmo sentido.

A diferença substancial entre dar ordens e normatizar está na garantia da impessoalidade da gestão, na limitação do poder discricionário[66]. Ao contrário de burocratizar e complicar, limitando o próprio poder discricionário, facilmente se percebe que a organização interna trabalha melhor, as pessoas ficam mais confiantes no que deve ser feito, os subordinados menos dependentes, e o chefe, se for exemplo de submissão às normas que editar, passará a merecer crédito de todos os agentes subalternos.

---

[64] BIAZON, Everson da Silva. BONATTO, Hamilton. O Decreto nº 10.024/19 e as transferências voluntárias: dinheiro da união, regras na constituição. 2020. **O licitante.** Disponível em: https://www.olicitante.com.br/decreto-10024-transferencias-voluntarias-dinheiro-uniao/#:~:text=De%20acordo%20com%20a%20Lei, ou%20os%20destinados%20ao%20Sistema. Acesso em: 10 abr. 2021.
[65] BRASIL. **Lei nº 14.133, de 1º de abril de 2021.** Lei de Licitações e Contratos Administrativos. Organização de textos, remissões da Lei nº 8.666/1993, Lei nº 10.520/2002 e Lei nº12.462/2011 e índices por Ana Luiza Jacoby Fernandes e J. U. Jacoby Fernandes. Belo Horizonte: Fórum, 2021.
[66] Nas unidades que dirigia, no serviço público ou iniciativa privada, o Professor Jacoby Fernandes lembra que estabelecia normas e procedimentos.

Na iniciativa privada, a adequada procedimentalização permite uma melhor gestão da qualidade dos processos e facilita a certificação por grandes organizações, como a ISO 9.001[67].

1.5.6 Poder regulamentar dos órgãos na Lei nº 8.666/1993

A Lei nº 8.666/1993 dispôs sobre o poder regulamentar geral dos órgãos em artigo específico:

> Art. 115. Os órgãos da Administração poderão expedir normas relativas aos procedimentos operacionais a serem observados na execução das licitações, , no âmbito de sua competência, observadas as disposições desta Lei.
>
> Parágrafo único. As normas a que se refere este artigo, após aprovação da autoridade competente, deverão ser publicadas na imprensa oficial. [68]

Em linha de coerência com a melhor doutrina do Direito Administrativo, independentemente do disposto no art. 115 da Lei nº 8.666/1993, sempre incentivamos a normatização orgânica, isto é, oriunda do órgão administrativo.

Diferentemente, a Lei nº 14.133/2021 definiu a possibilidade de edição de normas, a partir da competência do próprio órgão, o que na prática significa que não atribuiu poder regulamentar, mas definiu o que deve ser regulamentado, por quem já detém esse poder regulamentar. Um dos dispositivos mais importante é este:

> Art. 19. Os órgãos da Administração com competências regulamentares relativas às atividades de administração de materiais, de obras e serviços e de licitações e contratos deverão:
>
> I - instituir instrumentos que permitam, preferencialmente, a centralização dos procedimentos de aquisição e contratação de bens e serviços;
>
> II - criar catálogo eletrônico de padronização de compras, serviços e obras, admitida a adoção do catálogo do Poder Executivo federal por todos os entes federativos;
>
> III - instituir sistema informatizado de acompanhamento de obras, inclusive com recursos de imagem e vídeo;
>
> IV - instituir, com auxílio dos órgãos de assessoramento jurídico e de controle interno, modelos de minutas de editais, de termos de referência, de contratos padronizados e de outros documentos, admitida a adoção das minutas do Poder Executivo federal por todos os entes federativos;
>
> V - promover a adoção gradativa de tecnologias e processos integrados que permitam a criação, a utilização e a atualização de modelos digitais de obras e serviços de engenharia.

---

[67] A certificação de qualidade e enquadramento com a ABNT NBR ISO 9001 são reconhecidas internacionalmente como um selo de qualidade nos processos de gestão de produtos/serviços.
[68] BRASIL. **Lei nº 8.666/93 [Versão Bolso]**. Organização dos textos e índice por J. U. JACOBY FERNANDES. 21. ed. ampl., rev. e atual. Belo Horizonte: Fórum, 2020. Livro digital.

§ 1º O catálogo referido no inciso II do caput deste artigo poderá ser utilizado em licitações cujo critério de julgamento seja o de menor preço ou o de maior desconto e conterá toda a documentação e os procedimentos próprios da fase interna de licitações, assim como as especificações dos respectivos objetos, conforme disposto em regulamento.

§ 2º A não utilização do catálogo eletrônico de padronização de que trata o inciso II do caput ou dos modelos de minutas de que trata o inciso IV do caput deste artigo deverá ser justificada por escrito e anexada ao respectivo processo licitatório.

§ 3º Nas licitações de obras e serviços de engenharia e arquitetura, sempre que adequada ao objeto da licitação, será preferencialmente adotada a Modelagem da Informação da Construção (*Building Information Modelling- BIM*) ou tecnologias e processos integrados similares ou mais avançados que venham a substituí-la.[69]

Essa regulamentação interfere na contratação direta sem licitação, na medida em que:

b) determina unificar os processos em uma unidade, como se depreende do inciso I;

c) determina unificar a descrição de objetos, pelo uso de catálogos, que deverão ser detalhados, especialmente para licitações em que o preço seja o critério de julgamento, como se depreende do inciso II e § 1º; caso não seja usado o catálogo, a autoridade deverá justificar a decisão, como se depreende do § 2º desse mesmo art. 19;

d) determina informatizar o acompanhamento e controle de obras, inclusive com o uso de imagens, e adoção da Modelagem da Informação da Construção (*Building Information Modelling - BIM*) ou tecnologias e processos integrados unificar os processos em uma unidade, como se depreende do inciso III e V e o § 3º; ;

e) determina seguir modelos de minutas de editais, de termos de referência, de contratos padronizados e de outros documentos e induz a conveniência da adoção das minutas do Poder Executivo federal por todos os entes federativos, conforme se depreende do inciso IV; caso não sejam usados os modelos, a autoridade deverá justificar a decisão, como se depreende do § 2º desse mesmo art. 19.

Essa faculdade apresenta-se como singular oportunidade para disciplinar os procedimentos operacionais internos que tantas dúvidas causam na sua aplicação.

---

[69] BRASIL. **Lei nº 14.133, de 1º de abril de 2021.** Lei de Licitações e Contratos Administrativos. Organização de textos, remissões da Lei nº 8.666/1993, Lei nº 10.520/2002 e Lei nº12.462/2011 e índices por Ana Luiza Jacoby Fernandes e J. U. Jacoby Fernandes. Belo Horizonte: Fórum, 2021.

1.6 Regulamento do Poder Judiciário, do Poder Legislativo e do Tribunal de Contas

A nova Lei de Licitações deu importante regramento para cumprir o dever de eliminar controvérsias, prestigiando a aplicação do princípio da segurança jurídica. Assim, dispôs que a função administrativa dos órgãos dos Poderes Legislativo e Judiciário da União, dos Estados e do Distrito Federal e os órgãos do Poder Legislativo dos municípios está submetida às normas gerais da Lei nº 14.133/2021.

Suprimiu, assim, a dúbia expressão "no que couber", utilizada no art. 117, para determinar o alcance da Lei nº 8.666/1993[70].

Esse aspecto, que sobressai numa interpretação literal, demonstra que a nova Lei de Licitações tem aplicação restrita à função administrativa, podendo não ser aplicada a situações peculiares ou específicas desses poderes, como ocorre nas contratações para atividade-fim. Para essa atividade, caberá regulamento específico.

Que tipos de peculiaridades detêm os órgãos citados e qual a possibilidade de adaptação que motivou esse artigo de natureza diferenciada?

Em princípio, há duas peculiaridades comuns aos órgãos referidos que não são encontradas nos órgãos vinculados ao Poder Executivo.

A primeira concernente à natureza de suas atribuições: elaboração de leis; julgamento da aplicação das leis e controle externo da Administração Pública, em síntese, respectivamente. A diferença coloca a execução de tais atividades administrativas em contexto diverso do existente no amplo leque de atribuições dos órgãos do Poder Executivo, podendo ensejar o desempenho de atividades com características peculiares não previstas na Lei de Licitações, quando vinculadas às atividades-fim de tais órgãos. Caso típico seria a contratação de consultoria para auxiliar o desempenho de determinada atividade de perícia dos Tribunais de Contas que, pelo volume ou especificidade, não pudesse ser alcançada pelos seus órgãos instrutivos; ou ainda a contratação de advogado por uma Casa Legislativa para um processo de *impeachment*.

Para o Judiciário, há um caso específico de contratação direta na nova Lei de Licitações. No art. 75, foi estabelecido que a licitação é dispensável para:

> l) serviços especializados ou aquisição ou locação de equipamentos destinados ao rastreamento e à obtenção de provas previstas nos incisos II e V do caput do art. 3º da Lei nº 12.850, de 2 de agosto de 2013, quando houver necessidade justificada de manutenção de sigilo sobre a investigação.[71]

---

[70] BRASIL. **Lei nº 8.666/93 [Versão Bolso]**. Organização dos textos e índice por J. U. JACOBY FERNANDES. 21. ed. ampl., rev. e atual. Belo Horizonte: Fórum, 2020. Livro digital.
[71] BRASIL. **Lei nº 14.133, de 1º de abril de 2021**. Lei de Licitações e Contratos Administrativos. Organização de textos, remissões da Lei nº 8.666/1993, Lei nº 10.520/2002 e Lei nº12.462/2011 e índices por Ana Luiza Jacoby Fernandes e J. U. Jacoby Fernandes. Belo Horizonte: Fórum, 2021.

Esse dispositivo, que também se aplica ao Ministério Público, polícia judiciária e outros órgãos de controle, também comporta regulamentação interna, definindo autoridade competente e os documentos para instrução do processo.

A segunda peculiaridade desses órgãos diz respeito à sua estrutura orgânica. Enquanto a estruturação dos órgãos vinculados ao Poder Executivo tem por substrato rígidas linhas hierárquicas, a relação entre os órgãos do Poder Judiciário e do Legislativo, assim como a dos Tribunais de Contas, têm subjacentes laços de coordenação. Isso porque, nas palavras do renomado Cretella Júnior:

> [...] em contraste com o que se passa no círculo do Executivo, onde os órgãos se estruturam em cadeias de subordinação, ao longo das rígidas linhas hierárquicas - na dimensão do Legislativo, como de resto na do Judiciário, prepondera uma organização composta por coordenação; não há pensar em instituições superiores ou inferiores, órgãos principais e auxiliares.[72]

Essa nota diferenciadora tem reflexos na atividade-fim, pois, quando um magistrado nomeia um perito, não segue os ditames da Lei de Licitações, por exemplo.[73]

As despesas que não se submetem à Lei de Licitações são denominadas como "não aplicáveis" pelos sistemas financeiros do Governo Federal e indicam que na classificação jurídico-contábil não é aplicável a Lei de Licitações.

Enquadram-se na categoria não aplicável também as despesas de pessoal, pagamento de multa de trânsito, seguro obrigatório e outras dessa espécie para as quais o conceito de inexigibilidade é bastante superado. Essas despesas representam mais de 65% das despesas do Orçamento Fiscal e da Seguridade Social da União.

Já no desempenho da atividade administrativa dos órgãos do Poder Judiciário, do Poder Legislativo e dos Tribunais de Contas, em regra, as normas da Lei nº 14.133/2021 são aplicáveis.

Mesmo para o desempenho de funções administrativas, recomenda-se a regulamentação. Como expusemos nas edições anteriores, regulamentar o exercício da competência pela gestão administrativa das unidades auxilia a coordenação de normas do Direito Administrativo, a aplicação de sanções preconizadas pela nova Lei de Licitações e pela Lei de Responsabilidade Fiscal.[74] Isso porque, quando, v.g., um Ministro de um Tribunal Superior participa de atos de licitação ou de dispensa de licitação, despoja-se da sua condição de agente político do Estado, representando parcela de Poder, para assumir a condição de mera autoridade administrativa, responsável pela realização de um ato administrativo. No futuro, sua conduta será contrastada, pelo Tribunal de Contas, gerando inconvenientes das mais diversas ordens, vez que, por um lado, se submete ao Tribunal de Contas; por outro, no mínimo,

---

[72] CRETELLA JÚNIOR, José. **Administração indireta brasileira**. 4. ed. Rio de Janeiro: Forense, 2000.
[73] O Supremo Tribunal Federal realizou credenciamento para tradutores (Edital disponível no sítio: www.jacoby.pro.br). Esse fato revela que, sendo frequente a contratação de peritos e intérpretes, há possibilidade de adequação à Lei nº 8.666/1993.
[74] A propósito da Lei Complementar nº 101/2000, consulte: BRASIL. **Lei de Responsabilidade Fiscal**. Lei Complementar nº 101, de 4 de maio de 2000. Organização dos textos e índice por J. U. JACOBY FERNANDES. 6. ed. atual. e ampl. Belo Horizonte: Fórum, 2014.

iguala-se à autoridade de seus membros na interpretação de leis. Aliás, é mesmo um princípio que o desempenho das atividades-fim deve ficar dissociado da realização das atividades-meio, conforme preceituava o próprio Decreto-Lei nº 200/1967,[75] ao inaugurar a reforma administrativa. Para melhor compreensão, recomenda-se a leitura do livro: Manual do Ordenador de Despesas[76].

Não raro, porém, algumas autoridades afastam servidores da prática de atos administrativos e avocam para si essa competência e, mais tarde, quando flagrados pelo controle, pretendem eximir-se invocando sua condição de agente político. Esse absurdo contrassenso foi invocado por determinada autoridade, olvidando que o exame de atos administrativos se faz pela natureza do ato e não pela qualidade do agente.[77]

Também é importante regulamentar em norma interna, constituída sob o pálio desse artigo e do poder de autogoverno dos tribunais,[78] a competência para aplicar as sanções do inc. II do § 6º do art. 156 da Lei nº 14.133/2021.

1.7 Boas práticas na regulamentação

Seguindo as lições aprendidas no Instituto Protege,[79] que também se dedica à regulamentação de licitações, como fez ao regulamentar para a Comissão Central de Licitações do Estado do Maranhão, para a Comissão Permanente de Licitações do Estado de Roraima e, ainda, para a TELEBRAS, NUCLEP, BASA e outras grandes empresas estatais o tema das licitações, recomendamos as seguintes práticas para a normatização da contratação direta:

a) promover a organização sistemática dos incisos do art. 74 e 75;
b) definir a responsabilidade interna para comprovação/justificativa do preço da contratação;
c) definir a responsabilidade interna para justificar a escolha do contratado;
d) definir a responsabilidade interna para emissão do parecer jurídico e parecer técnico;[80]

---

[75] BRASIL. **Decreto-Lei nº 200, de 25 de fevereiro de 1967**. Dispõe sobre a organização da Administração Federal, estabelece diretrizes para a Reforma Administrativa e dá outras providências. Art. 10.
[76] JACOBY FERNANDES, Jorge Ulisses. **Manual do ordenador de despesas:** à luz do novo regime fiscal. Belo Horizonte: Fórum, 2019.
[77] BRASIL. Tribunal de Contas da União. Processo TC nº 003.236/94-3. Decisão nº 642/1995 - Plenário. Relator: Ministro Carlos Átila Álvares da Silva, **Diário Oficial da União**, Brasília, DF, 22 dez. 1995.
[78] BRASIL. **Constituição da República Federativa do Brasil**. Organização dos textos e índice por J. U. JACOBY FERNANDES. 3. ed. Atualizada até a EC nº 102/2019. Belo Horizonte: Fórum, 2020. Vide art. 96, I.
[79] "Compreendendo-se que esse desafio é também social, e não apenas político. O Instituto Protege tem desenvolvido estudos, pesquisas e capacitações, considerando-se a legislação e os instrumentos jurídicos existentes, para auxiliar os gestores públicos a desenvolver soluções inovadoras, específicas para as necessidades com as quais se deparam no exercício da gestão eficiente". Mais informações em: www.institutoprotege.com.br.
[80] BRASIL. **Lei nº 8.666/93 [Versão Bolso]**. Organização dos textos e índice por J. U. JACOBY FERNANDES. 21. ed. ampl., rev. e atual. Belo Horizonte: Fórum, 2020. Livro digital. Vide art. 38, VI.

e) definir a quem compete autorizar a contratação direta;[81]
f) definir quais documentos devem ser exigidos como suficientes para a habilitação do contratado;
g) definir parâmetros para o documento da formalização da demanda, do mapa de riscos, do termo de referência, do projeto básico e executivo.[82]

Como se verifica, somente nesse restrito tema "contratação direta", há fundados motivos para a expedição de regulamentação própria.[83]

1.8 Agências reguladoras

Muito se debatia sobre a possibilidade de as agências reguladoras, que no Brasil se enquadram como autarquias especiais e, por isso, sujeitas à Lei nº 8.666/1993[84], poderem exercer a competência regulamentar autônoma.

As agências reguladoras vinham desde sua criação,[85] no discutível exercício de sua competência regulamentar, inovando o processo licitatório, mediante sua simplificação ou mesmo criando novas modalidades de licitação, como a consulta e o pregão, este último estendido a toda Administração.[86]

O Supremo Tribunal Federal pronunciou-se sobre o assunto por meio da Decisão Liminar de 20 de agosto de 1998, proferida pelo Plenário do Supremo Tribunal Federal na ADI nº 1.668,[87] o que embasou o entendimento do TCU, determinando que a ANATEL procedesse à adaptação de seu regulamento de contratações, bem como quaisquer outras normas vigentes.[88]

---

[81] a) BRASIL. **Lei nº 8.666/93 [Versão Bolso]**. Organização dos textos e índice por J. U. JACOBY FERNANDES. 21. ed. ampl., rev. e atual. Belo Horizonte: Fórum, 2020. Livro digital, art. 26, *caput*.
b) em coerência com o que defendemos nas edições anteriores, o TCU editou a Súmula nº 257: "O uso do pregão nas contratações de serviços comuns de engenharia encontra amparo na Lei nº 10.520/2002."
[82] *Ibidem*, arts. 6º, IX; 7º, §2º, inc. I e § 9º e 40, § 2º, inc. I.
[83] MOTTA, Carlos Pinto Coelho. **Eficácia nas Licitações & Contratos**: Estrutura da Contratação, Concessões e Permissões, Responsabilidade Fiscal, Pregão - Parcerias Público-Privadas, 10. Ed. Belo Horizonte: Del Rey, 2005. Sobre o tema, consulte comentários na página 209.
[84] BRASIL. **Lei nº 8.666/93 [Versão Bolso]**. Organização dos textos e índice por J. U. JACOBY FERNANDES. 21. ed. ampl., rev. e atual. Belo Horizonte: Fórum, 2020. Livro digital.
[85] BRASIL. **Lei nº 9.472, de 16 de julho de 1997**. Dispõe sobre a organização dos serviços de telecomunicações, a criação e funcionamento de um órgão regulador e outros aspectos institucionais, nos termos da Emenda Constitucional nº 8, de 1995. **Diário Oficial da União**, Brasília, DF, 17 jul. 1997. Art. 8º.
[86] Por meio da MP nº 2026 de 28 de julho de 2000. **Diário Oficial da União**, Brasília, DF, 30 jul. 2000. Seção 1 em edição extra e regulamentada pelo Decreto nº 3.555, de 08 de agosto de 2000. **Diário Oficial da União**, Brasília, DF, 09 ago. 2000. Seção 1. A referida MP, após várias reedições, revogações e reedição como MP nº 2.182 foi Convertida na Lei nº 10.520, de 2002.
[87] Publicada no Diário da Justiça da República Federativa do Brasil, Brasília, 09 out. 1997. Seção 1.
[88] BRASIL. Tribunal de Contas da União. Processo TC nº 005.346/1998-3. Decisão nº 497/1999 - Plenário. Relator: Ministro Bento José Bugarin. **Diário Oficial da União**, Brasília, DF, 13 ago. 1999. Seção 1.

No novo ordenamento jurídico, as agências seguem a Lei nº 14.133/2021, tendo apenas o privilégio de ter os valores dobrados para fins de licitação dispensável, previsto no art. 75, inc. I e II, conforme dispõe o § 2º desse mesmo artigo.

1.9 Conselhos de fiscalização do exercício de profissão regulamentada

Sobre a abrangência da Lei de Licitações e Contratos, eventualmente retorna à balha a situação jurídica peculiar das entidades de fiscalização do exercício de profissões regulamentadas.

Essas entidades exercem uma parcela do poder do Estado, na medida em que se encarregam da fiscalização das profissões, constituindo uma entidade autônoma, de natureza especial.

Com relação aos recursos de que se utilizam, embora oriundos de membros restritos de uma comunidade, ainda assim têm natureza pública, razão pela qual se sujeitam à fiscalização pelos Tribunais de Contas. Até o advento da Lei nº 9.649/1998, estavam sujeitas à observância das normas sobre licitações e contratos, conforme iterativa jurisprudência do TCU.[89]

A Lei nº 9.649/1998 deu nova personalidade jurídica a essas entidades, as quais, embora continuem sujeitas à fiscalização do Tribunal de Contas da União, não estão mais jungidas à aplicação da Lei nº 8.666/1993[90], pois não se encontram arroladas no parágrafo único do art. 1º dessa lei[91].

---

[89] Na qual se destacam: Tribunal de Contas da União. Ata nº 56/1986, Sessão Plenária de 14 ago. 1986; Ata nº 25/1991, Sessão Plenária de 05 jun. 1991; Decisões nºs 234/1992 e 237/1992, Sessão Plenária de 13 maio 1992, e, em especial, os Processos TC nºs 012.930/1995-4. **Diário Oficial da União,** Brasília, DF, 13 ago. 1996. Seção 1, p. 15.312; TC nº 012.930/1995-4. Decisão nº 444/1996 - Plenário. Relator: Ministro-Substituto Lincoln Magalhães da Rocha. **Diário Oficial da União,** Brasília, DF, 13 ago. 1996. Seção 1, p. 15.312; TC nº 013.710/1991-5. Decisão nº 234/1992 - Plenário. **Diário Oficial da União,** Brasília, DF, 01 jun. 1992, p. 6863. Relator: Ministro Fernando Gonçalves e TC nº 019.696/90-6. Decisão nº 237/1992 - Plenário. Relator: Ministro Homero dos Santos. **Diário Oficial da União,** Brasília, DF, 01 jun. 1992. Seção 1, p. 6863.

[90] BRASIL. **Lei nº 8.666/93 (Versão Bolso).** Organização dos textos e índice por J. U. JACOBY FERNANDES. 21. ed. ampl., rev. e atual. Belo Horizonte: Fórum, 2020. Livro digital.

[91] BRASIL. **Lei nº 9.649, de 27 de maio de 1998.** Dispõe sobre a organização da Presidência da República e dos Ministérios, e dá outras providências. "[...] Art. 58. Os serviços de fiscalização de profissões regulamentadas serão exercidos em caráter privado, por delegação do poder público, mediante autorização legislativa. § 1º A organização, a estrutura e o funcionamento dos conselhos de fiscalização de profissões regulamentadas serão disciplinados mediante decisão do plenário do conselho federal da respectiva profissão, garantindo-se que na composição deste estejam representados todos seus conselhos regionais. § 2º Os conselhos de fiscalização de profissões regulamentadas, dotados de personalidade jurídica de direito privado, não manterão com os órgãos da Administração Pública qualquer vínculo funcional ou hierárquico. § 3º Os empregados dos conselhos de fiscalização de profissões regulamentadas são regidos pela legislação trabalhista, sendo vedada qualquer forma de transposição, transferência ou deslocamento para o quadro da Administração Pública direta ou indireta. § 4º Os conselhos de fiscalização de profissões regulamentadas são autorizados a fixar, cobrar e executar as contribuições anuais devidas por pessoas físicas e jurídicas, bem como preços de serviços e multas, que constituirão receitas próprias, considerando-se título executivo extrajudicial a certidão relativa aos

A pretensão de alterar o regime dessas instituições, contudo, durou pouco tempo. O Supremo Tribunal Federal declarou inconstitucional o art. 58 dessa norma e os parágrafos, que davam natureza jurídica privada para a instituição e para os recursos arrecadados[92]. Reafirmou o Supremo Tribunal Federal o entendimento de que não pode ser delegada a competência para uma instituição privada quando envolve o poder de polícia. Portanto, a natureza parafiscal e pública dos recursos torna recomendável que editem normas próprias para regular as aquisições e contratações.

A partir desses julgamentos e outros deve-se considerar que essas entidades são autônomas, agora distantes de entidades do gênero autarquia. Esse é o entendimento muito bem fundamentado que se encontra no livro *Conselhos de Fiscalização*[93], de Jaques Fernando Reolon.

Muito embora o procedimento da licitação não seja o único meio de garantir a eficácia de tais princípios, parece indispensável a sua prevalência sobre outros meios, como a juntada de várias propostas aos processos de aquisição ou a justificativa pela inviabilidade de competição. A simplificação dos procedimentos poderá ser instituída com vantagens, como redução de prazos, redução de exigências pertinentes à regularidade fiscal[94] e à seguridade social. Também não estarão obrigadas a publicar todos os atos pertinentes ao procedimento licitatório. Como ensina o saudoso Professor Leon Frejda Szklarowsky, pode-se guardar semelhança entre esse entendimento e aquele, sufragado pelo TCU, em relação às entidades jurídicas integrantes do chamado sistema "S", às quais foi concedido maior elastério no campo regulamentador[95]. Enquanto não editarem regulamento próprio, os conselhos de

---

créditos decorrentes. § 5º O controle das atividades financeiras e administrativas dos conselhos de fiscalização de profissões regulamentadas será realizado pelos seus órgãos internos, devendo os conselhos regionais prestar contas, anualmente, ao conselho federal da respectiva profissão, e estes aos conselhos regionais. § 6º Os conselhos de fiscalização de profissões regulamentadas, por constituírem serviço público, gozam de imunidade tributária total em relação aos seus bens, rendas e serviços. § 7º Os conselhos de fiscalização de profissões regulamentadas promoverão, até 30 de junho de 1998, a adaptação de seus estatutos e regimentos ao estabelecido neste artigo. § 8º Compete à Justiça Federal a apreciação das controvérsias que envolvam os conselhos de fiscalização de profissões regulamentadas, quando no exercício dos serviços a eles delegados, conforme disposto no caput. § 9º O disposto neste artigo não se aplica à entidade de que trata a Lei nº 8.906, de 4 de julho de 1994."

[92] BRASIL. Supremo Tribunal Federal. **ADIN nº 1.717-6**. Relator: Sidney Sanches, 7 de novembro de 2002. Disponível em: http://redir.stf.jus.br/paginadorpub/paginador.jsp?docTP=AC&docID=266741. Acesso em: 22 abr. 2021.

[93] REOLON, Jaques Fernando. **Conselhos de Fiscalização**. Belo Horizonte: Editora Fórum, 2019.

[94] TCU considera irregular: "[...] ausência de verificação da documentação de regularidade jurídica e fiscal das empresas também nos casos de contratações por dispensa de licitação [...]." BRASIL. Tribunal de Contas da União. Processo TC nº 027.894/2009-3. Acórdão nº 1405/2011 - Plenário. Relator: Ministro Augusto Sherman. **Diário Oficial da União**, Brasília, DF, 30 mai. 2011.

[95] a) Em artigo publicado nos sites www.teiajuridica.com; www.jusnavegandi.com.br; www.comunidadejurídica.com.br e em Anais do III Congresso Goiano de Direito Tributário, realizado em 21 nov. 1998, entre outros.

b) A propósito, o Ministério da Economia e a Controladoria-Geral da União regulamentaram, por meio da Portaria Conjunta nº 2/2021, as obrigações de transparência ativa a serem atendidas pelas entidades com personalidade jurídica de direito privado constituídas sob a forma de serviço social autônomo, destinatárias de contribuições sociais. Consulte, em especial, o art. 2º, inc. VIII e IX, que tratam das licitações e contratos.

fiscalização de exercício de profissão regulamentada ficam adstritos ao cumprimento da Lei nº 14.133/2021.

1.10 Sistemática do Contrato de Gestão

O denominado Sistema de Contrato de Gestão, como forma de administração de atividade ou serviço público, não altera a personalidade jurídica das entidades. Assim, as pessoas jurídicas constituídas sob a forma de autarquia continuam sendo autarquias; as empresas públicas e sociedades de economia mista continuam com a mesma personalidade jurídica. Por isso, é de se estranhar que se pretenda eximir do cumprimento da lei geral de licitações as entidades que se relacionam com a Administração Pública sob a forma de contrato de gestão.

O que conta para estar ou não submetido à lei geral de licitações é a personalidade jurídica - na forma do parágrafo único do art. 1º desse diploma - ou, ainda, conforme pacífica jurisprudência do TCU, a origem fiscal do patrimônio que as constituiu.

Ao tempo do Decreto-Lei nº 2.300/1986, o TCU firmou entendimento no mesmo sentido do que foi exposto.[96]

Mesmo com o advento da Emenda Constitucional nº 19, de 5 de junho de 1998, que acrescentou o § 8º ao art. 37, parecem subsistir os mesmos fundamentos expostos.[97]

Infere-se facilmente que o objetivo do contrato de gestão é conceder maior autonomia gerencial, o que se faz perante a entidade à qual estava vinculada, não frente à lei, imposta soberanamente a todos os que têm a mesma natureza. Não poderia, evidentemente, buscar afrontar os princípios da isonomia que regem a Administração frente aos particulares, por isso, acertadamente, a Constituição[98], ao indicar o objeto da futura lei regulamentadora, restringiu seu alcance ao relacionamento entre os órgãos e seus agentes. Frente aos particulares - licitantes ou fornecedores -, o contrato de gestão nada pode afetar.

---

[96] O Sistema de Contrato de Gestão de Empresas Públicas não pode inibir a aplicação da Lei de Licitações. BRASIL. Tribunal de Contas da União. Processo TC nº 010.982/1992-2. Decisão nº 24/1993 - Plenário. Relator: Ministro Luciano Brandão Alves de Souza. **Diário Oficial da União**. 09 mar. 1993. Seção 1, p. 2795.

[97] BRASIL. **Constituição da República Federativa do Brasil**. Organização dos textos e índice por J. U. JACOBY FERNANDES. 3. ed. Atualizada até a EC nº 102/2019. Belo Horizonte: Fórum, 2020. *In verbis*: "Art. 37. [...] § 8º A autonomia gerencial, orçamentária e financeira dos órgãos e entidades da administração direta poderá ser ampliada mediante contrato, a ser firmado entre seus administradores e o poder público, que tenha por objeto a fixação de metas de desempenho para o órgão ou entidade, cabendo à lei dispor sobre: I - o prazo de duração do contrato; II - os controles e critérios de avaliação de desempenho, direitos, obrigações e responsabilidades dos dirigentes; III - a remuneração de pessoal."

[98] BRASIL. **Constituição da República Federativa do Brasil**. Organização dos textos e índice por J. U. JACOBY FERNANDES. 3. ed. Atualizada até a EC nº 102/2019. Belo Horizonte: Fórum, 2020.

1.11 Uso de recursos públicos por entidades privadas

As entidades privadas podem ser responsáveis pela aplicação de recursos públicos quando, por exemplo, receberem recursos de convênios. Também quando há transferências voluntárias.

Nessa situação, estão sujeitas à prestação de contas, pois qualquer um que seja responsável pela gestão de recursos públicos está sujeito ao dever de prestar contas.

Tem-se desenvolvido por parte de alguns segmentos do controle a pretensão de exigir a aplicação das normas que dispõem sobre licitação. Essa pretensão não tem amparo jurídico, mesmo que vez por outra algum decreto, portaria ou instrumento de convênio assim disponha.

Explica-se: a aplicação de recursos não pode ser feita obrigando o aplicador a constituir comissão de licitação, órgão jurídico, recurso hierárquico. Se o Poder Público transfere a particular a aplicação de recursos é porque: a) não possui capacidade de executar o objeto; b) não há possibilidade jurídica de executá-lo no âmbito público. Em ambas as situações, é a natureza da instituição particular que justifica a transferência.

Acresça-se ainda, como argumento, o fato de que não é a aplicação de leis de licitação que, por si só, garante a honestidade.

Não se pode, portanto, pretender mudar procedimentos privados em públicos, nem alterar *interna corporis* instituição privada para que se transfiram recursos.

Algumas instituições privadas são modelo de organização e possuem procedimentos até melhores que os públicos. É o caso, por exemplo, da Fundação Assis Chateaubriand – FAC, com sede em Brasília.

Em síntese: não é juridicamente correto impor a entidade privada que recebe recursos públicos que altere seus próprios procedimentos ou crie órgãos internos para que a prestação de contas seja regular. O dever de quem recebe recursos públicos limita-se à prestação de contas.

Recomenda-se, no entanto, que todas as instituições tenham regulamento próprio.

1.12 Aplicação de recursos internacionais

Os contratos firmados com organismos internacionais, como UNESCO, BID e BIRD, para financiamento de atividades e projetos pela Administração Pública brasileira, não estão submetidos às disposições da nova Lei de Licitações.

Os entes integrantes da Administração Pública, na aplicação dos recursos oriundos dos organismos internacionais, têm permissão legal para admitir a aplicação das normas desses organismos nas licitações e contratos que vierem a realizar.[99]

Na vigência da lei anterior, o tema evoluiu para estabelecer um conjunto de normas que indicam quais regras internacionais ou nacionais devem prevalecer no caso concreto, denominado "normas de convergência".[100]

Agora, as normas estão definidas com precisão no art. 1º, § 3º, da Lei nº 14.133/2021[101] e ainda há regramento:

a) do § 5º do art. 14, que veda a participação de pessoa física ou jurídica que integre o rol de pessoas sancionadas por essas entidades ou que seja declarada inidônea nos termos nas licitações e contratações realizadas no âmbito de projetos e programas parcialmente financiados por agência oficial de cooperação estrangeira ou por organismo financeiro internacional com recursos do financiamento ou da contrapartida nacional;

b) do art. 52, que trata de licitação internacional e guarda semelhança com a regra do art. 42 da Lei nº 8.666/1993[102]. Muitas vezes, a realização de licitação internacional é imposição do acordo que obtém recursos do organismo internacional.

1.13 Crimes na nova Lei de Licitações

A Lei nº 8.666/1993, inovando o ordenamento jurídico, criou em dez artigos a tipificação dos crimes em licitações e contratos.

À época, pronunciamo-nos contrariamente a essa opção de tipificar crimes em leis específicas, em vez de inserir no Código Penal. Tanto em palestras, como no

---

[99] BRASIL. **Lei nº 14.133, de 1º de abril de 2021**. Lei de Licitações e Contratos Administrativos. Organização de textos, remissões da Lei nº 8.666/1993, Lei nº 10.520/2002 e Lei nº12.462/2011 e índices por Ana Luiza Jacoby Fernandes e J. U. Jacoby Fernandes. Belo Horizonte: Fórum, 2021: "Art. 1º. [...] § 3º Nas licitações e contratações que envolvam recursos provenientes de empréstimo ou doação oriundos de agência oficial de cooperação estrangeira ou de organismo financeiro de que o Brasil seja parte, podem ser admitidas: I - condições decorrentes de acordos internacionais aprovados pelo Congresso Nacional e ratificados pelo Presidente da República; II - condições peculiares à seleção e à contratação constantes de normas e procedimentos das agências ou dos organismos, desde que: a) sejam exigidas para a obtenção do empréstimo ou doação; b) não conflitem com os princípios constitucionais em vigor; c) sejam indicadas no respectivo contrato de empréstimo ou doação e tenham sido objeto de parecer favorável do órgão jurídico do contratante do financiamento previamente à celebração do referido contrato; d) (VETADO)."

[100] Sobre o assunto, ver: TCU. Processo TC nº 009.140/2002-9. Acórdão nº 588/2004 - 2ª Câmara. Relator: Ministro Adylson Motta. **Diário Oficial da União**, Brasília, DF, 04 maio 2004. Seção 1.

[101] BRASIL. Lei nº 14.133, de 1º de abril de 2021. Lei de Licitações e Contratos Administrativos. **Planalto**. Disponível em: http://www.planalto.gov.br/ccivil_03/_ato2019-2022/2021/lei/L14133.htm Acesso em: 1 abr. 2021.

[102] BRASIL. **Lei nº 8.666/93 (Versão Bolso)**. Organização dos textos e índice por J. U. JACOBY FERNANDES. 21. ed. ampl., rev. e atual. Belo Horizonte: Fórum, 2020. Livro digital.

desempenho das funções no Ministério Público e, mais tarde na Advocacia, expusemos o fato de que a criação de norma por lei específica não inserida no Código Penal retira todo o conjunto de normas que constituem a Ciência sancionatória. Infelizmente, a prática demonstrou o acerto de nossa interpretação.

O Supremo Tribunal Federal teve vários julgados divergentes sobre a complexa questão de crime formal, sobre a possibilidade de punir crime culposo e a tentativa.

Dezenas de servidores assumiram a condição de réu em processos criminais, por ato manifestamente culposo; outros foram réus por inobservar as formalidades exigidas para a contratação direta sem licitação, embora a ausência de licitação fosse correta. Essas infrações poderiam justificar um processo administrativo, mas nunca um servidor honesto deveria frequentar uma cela prisional ou temer esse destino, ao desempenhar uma função pública. A reputação na era dos escândalos não teve qualquer valor para os acusadores que procuraram a convidativa vitrine da moralidade.[103]

Agora, a Lei nº 14.133/2021 retoma o curso natural da evolução. Ao tipificar os crimes, inseriu-os no Código Penal e, portanto, subjugou a tipificação às regras gerais que lá estão regulando o crime doloso e a tentativa. Em outras palavras, o crime agora tipificado é punido se praticado na forma dolosa; somente será punido na forma culposa, se houver expressa previsão legal para essa conduta. E não há previsão de crime culposo.

O alvorecer do dia 2 de abril de 2021, quando se iniciou a vigência da Lei nº 14.133/2021, representou um notável avanço para o Direito Administrativo. Espera-se um avanço coerente, com base nos fundamentos da ciência, sem retrocessos.

Os agentes que praticam crimes de licitações e contratos públicos devem ser punidos, inclusive com severas penas, tal como previsto agora no Código Penal. O início da persecução penal deve ser feito com a definição do ônus da prova para o acusador, com a presunção de inocência em favor do acusado, com a garantia do devido processo legal.

Os poderes de controle e de acusação já estão instrumentalizados com o poder de quebra de sigilo bancário e fiscal e podem pedir escuta ambiental para formar a convicção da culpa. Podem e devem ter instrumentos para que possam assegurar que há indícios consistentes e irrefutáveis para submeter um servidor a um processo criminal e, no final, com o advento da sentença condenatória, expulsá-lo do serviço público. É possível, inclusive, pedir o afastamento provisório, no curso das investigações. Retirar do serviço público os que não estão comprometidos com o ideário dessa instituição é um dever não só dos órgãos acusadores, mas da sociedade e dos colegas de trabalho.

---

[103] "A aparente moralidade pública, a convidativa vitrine do interesse público não se sobrepõe à liberdade e esta fica ferida de morte quando há o atropelo da organicidade do Direito, buscando-se, de uma hora para outra, a correção de rumo, a satisfação devida à sociedade, pouco importando que os meios utilizados desbordem do arcabouço normativo", escreveu o ministro Marco Aurélio do Supremo Tribunal Federal.

A reputação pessoal e profissional não mais pode ser comprometida com as aventuras do direito de proliferar acusações impunemente. Quem age honestamente tem o direito de não ficar só, em sua própria defesa. Não faz sentido que um dirigente tenha praticado o ato amparado em parecer jurídico ou parecer técnico e ao ser acusado esteja desamparado. Modestamente, auxiliamos a inserir na norma essa diretriz.

A esse respeito, expressamente, a Lei nº 14.133/2021 trata do tema:

> Art. 10. Se as autoridades competentes e os servidores públicos que tiverem participado dos procedimentos relacionados às licitações e aos contratos de que trata esta Lei precisarem defender-se nas esferas administrativa, controladora ou judicial em razão de ato praticado com estrita observância de orientação constante em parecer jurídico elaborado na forma do § 1º do art. 53 desta Lei, a advocacia pública promoverá, a critério do agente público, sua representação judicial ou extrajudicial.

Note, porém, que essa regra teve um adequado temperamento nesse parágrafo seguinte.

> [...]
> § 1º Não se aplica o disposto no caput deste artigo quando:
> I - (VETADO);
> II - provas da prática de atos ilícitos dolosos constarem nos autos do processo administrativo ou judicial.

E essa garantia há de acompanhar o servidor, para além da relação jurídica mantida, conforme preceitua o seguinte parágrafo do mesmo art. 10:

> [...]
> § 2º Aplica-se o disposto no caput deste artigo inclusive na hipótese de o agente público não mais ocupar o cargo, emprego ou função em que foi praticado o ato questionado.

Note, porém, que a instrumentalização da proteção deve ser compreendida de forma sobranceira, não podendo jamais descambar para a arrogância de alguns personagens que compõem indevidamente o seleto grupo dos servidores públicos. Indevidamente, porque se servem dos instrumentos de ação para perseguir e proceder com profunda letargia deixando o cidadão à espera em longas filas, suportando um serviço caro e muito incompetente.

Portanto, que o alvorecer do dia 2 abril represente a conquista dos bons servidores, dos que se qualificaram e se qualificam, enfrentando desafios superiores para alcançar os objetivos do serviço público. Para esses, a extinção da forma culposa foi um justo prêmio.

1.14 Direito à qualificação e princípios adstritos ao controle

Com certeza, os que se devotam ao controle e à persecução penal têm percebido que há pessoas que se envolvem na prática de condutas irregulares porque não estão qualificadas para a função. Prestam-se a ser os "inocentes úteis"[104], manipulados por quem conta com a ignorância alheia para obter vantagem indevida e moralmente inaceitável.

A nova Lei de Licitações apresenta uma série de dispositivos que permitem consagrar um direito de qualificação.

Primeiro, cria um dever de que as funções sejam exercidas por servidores qualificados[105].

1.14.1 Dever de nomear agentes qualificados

Assim determina que a autoridade máxima do órgão ou da entidade deve promover a gestão por competências; também deve designar agentes públicos para o desempenho das funções essenciais à execução desta lei que possuam formação compatível ou que, além dessa formação, tenham qualificação atestada por certificação profissional emitida por escola de governo criada e mantida pelo Poder Público. Portanto, o cenário definido pela Lei impôs especificamente um conjunto de atos que tem natureza de requisitos para a prévia designação[106].

A omissão no atendimento desses requisitos pode implicar na responsabilização administrativa na forma culposa, classificada pelos romanos como culpa *in eligendo*.[107]

---

[104] Esse termo consta do livro do economista Ludwig von Mises. *Planned Chaos* (1947), a quem tem sido atribuída a origem escrita.
[105] BRASIL. **Lei nº 14.133, de 1º de abril de 2021.** Lei de Licitações e Contratos Administrativos. Organização de textos, remissões da Lei nº 8.666/1993, Lei nº 10.520/2002 e Lei nº12.462/2011 e índices por Ana Luiza Jacoby Fernandes e J. U. Jacoby Fernandes. Belo Horizonte: Fórum, 2021. Vide art. 7º, inc. II.
[106] BRASIL. **Lei nº 14.133, de 1º de abril de 2021.** Lei de Licitações e Contratos Administrativos. Organização de textos, remissões da Lei nº 8.666/1993, Lei nº 10.520/2002 e Lei nº12.462/2011 e índices por Ana Luiza Jacoby Fernandes e J. U. Jacoby Fernandes. Belo Horizonte: Fórum, 2021. Vide art. 7º.
[107] Culpa *in eligendo* que se traduz na má escolha de preposto ou responsável. Nesse sentido, condenando o gestor
que afirma ter decidido com base em informações de assessor ou técnico: a) "[...] No caso de se tratar de contratos de grande complexidade, o ordenador de despesas deve cercar-se de agentes idôneos com aptidão técnica suficiente, para que estes o auxiliem corretamente na execução do Contrato. Entretanto, os pareceres elaborados por tais agentes não têm força de legitimar a ação do ordenador de despesas que estará agindo, no mínimo, com culpa '*in eligendo*'. E, no caso em comento, competia ao recorrente, na condição de Presidente, designar o representante da administração para acompanhar e fiscalizar a execução do contrato e os membros da Comissão da Construção do Fórum, como demonstra, respectivamente, o art. 67 da Lei nº 8.666/1993, e o art. 122 do Regulamento Geral do TRT da 2ª Região [...]". BRASIL. Tribunal de Contas da União. Processo TC nº 001.025/1998-8. Acórdão nº 298/2000 - Plenário. Relator: Ministro Adylson Motta. Brasília, 29 de novembro de 2000. **Diário Oficial da União**, Brasília, DF, 9 fev. 2001; b) "[...] 9.6 as arguições insertas no item 42, fls. 194, não isentam o responsável, pois este deve escolher bem seus auxiliares, do contrário, responder por 'culpa *in eligendo* [...]". Tribunal de Contas da União. Processo TC nº 399.127/1993-3. Acórdão nº 238/1996 - 2ª Câmara. Relator: Ministro Adhemar Paladini Ghisi. Brasília, 2 de maio de 1996. **Diário Oficial da União**, Brasília, DF, 15 maio 1996, p. 8.454; c) ademais, a delegação de competência não implica

A qualificação e a capacitação também são impostas com estrita pertinência para o objeto de cada licitação. Inovadoramente, a lei determinou que[108], na fase preparatória do processo licitatório, o estudo técnico preliminar conterá as providências para a capacitação de servidores ou de empregados para fiscalização e gestão contratual.

Isso significa criar uma gestão extremamente profissionalizada e direcionada para cada objeto da licitação.

E, numa terceira perspectiva, foi imposto aos Tribunais de Contas otimizarem a capacidade de suas Escolas de Contas para:

> [...] promover eventos de capacitação para os servidores efetivos e empregados públicos designados para o desempenho das funções essenciais à execução desta Lei, incluídos cursos presenciais e a distância, redes de aprendizagem, seminários e congressos sobre contratações públicas.[109]

Esse dispositivo, que contou com nosso apoio e aplauso, deve ser aplicado com muita moderação.

Ao tempo em que integramos o Tribunal de Contas, propusemos que a qualificação inicial dos Ordenadores de Despesas fosse realizada gratuitamente pela instituição. As seguintes, reciclagens ou requalificação, fossem feitas independentemente, por outra instituição à escolha da entidade.

A moderação na aplicação desse dispositivo é recomendada para que a doutrina nacional não seja sufocada pela perigosa doutrina "chapa branca", numa alusão aos tempos em que os veículos oficiais eram emplacados com a cor de fundo branca, em oposição ao amarelo utilizado pelo particular. A evolução do Direito não se faz impondo uma única fonte de conhecimento e uma única possibilidade de interpretação da norma. A dialética é essencial à Ciência jurídica e o pluralismo o berço da evolução.

---

a delegação de responsabilidade, cabendo ao recorrente a fiscalização dos atos de seus subordinados, pois o gestor não pode isentar-se da responsabilidade pelo exercício do trabalho de seus subordinados, devendo escolher bem seus auxiliares, do contrário, responde por culpa *in eligendo*, consoante dispõe o art. 932, inciso III, do Código Civil: BRASIL. Tribunal de Contas da União. Processo TC nº 006.260/1999-3. Acórdão nº 19/2002 - Plenário. Relator: Benjamin Zymler. Brasília, 6 de fevereiro de 2002. **Diário Oficial da União**, Brasília, DF, 6 mar. 2002.

[108] Art. 18, § 1º, inc. X da BRASIL. **Lei nº 14.133, de 1º de abril de 2021.** Lei de Licitações e Contratos Administrativos. Organização de textos, remissões da Lei nº 8.666/1993, Lei nº 10.520/2002 e Lei nº12.462/2011 e índices por Ana Luiza Jacoby Fernandes e J. U. Jacoby Fernandes. Belo Horizonte: Fórum, 2021.

[109] BRASIL. **Lei nº 14.133, de 1º de abril de 2021.** Lei de Licitações e Contratos Administrativos. Organização de textos, remissões da Lei nº 8.666/1993, Lei nº 10.520/2002 e Lei nº12.462/2011 e índices por Ana Luiza Jacoby Fernandes e J. U. Jacoby Fernandes. Belo Horizonte: Fórum, 2021: "Art. 173. Os tribunais de contas deverão, por meio de suas escolas de contas, promover eventos de capacitação para os servidores efetivos e empregados públicos designados para o desempenho das funções essenciais à execução desta Lei, incluídos cursos presenciais e a distância, redes de aprendizagem, seminários e congressos sobre contratações públicas."

Portanto, há o risco de que a capacitação e a apresentação da jurisprudência sejam realizadas num círculo em que a única interpretação possível ou admitida como válida seja a do próprio Tribunal de Contas. O risco é que, sendo essa Corte protagonista da ação do controle, inicie um processo autofágico distante da possibilidade de tolerar divergências.

O efeito disso será nulificar um dos princípios mais valiosos ao sistema de controle: o princípio da aderência a diretrizes e normas, que torna a função de controle uma verdadeira ciência que não se confunde com a função gestora.

Sobre esse princípio, esclareceremos no tópico a seguir.

1.14.2 Princípio da aderência a diretrizes e normas

A ação dos agentes de controle deve ser realizada com fiel cumprimento das diretrizes de políticas públicas e do acatamento de leis e normas em geral.

Muitas vezes, o agente de controle é tentado a se colocar em posição de substituir o administrador, confundindo o desempenho de sua função. Ora, é bem provável que um agente de controle seja capaz de encontrar solução melhor do que a que foi aplicada, até porque tem a vantagem de chegar após o fato, aferindo as causas e consequências da decisão.[110]

Novamente aqui, há estreita correlação entre gerir e controlar, corolário do princípio da segregação das funções.

Quando busca o fiel cumprimento das normas e diretrizes, o órgão de controle também tolera, por dever de lógica, um conjunto de interpretações consideradas juridicamente razoáveis[111] e ações que não tiveram o rendimento ótimo, por terem sofrido os efeitos de fatores razoavelmente imprevistos.

A jurisprudência do Tribunal de Contas da União, órgão que constitui o paradigma federal de controle, é, pois, nesse sentido:

> [...] tese inaugurada com brilhante voto do Ministro Ivan Luz sustenta que, quando o administrador age com base em parecer jurídico bem fundamentado, que adota tese juridicamente razoável, em princípio, não pode ser condenado;[112]

---

[111] Nesse sentido: "[...] 32. Malgrado tenham procedido erroneamente - já que não foi feita a inabilitação da empresa no momento correto - os gestores ampararam-se em pareceres jurídicos contendo tese aceitável, alicerçados em lição de doutrina ou de jurisprudência (Nota MAA/CONJUR/TEM/n° 36/2002 e n° 35/2002. f. 2.345-2.555, anexo III, esse posicionamento consta de Parecer do MP/TCU lavrado no TC-005.766/95-8 - Decisão Plenária n° 289/96, Ata n° 19/96.) [...]". BRASIL. Tribunal de Contas da União. Processo TC n° 009.971/2002-9. Acórdão n° 718/2004 - Plenário. Relator: Ministro Lincoln Magalhães da Rocha. Brasília, 9 de junho de 2004. **Diário Oficial da União**, Brasília, DF, 18 jun. 2004. Seção 1, p. 149-151.
[112] BRASIL. Tribunal de Contas da União. Processo TC n° 025.707/1982-5. Relator: Ministro Ivan Luz. Brasília, 11 de fevereiro de 1984. **Diário Oficial da União**, Brasília, DF, 19 jun. 1984. Seção 1, p. 8.791. No mesmo sentido: Processo TC n° 008.902/1995-0. Acórdão n° 462/2003 - Plenário. Relator: Ministro Walton Alencar Rodrigues. Brasília, 7 de maio de 2003. **Diário Oficial da União**, Brasília, DF, 26 maio 2003.

[...] a liberdade de gestão não está fora da ação do controle, que deve guiar-se também pelo princípio da razoabilidade. Em relação, por exemplo, a acordo judicial, submetido a exame do TCU, concluiu este que ficou demonstrada a pouca possibilidade de êxito, ensejando, pois, julgamento pela regularidade. Asseverou, no caso, o relator[113], que a avaliação jurídica, realizada à época, apontava reduzidas possibilidades de sucesso dos recursos interpostos pela Companhia, em virtude de decisões pretéritas similares, prolatadas pelo Poder Judiciário;[114] mesmo quando se trata de parecer encomendado pela Administração Pública, os órgãos de controle procedem ao exame da tese sustentada, em respeito à possibilidade de interpretações divergentes. Por outro lado, os órgãos de controle não estão obrigados a acolher a tese, mesmo que subscrita por nomes de expressão; o Tribunal de Contas da União tem por regra não penalizar o agente quando adota, em questão ainda não definida em sua jurisprudência, tese juridicamente razoável.[115]

Para exemplificar esse limite da ação do controle, basta lembrar julgamento em que foi relator o Ministro Benjamin Zymler, no qual, a partir de representação de Senador da República, se pretendia discutir irregularidades no desenvolvimento de ações de saúde em Roraima com a participação de cooperativa. Decidiu a Corte que não compete ao TCU controlar a opção política dos estados-membros quanto à forma de organizar seu sistema.[116]

O princípio da aderência a diretrizes e normas, no Brasil, consta expressamente entre os que regem o controle interno.[117]

---

[114] BRASIL. Tribunal de Contas da União. Prestação de Contas. Processo TC n° 279.300/1993-0. Acórdão n°
8/1998 - Plenário. Relator: Ministro José Antonio Barreto de Macedo. Brasília, 11 de fevereiro de 1998. **Diário
Oficial da União [da] República Federativa do Brasil**, Brasília, DF, 25 fev. 1998. Seção 1, p. 45.
[115] BRASIL. Tribunal de Contas da União. Processo n° TC-002.521/1995-1. Decisão n° 326/1995 - Plenário.
Relator: Ministro Homero Santos. Brasília, 12 de julho de 1995. Diário Oficial da União, Brasília, DF, 1 ago. 1995. Seção 1, p. 11.513. No mesmo sentido: Processo TC n° 375.268/1998-7. Acórdão n° 1.412/2003 - Plenário. **Diário Oficial da União**, Brasília, DF, 3
out. 2003; Processo TC n° 007.177/2003-8. Acórdão 1368/2004 - Plenário; Processo TC n° 005.637/2002-2. Acórdão n° 1.625/2003 – Plenário; Processo TC n° 279.269/1993-5. Acórdão n° 1.447/2003 - Plenário.
[116] BRASIL. Tribunal de Contas da União. Processo TC n° 013.104/1997-7. Decisão n° 828/1998 - Plenário. Relator: Ministro Benjamin Zymler. Brasília, 25 de novembro de 1998. Diário Oficial da União, Brasília, DF, 4 dez. 1998. Seção 1, p. 59-60. Outro exemplo de aplicação do princípio foi adotado pela 2ª Câmara devido à incerteza jurídica na questão debatida, contrariamente à SECEX, transmudou o julgamento das contas de irregulares para regulares com ressalva: Tomada de Contas Especial. Processo TC n° 011.451/2002-6. Acórdão n° 484/2004 - 2ª Câmara. Relator: Ministro Benjamin Zymler. Brasília, 1 de abril de 2004. Diário Oficial da União, Brasília, DF, 15 abr. 2004. Seção 1, p. 131-132.
[117] BRASIL. Ministério da Fazenda. Secretaria Federal de Controle Interno. Instrução Normativa n° 01, de 6 de abril de 2001. Define diretrizes, princípios, conceitos e aprova normas técnicas para a atuação do Sistema de Controle Interno do Poder Executivo Federal. Disponível em: http://www.cgu.gov.br. Acesso em: 7 dez. 2011.

Essa mesma linha de coerência se extrai na síntese do Ministro Carlos Átila Álvares da Silva, do Tribunal de Contas da União:

> [...] excetuando os casos flagrantes de abuso e de fraude, é preciso admitir que o administrador, para cumprir e executar a lei, é seu primeiro intérprete. A interpretação por ele formulada, diante muitas vezes de situações prementes de urgência operacional, deve ser respeitada pelo controle, evitando-se, na medida do possível, questionamentos baseados principalmente em divergências de exegese de dispositivos legais que, como no caso em exame, trazem inerente alto grau de subjetividade [...][118].

O Tribunal de Contas há de observar limites, como ensinou Luis Roberto Barroso:

> Não pode o Tribunal de Contas procurar substituir-se ao administrador competente no espaço que a ele é reservado pela Constituição e pelas leis. O abuso é patente. Aliás, nem mesmo o Poder Legislativo, órgão que é coadjuvado pelo Tribunal de Contas no desempenho do controle externo, poderia praticar atos dessa natureza.[119]

1.14.3 Princípio da deferência

Cabe esclarecer que decorre desse princípio – o princípio da deferência – o dever imposto ao órgão de controle de respeitar, dentre as várias opções legais razoáveis, aquela que foi escolhida pelo administrador, em uma proposta de autocontenção do controle, mesmo que haja alternativas plausíveis.

Oriundo do direito americano, pela chamada "doutrina de Chevron"[120] o princípio da deferência, no entender de Egon Bockmann Moreira, se aplica quando:

> [...] decisões proferidas por autoridades detentoras de competência específica – sobretudo de ordem técnica – precisam ser respeitadas pelos demais órgãos e entidades estatais (em especial o Poder Judiciário, o Ministério Público e as Cortes de Contas).[121]

Enquanto o princípio da aderência a diretrizes e normas implica que a função do controle obriga o controlado a subjugar-se às diretrizes e normas, o princípio da

---

[118] Decisão nº 565/1995 apud BRASIL. Tribunal de Contas da União. Processo nº 005.720/2001-2. **Decisão nº 695/2001** – Plenário. Relator: Ministro Valmir Campelo. Disponível em: https://pesquisa.apps.tcu.gov.br /#/redireciona/acordao-completo/%22ACORDAO-COMPLETO-9502%22. Acesso em: 22 abr. 2021.
[119] BARROSO, Luís Roberto. Natureza jurídica e funções das agências reguladoras de serviços públicos: limites da fiscalização a ser desempenhada pelo tribunal de contas do estado. **Boletim de direito administrativo**, v. 15, nº 6, p. 367-374, jun. 1999.
[120] A doutrina consagrada em Chevron U.S.A. Inc. v. NRDC o princípio da deferência: a Suprema Corte assentou o princípio de que as *Courts* devem aceitar o controle dado pela autoridade administrativa no escopo de uma interpretação razoável nos casos de ambiguidade de uma legislação.
[121] MOREIRA, Egon B. Crescimento econômico, discricionariedade e o princípio da deferência. **Direito do Estado**, 12 mai. 2016. Disponível em: http://www.direitodoestado.com.br/colunistas/egon-bockmann-moreira/crescimento-economico-discricionariedade-e-o-principio-dadeferencia. Acesso em: 21 nov. 2020.

deferência obriga o controlador a respeitar uma escolha em matéria técnica complexa, porque reconhece a necessidade de autolimitar-se na função do controle, nesse tipo de questão.

Na ocasião do julgamento do processo TC nº 026.071/2017-7, o Ministro Bruno Dantas registrou em voto que:

> Tenho ouvido e debatido muito sobre as consequências da hipertrofia do controle e a possível infantilização da gestão pública. Agências reguladoras e administradores públicos em geral têm evitado tomar decisões inovadoras por receio de terem seus atos questionados. Ou pior: deixam de decidir questões simples à espera de aval prévio que lhes conforte.
>
> Uma das formas de remediar essa questão é exercitar os mecanismos de deferência e autocontenção e dosar o consequencialismo na nossa atuação. Deferência às escolhas públicas feitas pelas instituições legitimadas e consequencialismo para que sejam mais bem considerados, com base em evidências, as implicações de nossas decisões. Nesse último caso, trata-se de adotar perspectiva "interessada nos fatos e também bem informada sobre a operação, propriedades e prováveis efeitos de cursos alternativos de ação" (POSNER, Richard. *Overcoming law*).
>
> Dosar o consequencialismo passa, inclusive, pela premissa de que exigir determinado procedimento sem lastro em regra cogente acarreta, também, riscos e problemas. O controle externo não é gestor de políticas públicas. Nem sempre tem à sua disposição, portanto, evidências suficientes que lhe permitam avaliar adequadamente todos os fatores.[122]

O uso irrazoável do poder controlador, além das consequências nefastas para o gestor, também traz imensurável prejuízo para a sociedade que passa a não poder mais contar com bons profissionais que, por medo, se afastam dos cargos com poder decisório ou são afastados, por políticas de *compliance* exacerbadas.

---

[122] BRASIL. TCU. Processo TC nº 026.071/2017-7. **Acórdão nº 2.195/2018** – Plenário. Relator: Ministro Bruno Dantas. DJU 19.09.2018.

Capítulo 2

Procedimentos exigidos para a instrução do processo de contratação direta

Este capítulo trata do art. 72 da Lei nº 14.133/2021 que dispõe sobre o procedimento para realizar a contratação direta. Iniciando com nossas recomendações, detalhamos cada etapa, desde os documentos necessários até os requisitos de habilitação e qualificação, a como justificar a escolha do contratado.

Este capítulo trata sobre a contratação direta sem licitação disposta no art. 72 da Lei nº 14.133/2021. A nova redação revela uma melhor sistematização do tema e a indicação de título mais apropriado para corresponder ao processo que abrange a licitação dispensável e a licitação inexigível.

2.1 Em relação à legislação anterior

Na lei anterior, o capítulo II tinha por título "da licitação", abrangendo na seção I, modalidades de licitação, os limites de valor de cada modalidade e, com o nome genérico de "dispensa", os dispositivos que tratavam de licitação dispensável e inexigível e um artigo sobre a instrução processual. A licitação dispensada ficava[123], como na atual lei, em artigo específico[124].

Considerando que no Brasil, a metade ou, em alguns anos, até mais da metade das contratações se faz sem licitação, o regramento do tema não é proporcional ao gasto público.

Nas propostas que apresentamos[125], foi considerado o fato de que cada um dos incisos de licitação dispensável correspondeu ao esforço de um grupo de força e poder para abrir exceção à regra de licitar e que esse grupo alcançou o objetivo, junto ao Congresso Nacional. Portanto, excluir determinada hipótese implicaria em retomar o debate e o conflito de forças, que já se antagonizaram no passado, retardando ainda mais a tramitação de lei. Preservou-se, assim, as conquistas de determinados e diferentes grupos ideológicos que mereceram a deliberação favorável do povo, na casa dos seus legítimos representantes, o Congresso Nacional.

Como será demonstrado, o capítulo revela uma saudável linha evolutiva, melhor sistematizando o tema e acolhendo a jurisprudência coerente com essa evolução. Nos casos em que a jurisprudência estava em linha distante da possível realidade, foi afastada na redação.

---

[123] BRASIL. **Lei nº 8.666/93 (Versão Bolso)**. Organização dos textos e índice por J. U. JACOBY FERNANDES. 21. ed. ampl., rev. e atual. Belo Horizonte: Fórum, 2020. Livro digital. Vide art. 17.
[124] BRASIL. **Lei nº 14.133, de 1º de abril de 2021.** Lei de Licitações e Contratos Administrativos. Organização de textos, remissões da Lei nº 8.666/1993, Lei nº 10.520/2002 e Lei nº12.462/2011 e índices por Ana Luiza Jacoby Fernandes e J. U. Jacoby Fernandes. Belo Horizonte: Fórum, 2021. Vide art. 75.
[125] Usou-se o termo no plural porque as propostas foram apresentadas por Murilo Jacoby Fernandes e Jorge Ulisses Jacoby Fernandes tanto ao Governo do Estado do Maranhão, na gestão da governadora Roseane Sarney, e consagradas no Código de Licitações e Contratos desse estado, como junto à Senadora Katia Abreu, que foi relatora do projeto de lei no Senado Federal, e foi por essa acolhida, gerando o PLS nº 559, de 2013.

2.2 Processo de contratação direta

A legislação, agora, eleva o procedimento de contratação direta sem licitação à categoria de "processo" e assim o nomina.

Esse aspecto é importante na medida em que como a legislação atribui essa natureza, além das regras novas, também aplicar-se-ão subsidiariamente as normas que regem o processo administrativo.

Com isso, aquele que é contratado por dispensa de licitação ou por inexigibilidade de licitação passa a ter assegurado, desde o início, as regras processuais já consagradas na Lei nº 9.784, de 29 de janeiro de 1999[126].

Além dessa lei específica, que rege o processo administrativo na esfera federal[127], ainda servirá ao operador do Direito as regras do Código de Processo Civil[128] - CPC, por força do respectivo art. 15.

Em outras palavras: considerando que a Lei de Licitações não regula inteiramente o processo administrativo correspondente à licitação, à contratação e, especialmente, à sanção, o operador do Direito inevitavelmente enfrentará lacunas no ordenamento jurídico. Nessa situação, haverá de integrar a interpretação recorrendo às normas que regem os processos. No exemplo do processo sancionador, a jurisprudência vem admitindo inclusive o aproveitamento de normas sobre dosimetria da pena do Código Penal, como normas sobre o processo, do Código de Processo Penal. A própria LINDB que, tem aplicação taxativa em matérias afetas à nova Lei de Licitações, por força do art. 5º, determina a necessidade de dosimetria na aplicação de sanções[129].

De fato, muitas vezes, a empresa ou o profissional era consultado e recebia a documentação firmando compromisso, mas não possuía os mesmos direitos daqueles que participam de um processo licitatório regular. Agora, a consulta feita à empresa e ao profissional devem ter os efeitos jurídicos próprios. Pedir proposta e enviar proposta correspondem ao regulamento já consagrado pela legislação do Código Civil Brasileiro referente às obrigações.[130] É evidente que nem todas as regras da legislação que regulam o processo civil podem ser aplicadas no Direito Admi-

---

[126] BRASIL. **Lei nº 9.784, de 29 de janeiro de 1999.**
[127] STJ. REsp nº 1148460 PR 2009/0030518-0. Nas demais esferas de governo, estados, Distrito Federal e municípios, o entendimento do Superior Tribunal de Justiça é que, na ausência de norma específica local, aplicar-se-á subsidiariamente essa lei.
[128] BRASIL. **Lei nº 13.105, de 16 de março de 2015.** Código de Processo Civil: "Art. 15. Na ausência de normas que regulem processos eleitorais, trabalhistas ou administrativos, as disposições deste Código lhes serão aplicadas supletiva e subsidiariamente."
[129] BRASIL. **Decreto-Lei nº 4.657, de 4 de setembro de 1942:** "Art. 22. Na interpretação de normas sobre gestão pública, serão considerados os obstáculos e as dificuldades reais do gestor e as exigências das políticas públicas a seu cargo, sem prejuízo dos direitos dos administrados. [...] § 2º Na aplicação de sanções, serão consideradas a natureza e a gravidade da infração cometida, os danos que dela provierem para a administração pública, as circunstâncias agravantes ou atenuantes e os antecedentes do agente. § 3º As sanções aplicadas ao agente serão levadas em conta na dosimetria das demais sanções de mesma natureza e relativas ao mesmo fato."
[130] BRASIL. **Lei nº 10.406, de 10 de janeiro de 2002.** Código Civil. Parte especial. Livro I. Do Direito das Obrigações.

nistrativo, mas há lacunas neste ramo que permitem aproveitar regras, daquele ramo do Direito, em harmonia com os princípios deste.

2.2.1 Seção I - do Processo de Contratação Direta

A seção considera como gênero a contratação direta sem licitação, no qual se inserem duas espécies: licitação dispensável e licitação inexigível. A espécie licitação dispensada para bens móveis e imóveis da Administração Pública[131] pela lei, não mais integra o gênero "contratação direta sem licitação", como tratado no item 1.3.7 do Capítulo 1, desta obra.

A alienação de bens móveis e imóveis é tratada em dois artigos específicos, 76 e 77 e compõe um capítulo específico: "Capítulo IX - Das alienações".

O art. 72 regula a instrução do processo agora denominado de "contratação direta", razão pela qual deve reger tanto a licitação dispensável, como a licitação inexigível. Não mais rege a alienação de bens. Na Lei nº 8.666/1993 regia também o procedimento de alienação de bens, conforme o art. 26, parágrafo único[132].

Assim, a instrução deve ser igualmente realizada nas duas espécies. A generalização, contudo, não impede a adaptação ao objeto, ao valor do objeto e à pessoa do contratado. Essa adaptação da instrução é textualmente permitida quando a norma utiliza expressões como "se for o caso", inserida nos incisos I e III desse artigo.

Em vários outros dispositivos encontram-se regras complementares para alguns casos de contratação direta sem licitação que fazem remissão expressa a uma ou outra hipótese. Exemplo que facilmente se percebe é o caso da licitação dispensável pelo valor do objeto que é complementada pelos §§ 1º a 4º do art. 74.

2.2.2 Recomendação prática

Para bem desenvolver os processos de contração da Administração Pública recomenda-se observar os pressupostos que embasaram a elaboração da norma.

O legislador teve em linha de consideração uma organização sistêmica de porte razoável, onde seria aplicável o princípio da segregação das funções, a distribuição hierárquica, mais de um nível no processo decisório para assegurar a instância recursal.

Se a aplicação dessa lei está numa organização de porte harmônico ao idealizado pelo legislador, com muitos recursos gastos nas dispensas e inexigibilidades, recomenda-se que a atividade de contratação direta sem licitação seja desenvolvida por "agente de contratação direta" lotado em unidade própria e distinto do "agente de contratação", regulamentado no art. 8º, cujas atividades relacionam-se com o processo licitatório.

---

[131] Tratada no art. 75 da BRASIL. **Lei nº 14.133, de 1º de abril de 2021**. Lei de Licitações e Contratos Administrativos. Organização de textos, remissões da Lei nº 8.666/1993, Lei nº 10.520/2002 e Lei nº12.462/2011 e índices por Ana Luiza Jacoby Fernandes e J. U. Jacoby Fernandes. Belo Horizonte: Fórum, 2021, em capítulo com nome "das alienações".

[132] BRASIL. **Lei nº 8.666/93 (Versão Bolso)**. Organização dos textos e índice por J. U. JACOBY FERNANDES. 21. ed. ampl., rev. e atual. Belo Horizonte: Fórum, 2020. Livro digital.

2.3 Art. 72, caput – Instrução do processo de inexigibilidade e dispensa

> Art. 72. O processo de contratação direta, que compreende os casos de inexigibilidade e de dispensa de licitação, deve ser instruído com os seguintes documentos:

Dispositivos correspondentes na Lei nº 8.666/1993[133]:
Art. 26. As dispensas previstas nos §§ 2º e 4º do art. 17 e no inciso III e seguintes do art. 24, as situações de inexigibilidade referidas no art. 25, necessariamente justificadas, e o retardamento previsto no final do parágrafo único do art. 8º desta Lei deverão ser comunicados, dentro de 3 (três) dias, à autoridade superior, para ratificação e publicação na imprensa oficial, no prazo de 5 (cinco) dias, como condição para a eficácia dos atos.
Parágrafo único. O processo de dispensa, de inexigibilidade ou de retardamento, previsto neste artigo, será instruído, no que couber, com os seguintes elementos:
[...]

O dispositivo da nova Lei tem três informações: coloca, como exposto, a informação de que a contratação direta sem licitação é gênero, o qual abrange as duas espécies: a inexigibilidade e dispensa de licitação. Em seguida, define o dever de instruir o processo e indica, com precisão, os documentos que devem instruí-lo.

A relação dos documentos exigidos para a regular instrução é categórica. Cabe ao próprio inciso admitir a possibilidade de o documento não ser juntado ao processo, como ocorre nos incisos I e III. Na aplicação dos demais incisos, o intérprete deve esgotar o esforço para atender o comando legal.

Assim, casos haverá em que os incisos serão atendidos com certa flexibilização. Em exemplo, a situação de fornecedor exclusivo ou a contratação de notório especialista. A estimativa de preços não será feita com a amplitude definida no art. 23, mas focará diretamente o fornecedor do objeto específico ou profissional específico. Isso, porque não adianta pesquisar o preço do gênero do produto ou do conjunto de profissionais, quando, no termo formalizador da demanda, já se percebe que aquele único objeto ou profissional é que atenderá ao interesse público.

2.3.1 Recomendação prática

Para não esquecer elemento importante da instrução, recomenda-se:
a) fazer um sumário, com a indexação de cada inciso e indicar a página ou o arquivo correspondente, de modo que o controlador ou quaisquer outros órgãos possam localizar com facilidade onde está a informação;
b) elaborar o parecer jurídico como última peça da instrução, sem prejuízo de juntar os pareceres técnicos antes. Isso porque, é comum, conveniente e recomendável, que a autoridade competente, ao emitir a decisão de autorização, prevista no inciso VIII desse artigo tenha como peça antecedente a manifestação de conformidade com a lei.

---

[133] BRASIL. **Lei nº 8.666/93 (Versão Bolso)**. Organização dos textos e índice por J. U. JACOBY FERNANDES. 21. ed. ampl., rev. e atual. Belo Horizonte: Fórum, 2020. Livro digital.

2.4 Art. 72, inc. I – Documento de formalização da demanda

> **Art. 72.** O processo de contratação direta, que compreende os casos de inexigibilidade e de dispensa de licitação, deve ser instruído com os seguintes documentos:
>
> I - documento de formalização de demanda e, se for o caso, estudo técnico preliminar, análise de riscos, termo de referência, projeto básico ou projeto executivo;

Dispositivos correlatos na Lei nº 8.666/1993[134]:
Art. 26. As dispensas previstas nos §§ 2º e 4º do art. 17 e no inciso III e seguintes do art. 24, as situações de inexigibilidade referidas no art. 25, necessariamente justificadas, e o retardamento previsto no final do parágrafo único do art. 8º desta Lei deverão ser comunicados, dentro de 3 (três) dias, à autoridade superior, para ratificação e publicação na imprensa oficial, no prazo de 5 (cinco) dias, como condição para a eficácia dos atos.
Parágrafo único. O processo de dispensa, de inexigibilidade ou de retardamento, previsto neste artigo, será instruído, no que couber, com os seguintes elementos:
[...]
IV - documento de aprovação dos projetos de pesquisa aos quais os bens serão alocados. (Incluído pela Lei nº 9.648, de 1998)

2.4.1 Documentos necessários para a contratação direta

Esse inciso do art. 72 melhora a instrução processual para os processos de contratação direta, porque define com precisão o documento essencial e, após, estabelece o que deve ser juntado ao processo, se existir e já estiver disponível.

2.4.1.1 Diferença da instrução processual em relação à lei anterior

A Lei nº 8.666/1993[135], no § 9º do art. 7º, definia que os processos deveriam atender as regras do art. 7º e, portanto, conter o projeto básico e até projeto executivo, "no que couber".

Não havia, na parte de compras da Lei nº 8.666/1993, norma obrigando a instruir o processo de contratação direta sem licitação com o "documento de formalização da demanda". Pela ausência de adequado disciplinamento, os órgãos de controle passaram a reger o tema na jurisprudência, indevidamente "quase legislando". Legislando porque passaram a exigir do jurisdicionado a submissão à jurisprudência, erigida na lacuna da lei e até multando pela inobservância da mesma. Indevidamente, porque ao controlador não cabe decidir por via de deliberação plenária, além dos limites das partes envolvidas, mesmo diante da omissão da lei e dos efeitos nocivos à boa gestão. Sempre melhor é propor ao legislativo a alteração da própria norma, do que tentar alterar o conteúdo por via de interpretação.

---

[134] BRASIL. **Lei nº 8.666/93 (Versão Bolso)**. Organização dos textos e índice por J. U. JACOBY FERNANDES. 21. ed. ampl., rev. e atual. Belo Horizonte: Fórum, 2020. Livro digital.
[135] *Idem.*

2.4.1.2 Documento de formalização da demanda

Essa regra do inciso está em perfeita harmonia com a regra do art. 18, dessa mesma lei, que trata da instrução do processo licitatório. Percebe-se claramente que há uma tendência de melhorar a fase do planejamento da contratação direta, pois a exigência do "documento de formalização da demanda" apenas identifica o objeto desejado pela Administração Pública.

Após definir essa exigência para inaugurar o processo de contratação direta sem licitação, o legislador acrescenta que "se for o caso" deve ser juntado o "estudo técnico preliminar, análise de riscos, termo de referência, projeto básico ou projeto executivo".

Essa expressão, "se for o caso", tem conteúdo jurídico preciso. É o caso de juntar, se o documento referido existir e estiver disponível. A definição conceitualmente mínima do que a Administração Pública pretende é o primeiro termo, "documento de formalização de demanda" que é obrigatoriamente inserido no processo. A partir da definição com as caraterísticas mínimas, a Administração Pública deve passar ao detalhamento da especificação.

Os termos "estudo técnico preliminar", "termo de referência", "projeto básico" e "projeto executivo" estão definidos na própria lei.[136]

Brevemente destacamos que:

a) o estudo técnico preliminar é o documento que visa demonstrar a real necessidade das contratações, analisar sua viabilidade técnica e construir o arcabouço básico para a elaboração do Termo de Referência ou Projeto Básico;

b) o termo de referência, em regra, é utilizado para bens e serviços ao passo que o projeto básico para obras e serviços. Em que pese a Lei não diferenciar quais serviços são objeto do termo de referência e quais devem ser utilizados para o projeto básico, é recomendável que este documento seja utilizado para os serviços considerados comuns, visto que, quando comparado ao projeto básico, o segundo constituísse em documento com um grau de complexidade e aprofundamento maior;

c) o projeto básico é o documento adequado para definir e dimensionar perfeitamente a obra ou o serviço elaborado com base nas indicações dos estudos técnicos preliminares, que assegure a viabilidade técnica e o adequado tratamento do impacto ambiental do empreendimento e que possibilite a avaliação do custo da obra e a definição dos métodos e do prazo de execução;

d) o projeto executivo é a etapa seguinte à elaboração do projeto básico podendo ser elaborado pela Administração, pelo contratado ou por

---

[136] As definições encontram-se nos seguintes dispositivos da Lei n° 14.133/2021: estudo técnico preliminar, art. 6° XX; termo de referência, art. 6°, inc. XXIII; projeto básico, art. 6°, inc. XXV; projeto executivo, art. 6°, inc. XXVI.

terceiros, a depender do regime de execução. Por terceiros porque a Administração pode terceirizar sua contratação, a depender de seu critério e do nível de precisão técnica que se exige.

Já o termo "análise de riscos" não está definido na lei, mas pode ser compreendido a partir do conceito inserido no art. 6º, inc. XXV, alínea c, e inc. XXVII, c/c art. 18, inc. X, com redução de conteúdo. Trata-se de levantamento dos principais riscos a que o objeto contratado estará sujeito durante sua execução.

Em outras palavras, pode a contratação direta sem licitação não ter a matriz de risco, mas além do "documento de formalização de demanda", a autoridade deve analisar os riscos da contratação ou expor os motivos pelos quais declina dessa recomendação legal.

2.4.1.3 Expressão "se for o caso"

Casos ocorrem em que a instrução processual permite a não juntada dos outros documentos, antecedidos pela expressão "se for o caso".

Um exemplo de fácil compreensão é a contratação por emergência.

Existem situações em que a emergência implica na imediata ação da Administração Pública e, em outras situações, é possível melhorar a especificação do objeto com a elaboração do projeto básico, ou até do projeto executivo.

Na primeira situação, inicia a contratação direta, apenas com o documento de formalização de demanda, como no caso do vendaval, ocorrido no Rio Grande do Sul, na década de 1990; do afundamento do solo no eixo central rodoviário de Brasília, também na mesma década; enchentes com desabamentos de pontes das vias de acesso única para ao abastecimento da cidade, e outros eventos cuja premência de atendimento acabam inviabilizando a elaboração prévia do projeto.

Precisamente por isso o legislador, ciente da realidade, esclarece que um documento é essencial – documento de formalização da demanda, o qual não requer as mesmas formalidades dos demais quatro documentos abordados no item anterior.

2.5 Art. 72, inc. II – Estimativa da despesa

Art. 72. O processo de contratação direta, que compreende os casos de inexigibilidade e de dispensa de licitação, deve ser instruído com os seguintes documentos:

[...]

II - estimativa de despesa, que deverá ser calculada na forma estabelecida no art. 23 desta Lei;

Dispositivos correspondentes na Lei nº 8.666/1993[137]:

Art. 26. As dispensas previstas nos §§ 2º e 4º do art. 17 e no inciso III e seguintes do art. 24, as situações de inexigibilidade referidas no art. 25, necessariamente justificadas, e o retardamento previsto no final do parágrafo único do art. 8º desta Lei deverão ser comunicados, dentro de 3 (três) dias, à autoridade superior, para ratificação e publicação na imprensa oficial, no prazo de 5 (cinco) dias, como condição para a eficácia dos atos.

Parágrafo único. O processo de dispensa, de inexigibilidade ou de retardamento, previsto neste artigo, será instruído, no que couber, com os seguintes elementos:
[...]
III - justificativa do preço.

Ao aplicar o inciso II do art. 72, inserindo no processo o documento "estimativa de despesa", deve-se considerar que o inciso remete expressamente ao art. 23 da mesma Lei que dispõe sobre a base para definição do valor estimado.

Nesse artigo, estão diversas expressões que recomendam cautela, pois preveem critérios relevantes a serem considerados, como, por exemplo, aqueles do *caput* do art. 23.[138] Há possibilidade de o regulamento esclarecer a operacionalização do dispositivo, tornando-a mais acessível aos operadores.

2.5.1 Estimativa de despesas - abrangência

Sobre a estimativa de despesa, na contratação direta sem licitação, é preciso compreender que deve abranger todo o objeto do processo de contratação direta. Aqui, é importante considerar que muitas vezes o objeto é contratado sem o atendimento à regra do parcelamento, isso porque a coordenação das partes torna-se extremamente difícil tanto para a Administração Pública, como para o contratado.

2.5.1.1 Artista – contratação sem parcelamento

Tome, por exemplo, a contratação de um artista, tema que será mais bem detalhado em subtítulo específico, nesta obra.

Às vezes, a negociação perdura por meses, exigindo habilidade do gestor público para conciliar as exigências do artista em relação às contratações acessórias e até paralelas, algumas aparentemente extravagantes. Essas contratações paralelas, exigidas pelo profissional, como contratação da respectiva banda, de determinada empresa de iluminação ou de segurança ou de alimentação, em tese podem integrar contrato paralelo, mas são especificamente apresentadas como condição da contratação. Mais trabalhoso ainda é que, em algumas oportunidades, o artista, embora exija todos os acompanhamentos, só admite ser contratado e remunerado pela sua própria parcela, para evitar a bitributação. Nesse caso, a decisão das outras contra-

---

[137] BRASIL. **Lei nº 8.666/93 (Versão Bolso).** Organização dos textos e índice por J. U. JACOBY FERNANDES. 21. ed. ampl., rev. e atual. Belo Horizonte: Fórum, 2020. Livro digital.

[138] "[...] considerados os preços constantes de bancos de dados públicos e as quantidades a serem contratadas, observadas a potencial economia de escala e as peculiaridades do local de execução do objeto." BRASIL. **Lei nº 14.133, de 1º de abril de 2021.** Lei de Licitações e Contratos Administrativos. Organização de textos, remissões da Lei nº 8.666/1993, Lei nº 10.520/2002 e Lei nº12.462/2011 e índices por Ana Luiza Jacoby Fernandes e J. U. Jacoby Fernandes. Belo Horizonte: Fórum, 2021.

tações, com afastamento do princípio da impessoalidade e da própria licitação, fica sob a responsabilidade do Ordenador de Despesas da Administração Pública.

Não é difícil prever que essas contratações paralelas implicam na aparente irregularidade de contratação, quando auditadas separadamente.

Para resolver essa situação, deve-se considerar regra histórica que foi inserida na Lei nº 8.666/1993[139] e veio ao mundo jurídico inaugurando a inversão da presunção de legitimidade dos atos administrativos.

Em outras palavras, para facilitar o controle dos atos administrativos e prestigiar o agente público que o pratica, a doutrina ortodoxa definiu que haveria uma "presunção" relativa, na análise dos atos administrativos, em favor do agente público, presumindo-se que foram realizados atendendo à legalidade e à busca do interesse público. Erigiu-se, assim, com vigor a presunção da legitimidade dos atos administrativos. A Lei nº 8.666/1993, em dispositivo específico, art. 113, estabeleceu que "o controle das despesas decorrentes dos contratos e demais instrumentos [...] será feito pelo Tribunal de Contas [...] ficando os órgãos interessados da Administração responsáveis pela demonstração da legalidade e regularidade da despesa e execução".

Com isso, a atuação do agente público que trabalha com o tema licitações e contratos foi além do dever de motivar os atos. Agregou-se a esse dever uma qualificação, um *plus*, que define que a motivação deve demonstrar a legalidade e a regularidade.

Voltando ao tema, como deve proceder o agente da contratação na situação descrita em que o artista impõe a necessidade de realizar contratos paralelos, não aceitando a condição de interposto como subcontratante?

Para colchoar-se em conformidade com a legalidade e regularidade, deve o agente da contratação recolher por escrito, diretamente do artista ou do empresário exclusivo, uma relação de todos os serviços e fornecimentos acessórios que o mesmo impõe como indispensáveis, juridicamente denominados de *conditio sine qua non*.

Não há irregularidade na contratação conjunta, ainda que feita em contratos distintos. Haveria, sim, irregularidade se a Administração Pública fosse autora da iniciativa da contratação, violando a impessoalidade e, como já dito, o dever de licitar. Demonstrando que os contratos compõem um conjunto definido e escolhido de forma imperativa pelo artista, fazer um ou vários contratos mostra-se uma questão de forma.

Somente o artista pode saber qual a combinação dos "ingredientes" e apoio profissional que fazem a "magia do encantamento do público", o que pode ter empresa específica de apoio, por exemplo, com mesa de som e microfones de determinada marca.

---

[139] BRASIL. **Lei nº 8.666/93 (Versão Bolso)**. Organização dos textos e índice por J. U. JACOBY FERNANDES. 21. ed. ampl., rev. e atual. Belo Horizonte: Fórum, 2020. Livro digital.

Os limites em que a Administração Pública se curva ao interesse, caprichos e vaidades alheios, com aplicação de recursos públicos, é tema que se insere na órbita política da gestão.

2.5.1.2 Conferencista e outros – contratação sem parcelamento

Em continuidade ao exposto, deve-se considerar outro exemplo: a contratação de conferencista que exige para sua contratação a compra de livros ou contratação de aplicativos correspondentes para integrar o que considera ser didática essencial para o sucesso do seu trabalho.

Em tais situações, a própria Lei de Licitações assegura o afastamento da regra do parcelamento, desde que devidamente justificado. A regra do parcelamento, mais bem definida na nova lei, indica que o mesmo deve integrar o estudo técnico preliminar conforme facilmente se percebe da leitura do art. 18, § 1º, inciso VIII.

Para melhor compreensão desse detalhe, deve a Administração avaliar a conveniência de inserir não só a exigência do futuro contratado no estudo técnico preliminar para que a contratação ocorra integrada, como fazê-lo declarar que determinada subcontratação tem relação direta com o sucesso ou o êxito do seu próprio trabalho.

Outra possibilidade é que o futuro contratado, no caso de artista ou conferencista, seja contratado por meio de pessoa jurídica, como empresário, que se encarregará das respectivas subcontratações. Verifique o item 3.6. do capítulo 3, onde detalhamos a contratação por empresário.

Essa perspectiva é relevante na medida em que afeta diretamente a estimativa de despesa. Assim, não se deve pretender que um artista contratado "com banquinho e violão" deva ter seu próprio preço comparado com o outro em que comparece perante a Administração Pública já integrando, na sua proposta, palco, iluminação, caminhão de trio elétrico e segurança.

2.5.1.3 Como estimar despesas

Duas situações específicas devem ser consideradas para cumprir o inc. II do art. 72: casos em geral de contratação direta sem licitação; situação específica em que existem empresas e pessoas, físicas ou jurídicas, que devem ser contratados, seja por imposição do único futuro contratado, seja pela discussão que adviria na pretensão de aplicar o princípio do parcelamento.

Para os casos em geral, a estimativa deve considerar a necessidade de leitura e compreensão:

    a) do art. 23, que trata da estimativa de preços, em geral;
    b) do § 1º do art. 23, que trata de estimativa para contratação de bens e serviços em geral;
    c) do § 2º do art. 23, que trata de estimativa para contratação de obras e serviços de engenharia;

d) do inc. III, do § 2º, do art. 23, que recomenda balizamento pela estimativa das contratações do ano anterior;
e) do § 4º do art. 23, que trata especificamente da estimativa de preços para a dispensa e inexigibilidade de licitação. Nesse dispositivo está a regra fundamental que determina que seja comprovada a estimativa com notas fiscais emitidas pelo futuro contratado no ano anterior.

Para os casos de contratação de artista, de qualquer setor, conferencista ou profissional equivalente, sugere-se:
a) verificar se a estimativa abrange todos os contratos paralelos que o futuro contratado entende necessários, lembrando que na vigência da Lei nº 8.666/1993 o TCU decidiu pela impossibilidade de subcontratação[140];
b) não aceitando subcontratar, deverá apresentar uma relação daqueles que devem ser contratados pela Administração Pública para atuar conjuntamente, declarando, quando fizer a relação, os casos em que exige empresa ou marca específica. Atuando conforme o sugerido, o gestor não pode ser apontado como responsável pelo afastamento do princípio republicano da impessoalidade e da licitação.

É importante observar que nessa situação há uma relação prévia entre a Administração Pública e o futuro contratado, diferentemente do processo licitatório em que tal relação deve ser evitada.

Considere a situação – que de fato já ocorreu, e foi julgada pelo Tribunal de Contas da União, há mais de duas décadas. A auditoria do TCU, analisando a inexigibilidade de licitação para o projeto de um prédio público em Pernambuco, apontou como irregularidade indícios de que houve prévio contato entre a Administração Pública e o arquiteto e engenheiro que veio a ser contratado. Os indícios desse contato prévio decorriam da celeridade com que o contratado conseguiu executar o objeto após a publicação do ato que ratificou a contratação direta. Apreciando o caso, o Ministro Marcos Vilaça destacou que nos casos de inexigibilidade de licitação é indispensável que a Administração tenha prévio contato com notório especialista, pois de nada adianta elaborar a justificativa da contratação de determinada pessoa, sem saber previamente se a mesma aceitará ou não o serviço.

Portanto, esse contato prévio é mesmo necessário. Inclusive, esse contato prévio que viabiliza ao futuro contratado apresentar os preços que praticou em outros

---

[140] Esse entendimento deve ser considerado em termos. Justifica-se: certamente não é razoável que a Administração Pública ao contratar um artista tenha que licitar maquiador, acompanhamento de instrumentos musicais, sistema de som. Para bem compreender este tema não se pode aplicar a regra do parcelamento, mas considerar um conjunto de profissionais que fazem o espetáculo contratado, tal como ocorre com o conjunto denominado "banda". O sucesso de um artista pode, em cada caso, depender do conjunto de subcontratados que possui. Para justificar no processo, é suficiente uma declaração do artista que necessita de determinado profissional ou empresa determinada.

contratos para o mesmo objeto ou objeto similar, ou auxiliar a esclarecer por que, em determinado caso, o preço foi diferente.

2.6 Art. 72, inc. III – Parecer jurídico e pareceres técnicos

> **Art. 72.** O processo de contratação direta, que compreende os casos de inexigibilidade e de dispensa de licitação, deve ser instruído com os seguintes documentos:
>
> [...]
>
> III - parecer jurídico e pareceres técnicos, se for o caso, que demonstrem o atendimento dos requisitos exigidos;

Dispositivos correspondentes na Lei nº 8.666/1993[141]:
Art. 38. O procedimento da licitação será iniciado com a abertura de processo administrativo, devidamente autuado, protocolado e numerado, contendo a autorização respectiva, a indicação sucinta de seu objeto e do recurso próprio para a despesa, e ao qual serão juntados oportunamente:
[...]
VI - pareceres técnicos ou jurídicos emitidos sobre a licitação, dispensa ou inexigibilidade;

O inciso III do art. 72 não está inserido no lugar correto do dispositivo, se apreciado numa perspectiva lógica.

Explica-se.

Conforme determina o próprio inciso, o parecer, aqui exigido para instrução do processo, tem a finalidade de indicar ao agente de contratação que foram atendidos os requisitos exigidos na lei para a regularidade da contratação direta sem licitação.

Portanto, deveria ser o último documento e, na ordenação lógica, deveria ser também o último inciso.

A norma estabelece, porém, que o referido parecer deve ser juntado "se for o caso", abrindo a possibilidade de flexibilizar a necessidade de produção do referido parecer, que pode ser técnico ou jurídico.

Necessário ressaltar que a faculdade é pela elaboração, porém, não há flexibilização alguma em relação ao dever de juntar o parecer técnico ou jurídico. Se for emitido, deve ser juntado.

Com isso, o legislador, tanto anterior como o atual, pôs fim à prática de alguns gestores de somente juntarem parecer quando abonava a sua conduta. Ou seja: emitido o parecer, deve ser juntado aos autos.

Sobre a emissão de parecer, cabe recomendar:
    a) muitas normas definem como competência de determinado setor emitir parecer. A regra interna da organização ou da carreira deve ser

---

[141] BRASIL. **Lei nº 8.666/93 (Versão Bolso)**. Organização dos textos e índice por J. U. JACOBY FERNANDES. 21. ed. ampl., rev. e atual. Belo Horizonte: Fórum, 2020. Livro digital.

cumprida, devendo o agente da contratação zelar pelo cumprimento dessas normas;

b) especificamente em relação ao parecer jurídico, por exemplo, a Advocacia Geral da União – AGU, por lei[142], definiu a responsabilidade pelo exame de editais e pela emissão de parecer jurídico em relação à contratação direta sem licitação. Desse modo, embora a Lei de Licitações não exigisse, como a atual não exige, a manifestação jurídica, para os órgãos federais vinculados a AGU, é obrigatória. Consideram os autores que a opção legislativa, no caso, não foi a melhor, pois, muitas vezes, o parecer técnico é o mais importante, atuando o jurídico como um verificador, um conferido de *checklist*. A lei, no entanto, é o imperativo categórico, e há de ser cumprido. Na prática, dá o amparo jurídico ao gestor e conforto para a assunção de responsabilidade;

c) mesmo nos casos em que o parecer é obrigatório, podem, por meio de normas internas, o gestor ou o dirigente da unidade técnica ou jurídica disciplinarem previamente as atribuições pertinentes à emissão desses pareceres. Haverá casos em que a economicidade justifica o não exame do processo. Isso ocorre, por exemplo, quando se tem em conta despesas de baixo valor, como tal definidas em norma interna;[143]

d) outro aspecto importante é que as normas devem definir os prazos para emissão dos pareceres, de modo a que a segurança jurídica, o devido processo legal e a eficiência sejam efetivos balizamentos à gestão. Nunca se pode olvidar que o órgão que demanda a contratação tem uma necessidade pública a atender. Na esfera federal, o prazo para emissão de parecer jurídico é de 15 dias;[144]

---

[142] **Lei Complementar nº 73, de 10 de fevereiro de 1993.** Institui a Lei Orgânica da Advocacia-Geral da União e dá outras providências. "Art. 11 - Às Consultorias Jurídicas, órgãos administrativamente subordinados aos Ministros de Estado, ao Secretário-Geral e aos demais titulares de Secretarias da Presidência da República e ao Chefe do Estado-Maior das Forças Armadas, compete, especialmente: [...] VI - examinar, prévia e conclusivamente, no âmbito do Ministério, Secretaria e Estado-Maior das Forças Armadas: a) os textos de edital de licitação, como os dos respectivos contratos ou instrumentos congêneres, a serem publicados e celebrados; b) os atos pelos quais se vá reconhecer a inexigibilidade, ou decidir a dispensa, de licitação."

[143] Como, por exemplo, situação indicada na Orientação Normativa nº 46 da Advocacia Geral da União: O Advogado-Geral da União, no uso das atribuições que lhe conferem os incisos I, X, XI e XIII do art. 4º da Lei Complementar nº 73, de 10 de fevereiro de 1993, considerando o que consta do Processo nº 00400.010069/2012-81, resolve expedir a presente orientação normativa, de caráter obrigatório a todos os órgãos jurídicos enumerados nos arts. 2º e 17 da Lei Complementar nº 73, de1993: somente é obrigatória a manifestação jurídica nas contratações de pequeno valor com fundamento no art. 24, I ou II, da Lei nº 8.666, de 21 de junho de 1993, quando houver minuta de contrato não padronizada ou haja, o administrador, suscitado dúvida jurídica sobre tal contratação. aplica-se o mesmo entendimento às contratações fundadas no art. 25 da Lei nº 8.666, de 1993, desde que seus valores subsumam-se aos limites previstos nos incisos I e II do art. 24 da Lei nº 8.666, de 1993.

[144] **Lei nº 9.784, de 29 de janeiro de 1999.** Regula o processo administrativo no âmbito da Administração Pública Federal. "Art. 42. Quando deva ser obrigatoriamente ouvido um órgão consultivo, o parecer deverá ser emitido no prazo máximo de quinze dias, salvo norma especial ou comprovada

e) por experiência própria dos autores, recomenda-se ao órgão jurídico e ao órgão técnico que elaborem listas de verificação das principais informações e pontos de controle a serem analisados na emissão dos pareceres. E, indo mais longe, divulgue para aqueles que produzem os documentos esse *checklist* de forma a tornar indicativo para a produção dos mesmos.

2.7 Art. 72, inc. IV – Compatibilidade da previsão orçamentária

Art. 72. O processo de contratação direta, que compreende os casos de inexigibilidade e de dispensa de licitação, deve ser instruído com os seguintes documentos:

[...]

IV - demonstração da compatibilidade da previsão de recursos orçamentários com o compromisso a ser assumido;

Dispositivos correspondentes na Lei nº 8.666/1993[145]:
Art. 7º As licitações para a execução de obras e para a prestação de serviços obedecerão ao disposto neste artigo e, em particular, à seguinte seqüência:
[...]
§ 2º As obras e os serviços somente poderão ser licitados quando:
[...]
III - houver previsão de recursos orçamentários que assegurem o pagamento das obrigações decorrentes de obras ou serviços a serem executadas no exercício financeiro em curso, de acordo com o respectivo cronograma;

No inciso IV, do art. 72, o dispositivo obriga a inserir um documento com a "Demonstração de compatibilidade da previsão de recursos orçamentários com o compromisso assumido".

Dispositivo com teor semelhante também existe na anterior Lei nº 8.666/1993. A redação mais precisa adveio da Lei de Responsabilidade Fiscal[146], a qual também exigiu a previsão no Plano Plurianual.

---

necessidade de maior prazo. § 1º Se um parecer obrigatório e vinculante deixar de ser emitido no prazo fixado, o processo não terá seguimento até a respectiva apresentação, responsabilizando-se quem der causa ao atraso. § 2º Se um parecer obrigatório e não vinculante deixar de ser emitido no prazo fixado, o processo poderá ter prosseguimento e ser decidido com sua dispensa, sem prejuízo da responsabilidade de quem se omitiu no atendimento."
[145] BRASIL. **Lei nº 8.666/93 (Versão Bolso)**. Organização dos textos e índice por J. U. JACOBY FERNANDES. 21. ed. ampl., rev. e atual. Belo Horizonte: Fórum, 2020. Livro digital.
[146] BRASIL. **Lei complementar nº 101, de 4 de maio de 2000**. Estabelece normas de finanças públicas voltadas para a responsabilidade na gestão fiscal e dá outras providências. "Art. 16. A criação, expansão ou aperfeiçoamento de ação governamental que acarrete aumento da despesa será acompanhado de: I - estimativa do impacto orçamentário-financeiro no exercício em que deva entrar em vigor e nos dois subseqüentes; II - declaração do ordenador da despesa de que o aumento tem adequação orçamentária e financeira com a lei orçamentária anual e compatibilidade com o plano plurianual e com

Em algumas normas tem-se exigido que, antes de assumir a obrigação, o gestor informe que a despesa está em conformidade com a lei orçamentária anual – LOA.

2.7.1 Compatibilidade e contratação sem LOA aprovada

Neste dispositivo, há uma sútil, prática e útil diferença: o documento deve demonstrar a compatibilidade com a previsão de recursos orçamentários. Portanto, elimina-se o transtorno de contratações para atender às necessidades do ano seguinte.

Explica-se.

Quando a norma exige compatibilidade com a LOA, a despesa só pode ser contraída enquanto vigente a LOA, nem antes, nem depois. Por isso, a doutrina vinha admitindo que se, por exemplo, o objeto fosse necessário no início de janeiro e a LOA ainda não tivesse sido aprovada, a compatibilidade deveria referir-se ao que foi previsto no projeto da LOA, nascendo dessa interpretação a expressão "previsão de recursos orçamentários".

É evidente que se pode admitir que a expressão "previsão" não se refira ao futuro, mas à própria natureza da despesa estar inserida na LOA. Isso, porque a despesa, como a receita, é prevista na LOA e, portanto, não se admitiria contrair obrigação antes ou após a vigência da LOA.

Essa segunda possibilidade de interpretação não é a mais prestigiada, nem sob o aspecto prático nem lógico. Limitar as contratações à vigência de uma lei anual implica balizar de forma austera não só a função do Ordenador de Despesa, como a própria Administração Pública. Por outro lado, a omissão do parlamento na aprovação da LOA não pode implicar na paralização da execução da atividade administrativa. Se a previsão da despesa foi inserida no projeto de lei e a contratação é compatível com essa previsão, o princípio da responsabilidade fiscal foi atendido.

Alinhando-se com essa doutrina, a declaração far-se-á tanto tendo presente a LOA, vigente, como "a previsão da despesa inserida no projeto da LOA" enviado ao parlamento.

É regular e legal, portanto, a contratação formalizada no final de um exercício com vigência a partir do início do exercício financeiro seguinte.

---

a lei de diretrizes orçamentárias. § 4º As normas do *caput* constituem condição prévia para: I - empenho e licitação de serviços, fornecimento de bens ou execução de obras; II - desapropriação de imóveis urbanos a que se refere o § 3º do art. 182 da Constituição."
Nota dos autores: Parte da doutrina e da jurisprudência limitam a aplicação desse dispositivo à "ação governamental" pretendendo com isso declarar inaplicável as despesas já inseridas no orçamento porque essa não teria o condão de criar, expandir ou aperfeiçoar a ação governamental. Os autores não apoiam esse entendimento, por considerar que a expressão "ação governamental" tem sentido amplo e não está conceituada na lei.

2.7.2 Competência para declarar a compatibilidade

Sobre a competência para emitir a declaração de compatibilidade não há dúvidas: é do Ordenador de Despesas. A conclusão tem amparo não só no art. 16, inc. II, da Lei de Responsabilidade Fiscal, como também no conceito da própria função que tem a melhor origem no Decreto-lei nº 200 de 1967, que conceitua Ordenador de Despesas como o agente público que pratica atos que resultam "emissão de empenho, autorização de pagamento, suprimento ou dispêndio de recursos da União ou pela qual está responda".[147]

Por esses motivos, o documento previsto no inc. IV é certamente da competência do Ordenador de Despesas.

2.7.3 O Plano de Contratações Anual

A Nova Lei dispõe, no art. 12, inc. VII e §1º, sobre a necessidade de elaboração de Plano de Contratações Anual, que deverá ser realizado na forma de regulamento, a partir dos documentos de formalização de demandas. O plano objetiva alinhar o planejamento estratégico e subsidiar a elaboração das respectivas leis orçamentárias.

Diferentemente da LOA, trata-se de documento interno com vistas a subsidiá-la. É recomendável que o órgão fique atento à inclusão, no referido plano, das despesas que possuem uma previsibilidade de modo a compatibilizar com os recursos orçamentários do órgão e facilitar a comprovação da disponibilidade de recursos com a despesa assumida.

2.8 Art. 72, inc. V – Requisitos de habilitação e qualificação mínimos

> **Art. 72.** O processo de contratação direta, que compreende os casos de inexigibilidade e de dispensa de licitação, deve ser instruído com os seguintes documentos:
>
> [...]
>
> **V** - comprovação de que o contratado preenche os requisitos de habilitação e qualificação mínima necessária;

---

[147] BRASIL. **Decreto-Lei nº 200, de 25 de fevereiro de 1967.** Dispõe sobre a organização da Administração Federal, estabelece diretrizes para a Reforma Administrativa e dá outras providências. Art. 80. Os órgãos de contabilidade inscreverão como responsável todo o ordenador da despesa, o qual só poderá ser exonerado de sua responsabilidade após julgadas regulares suas contas pelo Tribunal de Contas. § 1º Ordenador de despesas é tôda e qualquer autoridade de cujos atos resultarem emissão de empenho, autorização de pagamento, suprimento ou dispêndio de recursos da União ou pela qual esta responda. [*Sic.*]

Dispositivos correlato na Lei nº 8.666/1993[148]:
Art. 26. As dispensas previstas nos §§ 2º e 4º do art. 17 e no inciso III e seguintes do art. 24, as situações de inexigibilidade referidas no art. 25, necessariamente justificadas, e o retardamento previsto no final do parágrafo único do art. 8º desta Lei deverão ser comunicados, dentro de 3 (três) dias, à autoridade superior, para ratificação e publicação na imprensa oficial, no prazo de 5 (cinco) dias, como condição para a eficácia dos atos.
[...]
II - razão da escolha do fornecedor ou executante;

No processo de licitação, há uma fase específica em que o licitante comprova a habilitação, termo que compreende genericamente a qualificação.

No passado, essa fase consistia em procedimento da entrega de envelope com os documentos exigidos no edital, os quais eram julgados quanto à conformidade com o previsto. Seguia-se recurso dessa decisão e, somente após, eram julgadas as propostas de preço. Com a nova lei, a fase de habilitação é, em regra, após a seleção do licitante vencedor e restringe-se somente a este.

2.8.1 Habilitação e qualificação

Distinguir a habilitação da qualificação é tarefa que decorre do ordenamento jurídico. O primeiro termo, no Direito Administrativo, correspondente ao preenchimento dos requisitos legais ou normativos para desempenho de profissão ou atividade específica; o segundo, qualificação, está diretamente relacionado ao objeto do futuro contrato, podendo estar associado ao sujeito que será contratado. Assim, um engenheiro pode estar habilitado para as funções dessa profissão, mas não estar qualificado para desenvolver um projeto de grande complexidade, por exemplo, em razão da pouca experiência.

No cotidiano da Administração Pública, as expressões não são distinguidas e são usadas como sinônimos, não decorrendo desse fato qualquer prejuízo à comunicação.

2.8.2 Habilitação na contratação direta

Na contratação direta sem licitação, não há uma fase específica para que esse procedimento ocorra, mas certamente deve anteceder à decisão da contratação.

Houve, no passado, muita polêmica sobre quais documentos deveriam ser exigidos pela Administração Pública. A polêmica foi criada a partir da pretensão de impor ao gestor que exige os mesmos documentos de uma "hipotética" licitação para o objeto. Em decorrência dessa exigência, passou-se a exigir demonstrações contábeis até de pessoas físicas, ou cuja execução não guardava pertinência.

A regra sobre o que deve ser exigido para demonstrar a habilitação e a qualificação do futuro contratado deve ser definida a partir de três balizas:

---

[148] BRASIL. **Lei nº 8.666/93 (Versão Bolso)**. Organização dos textos e índice por J. U. JACOBY FERNANDES. 21. ed. ampl., rev. e atual. Belo Horizonte: Fórum, 2020. Livro digital.

a) estrita pertinência com o objeto, ou seja, os documentos que comprovem a habilitação e a qualificação mínima indispensável à execução do objeto do futuro contrato; a definição do mínimo visa precisamente desburocratizar o processo, respeitar a privacidade do contratado, acelerar a contratação;
b) não solicitar documentos que estão disponíveis em bancos de dados abertos ou de acesso aos órgãos da Administração Pública; quando se pede certidões que são públicas, abre-se espaço a fraudes e transfere-se o trabalho para o futuro contratado, que certamente inclui isso em seus custos; a desburocratização é dever de todos e o Poder Público deve ser exemplo de cumprimento da legalidade;
c) a habilitação jurídica, identidade para pessoa física, inscrição na receita federal, CNPJ ou CPF, a habilitação profissional pertinente, regularidade com o sistema de seguridade social, devem ser exigidos em todas as contratações; demonstrativos contábeis e garantias, somente nos casos de pagamentos antecipados[149]; em caso de fornecedor exclusivo, se os preços praticados não estiverem disponíveis em portais de acesso público, devem ser solicitados ao futuro contratado.

2.8.3 Habilitação igual à licitação - exceção

Expostas essas balizas, deve o gestor analisar a pertinência de juntar outros documentos.

Há, porém exceções ao balizamento proposto. De fato, há dois tipos de dispensa de licitação em que se deve exigir todos, sem exceção, os documentos exigidos na licitação. Isso porque o contratado que vier a ser escolhido demonstrará que estava habilitado e qualificado precisamente em relação ao edital anterior lançado pela Administração Pública. Essas duas exceções estão no art. 74, inciso III, alíneas "a" e "b", que versam sobre a licitação deserta e licitação fracassada, ou licitação em que há indícios de cartel.

O tema será mais bem desenvolvido nos comentários a esses dispositivos, no Capítulo 3.

---

[149] Ver exceções para contratação de *startups* (habilitação jurídica; qualificação técnica; qualificação econômico-financeira e regularidade fiscal): "Art. 13. A administração pública poderá contratar pessoas físicas ou jurídicas, isoladamente ou em consórcio, para o teste de soluções inovadoras por elas desenvolvidas ou a ser desenvolvidas, com ou sem risco tecnológico, por meio de licitação na modalidade especial regida por esta Lei Complementar. [...] § 8º Ressalvado o disposto no § 3º do art. 195 da Constituição Federal, a administração pública poderá, mediante justificativa expressa, dispensar, no todo ou em parte: I: "a documentação de habilitação de que tratam os incisos I, II e III, bem como a regularidade fiscal prevista no inciso IV do caput do art. 27 da Lei nº 8.666, de 21 de junho de 1993; [...]". BRASIL. **Lei Complementar nº 182, de 1º de junho de 2021.** Institui o marco legal das *startups* e do empreendedorismo inovador; e altera a Lei nº 6.404, de 15 de dezembro de 1976, e a Lei Complementar nº 123, de 14 de dezembro de 2006.

2.8.4 Fornecedor exclusivo sem habilitação

Para melhor compreensão das exceções, casos há em que o único prestador de serviço ou fornecedor de objeto essencial e indispensável está inadimplente, por exemplo, com a seguridade social.

É consabido que a exigência dessa regularidade decorre da própria Constituição Federal - art. 195, § 3º, diferentemente de outras exigências de regularidade.[150]

Caso recorrente é o da compra de combustíveis do único posto da cidade, o qual está inadimplente com a seguridade social.

Nesse sentido, há importante precedente do STJ o qual decidiu:

> Conforme a decisão emitida pela Corte de Contas Estadual, não há o que censurar na compra dos combustíveis, quando há um único posto de abastecimento na cidade; não poderia a Administração concordar que os veículos do Município se deslocassem a longas distâncias para efetuar o abastecimento, com visíveis prejuízos ao Erário.[151]

2.9 Art. 72, inc. VI – Razão da escolha do contratado

> **Art. 72.** O processo de contratação direta, que compreende os casos de inexigibilidade e de dispensa de licitação, deve ser instruído com os seguintes documentos:
>
> [...]
>
> **VI -** razão da escolha do contratado;

Dispositivos correlato na Lei nº 8.666/1993[152]:

Art. 26. As dispensas previstas nos §§ 2º e 4º do art. 17 e no inciso III e seguintes do art. 24, as situações de inexigibilidade referidas no art. 25, necessariamente justificadas, e o retardamento previsto no final do parágrafo único do art. 8º desta Lei deverão ser comunicados, dentro de 3 (três) dias, à autoridade superior, para ratificação e publicação na imprensa oficial, no prazo de 5 (cinco) dias, como condição para a eficácia dos atos.
[...]
II - razão da escolha do fornecedor ou executante;

O inciso VI do art. 72 trata da exigência de que o gestor público insira no processo um documento no qual motiva a escolha do futuro contratado. Essa exigência também existia na legislação anterior.

---

[150] Constituição Federal de 1988: "Art. 195. [...] § 3º A pessoa jurídica em débito com o sistema da seguridade social, como estabelecido em lei, não poderá contratar com o Poder Público nem dele receber benefícios ou incentivos fiscais ou creditícios."
[151] BRASIL. Superior Tribunal de Justiça. *Habeas corpus* nº 88.370 - RS (2007/0181783-1). Relator: Ministro Napoleão Nunes Maia Filho. Impetrante: Gladimir Chiele. Impetrado: Tribunal de Justiça do Estado do Rio Grande do Sul.
[152] BRASIL. **Lei nº 8.666/93 (Versão Bolso).** Organização dos textos e índice por J. U. JACOBY FERNANDES. 21. ed. ampl., rev. e atual. Belo Horizonte: Fórum, 2021. Livro digital.

Para adequada instrução processual, o texto desse documento é uma análise dos demais documentos juntados, ou, em outras palavras, uma análise das provas inseridas nos autos.

A elaboração consiste em apresentar motivos pelos quais há necessidade de afastar a realização de uma licitação e, em alguns casos, do princípio da impessoalidade e escolher determinada pessoa, física ou jurídica, para executar um contrato.

O afastamento do processo de licitação está definido na própria lei, devendo nesse caso a motivação indicar precisamente a adequação dos fatos à norma.

Para facilitar a compreensão do tema e a elaboração desse documento, nos comentários aos arts. 74 e 75 da lei, detalhamos os processos de escolha. Em poucas linhas, de forma resumida, apresenta-se como deveria ser apresentado esse documento numa das situações previstas na lei: notória especialização.

No caso do art. 74, inc. III:

a) que o serviço pretendido pela Administração e descrito no documento de formalização da demanda, termo de referência, projeto básico ou projeto executivo é um dos serviços relacionados nas alíneas do art. 74, inc. III;

b) que esse serviço não é comum, distinguindo-se pelo produto conforme seja a experiência e qualificação do contratado; note que a lei não mais exige que seja singular ou incomum, sendo suficiente que o resultado do objeto seja diferente em razão da pessoa do executor;

c) que o serviço não seja de publicidade ou propaganda, porque esses são licitados por lei especial;

d) que há, pelo menos, um notório especialista que tem conceito no campo de sua especialidade que leva o gestor a considerar que esse profissional, ou empresa, é capaz de executar o objeto;

e) que esse conceito decorra de um dos fatos previstos no art. 74, § 3º, da lei, ou seja, "desempenho anterior, estudos, experiência, publicações, organização, aparelhamento, equipe técnica ou outros requisitos relacionados com suas atividades";

f) que esses fatos anteriores, comprovados pela juntada de documento de qualificação, levam o gestor a "inferir que o seu trabalho é essencial e reconhecidamente o mais adequado à plena satisfação do objeto do contrato"; essa parte do texto deve ter uma precisão de redação, que leva outros intérpretes, lendo o texto, sem preconceitos, ou seja, sem ideias preconcebidas, à mesma conclusão; que de fato há pertinência entre esses fatos e o resultado que é deseja pela Administração Pública.

Importante registrar que há muita confusão sobre o entendimento dessa exigência de apresentar o documento que contém a "razão de escolha" do futuro contratado. É extremamente frequente que leitores desatentos e intérpretes sem densidade jurídica exijam que o gestor balize a sua fundamentação pelo preço.

Preço é tema tratado em outro inciso, precisamente para não contaminar a razão de escolha do contratado. Decisão pelo preço se faz no procedimento licitatório e não na contratação direta sem licitação. Eventualmente, pode ser, sim, a razão de escolha do futuro contratado, mas nessa particular situação deve o gestor público acautelar-se, pois sua fundamentação pode indicar que, na verdade, o processo licitatório é que seria exigível.

Preço é tema de outro documento ou de item específico da decisão. Não pode e não é, pois, recomendável que seja incluído como argumento junto com a razão de escolha do contratado.

2.10 Art. 72, inc. VII – Justificativa do preço

> **Art. 72.** O processo de contratação direta, que compreende os casos de inexigibilidade e de dispensa de licitação, deve ser instruído com os seguintes documentos:
>
> [...]
>
> **VII** - justificativa de preço;

Dispositivos correlato na Lei nº 8.666/1993[153]:
Art. 26. As dispensas previstas nos §§ 2º e 4º do art. 17 e no inciso III e seguintes do art. 24, as situações de inexigibilidade referidas no art. 25, necessariamente justificadas, e o retardamento previsto no final do parágrafo único do art. 8º desta Lei deverão ser comunicados, dentro de 3 (três) dias, à autoridade superior, para ratificação e publicação na imprensa oficial, no prazo de 5 (cinco) dias, como condição para a eficácia dos atos.
[...]
III - justificativa do preço.

O preço da contratação direta sem licitação deve ser justificado.

No ambiente da licitação, o preço é decorrência da competição entre os habilitados ou daqueles que pretendem ser considerados habilitados.

No ambiente da contratação direta sem licitação, como regra, não há competição. Por esse motivo é que o legislador determina que deverá comprovar previamente que os preços estão em conformidade com os praticados em contratações semelhantes de objetos de mesma natureza.

Para se compreender melhor, muitas vezes nos foi submetida para exame a justificativa da escolha do contratado que demonstrava a pertinência entre os fatos que definiam o profissional como notório especialista e, após um texto muito bem elaborado, leva o leitor a ter **certeza** de que aquele profissional era "essencial e indiscutivelmente o mais adequado à plena satisfação do objeto do contrato".

Em seguida, na mesma peça ou na instrução processual, havia a justificativa de preço, apresentando proposta ou cotação para execução do mesmo serviço por

---

[153] BRASIL. **Lei nº 8.666/93 (Versão Bolso)**. Organização dos textos e índice por J. U. JACOBY FERNANDES. 21. ed. ampl., rev. e atual. Belo Horizonte: Fórum, 2021. Livro digital.

outros profissionais ou empresas. Fica evidente que, se há outros profissionais capazes de apresentar proposta de execução, não há inviabilidade de competição. Note: pode haver outros profissionais ou empresas, mas ao gestor público parece que um deve ser escolhido, porque é "o mais adequado à plena satisfação do objeto do contrato".

Aliás, sobre o tema, o TCU analisou uma contratação realizada por inexigibilidade de licitação, com base na notória especialização do contratado. No processo de contratação, entretanto, observou-se ter havido cotação de preços com fornecedores, o que, para o TCU, é incompatível com a contratação em razão da singularidade. Diante do fato, o TCU fixou que:

> [...] a realização de cotação de preços junto a potenciais prestadores dos serviços demandados, a fim de justificar que os preços contratados estão compatíveis com os praticados no mercado, afasta a hipótese de inexigibilidade de licitação, por restar caracterizada a viabilidade de competição.[154]

Portanto, a justificativa de preço deve corresponder ao preço que esse mesmo específico profissional pratica, admitido tanto em âmbito público como privado. A compreensão literal abona a interpretação lógica.

2.11 Art. 72, inc. VIII – Autorização da autoridade competente

Art. 72. O processo de contratação direta, que compreende os casos de inexigibilidade e de dispensa de licitação, deve ser instruído com os seguintes documentos:

[...]

VIII - autorização da autoridade competente.

No regime da Lei nº 8.666/1993[155], a contratação direta sem licitação deveria estar sujeita ao princípio da segregação das funções e do duplo grau decisório administrativo, como elemento do controle de primeira linha.[156] Em outras palavras: na Lei nº 8.666/1993, uma autoridade decidia e outra ratificava a decisão, ordenando a publicação para efeitos de controle social e início de vigência da contratação.

No regime da LLCA, seguindo a pretensão de simplificação para a melhoria da gestão, há apenas uma autoridade atuando.

---

[154] BRASIL. TCU. Acórdão nº 2.280/2019. Primeira Câmara. Relator: Ministro Benjamin Zymler.
[155] BRASIL. **Lei nº 8.666/93 (Versão Bolso)**. Organização dos textos e índice por J. U. JACOBY FERNANDES. 21. ed. ampl., rev. e atual. Belo Horizonte: Fórum, 2021. Arquivo digital.
[156] Sobre linhas de controle, consulte o art. 169 da nova Lei de Licitações e Contratos. BRASIL. **Lei nº 14.133, de 1º de abril de 2021.** Lei de Licitações e Contratos Administrativos. Organização de textos, remissões da Lei nº 8.666/1993, Lei nº 10.520/2002 e Lei nº12.462/2011 e índices por Ana Luiza Jacoby Fernandes e J. U. Jacoby Fernandes. Belo Horizonte: Fórum, 2021.

2.11.1 Cargo e função - competência

Como regra, essa autoridade é o Ordenador de Despesas, mas pode o regimento interno da instituição, o estatuto ou documento equivalente definir a competência para outro agente, como um diretor, gerente, chefe de seção. Sobre o exercício dessa competência pelos agentes classificados como agentes políticos, consulte a obra "Manual do Ordenador de Despesas".[157]

Pode essa autoridade estar inscrita no rol de responsáveis elaborada pelo Tribunal de Contas, ou não.

Preferimos aqui utilizar a terminologia Ordenador de Despesas, pois pela lei geral de organização da Administração Pública corresponde a função prevista no art. 80 do Decreto-lei nº 200/1967[158]. Não utilizamos a terminologia "agente de contratação" porque essa é conceituada na LLCA, como também é autoridade. Assim, parece que se a lei criou dois conceitos distintos não pode a doutrina torná-los equivalentes. Autoridade, em princípio, não é o agente de contratação, embora esse também tenha poder decisório. Note o conceito legal: "agente de contratação" é a:

> [...] pessoa designada pela autoridade competente, entre servidores efetivos ou empregados públicos dos quadros permanentes da Administração Pública, para tomar **decisões**, acompanhar o trâmite da licitação, dar impulso ao procedimento licitatório e executar quaisquer outras atividades necessárias ao bom andamento do certame até a homologação.

E "autoridade" é "agente público dotado de poder de **decisão**". Se o agente de contratação é nomeado pela autoridade, certamente não é a autoridade; é pessoa distinta daquela.

A competência poderá estar descrita como para "assumir obrigação" ou "assinar contrato" ou, especificamente, "proceder à contratação direta sem licitação".

Considerando os termos legais previstos na LLCA, pode também a Administração Pública adotar o cargo "agente de contratação", cuja definição está no art. 6º, inc. LXI. Comentário a esse dispositivo está no item 2.2.

Há uma provável pretensão de não implantar cargo específico com esse nome ou até mesmo carreira, porque limita a gestão de recursos humanos na denominada polivalência de funções e estruturação de carreiras. De fato, quem ingressar nesse cargo ou na carreira de agente de contratação terá as atribuições limitadas na gestão, ainda que relevantes. O desenvolvimento da prática pode levar a entendimento diferente deste aqui previsto.

---

[157] JACOBY FERNANDES, Jorge Ulisses. **Manual do ordenador de despesas**: à luz do novo regime fiscal. Belo Horizonte: Fórum, 2019.

[158] BRASIL. **Decreto-Lei nº 200, de 25 de fevereiro de 1967.** Dispõe sobre a organização da Administração Federal, estabelece diretrizes para a Reforma Administrativa e dá outras providências.

2.12 Art. 72, parágrafo único – Divulgação do ato

Art. 72. O processo de contratação direta, que compreende os casos de inexigibilidade e de dispensa de licitação, deve ser instruído com os seguintes documentos:

Parágrafo único. O ato que autoriza a contratação direta ou o extrato decorrente do contrato deverá ser divulgado e mantido à disposição do público em sítio eletrônico oficial.

Dispositivos correspondentes na Lei nº 8.666/1993[159]:
Art. 26. As dispensas previstas nos §§ 2º e 4º do art. 17 e no inciso III e seguintes do art. 24, as situações de inexigibilidade referidas no art. 25, necessariamente justificadas, e o retardamento previsto no final do parágrafo único do art. 8º desta Lei deverão ser comunicados, dentro de 3 (três) dias, à autoridade superior, para ratificação e publicação na imprensa oficial, no prazo de 5 (cinco) dias, como condição para a eficácia dos atos.
[...]
Art. 61. [...]
Parágrafo único. A publicação resumida do instrumento de contrato ou de seus aditamentos na imprensa oficial, que é condição indispensável para sua eficácia, [...], ressalvado o disposto no art. 26 desta Lei.

2.12.1 Divulgação e disponibilização do ato

A lei expressamente determina que "o ato que autoriza a contratação direta ou o extrato decorrente do contrato deve ser divulgado e mantido à disposição do público em sítio eletrônico oficial".

O dispositivo em comento não indica onde, mas será no Portal Nacional das Compras Públicas, como adiante é comentado.

2.12.2 Publicar o ato ou o contrato

No regime da Lei nº 8.666/1993[160], era dispensável publicar o contrato decorrente de contratação direta sem licitação, quando o extrato dessa tivesse sido publicado. Assim, a publicação da contratação por inexigibilidade de licitação dispensava a publicação do contrato subsequente.

Seguindo a mesma linha da pretendida simplificação, o dispositivo determina que seja publicado o ato ou o respectivo contrato. O ato que autoriza a contratação ou o contrato que decorre dessa autorização.

2.12.2.1 Informações mínimas

Em obras anteriores sobre o tema, reclamou-se da inexistência de norma esclarecendo quais informações deveriam constar da publicação. A omissão legislativa, notadamente em norma bastante detalhada como esta, não é justificável.

---

[159] BRASIL. **Lei nº 8.666/93 (Versão Bolso).** Organização dos textos e índice por J. U. JACOBY FERNANDES. 21. ed. ampl., rev. e atual. Belo Horizonte: Fórum, 2020. Livro digital.
[160] *Idem.*

Podem os regulamentos internos disporem sobre o tema, indicando com precisão, o que deve conter a publicação do ato ou do extrato do contrato.

Lembrando que não é permitido legislar via jurisprudência. Podem os Tribunais de Contas e outros órgãos de controle sugerir a inserção de dispositivos que aprimorem a atividade da Administração Pública, mas não podem legislar.

2.12.2.2 Divulgar independentemente do valor

Por outro lado, compreende-se o motivo pelo qual o tratamento tenha sido diferente em relação ao dever de publicar ponderado com o princípio da economicidade. Em outras palavras, a legislação anterior somente obrigava a publicação a partir do valor máximo para a dispensa de licitação, ou seja, acima de 17.600,00 reais para compras e serviços em geral e 33.000,00 reais para obras e serviços de engenharia. Considerava-se, à época, que abaixo desse valor seria a publicação contrária ao princípio da economicidade. Dependendo do veículo escolhido, poderia ensejar mais cara a publicação do que o próprio objeto do contrato.

O dispositivo não abriu exceção em razão do valor, porque o custo da divulgação e de manter a disposição não é expressivo.

2.12.2.3 Divulgar e manter a disposição

Importante inovação foi inserida na nova lei que consiste não só no dever de divulgar, como manter a informação disponível.

Não há indicação de por quanto tempo deverá ser "mantida disponível". Deve o regulamento ou outro normativo do órgão da Administração Pública indicar o prazo. Parece mais apropriado que a disponibilidade seja mantida enquanto durar a contratação.

2.13 Portal Nacional de Compras Públicas

O dispositivo determina a publicação e a disponibilização no "sítio eletrônico oficial". O sítio eletrônico pode ser o de âmbito nacional, denominado de Portal Nacional de Compras Públicas – PNCP, previsto no art. 174, ou do próprio ente da federação, previsto no art. 175.

Em homenagem ao princípio do federalismo e do autogoverno dos tribunais, pode cada unidade federada ou órgão de poder ter o seu próprio sítio oficial. Também em homenagem ao princípio da colaboração federativa, é recomendável contribuir para possibilidade de informações nacionais.

Essa cooperação permite a definição de muitas políticas públicas que contribuirão para assegurar a efetividade do dever constitucional imposto à União federal de "reduzir as desigualdades regionais".

A LLCA, entretanto, dispôs no art. 174 sobre a criação do Portal Nacional de Compras Públicas, que funcionará de forma centralizada no governo federal, a ser gerido pelo Comitê Gestor da Rede Nacional. Esse comitê terá representação das unidades federadas.

Supre o comando legal, no sentido de divulgar e disponibilizar qualquer dos portais ou sítios definidos pelo legislador.

Os dispositivos não previram sanção para o descumprimento na determinação para integração dos sítios. Também não há previsão de sanção para a omissão no dever de integrar-se ao PNCP.

2.13.1 Precedente histórico do PNCP

No passado, no Brasil, houve pretensão de integrar as bases de licitação. Transformada em lei - Lei nº 9.755, de 16 de dezembro de 1998 - essa pretensão tinha o ambicioso objetivo de dar transparência às aquisições nacionais, acabando com redutos "feudais" e cartelização regionais. Encarregou-se o TCU dessa missão de integração nacional da publicidade de editais[161].

A lei não "pegou". Um dos autores desta obra envidou esforços junto aos elaboradores da Medida Provisória que acabou convertida na lei do pregão, inserindo no art. 4º, inc. IV, da Lei nº 10.520/2002 obrigação de cumprir com a Lei nº 9.755/1998. O TCU deixou de exercer a liderança no processo e regulamentou, no âmbito interno, a norma com uma Resolução que permitia aos órgãos enviar seus editais. O "fundamento" para a lei não "pegar" é que sem sanção, as leis no País não são cumpridas.

Esse cenário pretérito é trazido como informação aos estudiosos do Direito, para que dessa vez a lei seja efetiva na sua máxima amplitude.

2.13.2 O futuro do PNCP

O auspicioso caminho que se apresenta é impor essa máxima pretensão de transparência como um dos elementos de informação para integrar a prestação de contas. Por isso, instituições como a ATRICON e a ANATRICON podem reverberar a necessidade de estabelecer o dever na prestação e tomada de contas dos dirigentes de órgão e poder, de que tratam os arts. 1º, § 1º, e 48 da Lei de Responsabilidade Fiscal que abordam respectivamente o dever de transparência e da prestação de contas e parecer prévio.

Note que não há uma lei nacional definindo o que integra ou deixa de integrar a prestação de contas, sendo o tema regulado inteiramente por norma dos Tribunais de Contas, editada com base no poder regulamentar oriundo das respectivas leis orgânicas.

---

[161] BRASIL. **Lei nº 9.755, de 16 de dezembro de 1998.** Dispõe sobre a criação de "homepage" na "Internet", pelo Tribunal de Contas da União, para divulgação dos dados e informações que especifica, e dá outras providências. Disponível em: http://www.planalto.gov.br/ccivil_03/leis/ l9755.htm. Acesso em: 12 maio 2021.

No passado, os Tribunais de Contas impuseram, por exemplo, a obrigação de o município regulamentar a lei de apoio a pequena e média empresa, dando cumprimento à Lei Complementar nº 123, de 14 de dezembro de 2006. Também foi o TCE/AM que obrigou os municípios a elaborarem o plano de resíduos sólidos, como condição para aprovação das contas municipais.

São exemplos, colhidos ao correr da pena, que revelam que os Tribunais de Contas têm instrumentos para dar a máxima efetividade pretendida pelos que idealizaram o PNCP.

2.13.3 Contratação direta deve ser divulgada no PNCP

A redação do dispositivo que rege o PNCP define que os "atos exigidos" por essa Lei deverão ser divulgados no PNCP. Em decorrência, se conclui que o "ato que autoriza a contratação" é um dos atos exigidos por essa lei e, portanto, deve ser divulgado no PNCP. A respeito da possibilidade de utilizar a contratação direta enquanto não for criado o portal, consulte o subitem. 1.4. do capítulo1.

Outro dispositivo, porém, chama a atenção e pode induzir a dúvidas.

É o inciso III do § 2º do art. 174 que exige que sejam publicados "avisos de contratação direta". Certamente o legislador não pretende que toda contratação direta sem licitação seja precedida de aviso ou chamamento público, pois estaria equiparando a publicidade da licitação e da contratação com a ausência de licitação.

Há, porém, duas situações em que foi previsto o aviso público, ainda assim como recomendável, sem força imperativa. O primeiro está no art. 191 e o outro caso está no § 3º do art. 74. No primeiro, art. 191, o dispositivo define que no aviso a ser dirigido ao futuro contratado pela Administração Pública deverá ser informada qual a lei de regência. Pode, alternativamente, essa informação constar do instrumento de contratação, se não houver aviso prévio. A outra situação ocorre quando a Administração Pública contrata apenas em razão do valor da dispensa. Neste caso, como é indiferente quem será o contratado, desde que atenda às condições de habilitação necessárias, o legislador recomenda que, sempre que possível, a escolha seja precedida de aviso público. É evidente que a divulgação retarda a contratação, cabendo ao gestor a prudente decisão de avaliar a conveniência de publicar o aviso.

2.13.4 Contratação direta deve ser divulgada em diário oficial ou jornal de grande circulação?

Questão interessante diz respeito à "derrubada" do veto do §1º do art. 54 que dispõe:

> Art. 54. A publicidade do edital de licitação será realizada mediante divulgação e manutenção do inteiro teor do ato convocatório e de seus anexos no Portal Nacional de Contratações Públicas (PNCP).
>
> § 1º Sem prejuízo do disposto no caput, é obrigatória a publicação de extrato do edital no Diário Oficial da União, do Estado, do Distrito

Federal ou do Município, ou, no caso de consórcio público, do ente de maior nível entre eles, bem como em jornal diário de grande circulação.[162]

A redação do dispositivo determina que o "extrato do edital" deve ser divulgado no diário oficial, bem como no jornal de grande circulação. Como na contratação direta não há edital, em decorrência, conclui-se que não há determinação legal para publicação dos atos da contratação direta nos referidos veículos.

2.14 Contratação direta via sistema de registro de preços

Uma das dificuldades dos gestores públicos na contratação direta está, precisamente, no fato de que a licitação é a regra jurídica e a contratação direta é a exceção. Embora na prática os valores envolvidos sejam expressivamente maiores na contratação direta, especialmente na última década, a opinião pública ou, melhor, a opinião publicada[163] insiste em associar a irregularidade à ausência de licitação. Certamente, no final dos próximos anos os valores licitados serão ainda menores dos que os aplicados sem licitação. Isso, porque, na nova lei de licitações, os valores de dispensa foram muito aumentados e as hipótese de dispensa ampliadas.

Dois pontos vêm ao encontro do bom gestor que pretende ter melhores ferramentas para gerir o tema:

a) publicidade; e

b) registro de preços.

O tema publicidade também foi tratado no subitem 2.12, mas cabe aqui rememorar que:

a) a contratação direta sem licitação passou a ter a necessidade de prévia publicação, conforme o art. 72, parágrafo único;[164]

---

[162] BRASIL. **Lei nº 14.133, de 1º de abril de 2021.** Lei de Licitações e Contratos Administrativos. Organização de textos, remissões da Lei nº 8.666/1993, Lei nº 10.520/2002 e Lei nº12.462/2011 e índices por Ana Luiza Jacoby Fernandes e J. U. Jacoby Fernandes. Belo Horizonte: Fórum, 2021. Grifo nosso.

[163] Os autores consideram importante distinguir a "opinião pública", aquela que se legitima pelo que teoricamente pensa a sociedade de "opinião publicada" aquela de um ou mais jornalistas, ou profissionais da imprensa ou dirigentes de veículos de comunicação, que se pretendem legitimar como representantes do povo. No regime democrático, os legítimos representantes do povo estão titularizados em cargos eletivos. A imprensa livre integra a sociedade e é essencial para expressão de determinados segmentos da sociedade civil organizada, podendo muitas vezes haver coincidência entre opinião pública e a opinião publicada. A segunda não é, nem tem obrigação de ser, veículo da primeira, pois tem interesses próprios. Do mesmo modo que um ocupante de cargo eletivo, representa apenas a parcela do povo que o elegeu.

[164] BRASIL. **Lei nº 14.133, de 1º de abril de 2021.** Lei de Licitações e Contratos Administrativos. Organização de textos, remissões da Lei nº 8.666/1993, Lei nº 10.520/2002 e Lei nº12.462/2011 e índices por Ana Luiza Jacoby Fernandes e J. U. Jacoby Fernandes. Belo Horizonte: Fórum, 2021: "Art. 72. [...] Parágrafo único. O ato que autoriza a contratação direta ou o extrato decorrente do contrato deverá ser divulgado e mantido à disposição do público em sítio eletrônico oficial."

b) no modelo da nova lei, as contratações nacionais, abrangendo estados, municípios e Distrito Federal serão publicadas em portal único e centralizado, o PNCP[165];

c) mesmo a licitação dispensável pelo valor, a contratação de artistas e por emergência devem ser publicadas no PNCP.[166]

Agora, a nova Lei passou a permitir o registro de preços, para a contratação direta sem licitação.

Em dispositivo, mal localizado na nova lei, consta da parte que trata do edital. Assim, a norma estabelece:

> Art. 82. O edital de licitação para registro de preços observará as regras gerais desta Lei e deverá dispor sobre:
> [...]
> § 6º O sistema de registro de preços poderá, na forma de regulamento, ser utilizado nas hipóteses de inexigibilidade e de dispensa de licitação para a aquisição de bens ou para a contratação de serviços por mais de um órgão ou entidade.[167]

É evidente a atecnia revelada no caso, pois esse parágrafo sexto deveria estar inserido no art. 72, que trata do procedimento para a contratação direta.

Sua localização, no art. 82, deve ser reconhecida como a pretensão de que o primeiro artigo da Seção do SRP, trouxesse as regras gerais do procedimento. Infelizmente, pecou-se pela especificidade do caput à utilização do SRP em processos licitatórios.

Analisando a tramitação do projeto de Lei no Congresso Nacional, é possível identificar que a inclusão da possibilidade de uso do SRP para contratações diretas foi realizada no último momento na casa revisora, no relatório de Plenário na

---

[165] Q. cfr. Art. 94. BRASIL. **Lei nº 14.133, de 1º de abril de 2021.** Lei de Licitações e Contratos Administrativos. Organização de textos, remissões da Lei nº 8.666/1993, Lei nº 10.520/2002 e Lei nº12.462/2011 e índices por Ana Luiza Jacoby Fernandes e J. U. Jacoby Fernandes. Belo Horizonte: Fórum, 2021.

[166] *Idem:* "Art. 75. [...] § 4º As contratações de que tratam os incisos I e II do caput deste artigo serão preferencialmente pagas por meio de cartão de pagamento, cujo extrato deverá ser divulgado e mantido à disposição do público no Portal Nacional de Contratações Públicas (PNCP). Art. 94. A divulgação no Portal Nacional de Contratações Públicas (PNCP) é condição indispensável para a eficácia do contrato e de seus aditamentos e deverá ocorrer nos seguintes prazos, contados da data de sua assinatura: I - 20 (vinte) dias úteis, no caso de licitação; II - 10 (dez) dias úteis, no caso de contratação direta. § 1º Os contratos celebrados em caso de urgência terão eficácia a partir de sua assinatura e deverão ser publicados nos prazos previstos nos incisos I e II do caput deste artigo, sob pena de nulidade. § 2º A divulgação de que trata o caput deste artigo, quando referente à contratação de profissional do setor artístico por inexigibilidade, deverá identificar os custos do cachê do artista, dos músicos ou da banda, quando houver, do transporte, da hospedagem, da infraestrutura, da logística do evento e das demais despesas específicas."

[167] BRASIL. **Lei nº 14.133, de 1º de abril de 2021.** Lei de Licitações e Contratos Administrativos. Organização de textos, remissões da Lei nº 8.666/1993, Lei nº 10.520/2002 e Lei nº12.462/2011 e índices por Ana Luiza Jacoby Fernandes e J. U. Jacoby Fernandes. Belo Horizonte: Fórum, 2021.

Câmara dos Deputados. Tal cenário pode justificar a inclusão dessa previsão sem a cautela usual do legislador.

Importante deixar assentado, antes que algum auditor resolva "legislar" pela via de interpretação, que a nova lei **não** determina que Administração Pública precisa fazer um edital para registro de preços da futura contratação direta; a inexigibilidade e a licitação dispensável não exigem esse procedimento prévio. Aliás, nem mesmo o § 6º exige tal providencia prévia.

Deste modo, a interpretação mais precisa é no sentido de que a ata do registro de preços, em uma analogia ao instrumento de contrato, vez que a primeira precede a formalização do contrato, deve ser divulgada e mantida à disposição do público em sítio eletrônico oficial, na forma do art. 72, parágrafo único.

Obviamente, seria possível, porém, dispensável, a divulgação de edital para o registro de preços em contratação direta, de modo similar ao que se propõe para as dispensas pelo valor, conforme § 3º do art. 75.

2.14.1 Registro de preços para contratação direta relacionada a obras

Tenha em linha de consideração a situação de uma licitação para execução de obra complexa. Na nova legislação ficou definido que pode a Administração servir-se de especialista, seja pessoa física ou jurídica, para assessorar a licitação,[168] e também promover a contratação de profissional para acompanhar o fiscal contrato[169].

Na nova lei, também, um tipo peculiar de apoio passou a ser considerado **serviço técnico profissional especializado:**

> [...] controles de qualidade e tecnológico, análises, testes e ensaios de campo e laboratoriais, instrumentação e monitoramento de parâ-

---

[168] BRASIL. **Lei nº 14.133, de 1º de abril de 2021.** Lei de Licitações e Contratos Administrativos. Organização de textos, remissões da Lei nº 8.666/1993, Lei nº 10.520/2002 e Lei nº12.462/2011 e índices por Ana Luiza Jacoby Fernandes e J. U. Jacoby Fernandes. Belo Horizonte: Fórum, 2021. "Art. 8º A licitação será conduzida por agente de contratação, pessoa designada pela autoridade competente, entre servidores efetivos ou empregados públicos dos quadros permanentes da Administração Pública, para tomar decisões, acompanhar o trâmite da licitação, dar impulso ao procedimento licitatório e executar quaisquer outras atividades necessárias ao bom andamento do certame até a homologação. [...] § 4º Em licitação que envolva bens ou serviços especiais cujo objeto não seja rotineiramente contratado pela Administração, poderá ser contratado, por prazo determinado, serviço de empresa ou de profissional especializado para assessorar os agentes públicos responsáveis pela condução da licitação."
[169] Idem. "Art. 104. O regime jurídico dos contratos instituído por esta Lei confere à Administração, em relação a eles, as prerrogativas de: [...] III - fiscalizar sua execução; [...] Art. 117. A execução do contrato deverá ser acompanhada e fiscalizada por 1 (um) ou mais fiscais do contrato, representantes da Administração especialmente designados conforme requisitos estabelecidos no art. 7º desta Lei, ou pelos respectivos substitutos, permitida a contratação de terceiros para assisti-los e subsidiá-los com informações pertinentes a essa atribuição."

metros específicos de obras e do meio ambiente e demais serviços de engenharia que se enquadrem no disposto neste inciso;[170]

Além dessa nova classificação, esse tipo de serviço foi elencado entre os casos de inexigência de licitação, se, e somente se, o futuro contratado puder ser enquadrado no conceito de notória especialista.

Posto esse cenário, é fácil considerar a possibilidade de a Administração Pública num só edital, convocar empresas para participarem da licitação e especialistas, por dispensa em razão do valor, ou notórios especialistas, por inexigibilidade, para auxiliarem no julgamento pela comissão de licitação, ou a fiscalização pelo agente de contratação. Registram-se os preços de profissionais e empresas, para no futuro atuarem na execução da licitação e do contrato e ainda auxiliarem o controle tecnológico da obra.

A Administração Pública não precisa fazer um edital para convocação; a inexigibilidade não exige esse procedimento prévio, mas a Administração Pública poderá fazê-lo. Repetindo: nem mesmo o § 6º exige tal providencia prévia. Também não proíbe.

2.14.2 Registro de preços para contratação direta em escolas de governo e escolas de contas

A nova lei, melhor sistematizando o tema treinamento, ensino e capacitação definiu que há possibilidade de contratar esses serviços, com notórios especialistas, sem licitação.

Até o novo valor da dispensa, previsto no art. 75, inc. II, pode ser mais bem aplicado na contratação de cursos e palestras. Durante algum tempo, havia dúvidas se a contratação de treinamento teria por valor limite o serviço de treinamento ou o valor limite para dispensa de licitação seria aferido por tipo de curso, ou seja, pela matéria tratada no curso.

---

[170] BRASIL. **Lei nº 14.133, de 1º de abril de 2021.** Lei de Licitações e Contratos Administrativos. Organização de textos, remissões da Lei nº 8.666/1993, Lei nº 10.520/2002 e Lei nº12.462/2011 e índices por Ana Luiza Jacoby Fernandes e J. U. Jacoby Fernandes. Belo Horizonte: Fórum, 2021: "Art. 74. É inexigível a licitação quando inviável a competição, em especial nos casos de: I - aquisição de materiais, de equipamentos ou de gêneros ou contratação de serviços que só possam ser fornecidos por produtor, empresa ou representante comercial exclusivos; II - contratação de profissional do setor artístico, diretamente ou por meio de empresário exclusivo, desde que consagrado pela crítica especializada ou pela opinião pública; III - contratação dos seguintes serviços técnicos especializados de natureza predominantemente intelectual com profissionais ou empresas de notória especialização, vedada a inexigibilidade para serviços de publicidade e divulgação: a) estudos técnicos, planejamentos, projetos básicos ou projetos executivos; b) pareceres, perícias e avaliações em geral; c) assessorias ou consultorias técnicas e auditorias financeiras ou tributárias; d) fiscalização, supervisão ou gerenciamento de obras ou serviços; e) patrocínio ou defesa de causas judiciais ou administrativas; f) treinamento e aperfeiçoamento de pessoal; g) restauração de obras de arte e de bens de valor histórico; h) controles de qualidade e tecnológico, análises, testes e ensaios de campo e laboratoriais, instrumentação e monitoramento de parâmetros específicos de obras e do meio ambiente e demais serviços de engenharia que se enquadrem no disposto neste inciso;"

Explicando em outras palavras. No regime da Lei nº 8.666/1993 houve dúvidas se o limite de valor de dispensa de licitação seria para o serviço de treinamento ou pela natureza da área de conhecimento específico do curso ou palestra. Desde o princípio dessa lei, esclarecemos que o risco de fracionar a despesas tinha no seu âmago o interesse republicano de ampliar a competição. Assim, se o gestor precisar de três objetos e cada um estiver pouco abaixo do valor de dispensa, na época, 8.000,00 reais, deveria somar os valores e proceder a uma licitação, porque a licitação atrairia a melhor proposta.

Na área de contratação de conhecimento, a competição somente existiria em cada especialidade. Por exemplo, com raras exceções, um professor de português competiria com um professor de Direito. As especializações, por si só, "fracionam" o conhecimento.

Além desse argumento, sempre lembramos que a atividade de treinamento, para os órgãos de controle são singulares, ou seja, incomparáveis entre si, para fins de competição. Cada professor carrega consigo o dom ou didática. Aliás, é precisamente pela diferença de didática, da magia de ensinar-aprender que ao participar de vários cursos sobre o mesmo tema ou aprofundar o conhecimento sobre um tema que o aprendiz ou aluno melhor se qualifica.

Por isso, mesmo que ultrapassasse o valor limite da dispensa de licitação, a aferição do valor se faria por especialidade; e seria contratada pelo art. 25, caput. Diferentemente do que o TCU pretendeu, com a famosa Decisão nº 439/1998, enquadrar, sem amparo legal, todo treinamento em objeto singular e todo professor como notório especialista.[171]

No entendimento que sustentamos, todo treinamento seria singular, e poderia ser contratado com base no *caput* ou no inciso que trata de notório especialista.

Na nova lei, como não mais existe a restrição de objeto singular, o treinamento e capacitação foram enquadrados como serviço técnico profissional e a licitação é inexigível quando o futuro contratado for notório especialista. É bem de ver que a nova legislação parece ter mitigado o conceito de notório especialista, pois no regime da lei anterior exigia que o profissional notório escolhido fosse **"indiscutivelmente** o mais adequado à plena satisfação do objeto do contrato". É evidente que qualquer agente pode "discutir" ou levar a "discutir" que tal ou qual é o melhor. Perceba que nesse ponto a nova lei evolui para impor outra expressão com conteúdo bem diferente:

---

[171] "[...] as contratações de professores, conferencistas ou instrutores para ministrar cursos de treinamento ou aperfeiçoamento de pessoal, bem como a inscrição de servidores para participação de cursos abertos a terceiros, enquadram-se na hipótese de inexigibilidade de licitação prevista no inciso II do art. 25, combinado com o inciso VI do art. 13 da Lei nº 8.666/93", conf.: BRASIL. TCU. Processo nº TC-000.830/1998-4. Decisão nº 439/1998 - Plenário. Disponível em: https://pesquisa.apps.tcu.gov.br/#/resultado/acordao-completo/*/NUMACORDAO%253A439%2520ANOACORDAO%253A1998%2520COLEGIADO%253A%2522Plen%25C3%25A1rio%2522/%2520. Acesso em: 31 maio 2021.

> Art. 6º [...]
>
> XIX - notória especialização: qualidade de profissional ou de empresa cujo conceito, no campo de sua especialidade, decorrente de desempenho anterior, estudos, experiência, publicações, organização, aparelhamento, equipe técnica ou outros requisitos relacionados com suas atividades, permite inferir que o seu trabalho é **essencial e reconhecidamente adequado à plena satisfação do objeto do contrato**;[172]

E repetindo, desnecessariamente, mas com o mesmo teor:

> Art. 74 [...]
>
> § 3º Para fins do disposto no inciso III do **caput** deste artigo, considera-se de notória especialização o profissional ou a empresa cujo conceito no campo de sua especialidade, decorrente de desempenho anterior, estudos, experiência, publicações, organização, aparelhamento, equipe técnica ou outros requisitos relacionados com suas atividades, permita inferir que o seu trabalho é **essencial e reconhecidamente adequado à plena satisfação do objeto do contrato**.[173]

É evidente o aprimoramento do texto legal, ao retirar o **indiscutivelmente**, trocando por **reconhecidamente**. Com essa mudança, reduziu a polêmica sobre a decisão de escolha. Como dito, mitigou a notória especialização, facilitando ampliar a busca por profissionais que na sua área se notabilizam, como especialistas.

Assentada essa compreensão, voltando ao objeto: se forem três cursos. Há quase duas décadas foi definido que nesse caso, a separação do valor se faz pelo conteúdo programático e não pelo serviço treinamento, genericamente considerado. Aliás, essa decisão foi adotada em resposta à consulta, fato que lhe atribui o caráter de fixação de tese.

Na nova lei, as escolas de governo e de contas tiveram importância bem definida.

No art. 173, definiu que o Tribunal de Contas é responsável por efetivar o ideário de orientar sobre o tema. Com frequência esclarecemos que o Brasil é o país do mundo com o maior volume de jurisprudência de todos os países.[174]

Se o tema ficou ainda mais complexo na nova lei de licitações, por outro lado, as escolas de governo, quase sempre um apêndice inexpressivo nos organogramas, ficam com missão mais complexa: certificar conhecimento dos agentes de contratação. Essa certificação de conhecimento poderá até levar à isenção do agente público nomeante.

---

[172] BRASIL. **Lei nº 14.133, de 1º de abril de 2021.** Lei de Licitações e Contratos Administrativos. Organização de textos, remissões da Lei nº 8.666/1993, Lei nº 10.520/2002 e Lei nº12.462/2011 e índices por Ana Luiza Jacoby Fernandes e J. U. Jacoby Fernandes. Belo Horizonte: Fórum, 2021.
[173] *Idem.*
[174] Aqui temos uma lei complexa e no mínimo, 34 Tribunais agindo de ofício e por provocação, para controlar o tema em mais de 40.000 órgãos públicos. Soma-se a isso, a atuação do judiciário em 35 Tribunais do judiciário julgado o tema, a partir de provocação do Ministério Público e dos particulares.

De fato, a *culpa in eligendo* é um tormento para o gestor público, pois por vezes, diante de erro, impropriedade ou irregularidade alguns órgãos de controle conseguiram responsabilizar a puridade nomeante de um pregoeiro ou comissão de licitação imputando-lhe responsabilidade solidária por ter escolhido um agente desqualificado - entenda-se sem conhecimento adequado, para o desempenho da função.

Agora a lei, no art. 7º determinou que uma das possibilidades para a autoridade nomeante é escolher entre aqueles que têm[175] "certificação profissional emitida por escola de governo criada e mantida pelo poder público".

O registro de preços pode ser um importante instrumento para contratar sob demanda um profissional ou empresa, seja para ministrar prova, seja para ministrar cursos e palestras.

Em novembro, por exemplo, a escola fará o registro dos profissionais notórios especialistas em diversas áreas e durante o ano seguinte, procederá à contratação formando turmas, aplicando provas. Poderá, inclusive, contratar um mesmo profissional para ministrar curso e fazer a avaliação.

Lembrando que a dinâmica do conhecimento e as mudanças de interpretação implicam em serviço continuado de qualificação.

Por fim, a norma não esclarece se essas funções serão prestadas à conta do orçamento das próprias escolas, ou dos órgãos públicos que fruem o serviço de qualificação.

É preciso considerar que o direito do servidor de receber qualificação e o dever legal imposto agora a essas escolas, podem ser conciliados. Por outro lado, não é razoável que o poder público obrigue a participação em curso e onere o servidor com esse custo.

A lei não dispõe, como dito, sobre o tema. Definido um cenário de razoabilidade, parece impossível que o poder público e seus órgãos e entidades remunerem essas instituições, escolas de contas e escolas de governo, com justa retribuição, suficiente para cobrir o custo.

Por fim, cabe observar que o legislador se refere a escola de contas como espécie certa e determinada. Ao conceituar a escola de governo, como gênero, deixa evidente que a escola de contas integra esse gênero.

Permita, o leitor, duas observações hauridas numa longa trajetória no serviço público. A primeira dirigida a um fato que por vezes ocorre em que se pretende que

---

[175] BRASIL. **Lei nº 14.133, de 1º de abril de 2021.** Lei de Licitações e Contratos Administrativos. Organização de textos, remissões da Lei nº 8.666/1993, Lei nº 10.520/2002 e Lei nº12.462/2011 e índices por Ana Luiza Jacoby Fernandes e J. U. Jacoby Fernandes. Belo Horizonte: Fórum, 2021: "Art. 7º Caberá à autoridade máxima do órgão ou da entidade, ou a quem as normas de organização administrativa indicarem, promover gestão por competências e designar agentes públicos para o desempenho das funções essenciais à execução desta Lei que preencham os seguintes requisitos: [...] II - tenham atribuições relacionadas a licitações e contratos ou possuam formação compatível ou qualificação atestada por certificação profissional emitida por escola de governo criada e mantida pelo poder público; e [...]"

apenas órgãos públicos concentrem o conhecimento, às vezes indo mais longe, exigindo que o treinamento seja feito apenas por agentes públicos. Se é certo que a unidade de doutrina auxilia uma boa gestão e que os agentes públicos têm muito interesse em melhorar a remuneração, pois as vezes o magistério é única fonte de renda constitucionalmente permitida, a cautela é necessária. Isso, porque implicará em formar uma doutrina "chapa branca", com o risco de se ter uma visão unilateral do Direito, criando um nefasto regime corporativo que, distante de uma visão plural dos institutos, crie um processo autofágico corrosivo de conhecimento.

O segundo dirige-se àqueles gestores que confundem conhecimento – contratar professores, bibliotecas físicas e virtuais, livros, cursos –, com edificar prédio de escolas. A palavra com Martinho Luthero:

> A prosperidade de um país não depende da abundância das suas rendas, nem da importância das suas fortalezas, nem da beleza dos seus edifícios públicos; consiste no número dos seus cidadãos cultos, nos seus homens de educação, ilustração e caráter. N'isso é que está o seu verdadeiro interesse, a sua principal força, o seu real poder.[176]

2.14.3 Registro de preços para julgamento de técnica

Um novo dispositivo na Lei nº 14.133/2021 permitiu a gestão pública contratar profissionais para o julgamento do fator técnica. Com essa permissão, o apoio à comissão de contratação ou ao agente da contratação ficou mais evidenciado e propicia menos discussão.

Em dois dispositivos distintos, permeia-se o ideário de melhor amparar o desafio da licitação, que exige conhecimentos muito específicos sobre o procedimento e sobre o objeto. Note:

> Art. 8º A licitação será conduzida por agente de contratação, pessoa designada pela autoridade competente, entre servidores efetivos ou empregados públicos dos quadros permanentes da Administração Pública, para tomar decisões, acompanhar o trâmite da licitação, dar impulso ao procedimento licitatório e executar quaisquer outras atividades necessárias ao bom andamento do certame até a homologação.
> [...]
> § 4º Em licitação que envolva bens ou serviços especiais cujo objeto não seja rotineiramente contratado pela Administração, poderá ser contratado, por prazo determinado, serviço de empresa ou de profissional especializado para assessorar os agentes públicos responsáveis pela condução da licitação.
> [...]
> Art. 75. É dispensável a licitação:
> [...]
> XIII - para contratação de profissionais para compor a comissão de

---

[176] Martinho Luthero *apud* SMILES, Samuel. O **caráter**. 2. ed. Tradução Ana Luiza Melo Jacoby Fernandes e Murilo Jacoby Fernandes. Apresentação Jorge Ulisses Jacoby Fernandes. Belo Horizonte: Fórum, 2018, p. 27.

avaliação de critérios de técnica, quando se tratar de profissional técnico de notória especialização;[177]

É fácil compreender que há dois dispositivos que tratam do apoio. Num, o conhecimento de especialistas é necessário; noutro, a Administração Pública não necessita de um especialista, mas de um notório especialista, aquele que detém conhecimento diferenciado dos demais especialistas. Nesse segundo caso, há dispensa de licitação.

Nesse cenário admite-se a possibilidade de a Administração Pública abrir um edital para seleção de profissionais especialistas em engenharia para auxiliar numa obra, seja apoiando a comissão de julgamento, que terá por limite até 100.00,00 reais, conforme art. 75, inc. I, ou sem limite de valor, conforme art. 74, inc. III. Pode até o mesmo edital registrar o preço de ambos.

É oportuno rememorar o que foi esclarecido nos itens anteriores:

a) não há obrigatoriedade de forma de edital ou de edital para contratação direta sem licitação;

b) notório especialista teve a notoriedade mitigada pela nova lei;

c) não mais se exige singularidade do objeto para contratar notório especialista; a lei contenta-se com a pertinência temática.

2.15 Art. 73 – Contratação direta indevida

Art. 73. Na hipótese de contratação direta indevida ocorrida com dolo, fraude ou erro grosseiro, o contratado e o agente público responsável responderão solidariamente pelo dano causado ao erário, sem prejuízo de outras sanções legais cabíveis.

Dispositivos correspondentes na Lei nº 8.666/1993[178]:
Art. 25. É inexigível a licitação quando houver inviabilidade de competição, em especial:
[...]
§ 2º Na hipótese deste artigo e em qualquer dos casos de dispensa, se comprovado superfaturamento, respondem solidariamente pelo dano causado à Fazenda Pública o fornecedor ou o prestador de serviços e o agente público responsável, sem prejuízo de outras sanções legais cabíveis.

É necessária uma análise por partes.

2.15.1 Contratação consumada

O dispositivo trata de contratação direta sem licitação consumada. A tentativa de oferecer-se para ser contratado sem licitação, não é punível pelo dispositivo. Pode, eventualmente, ser tipificada em outro dispositivo, como advocacia criminosa,

---

[177] BRASIL. **Lei nº 14.133, de 1º de abril de 2021**. Lei de Licitações e Contratos Administrativos. Organização de textos, remissões da Lei nº 8.666/1993, Lei nº 10.520/2002 e Lei nº12.462/2011 e índices por Ana Luiza Jacoby Fernandes e J. U. Jacoby Fernandes. Belo Horizonte: Fórum, 2021.
[178] BRASIL. **Lei nº 8.666/93 (Versão Bolso)**. Organização dos textos e índice por J. U. JACOBY FERNANDES. 21. ed. ampl., rev. e atual. Belo Horizonte: Fórum, 2020. Livro digital.

tentativa de corrupção ou ainda infrações éticas. Pode haver outros processos apuratórios, mas não condenação por irregularidade tentada. Aqui, o dispositivo exige a efetiva contratação.

2.15.2 Dolo, fraude ou erro grosseiro

A verificação da ocorrência de um dos , fraude ou erro grosseiro três elementos depende de apuração. Serão considerados o valor e gravidade envolvidos e a apuração ocorrerá em processo distinto como sindicância, processo administrativo disciplinar - PAD, processo administrativo de responsabilidade - PAR, tomada de contas especial - TCE ou outro.

Se, pela análise dos fatos, a autoridade competente verificar a possibilidade de ocorrência de ato culposo, poderá iniciar a apuração, apresentando por escrito ao envolvido os indícios da ocorrência da irregularidade e os argumentos que levam à possibilidade de ser considerado como doloso. Ou os indícios de fraude ou erro grosseiro. Confirmando a atitude culposa, ordenará o arquivamento do processo, sem novas providências. A apuração sumária prestigia o dever de celeridade e causa menos transtornos à organização, sendo plenamente aplicável quando há dúvidas sobre a qualificação dolosa ou culposa do ato. Cabe obtemperar que o coleguismo e o corporativismo não devem e não podem autorizar a exculpação sumária e nem sequer a manifestação do envolvido.

Sobre a fraude, tanto pode ocorrer com a inserção de documento falso, como pela inserção de documento formalmente autêntico, mas que não prova o fato alegado por aquele que o apresenta ou dele faz uso no processo. A primeira fraude equipara-se à falsidade, pura e simples; a segunda é qualificada como falsidade ideológica. Aqui, há um elemento objetivo: fraude, embora o fato e o elemento subjetivo devam ser apurados. Juridicamente, elemento subjetivo é a vontade do agente, consciente e com um propósito definido que caracteriza o dolo, ou a natureza culposa, quando não preenchidos esses dois elementos.

A jurisprudência tem considerado que há erro grosseiro quando o gestor é alertado para a irregularidade do ato, seja em parecer técnico ou jurídico, seja formalmente por outro servidor.

Por maioria, o Supremo Tribunal Federal deferiu parcialmente a cautelar para conferir interpretação conforme a Constituição Federal de 1988 ao art. 2º da Medida Provisória nº 966 de 13 de maio de 2020. A norma, que tratava sobre a responsabilização de agentes públicos por ação e omissão em atos relacionados com a pandemia da covid-19 era mais uma das muitas do Direito Provisório e teve sua vigência encerrada no dia 10 de setembro de 2020. Pelo valor, entretanto, vale a transcrição:

> 1. Configura erro grosseiro o ato administrativo que ensejar violação ao direito à vida, à saúde, ao meio ambiente equilibrado ou impactos adversos à economia, por inobservância: (i) de normas e critérios científicos e técnicos; ou (ii) dos princípios constitucionais da precaução e da prevenção.

> 2. A autoridade a quem compete decidir deve exigir que as opiniões técnicas em que baseará sua decisão tratem expressamente: (i) das normas e critérios científicos e técnicos aplicáveis à matéria, tal como estabelecidos por organizações e entidades internacional e nacionalmente reconhecidas; e (ii) da observância dos princípios constitucionais da precaução e da prevenção, sob pena de se tornarem corresponsáveis por eventuais violações a direitos. [179]

Embora complexa a decisão, recomenda-se que nos atos em que a autoridade tiver que decidir, atenda no despacho de remessa ao órgão que vai se manifestar sobre esse postulado.

Como referido, trata-se de decisão jurídica de dispositivo que determina como interpretar os atos praticados na vigência do Direito Provisório e tenta, como a própria Medida Provisória, definir algum balizamento mais objetivo para julgamentos futuros.

Assim, decidiu o STF que desatendidos esses balizamentos os agentes envolvidos e, nomeadamente, as autoridades tornam-se corresponsáveis por eventuais violações a direitos.

O Direito é uma ciência complexa e a pretensão de dar maior segurança ao gestor público, com a criação de regras objetivas vai sendo pouco a pouco atendido.

É um desafio para uma nação jovem.

2.15.2.1 O tema merece ainda uma melhor reflexão

Um gestor pode não acolher um parecer e adotar entendimento diverso do proposto no parecer. Em Brasília, na sede de uma autarquia, o Diretor superintendente teve por assessoramento jurídico um profissional concursado e hostil à sua gestão. Todos os processos tinham o seguimento vetado, inclusive contrariando a jurisprudência dos Tribunais superiores. Chegou a ponto de vedar uma licitação para manutenção de elevadores, por considerar que não era serviço contínuo; que a cada defeito deveria ser feita uma avaliação para identificar o defeito e somente aí licitar, observando o enquadramento anual na despesa. À época, a jurisprudência era uniforme, como também hoje o é, no sentido de que se trata de serviço contínuo. Note o transtorno decorrente dessa hostilidade pessoal. Seguindo parecer, contrário à jurisprudência dominante, o gestor seria responsabilizado; não seguindo seria considerado erro grosseiro. Com esse proceder, a Administração Pública foi paralisando seus atos. Orientado por nós, o gestor passou a discordar do parecer, fundamentando suas decisões na jurisprudência do TCU e outros tribunais superiores; paralelamente a esse novo proceder, oneroso e muito trabalhoso, representou contra o profissional demonstrando a sistemática atitude, ensejando o afastamento do mesmo do órgão e a substituição por profissional mais qualificado e ético.

---

[179] BRASIL. Supremo Tribunal Federal. **ADI nº 6421**. Relator: Ministro Roberto Barroso, 21 de maio e 2020.

Esse caso exemplifica que é possível a autoridade discordar do parecer, pois em síntese a responsabilidade será sempre de quem decide, podendo ser atenuada se estiver seguindo o entendimento técnico precedente.

A discordância fundamentada, ao contrário, demonstra a preocupação com o dever republicano de esclarecer, motivar e dar segurança jurídica ao processo decisório.

Ignorar o parecer ou suas conclusões deve, de fato, ser qualificado como erro grosseiro. A conduta poderá ser ainda mais gave: determinar a exclusão do parecer no processo, omitindo intencionalmente sua existência.

2.15.3 O termo "indevida"

A qualificação "indevida" revela atecnia legislativa. O termo adequado seria irregular.

A irregularidade em uma contratação direta pode se referir à esfera de competência do servidor, isoladamente. Por exemplo, o servidor deixa de justificar o preço ou o servidor não constrói, não elabora o documento de formalização da demanda.

Portanto, há uma irregularidade na contratação direta e essa irregularidade diz respeito à esfera de responsabilidade exclusiva do agente da contratação.

Por outro lado, pode ocorrer de a irregularidade se referir à esfera de competência do contratado. Por exemplo, o contratado apresenta uma certidão falsa, comprovando a regularidade dos tributos que tem obrigação legal de recolher.

A esse amplo conjunto de irregularidades que se passa em duas esferas distintas, para os fins do art. 73, foi imposta uma interseção, ou seja, há uma situação particular que o legislador ordena que seja tratada em conjunto pelas duas esferas. Como dois círculos sobrepostos em uma área de interseção.

Essa particular hipótese ocorre na situação de dano causado ao erário. Em outras palavras, nesse amplo conjunto de irregularidades, apenas a situação em que ocorre dano causado ao erário é que implicará uma responsabilidade solidária entre o agente público e o contratado.

E, apenas, para fins civis, ou seja, de reparação de dano. Isso, porque o tipo penal que trata da contratação direta sem licitação sem amparo em lei passou, agora, a ser inserido no Código Penal Brasileiro[180], diploma legal que tem um sistema próprio de responsabilização e não admite a presunção legal de culpa, subjugando-se ao dever constitucional de identificar com precisão condutas e responsabilização.

---

[180] Art. 178. O Título XI da Parte Especial do Decreto-Lei nº 2.848, de 7 de dezembro de 1940 (Código Penal), passa a vigorar acrescido do seguinte Capítulo II-B: "CAPÍTULO II-B DOS CRIMES EM LICITAÇÕES E CONTRATOS ADMINISTRATIVOS Contratação direta ilegal Art. 337-E. Admitir, possibilitar ou dar causa à contratação direta fora das hipóteses previstas em lei: Pena – reclusão, de 4 (quatro) a 8 (oito) anos, e multa.

2.15.4 Dos requisitos para solidariedade

Uma leitura açodada do dispositivo pode dar a entender que presente o dolo, erro grosseiro ou fraude, praticado por uma das partes, ambas responderão solidariamente.

Esse não é o caso, pois os requisitos subjetivos referem-se às duas partes: há de ser identificado dolo, erro grosseiro ou fraude, tanto pelo agente público, quanto pelo contratado.

Pensamento diverso resultaria na hipótese de responsabilização solidária daquele que foi vítima de fraude. Para ilustrar, indicamos o seguinte caso hipotético, onde o contratado apresenta um documento de exclusividade de representação de artista falso. Se o agente público não contribui para a fraude, omitindo-se em seu dever de verificação, por exemplo, não pode ser responsabilizado solidariamente.

2.15.5 Sem prejuízo de outras sanções legais cabíveis

As outras sanções dizem respeito àquela prevista no Código Penal, Código de Ética, Lei de Improbidade e, eventualmente, como crime de responsabilidade.

A apuração sumária, referida nesse comentário, pode finalizar recomendando a transferência de informações para os outros órgãos apuradores, como autoridade policial, Ministério Público, Tribunais de Contas e CADE.

Capítulo 3

Inexigibilidade de Licitação

Este capítulo trata do art. 74 da Lei nº 14.133/2021 que dispõe sobre a espécie inexigibilidade de licitação, que integra o gênero contratação direta sem licitação. Inicia com a evolução histórica do dispositivo e, depois, detalha as várias hipóteses, trazendo para cada uma delas os comentários e requisitos para a contratação.

A seção II da nova Lei de Licitações dedica-se à espécie inexigibilidade de licitação. Espécie do gênero contratação direta sem licitação.

3.1 Evolução histórica

A principal distinção entre dispensa e inexigibilidade é que no primeiro caso, na teoria, o legislador teria procedido ao exame e confronto entre os princípios fundamentais agasalhados pela Constituição Federal[181] e o princípio da licitação, estabelecendo previamente, em *numerus clausus*,[182] as hipóteses em que o Administrador está autorizado a promover a contratação direta.

Já a inexigibilidade tratou do reconhecimento de que era inviável a competição entre ofertantes, seja por motivos de fato, seja por motivos de direito. Criou, assim, um rol exemplificativo.

Motivos de fato, quando só um fornecedor ou prestador de serviços possui a aptidão para atender ao interesse público, seja porque é o único que atende às peculiaridades no objeto contratual pretendido pela Administração[183], seja porque, de fato, não existem outros prestadores do serviço ou fornecedores. Motivos de direito, porque a lei pode determinar que somente um fornecedor/prestador de serviço pode ter o direito de prestar o serviço ou fornecer o produto, como ocorre com os serviços em regime de monopólio. Por esse motivo, o legislador elencou as três principais hipóteses, em caráter exemplificativo,[184] permitindo ao agente que, diante do caso concreto, reconhecendo a inviabilidade de competição, promova a contratação direta.

Numa das primeiras decisões sobre o tema, decidiu o Tribunal de Contas do Estado do Paraná, *in verbis*: "os casos de inexigibilidade de licitação não se exaurem nas disposições legais, as quais consignam, apenas exemplificativamente, algumas situações".[185]

---

[181] BRASIL. **Constituição da República Federativa do Brasil**. Organização dos textos e índice por J. U. JACOBY FERNANDES. 3. ed. Atualizada até a EC nº 102/2019. Belo Horizonte: Fórum, 2020.
[182] Elenco restrito.
[183] BRASIL. Tribunal de Contas da União Processo TC nº 003.190/2004-0. Acórdão nº 2096/2004 - Plenário. Relator: Ministro Marcos Vinicios Vilaça. **Diário Oficial da União**, Brasília, DF, 5 jan. 2005. Seção 1.
[184] ESCOBAR, J. C. Mariense. **Licitação, Teoria e Prática**. Porto Alegre: Livraria do Advogado, 1993, p. 84; SUNDFELD, Carlos Ari. **Licitação e Contrato Administrativo**. São Paulo: Malheiros. 1994, p. 42; DALLARI, Adilson de Abreu. **Aspectos Jurídicos da Licitação**. São Paulo: Saraiva, 1981, p. 36.
[185] PARANÁ. Tribunal de Contas do Estado. Processo nº 4707-02.00/93-5. Disponível em: <www.tce.pr.gov.br>

Na doutrina, os primeiros a tratar do tema foram Lúcia Valle Figueiredo e Sérgio Ferraz[186]. Sustentaram, com acerto, que a inviabilidade pode se impor quer pela natureza específica do negócio, quer pelos objetivos sociais visados pela Administração.

3.2 Art. 74, caput – Inviabilidade de competição

Art. 74. É inexigível a licitação quando inviável a competição, em especial nos casos de:

Dispositivos correspondentes na Lei nº 8.666/1993[187]:
Art. 25. É inexigível a licitação quando houver inviabilidade de competição, em especial:

O *caput* do art. 74, mantendo a redação da Lei nº 8.666/1993, estabelece que é inexigível a licitação quando houver **inviabilidade de competição**,[188] em especial, quando ocorrer uma das hipóteses estabelecidas nos incisos que anuncia.[189]

A expressão destacada é salientada para assegurar que se trata de elenco exemplificativo, firmando a assertiva de que os casos registrados não são únicos. Há, porém, outra consequência decorrente do uso de tal expressão, nem sempre alcançada pelos estudiosos do tema: ao impor taxativamente a inviabilidade, associando-a ao termo inexigibilidade, a lei estabeleceu característica essencial e inafastável do instituto da inexigibilidade.

Todavia, o contrário poderá ocorrer, isto é, apresentar-se hipótese em que é inviável a competição, mas o caso descrito não se enquadra em nenhuma das situações estabelecidas nos incisos. Nessas hipóteses o fundamento legal será o próprio *caput* do art. 74.

Com a nova redação do *caput* do artigo, que autoriza a inexigibilidade de licitação, as hipóteses mais utilizadas, como credenciamento e serviços exclusivos,

---

[186] FIGUEIREDO, Lúcia Valle; FERRAZ, Sérgio. **Dispensa e Inexigibilidade de Licitação**. São Paulo: Malheiros, 1994, p. 102.
[187] BRASIL. **Lei nº 8.666/93 (Versão Bolso)**. Organização dos textos e índice por J. U. JACOBY FERNANDES. 21. ed. ampl., rev. e atual. Belo Horizonte: Fórum, 2020. Livro digital.
[188] "[...] A inviabilidade de competição dever ser demonstrada de forma induvidosa." BRASIL. Tribunal de Contas da União Processo TC nº 004.948/95-5. Decisão nº 613/1996 - Plenário. Relator: Ministro Bento José Bugarin. **Diário Oficial da União**, Brasília, DF, 15 out. 1996. Seção 1, p. 20931. No mesmo sentido: Processo TC nº 008.470/2001-1. Acórdão nº 1790/2004 - 2ª Câmara. Relator: Ministro Benjamin Zymler. **Diário Oficial da União**, Brasília, DF, 27 set. 2004. Seção 1.
[189] O TCU ao deliberar sobre Recurso de Reconsideração interposto contra o Acórdão nº 226/2001 - Plenário, manteve a decisão que responsabilizou e penalizou com multa o Procurador-Geral da Universidade [...], que recorria a parecer jurídico favorável à contratação por inexigibilidade de licitação sem demonstrar os elementos exigidos no art. 25, *caput*, inciso II da Lei nº 8.666/93 (inviabilidade de competição, notória especialização e singularidade do objeto). BRASIL. Tribunal de Contas da União. Processo TC nº 375.268/1998-7. Acórdão nº 1412/2003 - Plenário. Relator: Ministro Marcos Bemquerer. **Diário Oficial da União**, Brasília, DF, 3 out. 2003. Em recurso a esse mesmo processo, o TCU manteve a decisão que responsabilizou e penalizou com multa, contudo, houve redução do valor: Acórdão nº 459/2004 - 1ª Câmara. Relator: Ministro Marcos Bemquerer. **Diário Oficial da União**, Brasília, DF, 25 mar. 2004. Seção 1.

passaram a ser previstas em incisos do *caput*. Com isso, é fácil prever que o *caput* do artigo, como fundamento da despesa, será menos utilizado.

3.3 Art. 74, caput, inc. I – Fornecedor exclusivo

> Art. 74. É inexigível a licitação quando for inviável a competição, em especial nos casos de:
>
> I - aquisição de materiais, de equipamentos ou de gêneros ou contratação de serviços que só possam ser fornecidos por produtor, empresa ou representante comercial exclusivos;

Dispositivos correspondentes na Lei nº 8.666/1993[190]:
Art. 25. É inexigível a licitação quando houver inviabilidade de competição, em especial:
I - para aquisição de materiais, equipamentos, ou gêneros que só possam ser fornecidos por produtor, empresa ou representante comercial exclusivo, vedada a preferência de marca, devendo a comprovação de exclusividade ser feita através de atestado fornecido pelo órgão de registro do comércio do local em que se realizaria a licitação ou a obra ou o serviço, pelo Sindicato, Federação ou Confederação Patronal, ou, ainda, pelas entidades equivalentes;

A redação evoluiu em relação à Lei nº 8.666/1993, ao inserir a contratação de serviços. Na legislação anterior, a contratação de serviços era fundamentada no *caput*, porque o dispositivo somente tratava de compras.

A redação também evoluiu porque o inciso trata apenas da definição do objeto. A regulamentação sobre a forma de comprovação da exclusividade é, agora, tratada no § 1º. Efetivamente, por vezes, seria viável a competição se não se tivesse estabelecido, de forma restritiva, a definição do objeto, afrontando o art. 3º, § 1º, da Lei nº 8.666/1993. Ocorria, com frequência, problemas relacionados à forma de comprovação da exclusividade em que as certidões e atestados apresentados não satisfaziam, no entendimento dos órgãos de controle, o comando legal.

A forma de comprovação é tratada, como esclarecido no § 1º, acolhendo em parte a jurisprudência e resolvendo alguns conflitos de interpretação.

3.3.1 Requisitos

Os requisitos para que a contratação direta seja considerada legal são:
a) referentes ao objeto da contratação:
  a.1) pode ser referente a compras e serviços, mas não abrange contratação de obras;[191]

---

[190] BRASIL. **Lei nº 8.666/93 (Versão Bolso)**. Organização dos textos e índice por J. U. JACOBY FERNANDES. 21. ed. ampl., rev. e atual. Belo Horizonte: Fórum, 2020. Livro digital.
[191] O TCU reiterou seu entendimento no sentido de que não se deve realizar a contratação de serviços com fundamento no inciso I do art. 25 da Lei de Licitações, já que este dispositivo é específico para a aquisição de materiais, equipamentos ou gêneros fornecidos por produtor, empresa ou representante comercial exclusivo. BRASIL. Tribunal de Contas da União Processo TC nº 001.829/2006-6.

a.2) não é mais vedada a indicação de marca do produto, como ocorria de forma expressa na lei anterior, mas a indicação de marca deve ser justificada porque restringe a competição. A indicação ou exclusão de marca é tema tratado na LLCA, no art. 41.

b) referentes ao contratado:

b.1) deve ser fornecedor exclusivo[192] do produto ou serviço;

b.2) a exclusividade deve ser comprovada pelos meios definidos em lei, no caso, previstos no § 1º desse mesmo artigo.

3.3.2 O objeto do contrato

O dispositivo é preciso: o objeto pode ser compra de "materiais, equipamentos ou gêneros" ou a "contratação de serviços".

Quanto a compras, admite-se também estender a compreensão desse dispositivo para a contratação da manutenção do equipamento, como acessório da aquisição referente à garantia técnica, como prática usual do mercado da chamada garantia estendida. Note que, sendo praxe do mercado a prestação desse serviço acessório, também a forma deve ser admitida segundo a praxe do mercado. Portanto, a obrigação futura decorrente não exige, por si só, a formalização via contrato, permitindo substituí-lo por outro instrumento na forma do art. 91 desta Lei.

Isso porque, ao contrário da assistência técnica, a garantia é cláusula acessória, acionada quando o produto apresenta um defeito, inclusive, impondo-se a sua substituição em determinados casos.

3.3.3 A possibilidade jurídica de indicar marcas

É admitida a indicação de marca, tema de regência do art. 41 da LLCA. Aliás, a norma acolheu a ideia que foi iniciada no Código de Licitações e Contratos do Maranhão, lamentavelmente revogado pelo então Governador que sucedeu a Governadora Roseane Sarney. Na redação que tivemos o privilégio de propor e foi acolhida, tivemos a preocupação de afastar da licitação os produtos de baixa qualidade, seguindo o que se faz em outros países e, que de certo modo, também é

Acórdão nº 1057/2006 - 2ª Câmara. **Diário Oficial da União**, Brasília, DF, 12 maio 2006, p. 115. No mesmo sentido: Processo TC nº 014.001/2004-2. Acórdão nº 1096/2007 - Plenário. **Diário Oficial da União**, Brasília, DF, 11 jun. 2007, p. 85;

[192] O TCU alertou: "[...] as situações de inexigibilidade de licitação, por exclusividade de fornecedor, exigem as justificativas previstas nos artigos 25, I, e 26 da Lei nº 8.666/1993 e posteriores alterações, com 'apresentações detalhadas dos critérios técnicos e objetivos para a escolha do fornecedor, abstendo-se de aceitar atestado de exclusividade que não abranja todo o objeto contratado, bem como que verifique a veracidade do conteúdo das declarações prestadas no atestado de exclusividade, realizando pesquisa de mercado, fazendo constar no processo a documentação comprobatória' (Acórdão nº 2.960/2003 - TCU - 1ª Câmara) [...]". BRASIL. Tribunal de Contas da União. Processo TC nº 013.653/2008-0. Acórdão nº 1444/2011 - 1ª Câmara. Relator: Ministro Valmir Campelo. **Diário Oficial da União**, Brasília, DF, 22 mar. 2011.

admitido no Brasil, pelo Código de Defesa do Consumidor com a figura da contrapropaganda[193].

3.4 Art. 74, § 1º – Exclusividade

> Art. 74. É inexigível a licitação quando for inviável a competição, em especial nos casos de:
>
> [...]
>
> § 1º Para fins do disposto no inciso I do *caput* deste artigo, a Administração deverá demonstrar a inviabilidade de competição mediante atestado de exclusividade, contrato de exclusividade, declaração do fabricante ou outro documento idôneo capaz de comprovar que o objeto é fornecido ou prestado por produtor, empresa ou representante comercial exclusivos, vedada a preferência por marca específica.

Dispositivos correspondentes na Lei nº 8.666/1993[194]:
Art. 25. É inexigível a licitação quando houver inviabilidade de competição, em especial:
I - para aquisição de materiais, equipamentos, ou gêneros que só possam ser fornecidos por produtor, empresa ou representante comercial exclusivo, vedada a preferência de marca, devendo a comprovação de exclusividade ser feita através de atestado fornecido pelo órgão de registro do comércio do local em que se realizaria a licitação ou a obra ou o serviço, pelo Sindicato, Federação ou Confederação Patronal, ou, ainda, pelas entidades equivalentes;

O dispositivo em comento refere-se ao meio de comprovação. Comprovar, do latim *comprobare*, tem por sinônimo corroborar, confirmar.[195] Diferentemente da prova, a comprovação corrobora ou confirma um fato.

3.4.1 A comprovação da exclusividade

A lei determinou, diferentemente da norma anterior, que a comprovação pode ser feita por quatro instrumentos distintos:
    c) atestado de exclusividade;
    d) contrato de exclusividade;
    e) declaração do fabricante; ou
    f) outro documento idôneo capaz.

Também a norma difere da anterior, pois nada refere quanto ao âmbito da exclusividade a ser declarado. Essa diferença merece aplauso, pois, como a

---

[193] BRASIL. **Lei nº 8.078, de 11 de setembro de 1990.** Dispõe sobre a proteção do consumidor e dá outras providências. "Art. 56. As infrações das normas de defesa do consumidor ficam sujeitas, conforme o caso, às seguintes sanções administrativas, sem prejuízo das de natureza civil, penal e das definidas em normas específicas: [...] XII - imposição de contrapropaganda."
[194] BRASIL. **Lei nº 8.666/93 (Versão Bolso).** Organização dos textos e índice por J. U. JACOBY FERNANDES. 21. ed. ampl., rev. e atual. Belo Horizonte: Fórum, 2020. Livro digital.
[195] **Grande Dicionário Etimológico-prosódico da Língua Portuguêsa,** São Paulo: Ed. Saraiva, 1968, 2. tiragem, v. 2, p. 778.

divulgação ocorre nos portais eletrônicos, inclusive no Portal Nacional de Compras Públicas[196], a amplitude da divulgação é agora nacional, não havendo mais licitações de âmbito regional, como ocorria ao tempo do Decreto-lei nº 2.300/1986, com o convite e a tomada de preços, e com a Lei nº 8.666/1993, em relação ao convite.

Compreendida essa questão, é preciso verificar se é possível, na atualidade, haver restrição à competição em relação à localidade. Em outras palavras: na legislação anterior, para a modalidade de convite, o fornecedor exclusivo poderia ser contratado se fosse exclusivo na região ou cidade. Tal entendimento tinha por sustentação uma lógica de que a inviabilidade de competição ocorre no âmbito da licitação que seria realizada em tese. Como o convite não exigia publicidade nacional, a licitação, em tese, poderia ser local.

Com a divulgação de todas as licitações em âmbito nacional, seria possível contratar uma empresa que só tivesse exclusividade no local?

A resposta é afirmativa, em caráter excepcional, em relação à 3ª forma de comprovação, como será demonstrado. Em outras palavras, parece possível que o fabricante indique quem o representa e também defina que, naquele determinado local, essa representação é exclusiva de determinado representante. Deve-se examinar cada um dos meios de prova.

3.4.1.1 Forma de comprovação

O dispositivo estabeleceu a forma com que deverá ser comprovado que o interessado é fornecedor ou prestador de serviço exclusivo pretendido pela Administração Pública.

Em primeiro plano, assentou que a forma é **escrita**, mediante atestado, declaração ou contrato, que constitui documento emitido por pessoa certa e determinada, a qual assume, portanto, responsabilidade pelo que atesta, declara ou contrata.

A apresentação do documento, materialmente, dispensa maiores formalidades, inclusive, como regra geral, o reconhecimento de firma do signatário[197], se emitido em papel timbrado por órgão oficial integrante da Administração Pública.[198]

---

[196] Consulte o art. 174 e seguintes da Lei nº 14.133/2021.
[197] **Lei nº 13.726, de 8 de outubro de 2018.** Racionaliza atos e procedimentos administrativos dos Poderes da União, dos Estados, do Distrito Federal e dos Municípios e institui o Selo de Desburocratização e Simplificação. "Art. 3º Na relação dos órgãos e entidades dos Poderes da União, dos Estados, do Distrito Federal e dos Municípios com o cidadão, é dispensada a exigência de: I - reconhecimento de firma, devendo o agente administrativo, confrontando a assinatura com aquela constante do documento de identidade do signatário, ou estando este presente e assinando o documento diante do agente, lavrar sua autenticidade no próprio documento;"
[198] O TCU determinou: "[...] promova a inclusão, nos processos em que for inexigível a licitação dos comprovantes de exclusividade do fornecedor, bem como da ratificação da situação de inexigibilidade pela autoridade superior e sua publicação na imprensa oficial. [...]." BRASIL. Tribunal de Contas da União. Processo TC nº 004.724/95-0. Decisão nº 301/1997 - 1ª Câmara. Relator: Ministro-Substituto Lincoln Magalhães da Rocha. **Diário Oficial da União**, Brasília, DF, 25 nov. 1997. Seção 1, p. 27553. No mesmo sentido, inúmeros outros acórdãos, como: "[...] 2.3.5. Demonstre nos processos de

Em se tratando de instituição privada, a assinatura deve obrigatoriamente ser reconhecida em cartório.[199]

Um parêntese: de fato a norma dispensa o reconhecimento de firma, mas parte de dois pressupostos. O primeiro é que aquele que assina estará presente à frente do servidor público que poderá confrontar as assinaturas, o que nem sempre ocorre. Assim, é possível exigir que os documentos a serem recebidos pela Administração Pública, via postal ou por meio de processo digital de comunicação à distância, tenham a chancela do tabelião. Segundo, que a norma, ao dispensar o reconhecimento de firma, transfere o dever de reconhecer a assinatura para o servidor público, o qual certamente não tem a capacidade de verificação que possuem os cartórios ou os antigos caixas de banco. Por desconexão entre várias normas, o Código Penal Brasileiro ainda pune o servidor se reconhecer como verdadeira firma falsa[200]. Não se está pretendendo, pela via doutrinária, revogar a pretensão legal, até porque um dos signatários desta obra integrou com entusiasmo o Conselho Interministerial de Desburocratização. Ao contrário, pretende-se reafirmar a regra para demonstrar que, na prática, devem ser admitidas exceções, com prudência. Juridicamente, a exceção é admitida se o signatário não está presente perante o agente público ou se não apresenta a respectiva identidade oficial.

No caso de apresentação do contrato de exclusividade, o TCU, confirmou decisão em que considerou irregular a apresentação de contrato de exclusividade – entre o artista/banda e o empresário – sem registro em cartório.[201]

3.4.1.2 Prazo de validade

Por razões óbvias, aqui **não** é vedado à Administração Pública limitar no tempo a validade da declaração, pois não é mesmo razoável acolher declarações de

---

inexigibilidade de licitação, amparados pelo art. 25, inciso I, da Lei nº 8.666/93, ser o contratado fornecedor exclusivo, devendo a comprovação de exclusividade ser feita por meio de atestado fornecido pelo órgão de registro do comércio do local em que se realizaria a licitação ou a obra ou o serviço, pelo Sindicato, Federação ou Confederação Patronal, ou, ainda, pelas entidades equivalentes (item 4.2.2.1 do Rel. de Aud. nº 190161)." Processo TC nº 019.235/2007-9. Decisão nº 301/1997 - 1ª Câmara. Relator: Ministro-Substituto Lincoln Magalhães da Rocha. **Diário Oficial da União**, Brasília, DF, 15 ago. 2008. Seção 1, p. 123 e o Processo TC nº 005.741/2002-0. Acórdão nº 2948/2011 - Plenário. Relator: Ministro José Múcio Monteiro. **Diário Oficial da União**, Brasília, DF, 18 nov. 2011. Seção 1. p. 150.
[199] O TCDF decidiu que a declaração de exclusividade, a que se refere o dispositivo acima, sendo emitido por instituição privada, deve ter reconhecida em cartório a firma do signatário daquele documento. Processo nº 3.494/1996. Decisão nº 3.960/1997. Brasília, DF, 19 de junho de 1997. Disponível em: http://www.tc.df.gov.br. Acesso em: 26 mar. 2014.
[200] **Código Penal Brasileiro**. "Falso reconhecimento de firma ou letra. Art. 300 - Reconhecer, como verdadeira, no exercício de função pública, firma ou letra que o não seja: Pena - reclusão, de um a cinco anos, e multa, se o documento é público; e de um a três anos, e multa, se o documento é particular."
[201] BRASIL. Tribunal de Contas da União. Processo nº TC nº 016.177/2015-0. Acórdão nº 5288/2019 - TCU - 2ª Câmara. Relator: Aroldo Cedraz. A redação do acórdão 1.435/2017-TCU-Plenário recorrido prevê: "9.2.2. do mesmo modo, contrariam o sobredito dispositivo legal as situações de contrato de exclusividade – entre o artista/banda e o empresário – apresentado sem registro em cartório, bem como de não apresentação, pelo convenente, do próprio contrato de exclusividade;"

exclusividade, emitidas, por exemplo, há mais de dois anos. O prazo de validade deverá ser estabelecido pelo agente público, ao seu prudente arbítrio, tendo em conta o dinamismo da expansão do mercado do comércio.

Nesse sentido, decidiu o TCDF, em decisão que ainda é atual, que os atestados de exclusividade devem se referir à época da realização da despesa.[202]

O TCU, por sua vez, no Acórdão 1.435/2017-TCU-Plenário, estabeleceu que pode configurar irregularidade na execução do ajuste:

> [...] 9.2.1. a apresentação apenas de autorização/atesto/carta de exclusividade que confere exclusividade ao empresário do artista somente para o (s) dia (s) correspondente (s) à apresentação deste, sendo ainda restrita à localidade do evento, não atende aos pressupostos do art. 25, inciso III, da Lei 8.666/1993, representando impropriedade na execução do convênio;[203]

3.4.2 Atestado e certidão

O inciso em comento, diferentemente da norma anterior, não define a autoridade competente para emitir o atestado ou a declaração.

3.4.2.1 Atestados e declarações autorrestritivas ou autolimitativas

Como a lei não impôs o conteúdo da declaração, é preciso que o gestor se acautele no exame do atestado ou declaração.

Preliminarmente, impende salientar que o atestado não pode conter qualquer expressão que restrinja seu âmbito de validade como "consultando nossos arquivos, verificamos que a empresa tal é a que fornece com exclusividade [...]", ou que "a empresa é a única no Município" ou "única filiada ao sindicato, que fornece [...]". Tais declarações, autolimitativas, não têm qualquer valor para fins de declaração de inexigibilidade de licitação.[204]

Importando-se com o conteúdo do atestado de exclusividade, o TCU, em jurisprudência que ainda pode servir à interpretação, definiu que nele deve constar a justificativa detalhada dos critérios técnicos e objetivos para a escolha do forne-

---

[202] DISTRITO FEDERAL. Tribunal de Contas. Processo nº 2.110/1994. Decisão nº 6785/1994. Brasília, DF, 29 de novembro de 1994. **Diário Oficial do Distrito Federal**, Brasília, DF, 14 nov. 1994, págs. 59 a 83.

[203] BRASIL. Tribunal de Contas da União. Processo nº TC 016.177/2015-0. No mesmo processo [Acórdão nº 5288/2019 – TCU – 2ª Câmara. Relator: Aroldo Cedraz]. O TCU negou provimento ao recurso e manteve a multa. A jurisprudência do TCU reiteradamente tem julgado pela irregularidade das contas, com aplicação de multa, quando caracterizada irregularidade concernente à apresentação de atestado de exclusividade específico para o dia ou para o local do evento: Acórdãos 913/2018-TCU-2ª Câmara, 3.209/2018-TCU-2ª Câmara e 4.714/2018-TCU-2ª Câmara.

[204] O TCDF decidiu que a declaração de exclusividade, a que se refere o dispositivo acima, não deve conter expressões que restrinjam sua abrangência ao âmbito de empresas filiadas à entidade declarante. DISTRITO FEDERAL. Tribunal de Contas. Processo nº 3.494/1996. Decisão nº 3.960/1997. Brasília, DF, 19 de junho de 1997. **Diário Oficial do Distrito Federal**, Brasília, DF, 30 jun. 1997, p. 4780 a 4786.

cedor. Deve o administrador abster-se de aceitar atestado de exclusividade que não abranja todo o objeto contratado, inclusive, verificando a veracidade do conteúdo das declarações prestadas nas respectivas entidades competentes e no mercado, fazendo constar no processo a documentação comprobatória.[205]

3.4.2.2 Atestado da Junta Comercial

Prestigiando a interpretação histórica, é possível admitir que o atestado pode ser emitido por órgão de registro do comércio local[206], equiparando a esse os sindicatos, federações, confederações e entidades equivalentes.

É necessário pontuar, todavia, que apesar do órgão ser local, a exclusividade definida deve ser nacional, conforme exposto no introito do item 3.3. deste capítulo.

Sobre a possibilidade de o atestado ou certidão ser emitido pela Junta de Comércio local, cabe registrar que, por força de norma, o Departamento Nacional do Registro do Comércio - DNRC veda a expedição de caráter geral. Note:

> Art. 11 - A Junta Comercial não atestará comprovação de exclusividade, a que se refere o inciso I, do artigo 25, da Lei nº 8.666, de 21 de junho de 1993, limitando-se, **tão somente**, à expedição de certidão de inteiro teor do ato arquivado, devendo constar da certificação que **os termos do ato são de exclusiva responsabilidade da empresa a que se referir**[207].

A norma é anterior à nova Lei de Licitações, mas, como há semelhança entre as duas redações, anterior e atual, é forçoso concluir que a norma do DNRC continua sendo válida.

Note que é importante observar que pode a Junta Comercial emitir o atestado ou declaração aludindo a informação prestada pelo próprio interessado. Assim, pode a Junta declarar que uma tal empresa Jacoby Fernandes Livros Ltda. tem no seu registro comercial a informação de que "é a única empresa que edita livro de

---

[205] a) BRASIL. Tribunal de Contas da União. Processo TC nº 005.561/2002-2. Acórdão nº 2.960/2003 - 1ª Câmara. Relator: Ministro-Substituto Lincoln Magalhães da Rocha. **Diário Oficial da União**, Brasília, DF, 3 dez. 2003. Seção 1.
b) Refletindo a reiterada jurisprudência, o TCU orientou: "[...] atente, nos procedimentos que visem à comprovação de exclusividade para efeito de inexigibilidade de licitação, para a validade das certidões de exclusividade e a sua conformidade com a realidade de mercado, como forma de cumprir o disposto nos arts. 3º, caput e § 1º, inciso I, e 25, inciso I, da Lei 8.666/1993. [...]." BRASIL. Tribunal de Contas da União. Processo TC nº 750.096/1997-7. Acórdão nº 1887/2006 - 1ª Câmara. **Diário Oficial da União**, Brasília, DF, 24 jun. 2006, p. 100.
[206] O TCU em seu entendimento na ocasião, acolheu pela lisura e suficiência de atestado de exclusividade apresentado Junta Comercial do Ceará: No caso, a Junta Comercial do Ceará foi a responsável pela emissão do certificado de que a Empresa Estrela do Oriente Indústria, Comércio, Importação e Exportação Ltda., detinha a exclusividade na linha de produção de 'mingau de castanha de caju' e 'mingau de castanha de caju com chocolate. Tribunal de Contas da União. Decisão nº 726/2000 - Plenário. Relator: Ministro Humberto Guimarães Souto.
[207] BRASIL. Departamento Nacional do Registro do Comércio. **Instrução Normativa DNRC nº 93, de 5 de dezembro de 2002**. Disponível em https://www.contabeis.com.br/legislacao/13858/instrucao-normativa-dnrc-93-2002/. Acesso em: 12 mar. 2021.

licitação no mundo". Ao declarar o que consta do registro, a Junta acrescentará que tal informação é de responsabilidade exclusiva do declarante.

Se assim o é, a declaração ou atestado equipara-se à declaração feita pelo próprio interessado perante a Administração Pública, nos termos da lei.[208]

Também pode ser entendido que o atestado apresentado, nos termos da norma em questão, não tem validade para a Administração, já que se consubstancia em simples declaração da empresa e isenta a Junta de qualquer responsabilidade. Ou que, na segunda hipótese, é declaração do próprio interessado. Tais críticas sob o aspecto jurídico não procedem, até porque, ao assumir a responsabilidade, a empresa inicia prestação de serviço ou fornecimento para recebimento posterior e certamente está ciente do risco que possui de a eventual falsidade vir a ser descoberta antes do pagamento ou da consumação da contratação. Declaração falsa ou ideologicamente falsa é crime[209].

Importante será sempre que o atestado ou certidão indique, com clareza e precisão, a responsabilidade do emissor.

Renova-se aqui alerta trazido no item anterior: deve o administrador verificar, ainda que de forma superficial, a veracidade do conteúdo das declarações prestadas nas respectivas entidades competentes e no mercado, fazendo constar no processo a documentação comprobatória.[210]

3.4.2.3 Atestado do sindicato, federação e confederação

Também é possível, em homenagem à interpretação histórica, que a exclusividade se comprove por meio de atestado do sindicato, não entre os filiados ao sindicato, até porque é princípio constitucional que ninguém é obrigado a se filiar ou manter-se filiado a sindicato[211] para contratar ou participar de licitação.

---

[208] BRASIL. **Lei nº 13.726, de 8 de outubro de 2018.** Racionaliza atos e procedimentos administrativos dos Poderes da União, dos Estados, do Distrito Federal e dos Municípios e institui o Selo de Desburocratização e Simplificação: "Art. 6º Ressalvados os casos que impliquem imposição de deveres, ônus, sanções ou restrições ao exercício de direitos e atividades, a comunicação entre o Poder Público e o cidadão poderá ser feita por qualquer meio, inclusive comunicação verbal, direta ou telefônica, e correio eletrônico, devendo a circunstância ser registrada quando necessário."

[209] **Código Penal Brasileiro**, art. 298 e 299.

[210] a) BRASIL. Tribunal de Contas da União. Processo TC nº 005.561/2002-2. Acórdão nº 2.960/2003 - 1ª Câmara. Relator: Ministro-Substituto Lincoln Magalhães da Rocha. **Diário Oficial da União**, Brasília, DF, 3 dez. 2003. Seção 1.

b) Refletindo a reiterada jurisprudência, o TCU orientou: "[...] atente, nos procedimentos que visem à comprovação de exclusividade para efeito de inexigibilidade de licitação, para a validade das certidões de exclusividade e a sua conformidade com a realidade de mercado, como forma de cumprir o disposto nos arts. 3º, caput e § 1º, inciso I, e 25, inciso I, da Lei 8.666/1993. [...]." BRASIL. Tribunal de Contas da União. Processo TC nº 750.096/1997-7. Acórdão nº 1887/2006 - 1ª Câmara. **Diário Oficial da União**, Brasília, DF, 24 jun. 2006, p. 100.

[211] BRASIL. **Constituição da República Federativa do Brasil.** Organização dos textos e índice por J. U. JACOBY FERNANDES. 3. ed. Atualizada até a EC nº 102/2019. Belo Horizonte: Fórum, 2020. Consulte art. 8º, V.

Do mesmo modo, não é aceito atestado de sindicato que comprove a exclusividade na localidade, sendo imprescindível que a exclusividade seja nacional.

Se o sindicato pretende emitir declaração válida provando a exclusividade perante a Administração, deverá atestar a situação da empresa no âmbito do mercado, abrangendo filiados e não filiados ao sindicato, enfim, todos no âmbito geográfico nacional.

Poderiam argumentar, com razão, que o sindicato não tem obrigação de manter cadastro de todo empresário nacional, sendo conveniente para si que mantenha arquivo de seus associados e que tais arquivos sejam interligados com sindicados de outras regiões de modo a abranger todo o território nacional. Indiscutível a razoabilidade dessa assertiva, como também o é que a declaração restrita aos associados de um sindicato de nada serve para a Administração comprovar que determinado fornecedor é exclusivo.

As considerações expendidas autorizam a concluir que, para satisfazer a comprovação da inviabilidade de competição, é imprescindível que o atestado declare com clareza a exclusividade, a data da informação, o âmbito nacional, para o objeto pretendido pela Administração.

Deve ser observado, ainda, que o atestado pode ser emitido por sindicato, federação e confederação patronal, seguindo o modelo sindical tradicional brasileiro, cujo berço deita raízes na Itália. No Brasil, a organização sindical obedeceu à ideia de paridade da relação entre o capital e o trabalho, fundando-se sindicatos para os empregados e para os patrões da atividade empresarial correspondente à atividade laboral, sempre mantendo a paridade.

Na lei anterior, havia referência que só seria admissível a declaração de organizações sindicais **patronais**. O motivo é que somente esses agregam empresas, razão pela qual, pela natureza de suas funções, estão aptos a proceder ao exame do mercado, enquanto o sindicato dos empregados não tem essa pertinência temática.

Como regra, o sindicato tem sua base de representação local, municipal ou maior; a federação, regional, entendendo-se como tal a abrangência de um Estado ou mais de um; a confederação, o âmbito nacional. As três esferas sindicais podem emitir atestado independentemente de sua base territorial ou base de influência, porque a declaração implica responsabilidade do emitente de comprovar que o objeto é fornecido ou prestado por produtor, empresa ou representante comercial exclusivos.

3.4.2.4 Declaração do próprio interessado

Já foi exposta a possibilidade de a própria empresa interessada emitir declaração que é exclusiva no Brasil para fornecer determinado produto, equipamento ou gênero ou prestar determinado serviço.

Um dos pontos fundamentais para o desenvolvimento é a segurança jurídica e a redução da burocracia. Nesse segundo ponto, a ideia da confiança entre o cidadão e a Administração Pública representa não só economia de recursos nacionais, como dar celeridade aos processos, aos procedimentos e, também, às contratações. A existência de leis que punam, após o devido processo legal, os que se aproveitarem dessa confiança não é suficiente. É necessário um Judiciário eficiente e célere para assegurar a efetividade das normas.

Entre as conquistas mais recentes está a percepção da necessidade de reduzir a burocracia. Nesse sentido, o País passou a admitir, mais recentemente, a declaração de fatos pelo próprio interessado.

Assim, conforme a Lei nº 13.726, de 8 de outubro de 2018, que racionaliza atos e procedimentos administrativos dos Poderes da União, dos Estados, do Distrito Federal e dos Municípios e institui o Selo de Desburocratização e Simplificação, é possível a declaração pelo próprio interessado. Há, porém, uma ressalva: "os casos que impliquem imposição de deveres, ônus, sanções ou restrições ao exercício de direitos e atividades". Em todos os demais, "a comunicação entre o Poder Público e o cidadão poderá ser feita por qualquer meio, inclusive comunicação verbal, direta ou telefônica, e correio eletrônico, devendo a circunstância ser registrada quando necessário"[212].

Outro dispositivo tem interesse ao presente caso. É o art. 3º, da mesma norma o qual estabelece que "na relação dos órgãos e entidades dos Poderes da União, dos Estados, do Distrito Federal e dos Municípios com o cidadão, é dispensada a exigência" de várias formalidades. Precisamente no § 2º, foi definido que "quando, por motivo não imputável ao solicitante, não for possível obter diretamente do órgão ou entidade responsável documento comprobatório de regularidade, os fatos poderão ser comprovados mediante declaração escrita e assinada pelo cidadão, que, em caso de declaração falsa, ficará sujeito às sanções administrativas, civis e penais aplicáveis"[213].

Nesse cenário normativo, em que a lei admite atestados e certidões de entidades até com personalidade jurídica de direito privado, com muito mais razão há de aceitar a declaração pelo próprio interessado, desde que:

    a) a declaração contenha texto preciso sobre a exclusividade para venda e/ou prestação de serviços;

    b) embora não exigível, é recomendável que a declaração se faça "nos termos e sob as penas da lei", para conter implícita a plena ciência da responsabilidade do signatário.

A propósito do reconhecimento de firma, consulte o que foi esclarecido no subitem 3.4.1.1.

---

[212] BRASIL. **Lei nº 13.726, de 8 de outubro de 2018**, art. 6º.
[213] BRASIL. **Lei nº 13.726, de 8 de outubro de 2018**, art. 3º.

3.4.2.5 Requisitos do contratado

Para que ocorra a inexigibilidade da licitação, é necessário que se trate de produtor, empresa ou representante comercial exclusivo.[214]

Só há um fornecedor em condições de oferecer o que a Administração pretende,[215] razão pela qual não é viável a competição; não há, de fato, como exigir a realização de licitação.

Algumas questões de ordem prática se apresentam: a primeira delas refere-se ao fato de que existem vários fornecedores possíveis, mas apenas um em condições de contratar, impondo-se questionar se está ou não caracterizada a inexigibilidade de licitação. A resposta é afirmativa e, não raro, o fato ocorre quando apenas um fornecedor se apresenta em dia com o recolhimento do FGTS e do INSS[216], por exemplo, que são obrigações que afetam diretamente a capacidade de contratar com a Administração Pública.[217]

O TCU determina que se exija o comprovante de regularidade com a Seguridade Social ao contratar mediante inexigibilidade de licitação, conforme determina o art. 195, § 3º, da Constituição Federal[218] e a Decisão nº 705/1994.[219]

Não se pode considerar como licitante quem não detém habilitação e capacidade jurídica para contratar. A segunda possibilidade ocorre quando não há nenhum licitante em condições de oferecer o objeto pretendido e um deles se apre-

---

[214] BRASIL. Tribunal de Contas da União. Processo TC nº 001.658/2001-6. Acórdão nº 1.739/2003 - Plenário. Relator: Marcos Vinicios Vilaça. **Diário Oficial da União**, Brasília, DF, 28 nov. 2003. Seção 1.

[215] a) "[...] Se a inexigibilidade de licitação pautou-se na exclusividade do fornecedor e instalou-se dúvida quanto ao motivo invocado, deve a Administração proceder à abertura de regular procedimento licitatório." BRASIL. Tribunal Regional Federal da 1ª Região. MAS nº 01000338080/DF - 3ª Turma. Processo nº 1997.01000338080-0. **Diário da Justiça [da] República Federativa do Brasil**, Brasília, 22 jan. 2002, p. 72. Seção 2.
  b) O TJDF decidiu: "Sendo inexigível a realização de licitação para a aquisição de materiais, equipamentos e prestação de serviços de representante comercial exclusivo, conforme o disposto no artigo 25 da Lei nº 8.666/93, correta a decisão que julga improcedente a ação popular proposta visando à invalidação da contratação, ao reconhecimento de que o ato administrativo praticado não foi ilegal nem lesivo ao patrimônio público." DISTRITO FEDERAL. Tribunal de Justiça do Distrito Federal e Territórios. Processo REO nº 20000110928705 - 5ª Turma Cível. **Diário da Justiça [da] República Federativa do Brasil**, Brasília 8 out. 2003. Seção 3.

[216] Podem ser dispensadas as exigências dos documentos de habilitação, para contratação com base no art. 24, I e II, exceto aqueles elencados na Lei nº 8.036 (FGTS) e 8.212 (INSS). Mensagem CONED/STN nº 539.943, de 03 de junho de 1994. Assunto: exigência de doc. em dispensa de interessado: CRP/Santos. No mesmo sentido: BRASIL. Tribunal de Contas da União. Ata nº 54/1994. Relator: Ministro Paulo Affonso Martins de Oliveira. **Diário Oficial da União**, Brasília, DF, 06 nov. 1994. Seção 1, p. 18599.

[217] a) Vide art. 29 da Lei nº 8.666/1993 e o art. 62 na Lei no 14.133/2021.
  b) Consulte, ainda, as Leis nºs 8.036/1090 e 8.212/1991; TCU. Processo TC nº 020.032/93-5. Decisão nº 705/1994 - Plenário;

[218] BRASIL. **Constituição da República Federativa do Brasil**. Organização dos textos e índice por J. U. JACOBY FERNANDES. 3. ed. Atualizada até a EC nº 102/2019. Belo Horizonte: Fórum, 2020.

[219] BRASIL. Tribunal de Contas da União. Processo TC nº 010.407/96-0. Relator: Ministro Bento José Bugarin. **Diário Oficial da União**, Brasília, DF, 30 mar. 1998. Seção 1, p. 72.

senta informando que, se for contratado, adquirirá o produto junto ao fabricante. Nesse caso, também comum, pretende o futuro contratado diminuir os riscos de um negócio com a Administração, reduzindo sua margem de risco, que adviria se tivesse de adquirir o produto para depois obter o contrato assinado. O recomendável, no caso, é, se possível, impor de forma categórica que a solução pretendida fere a isonomia, pois, provavelmente, com essa garantia, outros aceitariam igual contrato, não havendo razão para privilegiar determinado contratado com a intermediação; ainda, se possível, ampliar o mercado consultando outras praças.

3.4.2.6 Outro documento idôneo

Imperioso destacar que a expressão "outro documento idôneo" traz dúvidas para o aplicador da Lei.

Marcus Juruena[220], porém, obtempera, com base na redação da Lei nº 8.666/1993 - entendimento plenamente aplicável na nova LLCA -, que a exclusividade pode "ser comprovada através de contrato de exclusividade (distribuição, representação, licenciamento etc.)", acrescentando, mais adiante, as hipóteses de consulta ao INPI - Instituto Nacional de Propriedade Industrial, que é uma "autarquia federal encarregada da averbação dos contratos de transferência de tecnologia e da expedição de cartas-patentes[221] e registros de marcas".[222]

A consulta ao INPI, sem laivo de dúvida, constitui instrumento para a Administração aferir a exclusividade do produto, mas não é suficiente para comprovar a exclusividade do fornecedor no local. Por isso é que a lei se refere ao registro do comércio e não ao da indústria ou produtor, pois, em princípio, esses órgãos não podem assegurar que a competição é inviável.

A Secretaria de Logística e Tecnologia da Informação, no tocante às regras da Lei nº 8.666/1993, dirigindo-se aos encarregados do sistema de serviços gerais, informou que:

> [...] para a aquisição de materiais e equipamentos, nas situações de inexigibilidade previstas no art. 25 da lei nº 8.666 de 21.06.93, devem ser admitidos, exclusivamente, as certidões expedidas pelo INSTITUTO NACIONAL DE PROPRIEDADE INDUSTRIAL - INPI, devido à proteção de registro de patente ou do pedido de registro de patente, nos termos da Lei nº 9.279/96.[223]

Tal entendimento, permanece válido e atual na nova LLCA.

---

[220] SOUTO, Marcus Juruena Villela. **Licitações & Contratos Administrativos**. Rio de Janeiro: Esplanada/ADCOAS, 1998, p. 165.

[221] Da carta patente deverão constar, o número, o título e a natureza respectivos, o nome do inventor, observado o disposto no § 4º do art. 6º, a qualificação e o domicílio do titular, o prazo de vigência, o relatório descritivo, as reivindicações e os desenhos, bem como os dados relativos à prioridade. **Lei nº 9.279, de maio de 1996. Art. 39.**

[222] SOUTO, Marcus Juruena Villela. **Licitações & Contratos Administrativos**. Rio de Janeiro: Esplanada/ADCOAS, 1998, p. 166.

[223] Ofício-circular nº 10, de 04 de outubro de 1999. **Diário Oficial da União**, Brasília, DF, 08 out. 1999. Seção 1, p. 34. É evidente que há equívoco no caso, pois o INPI atesta a exclusividade do produto e a Lei nº 8.666/1993 considera inexigível o fornecedor.

Ainda considerando outros documentos idôneos, é imprescindível que a pessoa jurídica, autora do atestado de exclusividade, possua idoneidade suficiente para responder por uma declaração falsa. Além dos termos da declaração, é preciso que a declaração seja firmada e a assinatura reconhecida em cartório. Essa última formalidade parece inafastável em se tratando de instituição privada.

Como exemplo, no Diário Oficial da União de 03 de junho de 1992, a Secretaria da Fazenda Nacional, sob a égide do Decreto-Lei nº 2.300/1986, ratificou a inexigibilidade de licitação para renovação de assinatura técnica da TAB - Tarifa Aduaneira do Brasil, com base em certidão fornecida pela Câmara Brasileira do Livro, na qual informa que a publicação referida é exclusiva da empresa Orientador Alfandegário Rio Editora Ltda.

3.4.2.7 Atestado falso – consequências

Já recomendou o TCU que, quando do recebimento de atestados de exclusividade de fornecimento de materiais, equipamentos ou gêneros, sejam adotadas medidas cautelares visando assegurar a veracidade das declarações prestadas pelos órgãos e entidades emitentes[224]. Tal providência continua constituindo-se medida adequada.

É preciso, pois, situar as diversas possibilidades que poderão advir da verificação de que um atestado de exclusividade é falso.[225]

Após a investigação dos fatos e a garantia de ampla defesa dos envolvidos, é possível equacionar a questão, tendo em conta as sanções administrativas, penais e civis, que podem ser aplicadas em virtude das ações a serem iniciadas, quais sejam:

a.1) o atestado é falso, mas o fornecedor é, de fato, exclusivo:

a.1.1) administrativamente: o uso de documento falso constitui ilícito que pode acarretar até a declaração de inidoneidade,

a.1.2) penalmente: a falsificação e o uso do documento falso podem constituir os crimes capitulados nos arts. 301 e 304, do CPB.[226]

a.2) o atestado é falso e o fornecedor não é exclusivo:

a.2.1) administrativamente, igual ao anterior,

---

[224] BRASIL. Tribunal de Contas da União. Processo TC nº 013.304/94-1. Decisão nº 47/1995 - Plenário. Relator: Ministro Carlos Átila Álvares da Silva. **Diário Oficial da União**, Brasília, DF, 01 mar. 1995. Seção 1, p. 2759. No mesmo sentido: Processo TC nº 005.561/2002-2. Acórdão nº 2960/2003 - 1ª Câmara. Relator: Ministro-Substituto Lincoln Magalhães da Rocha. **Diário Oficial da União**, Brasília, DF, 3 dez. 2003 e Processo TC nº 010.055/2003-7. Acórdão nº 2505/2006 - 2ª Câmara. **Diário Oficial da União**, Brasília, DF, 08 set. 2006, p. 119.

[225] BRASIL. Tribunal de Contas da União. Processo TC nº 015.822/2001-6. Decisão nº 578/2002 - Plenário. Relator: Ministro Benjamim Zymler. **Diário Oficial da União**, Brasília, DF, 11 jun. 2002. Seção 1.

[226] BRASIL. **Decreto-Lei nº 2.848, de 7 de dezembro de 1940.** Código Penal.

a.2.2) penalmente: além da alternativa da alínea anterior, poderá ainda ficar caracterizado o crime capitulado no art. 337-F do Código Penal, por ter o agente fraudado a prática de ato licitatório.[227]

b.1) a falsificação foi descoberta antes da contratação:

b.1.1) administrativamente: igual a a.1),

b.1.2) penalmente: igual a a.1).

b.2) a falsificação só foi descoberta depois da contratação:

b.2.1) administrativamente: igual a a.1), acrescido das consequências do art. 71, III[228],

b.2.2) penalmente: igual a a.2).

c.1) a não exclusividade era de fácil verificação:

c.1.1) administrativamente: para a empresa, igual a a.1),

c.1.2) o servidor da Administração responde por negligência no cumprimento de suas funções, tanto diante da falsificação grosseira, quanto diante do fato de que a não exclusividade era de fácil verificação, como ocorre quando em pesquisa *online* são elencadas várias empresas para fornecer o produto,

c.1.3) penalmente: igual a a.1), com possibilidade de o servidor também responder pelos crimes de ato de improbidade que importam em enriquecimento ilícito, nos termos do art. 9º, inciso VI, da Lei nº 8.429/1992[229], ou de concussão ou corrupção, capitulados nos arts. 316 e 317, respectivamente, do Código Penal[230].

c.2) a não exclusividade era de difícil verificação:

c.2.2) administrativamente: igual a a.1),

c.2.2) penalmente: igual a a.1) ou a.2), conforme o caso.

d.1) a contratação não gerou prejuízos ao erário:

d.1.1) administrativamente: igual a a.1),

d.1.2) penalmente: igual a a.1) ou a.2), conforme o caso.

---

[227] Já decidiu o TCU que a declaração de exclusividade da Junta Comercial que não corresponde à realidade do mercado não tem valor. Processo TC nº 010.230/94-7. Decisão nº 110/1996 - Plenário. Relator: Ministro Humberto G. Souto. **Diário Oficial da União**, Brasília, DF, 26 mar. 1996. Seção 1, p. 5020-3.

[228] BRASIL. **Lei nº 14.133, de 1º de abril de 2021**. Lei de Licitações e Contratos Administrativos. Organização de textos, remissões da Lei nº 8.666/1993, Lei nº 10.520/2002 e Lei nº12.462/2011 e índices por Ana Luiza Jacoby Fernandes e J. U. Jacoby Fernandes. Belo Horizonte: Fórum, 2021.

[229] BRASIL. **Lei nº 8.429, de 2 de junho de 1992**. Dispõe sobre as sanções aplicáveis aos agentes públicos nos casos de enriquecimento ilícito no exercício de mandato, cargo, emprego ou função na administração pública direta, indireta ou fundacional e dá outras providências. **Diário Oficial da União**, Brasília, DF, 3 jun. 1992.

[230] BRASIL. **Decreto-Lei nº 2.848, de 7 de dezembro de 1940**. Código Penal.

d.2) a contratação gerou prejuízos ao erário pelo superfaturamento de preços: além das medidas administrativas e penais, apontadas anteriormente, o causador do dano responderá civilmente, indenizando o prejuízo decorrente do acréscimo do preço, isto é, pela parcela que excede o preço normal ou de mercado.

3.4.2.8 Contrato de exclusividade, declaração do fabricante

Recomenda-se a leitura do que foi exposto no subitem 3.4.1.1 sobre a forma e prazo dos atestados e declarações.

A nova lei resolveu dissenso doutrinário sobre a validade do contrato de exclusividade e da declaração do fabricante como instrumentos aptos ou não aptos à demonstração da exclusividade da empresa.

A proposta que os autores desta obra apresentaram visou simplificar as relações, sem ofensa aos princípios da concorrência econômica. De fato, na prática comercial, nacional e internacional, pode um fabricante definir o mercado dos seus representantes comerciais por regiões de modo que a unidade da estratégia seja mantida, evitando que os representantes concorram entre si.

Assim, por exemplo, se um fabricante internacional define que no Brasil somente uma empresa pode comercializar seus produtos, não se pode pretender, seja exercendo o controle da Administração Pública, seja fiscalizando a concorrência econômica, que o fabricante crie competição entre seus revendedores ou representantes.

No Direito Comercial, o costume dita regras e procedimentos, e assegurar a praxe é prestigiar a segurança jurídica para a convidativa vitrine de atrair bons investimentos internacionais.

Por isso, a inserção da possibilidade de aceitar como válidas essas formas de comprovar a exclusividade.

3.4.2.9 Exclusividade regional

Pode o contrato do fabricante com seu revendedor indicar o país ou uma região, neste segundo caso, trazendo algumas peculiaridades. Como a maior parte das licitações é por meio eletrônico, podem existir dezenas de representantes aptos à venda de um produto, mas que, por regra contratual imposta pelo fabricante para entrega numa específica região, somente um esteja autorizado. Por isso, o referido contrato pode ser considerado, quando for declarada a inexigibilidade.

Necessário destacar que a regionalização de representantes refere-se a seara exclusivamente comercial, pois o fabricante tem a opção de não se utilizar de representantes e, portanto, ser o único fornecedor. A utilização de representantes em um mercado onde ele é o único fabricante decorre da melhor estruturação econômica da empresa e não obriga a competição entre seu próprio produto. Tal prática é absolutamente compatível com os ditames do Direito Concorrencial e não deve ser coibida pela Administração Pública.

Nesse sentido, as práticas adotadas pelo Ministério da Economia se adequam a melhor solução: o tabelamento de preços de *softwares*.[231] Havendo o tabelamento de preços máximos, a contratação por inexigibilidade perde grande parte dos riscos inerentes à ausência de processo licitatório, reduzindo, significativamente, os preconceitos a sua utilização.

Ademais, a solução de regionalização é mais transparente e mais adequada aos aspectos econômicos do que a utilização de "registro de oportunidade", procedimento no qual o fabricante fornece vantagens ao revendedor que capta a oportunidade de licitação de modo que ele tenha mais chance de se sagrar vencedor.

Ressalta-se que o raciocínio indicado acima **não** pode ser aplicado quando há prestação de serviço associada ao fornecimento, pois além de representantes os futuros contratados também serão prestadores de serviços, com equação econômica, estratégia e métodos próprios que permitem a licitação e a comparação de preços.

3.4.2.10 Exclusividade para vender para Administração Pública e preços diferenciados

Situação diversa ocorre quando o contrato qualifica como revendedor exclusivo **para o cliente Administração Pública**. Note que a Administração Pública tem o dever de observar as condições do mercado privado, em suas aquisições, mas é fato que os fornecedores não podem ser obrigados a praticar o mesmo preço. Há exceção, ou seja, há situação em que o fornecedor é, sim, obrigado a praticar o mesmo preço que pratica na iniciativa privada. Isso ocorre quando a Administração Pública pratica as mesmas condições, como, por exemplo, quando compra com cartão de pagamento.

Portanto, as relações entre os fabricantes e produtores com seus revendedores e representantes não podem se inserir na avaliação dos fatos pela Administração Pública. Na área pública, não cabe ingerências na relação entre privados.

Havendo justificativas em relação às condições de pagamento diferenciadas praticadas no âmbito das relações público-privadas, como pagamento por nota de empenho, atraso no pagamento, até os preços podem ser diferenciados em prejuízo da Administração Pública, mas não pode haver restrição de venda em decorrência do sujeito.

3.5 Art. 74, inc. II – Contratação direta de artistas

> Art. 74. É inexigível a licitação quando for inviável a competição, em especial nos casos de:
>
> [...]

---

[231] GOVERNO fecha negociação de preços com grandes fornecedores de TI. Disponível em: https://www.gov.br/economia/pt-br/assuntos/noticias/2020/julho/governo-fecha-negociacao-de-precos-com-grandes-fornecedores-de-produtos-de-ti. Acesso em: 28 maio 2021.

> II - contratação de profissional do setor artístico, diretamente ou por meio de empresário exclusivo, desde que consagrado pela crítica especializada ou pela opinião pública;

Dispositivos correspondentes na Lei nº 8.666/1993[232]:
Art. 25. É inexigível a licitação quando houver inviabilidade de competição, em especial:
[...]
III - para contratação de profissional de qualquer setor artístico, diretamente ou através de empresário exclusivo, desde que consagrado pela crítica especializada ou pela opinião pública.

Antes de analisar os comentários abaixo, recomenda-se a leitura do item 2.10, que trata da justificativa de preços e 2.5.1, sobre estimativa de preço, parcelamento do objeto e contratação não parcelada de artista. É indispensável, também, a leitura dos comentários ao § 2º desse artigo, que adiante se apresentam, porque complementam a instrução processual diferenciada que deve ocorrer na contratação direta sem licitação de artista.

A União, os Estados, o Distrito Federal e os Municípios têm obrigações em relação ao incentivo dos valores artísticos, como consta nos arts. 23, incisos III e IV[233], e 216 da Constituição Federal de 1988[234].

É possível a contratação via licitação, quando for viável a competição. Para a contratação de artistas, o fundamento da inexigibilidade é a impossibilidade de comparação dos serviços prestados pelos diversos profissionais do setor artístico.

Está aí uma hipótese em que a contratação não se faz com o pleno atendimento do disposto no art. 72, inciso I da LLCA, que exige rigoroso detalhamento do objeto pretendido com a contratação dos serviços. Poderá, contudo, a Administração, se for o caso, estabelecer os parâmetros para a prestação dos serviços, como dia e hora, no caso de espetáculos artísticos, prazo, ônus das partes no cumprimento e no descumprimento da obrigação. Por exemplo, ao contratar um *show* com uma banda, poderá requer a totalidade dos membros presentes, equipamentos de som, acessórios, mas, em geral, não há intromissão no repertório.

A entidade que está na defesa do interesse público não pode deixar de resguardá-lo, em qualquer momento, pois nem mesmo os mais expressivos artistas encon-

---

[232] BRASIL. **Lei nº 8.666/93 (Versão Bolso).** Organização dos textos e índice por J. U. JACOBY FERNANDES. 21. ed. ampl., rev. e atual. Belo Horizonte: Fórum, 2020.
[233] BRASIL. **Constituição da República Federativa do Brasil.** Organização dos textos e índice por J. U. JACOBY FERNANDES. 3. ed. Atualizada até a EC nº 102/2019. Belo Horizonte: Fórum, 2020.
"Art. 23. É competência comum da União, dos Estados, do Distrito Federal e dos Municípios: [...] III - proteger os documentos, as obras e outros bens de valor histórico, artístico e cultural, os monumentos, as paisagens naturais notáveis e os sítios arqueológicos; IV - impedir a evasão, a destruição e a descaracterização de obras de arte e de outros bens de valor histórico, artístico ou cultural;"
[234] BRASIL. **Constituição da República Federativa do Brasil.** Organização dos textos e índice por J. U. JACOBY FERNANDES. 3. ed. Atualizada até a EC nº 102/2019. Belo Horizonte: Fórum, 2020.
"Art. 216. Constituem patrimônio cultural brasileiro os bens de natureza material e imaterial, tomados individualmente ou em conjunto, portadores de referência à identidade, à ação, à memória dos diferentes grupos formadores da sociedade brasileira, nos quais se incluem:[...] III - as criações científicas, artísticas e tecnológicas;"

tram-se distantes das leis. Daí porque deve exigir comprovantes de recebimentos de pagamentos e adotar as mesmas regras que os particulares adotam, nesse tipo de contratação, para a garantia do cumprimento do contrato.

3.5.1 Requisitos

Para a regularidade dessa contratação direta, existem dois requisitos, além da inviabilidade de competição:

a) que o objeto da contratação seja o serviço de um artista profissional;
b) que o contratado seja consagrado pela crítica especializada ou pela opinião pública.

Sobre a qualificação e condições do empresário, veja adiante comentários específicos sobre o § 2º.

3.5.1.1 Objeto

A lei refere-se à contratação do profissional artista, excluindo da possibilidade da contratação direta os artistas amadores; só os profissionais, definidos pelos parâmetros existentes em cada atividade, podem ser contratados com fulcro nesse dispositivo.[235]

Artista, nos termos da lei, é o profissional que cria, interpreta ou executa obra de caráter cultural de qualquer natureza, para efeito de exibição ou divulgação pública, por meios de comunicação de massa ou em locais onde se realizam espetáculos de diversão pública. O profissional artista deve estar inscrito na Delegacia Regional do Trabalho, o mesmo ocorrendo com os agenciadores dessa mão de obra, constituindo esse registro elemento indispensável à regularidade da contratação.[236] A contratação de artista internacional dispensa a inscrição no órgão oficial competente. Aliás, após o advento da Lei da Liberdade Econômica, nem mesmo a inscrição para os artistas nacionais deveria ser exigida.[237]

Sobre o assunto, parece útil a classificação das obrigações adotada pelo Direito Civil em três grupos: obrigações de dar, fazer, e não fazer, para situar com maior precisão o objeto da contratação de que se cuida no art. 74, inciso II, ora em comento.

---

[235] A profissão do artista profissional, em geral, está regulada pela Lei nº 6.533, de 24 de maio de 1978, e regulamentada pelo Decreto nº 82.385, de 5 de outubro do mesmo ano.
[236] BRASIL. **Lei nº 6.533, de 24 de maio de 1978.** Dispõe sobre a regulamentação das profissões de Artistas e de técnico em Espetáculos de Diversões, e dá outras providências. **Diário Oficial da União**, Brasília, DF, 26 maio 1978. Confira arts. 1º, 4º e 6º.
[237] **Lei nº 13.874, de 20 de setembro de 2019.** Institui a Declaração de Direitos de Liberdade Econômica. "Art. 3º. São direitos de toda pessoa, natural ou jurídica, essenciais para o desenvolvimento e o crescimento econômicos do País, observado o disposto no parágrafo único do art. 170 da Constituição Federal: I - desenvolver atividade econômica de baixo risco, para a qual se valha exclusivamente de propriedade privada própria ou de terceiros consensuais, sem a necessidade de quaisquer atos públicos de liberação da atividade econômica;"

A contratação de um artista, considerada como inviabilizadora da competição, constitui típica obrigação de fazer, do tipo *intuitu personae*, isto é, que só pode ser realizada diretamente pelo contratado.

Outro dispositivo que pode ser aplicado, por analogia, é o que dispõe que, em se tratando de obrigação personalíssima, se a prestação do fato se impossibilitar sem culpa do devedor, resolver-se-á a obrigação; se por culpa do devedor, responderá este pelas perdas e danos. Do mesmo modo, incorre também na obrigação de indenizar perdas e danos o devedor que recusar a prestação a ele só imposta, ou só por ele exequível.[238]

Sobre os limites da subcontratação e do parcelamento, recomenda-se conhecer o que foi exposto no subitem 2.5.1.1.

A contratação é do profissional e o objeto do contrato é a sua atividade: cantar para um artista dessa área, produzir uma pintura ou escultura para outro. Efetivamente, nos casos em que o produto da atividade se concretiza num objeto material, a Administração poderá obtê-lo como resultado direto do contrato. Em alguns casos, é possível fazer juntar um esboço da obra que o artista pretende realizar como meio de aferição do desenvolvimento de sua atividade.

Nessa última hipótese, não se pode confundir a compra de uma obra de arte com a contratação do serviço do profissional artista. A primeira pode operar-se com dispensa de licitação, mas exige alguns requisitos, entre os quais destaca-se a inafastável correlação entre a aquisição e a finalidade do órgão ou entidade. Na contratação do profissional artista, esse requisito de compatibilidade não foi expressamente registrado pelo legislador, deixando certa margem de discricionariedade na sua contratação.

A limitação dessa margem, nada obstante, pode ser obtida pelo confronto entre o interesse público e a natureza da contratação. Ilustra-se: enquanto para comemorar o aniversário da cidade seria admissível a contratação de *show* de sua orquestra sinfônica, a mesma contratação seria irregular para comemorar o aniversário de um governador ou o de uma pequena repartição. Há certo limite oriundo de uma valoração de ordem moral, mas nem por isso incontrastável no âmbito do Direito.

Esse dever de submeter os atos administrativos ao crivo dos princípios que norteiam a ação da Administração Pública, insculpidos no art. 37 da Constituição Federal[239] de 1988, é permanente para os agentes públicos e órgãos de controle, e a nova Lei de Licitações em seu art. 18, inc. I, determina que as circunstâncias e justificativas devem ser elaboradas previamente à prática do ato, ensejando, portanto, que sempre será possível aferir a realização do interesse público.

---

[238] **Lei nº 10.406, de 10 de janeiro de 2002.** Código Civil. Vide arts. 247 a 249; sobre indenização pelo descumprimento da obrigação, consulte os arts. 19 e ss. da **Lei nº 6.533, de 24 de maio de 1978.**
[239] BRASIL. **Constituição da República Federativa do Brasil.** Organização dos textos e índice por J. U. JACOBY FERNANDES. 3. ed. Atualizada até a EC nº 102/2019. Belo Horizonte: Fórum, 2020.

3.5.1.2 Consagração pela crítica especializada ou pela opinião pública

O segundo requisito apresentado pelo inciso II do art. 74, em comento, diz respeito ao fato de que o pretenso contratado deve ser consagrado pela crítica especializada ou pela opinião pública.

Essa exigência, embora apresente certo limite discricionário, não corresponde a livre arbítrio nem ausência de motivação.

A razão da escolha deve apontar as razões do convencimento do agente público, registrando-se, no processo de contratação, os motivos que levaram à contratação direta daquele profissional específico.

O fato notório da "consagração pela opinião pública" necessita ser demonstrado nos autos.[240] É óbvio que não se pretende que o agente faça juntar centenas de recortes de jornal, por exemplo, sobre o artista, mas que indique sucintamente por que se convenceu do atendimento desse requisito para promover a contratação direta, como citar o número de discos gravados, de obras de arte importantes, referência a dois ou três famosos eventos. No mundo com predominância da divulgação por meios de comunicação à distância e virtual, a comprovação ficou bastante simplificada.

Não se pode confundir expressões distintas atinentes à mera qualificação profissional, ainda que erudita ou superior, como frequência a conservatórios de música, com consagração pela crítica especializada ou pela opinião pública. Aqui, só a fama e a notoriedade do artista permitem a contratação direta; os demais, que ainda não alcançaram esse grau de reconhecimento público, podem ser contratados mediante concurso ou outra modalidade de licitação, ou ainda com dispensa, por exemplo, na forma do inciso II do art. 75 da nova Lei de Licitações.

Se a consagração pública é subjetiva, o dever de licitar não é, e deve ser invocado sempre que, para obras comuns, por meio de concurso puder ser obtida a satisfação do interesse público.

3.5.1.3 Amplitude geográfica da consagração

Demanda referência breve, mas especial, a amplitude geográfica da consagração anteriormente referida para justificar a contratação direta. Haverá inexigibilidade de licitação se o profissional for consagrado apenas pela opinião pública de uma cidade? Ou de um Estado? Ou é necessário que tenha sido consagrado nacionalmente?

No novo ordenamento jurídico, a opinião pública que consagra o artista pode ser local. Diferentemente do ordenamento jurídico anterior, em que a licitação tinha limites de valor por modalidade o que se associava a limites de consagração, segundo alguns autores, no modelo jurídico atual essas pretensões limitadoras não mais subsistem.

---

[240] O TCDF decidiu que, quanto à inexigibilidade prevista no art. 25, inciso III, da Lei nº 8.666/93 - contratação de profissionais artísticos - é necessária a apresentação de *curriculum* acompanhado de documentos (recorte de jornais, revistas etc.), que atestem a consagração pela crítica e opinião pública. DISTRITO FEDERAL. Tribunal de Contas. Processo nº 6.029/1995. Decisão nº 6.968/1996. **TCDF**. Brasília, DF, 08 ago. 1996. Disponível em: http://www.tc.df.gov.br. Acesso em: 28 mar. 2014.

3.5.1.4 Impessoalidade

Como visto anteriormente, a impessoalidade é um dos princípios republicanos aplicáveis às licitações. Apenas em casos excepcionais pode ser afastado, como no caso em tela. A escolha do artista deve ser, assim, devidamente justificada e constar do processo de contratação direta.

Alguns gestores públicos avançaram um pouco além do que é exigido pela lei, para demonstrar a supremacia da impessoalidade na contratação. Parece importante esclarecer como procederam, lembrando que é uma boa prática, mas não decorre de lei e nem é obrigatória.

Realizaram consulta pública, por meio de aplicativos de *smartphone*, ou pesquisa junto a instituições da sociedade civil organizada.

Outros gestores abriram inscrição para artistas regionais e, após, procederam a uma seleção por uma espécie de comissão ou júri.

3.5.1.5 Preço

A justificativa de preço deve ser elaborada para cumprimento dos incisos II e VII do art. 72 da nova Lei.

3.6 Art. 74, § 2º – Contratação direta ou por empresário

Art. 74. É inexigível a licitação quando for inviável a competição, em especial nos casos de:

[...]

§ 2º Para fins do disposto no inciso II do *caput* deste artigo, considera-se empresário exclusivo a pessoa física ou jurídica que possua contrato, declaração, carta ou outro documento que ateste a exclusividade permanente e contínua de representação, no País ou em Estado específico, do profissional do setor artístico, afastada a possibilidade de contratação direta por inexigibilidade por meio de empresário com representação restrita a evento ou local específico.

Dispositivos correspondentes na Lei nº 8.666/1993: não há.

A Lei de Licitações anterior passou a exigir que a contratação direta sem licitação fosse feita com o artista ou por meio de empresário exclusivo.

Pretendia o legislador coibir desvios dos princípios republicanos; afastar a ocorrência de algumas contratações que só ocorriam quando realizadas por intermédio de determinados empresários, que quase monopolizavam a intermediação da contratação de artistas numa localidade.

Indo além da letra da lei, na prática legislando, erigiu-se uma jurisprudência impondo uma série de requisitos para a contratação. O desacato a essa jurisprudência ensejou até a aplicação de multa, ignorando a reserva legal, fundamentada na Constituição Federal[241], segundo a qual ninguém é obrigado a fazer ou deixar de fazer, senão em virtude de lei.

Na redação agora do § 2º, a intermediação do empresário ficou objetivamente definida.

3.6.1 O que é "empresário exclusivo"

Para fins de aplicação desta contratação direta sem licitação:

> [...] considera-se empresário exclusivo a pessoa física ou jurídica que possua contrato, declaração, carta ou outro documento que ateste a exclusividade permanente e contínua de representação, no País ou em Estado específico, do profissional do setor artístico [...].[242]

A exigência de o contrato ser permanente e contínuo vai ser completada no final do § 2º quando afasta a possibilidade de aceitar o contrato para evento ou local específico.

Obviamente aceita-se o contrato por prazo indeterminado. Equivale a prazo indeterminado, o contrato recém firmado, sem prazo de término.

3.6.2 Como comprovar que é empresário exclusivo?

Por meio de "contrato, declaração, carta ou outro documento".

Esse documento deve textualmente atestar, declarar, diretamente ou com outras palavras, que o artista tem esse empresário em caráter "permanente e contínuo de representação, no País ou em Estado específico"[243].

3.6.3 Qual tipo de contrato não é aceito?

Por intencional omissão do legislador, não se aceita como empresário exclusivo, para fins de contratar por inexigibilidade de licitação, o empresário contratado para atuar em determinado e específico município. Aceita-se com amplitude de estado e país; não se aceita exclusividade de âmbito municipal.

---

[241] BRASIL. **Constituição da República Federativa do Brasil**. Organização dos textos e índice por J. U. JACOBY FERNANDES. 3. ed. Atualizada até a EC nº 102/2019. Belo Horizonte: Fórum, 2020.
[242] BRASIL. **Lei nº 14.133, de 1º de abril de 2021.** Lei de Licitações e Contratos Administrativos. Organização de textos, remissões da Lei nº 8.666/1993, Lei nº 10.520/2002 e Lei nº12.462/2011 e índices por Ana Luiza Jacoby Fernandes e J. U. Jacoby Fernandes. Belo Horizonte: Fórum, 2021. Art. 74, § 2º.
[243] BRASIL. **Lei nº 14.133, de 1º de abril de 2021.** Lei de Licitações e Contratos Administrativos. Organização de textos, remissões da Lei nº 8.666/1993, Lei nº 10.520/2002 e Lei nº12.462/2011 e índices por Ana Luiza Jacoby Fernandes e J. U. Jacoby Fernandes. Belo Horizonte: Fórum, 2021. Art. 74, § 2º.

Também não se aceita "a possibilidade de contratação direta por inexigibilidade por meio de empresário com representação restrita a evento ou local específico".[244]

Exige-se do empresário a regularidade jurídica e fiscal pertinente. Se o empresário intermedia a contratação, a regularidade a ser comprovada é desse e não do próprio artista.

Deve ser observado, ainda, que o empresário não precisa ser exclusivo desse artista, podendo agenciar muitos outros. A norma exige que o artista tenha um empresário nas condições de permanente e contínuo.

3.7 Art. 74, inc. III, a, b, c, d, e, f, g, h, § 3º e § 4º – Serviços técnicos especializados

> Art. 74. É inexigível a licitação quando for inviável a competição, em especial nos casos de:
> [...]
> III - contratação dos seguintes serviços técnicos especializados de natureza predominantemente intelectual com profissionais ou empresas de notória especialização, vedada a inexigibilidade para serviços de publicidade e divulgação;
> a) estudos técnicos, planejamentos e projetos básicos ou projetos executivos;
> b) pareceres, perícias e avaliações em geral;
> c) assessorias ou consultorias técnicas e auditorias financeiras ou tributárias;
> d) fiscalização, supervisão ou gerenciamento de obras ou serviços;
> e) patrocínio ou defesa de causas judiciais ou administrativas;
> f) treinamento e aperfeiçoamento de pessoal;
> g) restauração de obras de arte e bens de valor histórico;
> h) controles de qualidade e tecnológico, análises, testes e ensaios de campo e laboratoriais, instrumentação e monitoramento de parâmetros específicos de obras e do meio ambiente e demais serviços de engenharia que se enquadrem no disposto neste inciso.
> [...]
> § 3º Para fins do disposto no inciso III do *caput* deste artigo, considera-se de notória especialização o profissional ou a empresa cujo conceito no campo de sua especialidade, decorrente de desempenho anterior, estudos, experiência, publicações, organização, aparelhamento, equipe técnica ou outros requisitos relacionados com suas atividades, permita inferir que o seu trabalho é essencial e reconhecidamente adequado à plena satisfação do objeto do contrato.

---

[244] BRASIL. **Lei nº 14.133, de 1º de abril de 2021**. Lei de Licitações e Contratos Administrativos. Organização de textos, remissões da Lei nº 8.666/1993, Lei nº 10.520/2002 e Lei nº12.462/2011 e índices por Ana Luiza Jacoby Fernandes e J. U. Jacoby Fernandes. Belo Horizonte: Fórum, 2021. Art. 74, § 2º.

> § 4º Nas contratações com fundamento no inciso III do *caput* deste artigo, é vedada a subcontratação de empresas ou a atuação de profissionais distintos daqueles que tenham justificado a inexigibilidade.

Dispositivos correspondentes na Lei nº 8.666/1993[245]:
Art. 25. É inexigível a licitação quando houver inviabilidade de competição, em especial:
[...]
II - para a contratação de serviços técnicos enumerados no art. 13 desta Lei, de **natureza singular**, com profissionais ou empresas de notória especialização, vedada a inexigibilidade para serviços de publicidade e divulgação;
[...]
§ 1º. Considera-se de notória especialização o profissional ou empresa cujo conceito no campo de sua especialidade, decorrente de desempenho anterior, estudos, experiências, publicações, organização, aparelhamento, equipe técnica, ou de outros requisitos relacionados com suas atividades, permita inferir que o seu trabalho é essencial e indiscutivelmente o mais adequado à plena satisfação do objeto do contrato.

Esse dispositivo tem origem no Decreto-Lei nº 200/1967. Teve mantida a redação inaugurada pelo Decreto-Lei nº 2.300/1986 na Lei nº 8.666/1993 e, agora, a redação foi aperfeiçoada pelo legislador que acolheu, em parte, a jurisprudência.

Sem dúvida, o legislador pretendeu resolver polêmicas que proliferaram no âmbito do Ministério Público, do Poder Judiciário e dos Tribunais de Contas, tomando tempo, consumindo recursos e gerando instabilidade jurídica.

Os textos legais anteriores, sem dúvida, contribuíram para esse quadro. A atual norma ensejará, ainda, divergências de interpretação. Interpretada literalmente, poderá aperfeiçoar o controle e até os processos de contratação.

Por esse motivo, na interpretação desse dispositivo, **não** devem e **não** podem ser aproveitados na integralidade os precedentes erigidos com fundamentação na Lei nº 8.666/1993[246]. Alterada a redação da norma em parte essencial, não se pode tolerar a pretensão de avocar precedentes aplicáveis à norma anterior, reinstituindo palavras ou expressões inexistentes no atual texto legal, como ocorre com a exigência de singularidade para a contratação.

3.7.1 Requisitos

A inviabilidade da competição ocorrerá na forma desse inciso, se ficar demonstrado o atendimento dos requisitos, que devem ser examinados na seguinte ordem:

a) referentes ao objeto do contrato:

    a.1) que se trate de serviço técnico integrante da lista do inciso III, desse artigo;

    a.2) que o serviço não seja de publicidade ou divulgação;

---

[245] BRASIL. **Lei nº 8.666/93 (Versão Bolso)**. Organização dos textos e índice por J. U. JACOBY FERNANDES. 21. ed. ampl., rev. e atual. Belo Horizonte: Fórum, 2020. Livro digital.
[246] BRASIL. **Lei nº 8.666/93 (Versão Bolso)**. Organização dos textos e índice por J. U. JACOBY FERNANDES. 21. ed. ampl., rev. e atual. Belo Horizonte: Fórum, 2020. Livro digital.

a.3) que não seja permitida a subcontratação do objeto.
b) referentes ao contratado:
b.1) que o profissional detenha a habilitação pertinente ao objeto do contrato;
b.2) que o profissional ou empresa possua especialização na realização do objeto pretendido;
b.3) que a especialização seja notória, nos termos conceituados pela própria lei, no § 3º do art. 74.

Em linha de coerência com a Lei das Estatais[247] e com a alteração da Lei do Estatuto da Ordem dos Advogados do Brasil[248] e da Lei da profissão dos contadores[249], a norma não mais exige que o objeto seja singular para justificar ou amparar a inexigibilidade de licitação.

Como no regime da Lei nº 8.666/1993, a singularidade do objeto era ponto determinante para a regularidade da contratação, ensejando muitas polêmicas entre os operadores do Direito. A análise dos requisitos para a contratação começará enfrentando e esclarecendo essa expressão e os efeitos da supressão da mesma dos requisitos legais da contratação direta sem licitação por notória especialização.

Espera-se, assim, esclarecer a mudança ocorrida nas três leis acima indicadas.

3.7.1.1 Singularidade como atributo do objeto e do sujeito

A singularidade é definida como qualidade ou propriedade do que é singular; singular, por sua vez, tem os seguintes sinônimos:

1. único de sua espécie; distinto; ímpar; (ex.: uma pedra de formato s.)
2. não vulgar; especial, raro;
3. fora do comum; inusitado, invulgar;
4. que causa surpresa; surpreendente, espantoso; bizarro;[250]

Em várias obras doutrinárias e em vários julgados, a singularidade foi atribuída ao sujeito, ensejando incompreensões. No texto da lei anterior, singularidade era requisito do objeto.

A Lei nº 8.666/1993[251] exigia como requisito que o objeto fosse singular e não o profissional. Isso, porque todo trabalho com predominância intelectual pode ser enquadrado como singular. Daí porque quando a Lei nº 8.906/1994 e Decreto-Lei nº 9.295/1946 definiram que serviços jurídicos e serviços contábeis são

---

[247] BRASIL. Lei nº 13.303, de 30 de junho de 2016. Dispõe sobre o estatuto jurídico da empresa pública, da sociedade de economia mista e de suas subsidiárias, no âmbito da União, dos Estados, do Distrito Federal e dos Municípios.
[248] BRASIL. Lei nº 8.906 de 4 de julho de 1994. Dispõe sobre o Estatuto da Advocacia e a Ordem dos Advogados do Brasil (OAB).
[249] BRASIL. Decreto nº 9.295 de 27 de maio de 1946. Cria o Conselho Federal de Contabilidade, define as atribuições do Contador e do Guarda-livros, e dá outras providências.
[250] **Dicionário** *online* **de Português Houaiss**.
[251] BRASIL. Lei nº 8.666/93 (Versão Bolso). Organização dos textos e índice por J. U. JACOBY FERNANDES. 21. ed. ampl., rev. e atual. Belo Horizonte: Fórum, 2020. Livro digital.

singulares, pela própria natureza, reconheceu a regra geral que o serviço varia segundo a qualificação e atributos do profissional que presta o serviço[252].

Quando a lei das estatais e agora a nova lei suprimem o requisito singularidade do objeto, não visam permitir que qualquer profissional seja contratado sem licitação, como escolha discricionária do gestor público.

É fato, porém, que, pela nova lei, não é mais necessário que o objeto seja singular.

3.7.1.2 Serviço a ser contratado com notório especialista

A questão, agora em debate, é se é possível contratar um notório especialista para **qualquer** serviço. Em outras palavras, a questão é: se o fato de alguém ser notório especialista, no conceito previsto em lei, justifica sempre declarar que é inviável a competição? Permitiria a lei criar uma casta de profissionais notórios especialistas acima da disputa de preços?

Certamente, a resposta é negativa. Não é suficiente ser notório especialista para que a contratação seja regular.

Para compreender com precisão esse cenário, quatro pontos podem ser esclarecidos e estão apresentados nos subtítulos a seguir.

3.7.1.2.1 Competição por preço

Primeiro ponto necessário à compreensão: é pretensão antiga de várias profissões vedar a competição pelo preço, com vistas a impedir o aviltamento da remuneração profissional, preservando a dignidade profissional. Numa analogia de argumentos, se o preço fosse determinante da contratação dos serviços, o concurso público para ocupação de cargos deveria selecionar quem cobra o menor valor. Certamente o cidadão-contribuinte não quer o "profissional mais barato", mas o melhor, e é precisamente por isso que a escolha não precisa ocorrer pelo menor preço.

Por outro lado, a contratação de serviços técnicos profissionais especializados, escolhidos pelo menor preço, tem sido danosa ao interesse público e, em alguns casos, condenando em sucumbências milionárias alguns municípios.

---

[252] BRASIL. **Lei nº 8.906, de 4 de julho de 1994**. Dispõe sobre o Estatuto da Advocacia e a Ordem dos Advogados do Brasil (OAB). "Art. 3º-A. Os serviços profissionais de advogado são, por sua natureza, técnicos e singulares, quando comprovada sua notória especialização, nos termos da lei. Parágrafo único. Considera-se notória especialização o profissional ou a sociedade de advogados cujo conceito no campo de sua especialidade, decorrente de desempenho anterior, estudos, experiências, publicações, organização, aparelhamento, equipe técnica ou de outros requisitos relacionados com suas atividades, permita inferir que o seu trabalho é essencial e indiscutivelmente o mais adequado à plena satisfação do objeto do contrato. [Artigo Incluído pela Lei nº 14.039, de 2020] e BRASIL. **Decreto nº 9.295 de 27 de maio de 1946**. Cria o Conselho Federal de Contabilidade, define as atribuições do Contador e do Guarda-livros, e dá outras providências.

3.7.1.2.2 A nova diretriz da LLCA

Segundo ponto necessário à compreensão é que não mais se pode ignorar que o novo ordenamento jurídico afastou a contratação de serviços técnicos profissionais das licitações em disputa só por preço.

A lei definitivamente rompeu com uma modelagem que permitia a atuação de uma fiscalização casuísta. Tentou dar segurança jurídica ao País, escolhendo termos mais apropriados à compreensão dos operadores do Direito; aprendeu com erros do passado. Esse novo paradigma visa conter as contratações de baixa qualidade e prestigiar o bom gestor público que atua com efetivo compromisso do interesse público.

É fácil perceber esse novo paradigma pela simples leitura do texto legal. Note:

a) o conceito mais preciso de "serviços técnicos especializados de natureza predominantemente intelectual", inserido no art. 6º, inc. XVIII;

b) a expressa **vedação** ao uso do pregão, estabelecida no parágrafo único do art. 29;[253]

c) a determinação de que o serviço conceituado no art. 6º, inc. XVIII, seja licitado por técnica e preço, quando o "estudo técnico preliminar demonstrar que a **avaliação e a ponderação da qualidade técnica** das propostas que superarem os requisitos mínimos estabelecidos no edital forem **relevantes** aos fins pretendidos pela Administração"[254];

d) a determinação legal de que alguns serviços sejam **contratados mediante inexigibilidade** de licitação ou, caso sejam contratados por licitação, não o sejam por disputa exclusiva de preços.[255]

---

[253] BRASIL. **Lei nº 14.133, de 1º de abril de 2021.** Lei de Licitações e Contratos Administrativos. Organização de textos, remissões da Lei nº 8.666/1993, Lei nº 10.520/2002 e Lei nº12.462/2011 e índices por Ana Luiza Jacoby Fernandes e J. U. Jacoby Fernandes. Belo Horizonte: Fórum, 2021: "Art. 29. A concorrência e o pregão seguem o rito procedimental comum a que se refere o art. 17 desta Lei, adotando-se o pregão sempre que o objeto possuir padrões de desempenho e qualidade que possam ser objetivamente definidos pelo edital, por meio de especificações usuais de mercado. Parágrafo único. O pregão não se aplica às contratações de serviços técnicos especializados de natureza predominantemente intelectual e de obras e serviços de engenharia, exceto os serviços de engenharia de que trata a alínea "a" do inciso XXI do caput do art. 6º desta Lei."

[254] BRASIL. **Lei nº 14.133, de 1º de abril de 2021.** Lei de Licitações e Contratos Administrativos. Organização de textos, remissões da Lei nº 8.666/1993, Lei nº 10.520/2002 e Lei nº12.462/2011 e índices por Ana Luiza Jacoby Fernandes e J. U. Jacoby Fernandes. Belo Horizonte: Fórum, 2021. Art. 36, 1º, I.

[255] Note o teor do art. 37 da nova lei: "[...] § 2º Ressalvados os casos de inexigibilidade de licitação, na licitação para contratação dos serviços técnicos especializados de natureza predominantemente intelectual previstos nas **alíneas "a", "d" e "h"** do inciso XVIII do caput do art. 6º desta Lei cujo valor estimado da contratação seja superior a R$ 300.000,00 (trezentos mil reais), o julgamento será por: I - melhor técnica; ou II - técnica e preço, na proporção de 70% (setenta por cento) de valoração da proposta técnica." Tem-se, assim que, para os serviços de estudos técnicos, planejamentos e projetos, fiscalização, supervisão e gerenciamento de obras e serviços, controles de qualidade, testes e ensaios, caso o valor da contratação supere 300.000,00 reais, a licitação será por melhor técnica ou por técnica e preço, na proporção de 70% de valoração da proposta técnica.

3.7.1.2.3 Subjetividade na caracterização do objeto e do profissional

O terceiro ponto necessário à compreensão é que o elemento subjetivo na contratação sempre esteve presente. Isso decorre, por exemplo, do texto legal que conceitua, há mais de 30 anos, o notório especialista, como aquele cujo "conceito no campo de sua especialidade" [...] "permita inferir que o seu trabalho é essencial e indiscutivelmente o mais adequado à plena satisfação do objeto do contrato".

A preocupação com o termo "inferir" não é de hoje.

Ainda é oportuno trazer uma lição já antiga do preclaro Ministro Carlos Átila Álvares da Silva, entendendo que:

> [...] a questão chave na interpretação deste artigo reside, a meu ver, na definição do sujeito oculto do verbo "inferir". Segundo o Aurélio, "inferir" significa "tirar por conclusão, deduzir por raciocínio". O dispositivo legal reconhece portanto que alguém deve praticar ato de natureza eminentemente subjetiva, qual seja, tirar uma conclusão mediante raciocínio, para atribuir a notória especialização a uma determinada empresa. Trata-se portanto de ação em que se vai formular juízo de valor - que os rudimentos da Filosofia conceituam como a atividade subjetiva por excelência.
>
> O legislador, como disse, se esforçou por fornecer parâmetros minimamente objetivos para disciplinar e conter dentro de limites razoáveis o grau de subjetividade inerente àquela "inferência". Esses parâmetros são encontrados nas informações e dados que se possa coligir sobre o conceito, a experiência, as realizações passadas do profissional ou da empresa cuja notória especialização se investiga. Se esses parâmetros podem ser considerados objetivos, ainda assim reservam grande margem discricionária para a definição da notória especialização, pois, como admite o mesmo dispositivo legal, alguém vai ter de "inferir" - ou seja - "deduzir por raciocínio" - se aqueles dados e informações indicam, naquele caso determinado, que aquela empresa específica é a entidade cujo trabalho "é essencial e indiscutivelmente o mais adequado à plena satisfação do objeto do contrato. [...] após examinar esses ângulos da questão, julgo oportuno reafirmar minha convicção, já antes manifestada por vezes neste Plenário e acima reiterada, sobre a necessidade de respeitar e preservar o campo de ação discricionária que a lei explicitamente outorga ao administrador, sob pena de inviabilizar-se a gestão das entidades públicas"[256].

Em tese, "inferência" é, em princípio, poder discricionário, limitado ao foro íntimo do agente. Contudo, em razão da inversão do princípio da presunção de legitimidade - consagrada expressamente no art. 113 da Lei nº 8.666/1993[257] e reiterada na nova lei -, qualquer cidadão ou órgão de controle tem o direito de ver externado

---

[256] BRASIL. Tribunal de Contas da União. Processo TC nº 010.578/1995-1. Decisão nº 565/95 - Plenário. Relator: Ministro Carlos Átila, Brasília, 18 de novembro de 1995. Disponível em: http://www.tcu.gov.br/Consultas/Juris/Docs/judoc%5CDec%5C19960611%5CGERADO_TC-20127.pdf. Acesso em: 18 maio 2021.
[257] BRASIL. **Lei nº 8.666/93 (Versão Bolso)**. Organização dos textos e índice por J. U. JACOBY FERNANDES. 21. ed. ampl., rev. e atual. Belo Horizonte: Fórum, 2020. Livro digital.

no processo o motivo da escolha. Assim, pode também ser contrastada a motivação. Não vai nisso qualquer diminuição do poder discricionário, mas democratização do poder estatal frente a parâmetros mais modernos, como impessoalidade, por exemplo.

Estudo atento de julgamentos do Poder Judiciário considerou o elemento **confiança**, associado à notória especialização, como justificador da inviabilidade de competição. A diferença entre o comando teórico e a possibilidade prática revela a impossibilidade de tentar tornar objetivo, em alguns casos, o critério de seleção; a impossibilidade de efetivar na máxima potencialidade o princípio da impessoalidade.

Esse elemento, confiança, também foi considerado na jurisprudência do STF[258] como razão de decidir pela regularidade da contratação. É possível extrair esse atributo da literalidade da norma, que, ao conceituar notório especialista, permite ao gestor **inferir** que aquele profissional é essencial e indiscutivelmente o mais adequado à plena satisfação do objeto.

Gianturco, citado por Carlos Maximiliano, ensina: "presume-se que a lei não contenha palavras supérfluas; devem todas ser entendidas como escritas adrede para influir no sentido da frase respectiva". Essa máxima da hermenêutica deve ser completada por outra, atribuída a François Geny pelo mesmo autor pátrio:

> A prescrição obrigatória acha-se contida na fórmula concreta. Se a letra não é contraditada por nenhum elemento exterior, não há motivo para hesitação: deve ser observada. A linguagem tem por objetivo despertar em terceiros, pensamento semelhante ao daquele que fala; presume-se que o legislador se esmerou em escolher expressões claras e precisas, com a preocupação meditada e firme de ser bem compreendido e fielmente obedecido. Por isso, em não havendo elementos de convicção em sentido diverso, atém-se o intérprete à letra do texto.[259]

---

[258] O relator destacou que o procedimento formal teria sido regularmente observado, inclusive com a oitiva do Procurador-Geral do Município, e que teria havido publicação no Diário Oficial com um resumo do ato justificativo de inexigibilidade. Asseverou que as provas dos autos demonstrariam que a notória especialização estaria presente, pois comprovado que o escritório contratado teria atuado em serviços de advocacia afetos a concessão de saneamento básico de diversos municípios e estados-membros. Explicitou que, na situação dos autos, pela primeira vez, em 30 anos, seria feita a retomada de um serviço de saneamento básico que atenderia a quase 300 mil pessoas. Asseverou que essas circunstâncias, aliadas ao fato de haver resistência declarada da concessionária anterior e a magnitude financeira da operação, não indicariam se tratar de matéria trivial que não exigiria algum grau de sofisticação, razão pela qual a hipótese seria de singularidade do objeto. Acrescentou que a contratação de escritório de advocacia envolveria um teor mínimo de confiança tanto na "expertise", como de confiança pessoal no advogado. Por fim, concluiu que o preço cobrado pelo escritório teria sido módico, uma vez que o serviço envolveria a retomada de uma concessão de valor vultoso, para uma ação judicial que, notadamente, se prolongaria por muito tempo. Vencido o Ministro Marco Aurélio, que recebia a denúncia. Aduzia se tratar de grande município que contaria com corpo jurídico estruturado, remunerado pela população e que estaria à altura de conduzir a defesa da entidade federada. Ressaltava que a Procuradoria já teria preparado inicial para a propositura da ação e, mesmo assim, se optara por contratar o escritório de advocacia. Inq 3074/SC, rel. Min. Roberto Barroso, 26.8.2014.
[259] Apud Maximiliano, Carlos. **Hermenêutica e aplicação do Direito**. Rio de Janeiro: Forense, 1988

Em trabalhos anteriormente publicados, quando a lei exigia a singularidade do objeto, sustentamos que "Esse escólio" – confiança, 'resolve, de forma lapidar, a difícil questão prática de ocorrência frequente, em que o objeto é singular, mas existe mais de um notório especialista capaz, em tese, de realizá-lo. Por isso, a opção guarda certa discricionariedade. Note-se, porém, que para ser notório especialista, nos termos da lei, é necessária a satisfação de algum dos elementos do § 1º do art. 25 da Lei nº 8.666/1993[260], fato que limita a discricionariedade'.

Sobre a satisfação desses elementos, em especial, a confiança, o STF, em parte elucidativa de ementa, dispôs:

> III - *Habeas corpus*: crimes previstos nos artigos 89 e 92 da L. 8.666/93: falta de justa causa para a ação penal, dada a inexigibilidade, no caso, de licitação para a contratação de serviços de advocacia.
>
> 1. A presença dos requisitos de notória especialização e **confiança**, ao lado do relevo do trabalho a ser contratado, que encontram respaldo da inequívoca prova documental trazida, permite concluir, no caso, pela inexigibilidade da licitação para a contratação dos serviços de advocacia.
>
> 2. Extrema dificuldade, de outro lado, da licitação de serviços de advocacia, dada a incompatibilidade com as limitações éticas e legais que da profissão (L. 8.906/94, art. 34, IV; e Código de Ética e Disciplina da OAB/1995, art. 7º).[261]

Reforçando esse posicionamento, o STJ ao analisar recurso em *Habeas Corpus* assim decidiu:

> [...] 1. Dois contratos foram celebrados com o compromisso de prestarem os pacientes assessoria técnico-jurídica a empresa pública, dispensando-se a licitação com base no aspecto confiança.
>
> 2. Pouco importa que o escritório tenha sido instalado havia apenas dez dias, pois a lei não estabelece prazo mínimo.
>
> 3. A advocacia, restrita àqueles inscritos na OAB, já por si só, é trabalho que envolve notoriedade, a dispensar licitação.
>
> 4. Fato atípico, ordem concedida.[262]

O TCU, cuja austeridade conceitual procurou conter a proliferação de contratações, com violação ao princípio da impessoalidade, sumulou a matéria usando precisamente o elemento **confiança** como determinante da regularidade, mesmo nos casos em que a singularidade do objeto era um dos requisitos, como se observa:

> **Súmula nº 039**
>
> A inexigibilidade de licitação para a contratação de serviços técnicos com pessoas físicas ou jurídicas de notória especialização somente é

---

[260] BRASIL. **Lei nº 8.666/93 (Versão Bolso)**. Organização dos textos e índice por J. U. JACOBY FERNANDES. 21. ed. ampl., rev. e atual. Belo Horizonte: Fórum, 2020. Livro digital.

[261] BRASIL. STF. **HC nº** 86198. Relator: Min. Sepúlveda Pertence. Disponível em: http://portal.stf.jus.br/processos/detalhe.asp?incidente=2307694. Acesso em: 16 jun. 2021.

[262] BRASIL. STJ. **RHC nº 24862 / MG**. Recurso Ordinário em Habeas Corpus nº 2008/0248293-6. Relator: ministro OG Fernandes. Disponível em: https://scon.stj.jus.br/SCON/jurisprudencia/doc.jsp?id=975643. Acesso em: 16 jun. 2021.

cabível quando se tratar de serviço de natureza singular, capaz de exigir, na seleção do executor de **confiança**, grau de subjetividade insuscetível de ser medido pelos critérios objetivos de qualificação inerentes ao processo de licitação, nos termos do art. 25, inciso II, da Lei nº 8.666/1993.[263]

Portanto, a conclusão a que se chega é que, mesmo não mais sendo a singularidade do objeto requisito essencial da contratação, não foi generalizada a contratação de notórios especialistas. Satisfeitos os demais requisitos exigidos expressamente em lei, a motivação do ato deve evidenciar por que o gestor público considera que uma empresa ou profissional, já notório especialista nos termos da lei, é "essencial e indiscutivelmente o mais adequado à plena satisfação do objeto do contrato"[264].

O ponto determinante, agora, para fins de controle foi o esvaziamento da discussão em torno da singularidade. O critério subjetivo do gestor sempre estará sujeito a ser "discutido", o que implica dizer que a pretensão legislativa de que a contratação de um profissional seja "essencial e indiscutivelmente o mais adequado" é absolutamente impossível. E é impossível não só pela pretensão de o mercado se abrir à competição como pelo "denuncismo" que marca a atualidade.

A exigência da lei ficou agora mais clara e objetiva; sai da discussão de singular, que poderia até ser sinônimo de único no mundo, para uma discussão de **confiar** que uma empresa ou um profissional é o mais adequado para a execução do serviço.

Assim, é razoável, nos termos da lei posta, que a motivação revele a qualidade da decisão: por que foi escolhido aquele determinado profissional; o que levou o gestor a confiar que esse determinado profissional era "o mais adequado à plena satisfação do objeto do contrato", reconhecendo-se uma melhor flexibilização da norma.

3.7.1.2.4 Execução direta do serviço

O quarto e último ponto em relação ao objeto é reiterado na jurisprudência anterior do Poder Judiciário e do TCU, que pretende vedar a terceirização do que pode ou deve ser executado diretamente pela Administração Pública.

Essa compreensão merece certa cautela, porque, embora tenha um núcleo de compreensão correto, passou a ser divulgada dissociada dos fundamentos jurídicos. A ciência perdeu-se na compreensão leiga.

---

[263] BRASIL. Tribunal de Contas da União. **Súmula nº 39**. Disponível em: https://portal.tcu.gov.br/lumis/portal/file/fileDownload.jsp?fileId=8A8182A25753C20F0157679AA5617071&inline=1. Acesso em: 18 maio 2021.
[264] BRASIL. **Lei nº 8.666/93 (Versão Bolso)**. Organização dos textos e índice por J. U. JACOBY FERNANDES. 21. ed. ampl., rev. e atual. Belo Horizonte: Fórum, 2020. Livro digital. Art. 25, §1º.

Em breves linhas, mesmo correndo o risco inerente à síntese, apresenta-se o balizamento do tema. Para melhor compreensão, se necessário, recorra à obra Terceirização[265].

A execução de um serviço pode ser terceirizada ou executada diretamente por motivos técnicos, econômicos ou políticos. Definindo a Administração Pública, a opção deve produzir dois e distintos documentos: Plano de Cargos e Salários - PCS, com variações de terminologia de nome, onde inserem todas as funções necessárias à Administração Pública, agrupadas por nível de equivalência de dificuldade e complexidade, em unidades denominadas cargos públicos; o quantitativo de cargos representa a soma da força de trabalho necessária. As funções que podem ser terceirizadas, sejam transitórias ou não, são definidas em um outro documento, denominado, com variações de terminologia, Plano de terceirização de mão-de-obra, que deve integrar o documento agora instituído pela nova lei, Plano de Contratações Anual.

A definição de estar em um ou outro documento é critério **exclusivo** da própria Administração, e, quando o controle pretender decidir, estará invadindo a competência exclusiva do controlado.

Não é o fato de ser contínuo que obriga a inserção no PCS, pois conservação, limpeza e vigilância são contínuos e são terceirizados há várias décadas. Não é o fato de ser essencial que obriga a inserção no PCS, pois os dirigentes de poder são essenciais e não integram o PCS. O critério para definir pode ser econômico: é mais econômico, comparado o custo da terceirização com a remuneração do cargo, acrescida dos custos indiretos da aposentadoria e pensões a cargo do tesouro? O critério pode ser o fato de a atividade não ser contínua, como a execução de um projeto, não recomendando a contratação em caráter permanente; a terceirização pode ainda ser provisória, como ocorre quando há vagas em aberto e não pode a Administração Pública realizar concurso porque ultrapassou o limite prudencial de despesas de pessoal previsto na LRF.

Por outro lado, o critério político é bem perceptível no caso de serviços jurídicos. Na União e nos estados federados, a advocacia consultiva e contenciosa é da competência da Advocacia Geral da União - AGU e da Procuradoria Geral do Estado, respectivamente. Para os municípios, não há, e aliás nem deveria haver, decisão sobre ser terceirizável ou não. É ilegal e inconstitucional obrigar determinado município a ter serviço jurídico ou contábil próprio sob o argumento de que tal ou qual fiscalizador assim entende necessário. O limite do controle é a legalidade estrita, a insuperável barreira do imperativo categórico que provém de lei, cristalizada na vontade dos legítimos representantes do povo, escolhidos pelo sufrágio universal e integrantes das casas parlamentares. No regime democrático do estado de direito, os órgãos de fiscalização não legislam.

Mesmo para a União e estados federados, que têm por determinação a concentração da execução da atividade consultiva e contenciosa no aparelho estatal,

---

[265] JACOBY FERNANDES, Jorge Ulisses e JACOBY FERNANDES, Murilo (Coord.). **Terceirização:** Legislação, doutrina e jurisprudência. 2. Edição. Belo Horizonte, 2018.

pode haver casos específicos, determinados e até mesmo "singulares" que exijam a presença de um profissional "notório especialista". Na prática, recomenda-se que a motivação desse caso específico seja objeto de motivação validada pelo Advogado Geral da União – AGU ou pelo Procurador-Geral do Estado, respectivamente, na União ou estado federado. Embora essa recomendação não decorra de lei, parece ser conveniente.

3.7.1.2.5 Serviços advocatícios e serviços contábeis

Na moldura normativa, agora delineada, a singularidade não mais é exigida como requisito do objeto e, por isso, abre-se a discussão se deve ser atributo do profissional. Duas leis expressamente declararam que as atividades de Advogado e Contador são singulares. As normas parecem estar em conformidade com o novo cenário, em que o País passará a contratar serviços que têm resultado diferente com disputa diferenciada ou por inviabilidade de competição.

Em relação a serviços jurídicos, para facilitar a compreensão do leitor, transcreve-se o dispositivo pertinente:

> Lei nº 8.906, de 4 de julho de 1994
>
> Dispõe sobre o Estatuto da Advocacia e a Ordem dos Advogados do Brasil (OAB).
>
> [...]
>
> Art. 3º-A. Os serviços profissionais de advogado são, por sua natureza, técnicos e singulares, quando comprovada sua notória especialização, nos termos da lei.
>
> Parágrafo único. Considera-se notória especialização o profissional ou a sociedade de advogados cujo conceito no campo de sua especialidade, decorrente de desempenho anterior, estudos, experiências, publicações, organização, aparelhamento, equipe técnica ou de outros requisitos relacionados com suas atividades, permita inferir que o seu trabalho é essencial e indiscutivelmente o mais adequado à plena satisfação do objeto do contrato. [266]

Em relação a serviços contábeis, para facilitar a compreensão do leitor, transcreve-se o dispositivo pertinente:

> Decreto-lei nº 9.295, de 27 de maio de 1946.
>
> Cria o Conselho Federal de Contabilidade, define as atribuições do Contador e do Guarda-livros, e dá outras providências.
>
> [...]
>
> Art. 25. São considerados trabalhos técnicos de contabilidade:
>
> a) organização e execução de serviços de contabilidade em geral;
>
> b) escrituração dos livros de contabilidade obrigatórios, bem como de todos os necessários no conjunto da organização contábil e levantamento dos respectivos balanços e demonstrações;
>
> c) perícias judiciais ou extra-judiciais, revisão de balanços e de contas em geral, verificação de haveres revisão permanente ou periódica de

---

[266] BRASIL. **Lei nº 8.906, de 4 de julho de 1994.** Dispõe sobre o Estatuto da Advocacia e a Ordem dos Advogados do Brasil (OAB). Art. 3º-A. incluído pela Lei nº 14.039, de 2020.

escritas, regulações judiciais ou extra-judiciais de avarias grossas ou comuns, assistência aos Conselhos Fiscais das sociedades anônimas e quaisquer outras atribuições de natureza técnica conferidas por lei aos profissionais de contabilidade.

§ 1º Os serviços profissionais de contabilidade são, por sua natureza, técnicos e singulares, quando comprovada sua notória especialização, nos termos da lei.

§ 2º Considera-se notória especialização o profissional ou a sociedade de profissionais de contabilidade cujo conceito no campo de sua especialidade, decorrente de desempenho anterior, estudos, experiências, publicações, organização, aparelhamento, equipe técnica ou de outros requisitos relacionados com suas atividades, permita inferir que o seu trabalho é essencial e indiscutivelmente o mais adequado à plena satisfação do objeto do contrato. [267]

Se todos os trabalhos desses profissionais se enquadram como singular, é possível concluir que são insuscetíveis de competição entre si? Que a licitação não se aplica à contratação desses serviços?

A resposta, em coerência com o exposto, exige o atendimento das seguintes condições:

a) se a decisão for pela terceirização;

b) se pela natureza do serviço, a diferença na execução for determinante para o sucesso do serviço pretendido;

c) se no conhecimento dessa diferença houver profissional de notória especialização, ou seja, avaliação da pertinência com os diferenciais que levam a um melhor serviço ou confiança na inferência de melhor resultado.

Preenchida as condições acima, pode ser contratado notório especialista para a execução.

Como esclarecido, a decisão pela terceirização pode ser em caráter permanente ou temporário, seja por critério técnico, político ou econômico, e diz respeito ao mérito do ato administrativo de que assim decide.

A diferença da execução é demonstrada pelo gestor que indica entre os fatos que levaram ao conceito de notório especialista determinado profissional.

Por exemplo, pode haver risco de conquistar o resultado e esse risco ser minimizado em razão da experiência do profissional, que, em razão desse mesmo atributo, já possui conceito de probabilidade de êxito no campo de sua especialidade.

Também, por exemplo, pode o serviço demandar a execução por uma equipe integrada de profissionais, para haver o êxito ou sucesso no objeto. O êxito do objeto ou esse risco pode ser minimizado em razão da equipe técnica profissional e que,

---

[267] BRASIL. **Decreto nº 9.295 de 27 de maio de 1946.** Cria o Conselho Federal de Contabilidade, define as atribuições do Contador e do Guarda-livros, e dá outras providências. Os §§ 1º e 20 foram incluído pela Lei nº 14.039, de 2020. [Sic].

em razão desse mesmo atributo, já possui conceito de probabilidade de êxito no campo de sua especialidade.

Por vezes, pode um objeto com caraterísticas muito comuns adquirir contornos que levem à inviabilidade de competição. Considere, por exemplo, a ação de execução da dívida ativa. Em nosso país, já existem empresas que, utilizando B.I. - *Business Intelligence*, estão conseguindo aumentar a produtividade em ações de caráter repetitivo. Note que o legislador previu que especialista pode ter adquirido o conceito no campo de sua especialidade, como notório especialista, pelo uso "aparelhamento", expressão que pode conter o B.I.

Esse exemplo ilustra que um conjunto de objetos comuns pode, pela junção, se tornar outro objeto, com características distintas, e levar à justificativa da terceirização precisamente por essa caraterística. E pode haver no mercado especialista com essa caraterística que, pelo sucesso da execução, o tenha levado a ter um reconhecimento no campo de sua especialidade.

Outras vezes, haverá uma decisão política de terceirizar. Um exemplo ilustra essa situação: o Poder Executivo Federal, na Exposição de Motivos Interministerial nº 11/1992, tornou obrigatória a contratação, por parte do Banco Central do Brasil e entidades estatais, de empresas prestadoras de serviços técnicos profissionais de natureza jurídica, especializadas na área trabalhista, para a defesa de interesses em juízo, quando reclamadas em ações individuais, plúrimas ou coletivas na Justiça do Trabalho, sempre que houvesse a possibilidade de conflito de interesses da parte dos quadros jurídicos próprios.

3.7.1.2.6 Serviços de publicidade e divulgação

O inciso III do art. 74, expressamente, estabelece que não se admitirá a declaração de inexigibilidade de licitação para serviços de publicidade e divulgação. O tema, quando da promulgação da Lei nº 8.666/1993, ensejou apaixonados debates entre os doutos, firmando-se três correntes de pensamento: a dos que vislumbravam em tais serviços um ato de criação, pessoal e característico, que inviabilizaria a competição; de outro lado, os que sustentavam que, em diversos outros ramos da ciência, até com mais elevado índice de criatividade, se tem admitido a licitação, inexistindo razão para a inviabilidade de competição; numa posição intermediária,[268] alguns que vislumbravam a licitação como regra para tais serviços, mas admitem a inexigibilidade da licitação em caráter excepcional.

O tema passou a ser de regência específica:

> Lei nº 12.232, de 29 de abril de 2010.
> Dispõe sobre as normas gerais para licitação e contratação pela administração pública de serviços de publicidade prestados por intermédio de agências de propaganda e dá outras providências.[269]

---

[268] Nesse sentido, confira Parecer do Professor Carlos Pinto Coelho Motta *in* **Boletim de Licitações e Contratos** - BLC, nº 02/94. São Paulo: Ed. NDJ, p. 55.
[269] BRASIL. **Lei nº 12.232, de 29 de abril de 2010.**

A nova Lei de Licitações dispôs que:

> Art. 186. Aplicam-se as disposições desta Lei **subsidiariamente** à Lei nº 8.987, de 13 de fevereiro de 1995, à Lei nº 11.079, de 30 de dezembro de 2004, e à Lei nº 12.232, de 29 de abril de 2010.[270]

Portanto, ao determinar a aplicação subsidiária, a nova lei pode amparar a pretensão da prática de atos via meios de comunicação à distância e a divulgação por meios eletrônicos, por exemplo.

3.7.1.3 Elenco do inciso III - serviço técnico e serviço técnico profissional especializado

O serviço pretendido deve estar elencado no rol do inciso III do art. 74, que é o seguinte:

> a) estudos técnicos, planejamentos, projetos básicos ou projetos executivos;
> b) pareceres, perícias e avaliações em geral;
> c) assessorias ou consultorias técnicas e auditorias financeiras ou tributárias;
> d) fiscalização, supervisão ou gerenciamento de obras ou serviços;
> e) patrocínio ou defesa de causas judiciais ou administrativas;
> f) treinamento e aperfeiçoamento de pessoal;
> g) restauração de obras de arte e de bens de valor histórico;
> h) controles de qualidade e tecnológico, análises, testes e ensaios de campo e laboratoriais, instrumentação e monitoramento de parâmetros específicos de obras e do meio ambiente e demais serviços de engenharia que se enquadrem no disposto neste inciso;[271]

Sobre o assunto, cabe asserir que o precitado dispositivo repete a relação dos serviços técnicos profissionais especializados, conceituados no art. 6º, inc. XVIII, da mesma lei.

Em distinção conceitual, ainda plenamente válida, o notável jurista Hely Lopes Meirelles, com lapidar clareza, asseriu:

> **Serviços técnicos profissionais** são os que exigem habilitação legal para sua execução. Essa habilitação varia desde o simples registro do profissional ou firma na repartição competente até o diploma de curso superior oficialmente reconhecido. O que caracteriza o **serviço técnico** é a privatividade de sua execução por **profissional habilitado**, seja ele um mero artífice, um técnico de grau médio ou um diplomado em escola superior.[272]

Já os serviços técnicos profissionais especializados:

---

[270] BRASIL. **Lei nº 14.133, de 1º de abril de 2021.** Lei de Licitações e Contratos Administrativos. Organização de textos, remissões da Lei nº 8.666/1993, Lei nº 10.520/2002 e Lei nº12.462/2011 e índices por Ana Luiza Jacoby Fernandes e J. U. Jacoby Fernandes. Belo Horizonte: Fórum, 2021.
[271] BRASIL. **Lei nº 14.133, de 1º de abril de 2021.** Lei de Licitações e Contratos Administrativos. Organização de textos, remissões da Lei nº 8.666/1993, Lei nº 10.520/2002 e Lei nº12.462/2011 e índices por Ana Luiza Jacoby Fernandes e J. U. Jacoby Fernandes. Belo Horizonte: Fórum, 2021.
[272] MEIRELLES, Hely Lopes. **Curso de direito administrativo.** 32. ed. São Paulo: Malheiros, 2006, p. 257.

> [...] são os prestados por quem, além da habilitação técnica e profissional - exigida para os serviços técnicos profissionais em geral - aprofundou-se nos estudos, no exercício da profissão, na pesquisa científica, ou através de cursos de pós-graduação ou de estágios de aperfeiçoamento.[273]

Os demais serviços, em princípio, não apresentam complexidade conceitual suficiente para justificar que sejam comentados.

3.7.1.4 Serviço técnico profissional especializado – rol exaustivo ou exemplificativo?

Outro aspecto relevante constitui-se na seguinte questão: poderá ser objeto da inexigibilidade com fundamento nesse inciso a contratação de serviços técnicos não enumerados nas alíneas?

A resposta é negativa, pois a norma constitui regra que abre exceção ao dever de licitar e, de acordo com os princípios elementares de hermenêutica, esse tipo de norma deve ser interpretado restritivamente.

Apenas a alínea "h" poderia ensejar alguma dúvida quando tem a expressão "demais serviços de engenharia que se enquadrem no disposto neste inciso". Embora refira "demais serviços" numa figura elíptica, faz o intérprete retornar ao próprio elenco do inciso, revelando uma atecnia indesejável.

3.7.1.4.1 Treinamento

É possível promover a contratação direta para treinamento de pessoal por notória especialização.

O texto legal deixou mais evidente a possibilidade de inexigibilidade. Aqui, curiosamente, ao contrário do que ocorre com a contratação de advogados, contadores e projetistas, a jurisprudência tem sido generosa ao admitir a regularidade da contratação.

São poucos os casos em que a singularidade foi questionada e muito menos os casos em que a notória especialização foi arguida. Por esse motivo, com o texto mais claro, a jurisprudência erigida com base na legislação anterior pode ser uma boa balizadora da interpretação.

Cabe destacar os seguintes julgados:

> 3. É notoriamente sabido que na maioria das vezes, no caso concreto, é difícil estabelecer padrões adequados de competição para escolher isentamente entre diferentes professores ou cursos, tornando-se complicado comparar o talento e a capacidade didática dos diversos mestres. [...]
> 9. A aplicação da lei deve ser compatível com a realidade em que está inserida, só assim o direito atinge seus fins de assegurar a justiça e a equidade social. Nesse sentido, defendendo o posicionamento de que a inexigibilidade de licitação, na atual realidade brasileira, esten-

---

[273] MEIRELLES, Hely Lopes. **Curso de Direito Administrativo**. 32. ed. São Paulo: Malheiros, 2006, p. 285.

de-se a todos os cursos de treinamento e aperfeiçoamento de pessoal, fato que pode e deve evoluir no ritmo das mudanças que certamente ocorrerão no mercado, com o aperfeiçoamento das técnicas de elaboração de manuais padronizados de ensino.

10. Destarte, partilho do entendimento esboçado pelo Ministro Carlos Átila no sentido do reconhecimento de que há necessidade de assegurar ao Administrador ampla margem de discricionariedade para escolher e contratar professores ou instrutores. Discricionariedade essa que deve aliar a necessidade administrativa à qualidade perseguida, nunca a simples vontade do administrador. Pois, as contratações devem ser mais do que nunca, bem lastreadas, pois não haverá como imputar à legislação a culpa pelo insucesso das ações de treinamento do órgão sob sua responsabilidade.[274]

Com base nesses fundamentos decidiu:

> 1. considerar que as contratações de professores, conferencistas ou instrutores para ministrar cursos de treinamento ou aperfeiçoamento de pessoal, bem como a inscrição de servidores para participação de cursos abertos a terceiros, enquadram-se na hipótese de inexigibilidade de licitação prevista no inciso II do art. 25, combinado com o inciso VI do art. 13 da Lei nº 8.666/93;[275]

Note, aqui, que a decisão estendeu o conceito de notória especialização a todos os instrutores e professores, tal como Advogados e Contadores há muito tempo pretendiam.

Cabe destacar uma importante sugestão prática que constou da instrução desses autos para aferir qualidade, com o seguinte teor:

> [...]
>
> b) é permitido, com fundamentos no § 2º do art. 34, combinado com o § 2º do art. 36, da Lei 8.666/93, que as unidades e entidades da Administração Pública troquem entre si informações cadastrais relativas ao desempenho de profissionais e empresas contratadas para ministrar cursos de treinamento de servidores.[276]

Apesar da remissão aos dispositivos da Lei nº 8.666/1993, o entendimento é plenamente aplicável na nova LLCA.

3.7.1.4.2 A notória especialização

Exige a lei, ainda, que a especialização seja notória, e, mantendo coerência com o seu propósito de elaborar uma lei didática, o legislador manteve o conceito que já tem mais de 30 anos, agora no § 3º do mesmo art. 74[277].

---

[274] BRASIL. Tribunal de Contas da União. Processo TC nº 000.830/98-4. Decisão nº 439/1998 - Plenário. **Diário Oficial da União**, Brasília, DF, 23 jul. 1998.
[275] *Idem.*
[276] *Idem.*
[277] BRASIL. **Lei nº 14.133, de 1º de abril de 2021.** Lei de Licitações e Contratos Administrativos. Organização de textos, remissões da Lei nº 8.666/1993, Lei nº 10.520/2002 e Lei nº12.462/2011 e índices por Ana Luiza Jacoby Fernandes e J. U. Jacoby Fernandes. Belo Horizonte: Fórum, 2021.

Observe-se que os conceitos vão crescendo até atingir a notória especialização. Primeiro, exige o dispositivo que o serviço esteja arrolado entre os serviços técnicos profissionais especializados, exigindo, portanto, habilitação; depois, exige que o profissional ou empresa seja especialista na realização do objeto pretendido; e, finalmente, que seja notória sua especialização.

A reputação da notoriedade só precisa alcançar os profissionais que se dedicam a uma atividade, sendo absolutamente dispensável ou impertinente a fama comum, que a imprensa não especializada incentiva.

A lei estabelece os parâmetros a serem utilizados para aferição da notoriedade, com o fito de reduzir a margem de discricionariedade e subjetivismo. A lei refere-se ao conceito do profissional ou empresa, para depois estabelecer que aquele deve advir do:

a) desempenho anterior, pouco importando se foi realizado para a Administração pública ou privada; pode inclusive ocorrer de uma empresa recém-criada ter profissionais que de longa data sejam notórios especialistas;[278]

b) estudos, publicados ou não, que tenham chegado ao conhecimento da comunidade da área da atividade;

c) experiências em andamento ou já concluídas com determinado grau de êxito, capazes de constituir uma referência no meio científico;

d) publicações, próprias do autor ou incluídas em outros meios de divulgação técnica, revistas especializadas, internet, periódicos oficiais ou não;

e) organização, termo que se emprega como designativo da forma de constituição da entidade e seu funcionamento, mas que, considerada individualmente, não caracteriza a inviabilidade de competição; somente após o fato de a organização ter conceito destacado com a comunidade dos profissionais do setor;

f) aparelhamento, significando a posse do equipamento e instrumental necessário ao desempenho da função que, pelo tipo, qualidade ou quantidade, coloque o profissional entre os mais destacados do ramo de atividade;

g) equipe técnica, conjunto de profissionais vinculados à empresa que se pretende notória especialista, ou mesmo ao profissional, pessoa física, firma individual. Pode a notoriedade ser aferida pelo nível de conhecimento e reputação dos profissionais ou esse fator constituir um dos elementos da

---

[278] Reforçando esse posicionamento, o STJ ao analisar recurso em Habeas Corpus assim decidiu: [...] 1. Dois contratos foram celebrados com o compromisso de prestarem os pacientes assessoria técnico-jurídica a empresa pública, dispensando-se a licitação com base no aspecto confiança. 2. Pouco importa que o escritório tenha sido instalado havia apenas dez dias, pois a lei não estabelece prazo mínimo. 3. A advocacia, restrita àqueles inscritos na OAB, já por si só, é trabalho que envolve notoriedade, a dispensar licitação. 4. Fato atípico, ordem concedida. BRASIL. Superior Tribunal de Justiça. RHC 24862/MG - 6ª Turma. Relator: Ministro Celso Limongi. **Diário de Justiça Eletrônico**, Brasília, DF, 16 nov. 2009.

aferição de um conjunto de fatores. Em seminário promovido na cidade do Recife, pelo Ministério Público junto ao Tribunal de Contas daquele Estado, foi questionado se uma empresa recém-constituída poderia pretender ser contratada com inexigibilidade de licitação, por possuir em seus quadros um profissional de notória especialização. A resposta é afirmativa, porque nesse caso as qualidades do agente agregam-se à instituição à qual serve, ensejando uma aferição direta do profissional que a empresa oferece. Só há restrição à contratação de profissional por interposta pessoa no inciso III desse mesmo artigo. Deve ser lembrado que o § 4º do art. 74 da Lei de Licitações atual estabeleceu vedação à subcontratação. Desse modo, o gestor do contrato representante da Administração[279] deverá verificar, no caso de inexigibilidade, se os agentes arrolados como integrantes da equipe técnica estão efetivamente ocupando-se da execução do serviço, ou supervisionando diretamente a execução. Caso relevante foi apreciado pelo colendo TCU, que entendeu afastada a notória especialização numa determinada situação, em que houve a contratação direta de advogado de renome, o qual, mais tarde, substabeleceu em favor de seu filho os mandatos outorgados, demonstrando que a licitação era viável;[280]

h) outros requisitos relacionados com suas atividades.

Deixa, aqui, o legislador uma margem à discricionariedade do administrador público para aferir outros elementos não arrolados, mas suficientes para demonstrar a notoriedade do profissional ou empresa. Impende salientar que, no momento de firmar a sua convicção, deve o agente público ter em conta que deverá evidenciar esses meios de aferição para que a sua discricionariedade não seja considerada, mais tarde, arbítrio.

Os outros elementos devem ser pertinentes ao objeto da futura contratação.

3.7.2 Da relatividade à vedação a subcontratação

Infelizmente, o texto da nova LLCA mantém a imprecisão quando da vedação à subcontratação.

A leitura do dispositivo pode dar a entender que a vedação à subcontratação é ampla e irrestrita, o que não corresponde à melhor interpretação.

Obviamente, não se pode permitir a subcontratação das atividades principais, mais relevantes, que justificaram a contratação do notório especialista.

---

[279] Esta matéria é tratada detalhadamente na obra: JACOBY FERNANDES, Jorge Ulisses. **Manual de Gestão de Contratos Administrativos na Justiça Eleitoral.** 2. ed. Belo Horizonte: Fórum. 2006, p. 23.

[280] BRASIL. Tribunal de Contas da União. Processo TC nº 066.425/91-7. Decisão nº 324/1994 - 2ª Câmara. Relator: Ministro Marcos Vinicios Vilaça. **Diário Oficial da União**, Brasília, DF, 12 ago. 1994. Seção 1, p. 12196.

A Lei, contudo, deixou de considerar que mesmos os serviços técnicos especializados de natureza predominantemente intelectual têm atividades acessórias que são, e deveriam ser usualmente subcontratadas.

Trazendo experiência mais próxima a esses autores, no objeto de patrocínio de causas judiciais não se deve permitir a subcontratação na elaboração de estratégias, peças e atos essenciais ao processo. Por outro lado, seria ilógico exigir do notório especialista que tivesse de ir ao fórum obter cópia do processo. Principalmente em causas que tramitam em comarcas diversas, tal exigência oneraria excessivamente o contrato.

Evidente, portanto, que é plausível a subcontratação de despachantes para realização de atividades acessórias, sem que isso afaste a inviabilidade de competição.

Do mesmo modo, outros serviços técnicos especializados de natureza predominantemente intelectual, indicados no inciso III do art. 74, também possuem atividades acessórias que podem, e devem, ser subcontratadas, sem violação do dispositivo legal.

3.8 Art. 74, inc. IV – Contratação direta por credenciamento

> Art. 74. É inexigível a licitação quando for inviável a competição, em especial nos casos de:
> [...]
> IV - objetos que devam ou possam ser contratados por meio de credenciamento;

Dispositivos correspondentes em Lei: não há.

O credenciamento, amplamente utilizado, foi uma construção doutrinária originária do entendimento do professor Carlos Ari Sundfeld[281], numa combinação do art. 114, pré-qualificação, e art. 25, *caput*, da Lei nº 8.666/1993[282].

A nova lei criou dispositivo próprio para tratar do credenciamento. A norma acolhe entendimento construído pela doutrina e validados pela jurisprudência. Agora regulados em lei, passam a dar segurança jurídica aos agentes públicos e aos contratados.

O credenciamento tem conceito definido na própria lei. No art. 6º, inciso XLIII, credenciamento é o:

> [...] processo administrativo de chamamento público em que a Administração Pública convoca interessados em prestar serviços ou fornecer bens para que, preenchidos os requisitos necessários, se credenciem no órgão ou na entidade para executar o objeto quando convocados.[283]

---

[281] SUNDFELD, Carlos Ari. **Licitação e Contrato Administrativo**. São Paulo: Malheiros, 1994, p. 42.
[282] BRASIL. **Lei nº 8.666/93 (Versão Bolso)**. Organização dos textos e índice por J. U. JACOBY FERNANDES. 21. ed. ampl., rev. e atual. Belo Horizonte: Fórum, 2020. Livro digital.
[283] BRASIL. **Lei nº 14.133, de 1º de abril de 2021**. Lei de Licitações e Contratos Administrativos. Organização de textos, remissões da Lei nº 8.666/1993, Lei nº 10.520/2002 e Lei nº12.462/2011 e índices por Ana Luiza Jacoby Fernandes e J. U. Jacoby Fernandes. Belo Horizonte: Fórum, 2021.

O processo de credenciamento está regulado no âmbito do tema contratação direta sem licitação e no âmbito dos procedimentos auxiliares da licitação, que constitui o capítulo X da nova lei. Aqui, uma atecnia: na definição legal, credenciamento é processo; na regulamentação dos arts. 78 e 79, é procedimento.

São serviços ou fornecimentos em que as diferenças pessoais do selecionado têm pouca relevância para o interesse público, dado os níveis técnicos da atividade, já bastante regulamentada ou de fácil verificação.

É necessário, também, que ocorra a fixação dos valores previamente pela Administração, implicando no dever inafastável de comprovar e demonstrar, nos autos, a vantagem ou igualdade dos valores definidos em relação à licitação convencional ou preços de mercado. Essa justificativa será objeto de futuro exame perante as esferas de controle, nos termos da lei.

Para os comentários desta parte, é suficiente informar que as empresas e profissionais credenciados devem ser contratados todos com fundamento na inexigibilidade de licitação. Há inviabilidade de competição quando apenas um preenche os requisitos para ser contratado, ou quando todos são contratados. Credenciamento é o instituto que está no segundo fundamento: todos são contratados.

Recomenda-se a leitura dos seguintes dispositivos da Lei nº 14.133/2021[284]:

    a) sobre o credenciamento de leiloeiro, consulte o art. 31;
    b) sobre o INMETRO e a ABNT credenciarem instituição para auxiliarem na demanda de verificação de qualidade dos produtos e marcas, consulte o art. 42;
    c) sobre contratação paralela e não excludente, consulte o art. 79, inc. I;
    d) sobre a seleção entre credenciados por terceiros, consulte o art. 79, inc. II;
    e) sobre a seleção em mercados fluidos, consulte o art. 79, inc. III;
    f) sobre o dever de divulgar o edital de credenciamento no Portal Nacional de Compras Públicas, consulte o art. 174.

3.9 Art. 74, inc. V – Aquisição ou locação de imóvel

> Art. 74. É inexigível a licitação quando for inviável a competição, em especial nos casos de:
>
> [...]
>
> V - aquisição ou locação de imóvel cujas características de instalações e de localização tornem necessária sua escolha.

---

[284] BRASIL. **Lei nº 14.133, de 1º de abril de 2021**. Lei de Licitações e Contratos Administrativos. Organização de textos, remissões da Lei nº 8.666/1993, Lei nº 10.520/2002 e Lei nº 12.462/2011 e índices por Ana Luiza Jacoby Fernandes e J. U. Jacoby Fernandes. Belo Horizonte: Fórum, 2021.

Dispositivos correspondentes na Lei nº 8.666/1993[285]:
Art. 24. É dispensável a licitação:
[...]
X - para a compra ou locação de imóvel destinado ao atendimento das finalidades precípuas da administração, cujas necessidades de instalação e localização condicionem a sua escolha, desde que o preço seja compatível com o valor de mercado, segundo avaliação prévia;

A compra ou locação de imóvel, no regime jurídico anterior, estava entre as hipóteses de licitação dispensável. Corretamente, conforme doutrina uniforme a respeito, o assunto passou a integrar as hipóteses de inexigibilidade de licitação. Essa transferência do tema também foi protagonizada pelos autores desta obra, na redação do Código de Licitações e Contratos do Estado do Maranhão.

O novo parágrafo 5º, que complementa a compreensão do inc. V, acolhe a melhor jurisprudência sobre o tema e constitui guia seguro para o processo deliberativo do gestor público.

A seguir, os comentários sobre essa hipótese de contratação direta sem licitação.

3.9.1 Licitar ou contratar sem licitação

A nova lei reafirma que a regra é licitar. Note:

> Art. 51. Ressalvado o disposto no inciso V do *caput* do art. 74 desta Lei, a locação de imóveis deverá ser precedida de licitação e avaliação prévia do bem, do seu estado de conservação, dos custos de adaptações e do prazo de amortização dos investimentos necessários.[286]

3.9.2 Comprar ou alugar imóvel

A lei exige que a escolha entre comprar um imóvel ou alugar seja precedida de estudo, o qual integrará a motivação da decisão. Esse estudo pode ser feito na própria instituição ou com o auxílio de órgão externo ou ainda terceirizado.

A regra inovadora consta da própria lei. Note:

> Art. 44. Quando houver a possibilidade de compra ou de locação de bens, o estudo técnico preliminar deverá considerar os custos e os benefícios de cada opção, com indicação da alternativa mais vantajosa.[287]

---

[285] BRASIL. **Lei nº 8.666/93** (Versão Bolso). Organização dos textos e índice por J. U. JACOBY FERNANDES. 21. ed. ampl., rev. e atual. Belo Horizonte: Fórum, 2020. Livro digital. [Redação dada pela Lei nº 8.883, de 1994]

[286] BRASIL. **Lei nº 14.133, de 1º de abril de 2021**. Lei de Licitações e Contratos Administrativos. Organização de textos, remissões da Lei nº 8.666/1993, Lei nº 10.520/2002 e Lei nº12.462/2011 e índices por Ana Luiza Jacoby Fernandes e J. U. Jacoby Fernandes. Belo Horizonte: Fórum, 2021.

[287] BRASIL. **Lei nº 14.133, de 1º de abril de 2021**. Lei de Licitações e Contratos Administrativos. Organização de textos, remissões da Lei nº 8.666/1993, Lei nº 10.520/2002 e Lei nº12.462/2011 e índices por Ana Luiza Jacoby Fernandes e J. U. Jacoby Fernandes. Belo Horizonte: Fórum, 2021.

3.9.3 Necessidade de instalação e localização condicionando a escolha

O principal ponto de reflexão, que merece a maior cautela, é precisamente a definição dos fatores determinantes da identificação do objeto pretendido pela Administração, pois esse dispositivo não está isolado na lei[288], devendo ser harmonizado com o procedimento relativo à instrução do processo, tratado no art. 72.

Poucas vezes vislumbra-se o estabelecimento de características em plena consonância com o interesse público. Exemplo prático poderia ser citado: uma Prefeitura, em convênio com a União, pretende instalar um posto do SINE ou outra entidade própria para o recrutamento de profissionais desempregados. Tendo optado por localizá-lo nas proximidades da rodoviária da cidade, constatou existir apenas um imóvel com o espaço mínimo necessário que atendesse a esse interesse. Sempre, porém, pode-se questionar por que o Poder Público, que pode desapropriar, prefere comprar ou alugar. A resposta é muito mais de fundo ideológico do que jurídico, vez que a desapropriação é reservada para casos extremos, preferindo-se sempre o meio mais democrático e em consonância com os fundamentos da República.

As condições do imóvel devem atender também aos dispositivos que regulam os documentos de formalização da demanda e, conforme o caso, o projeto básico ou executivo. Conforme o caso, porque para a regularidade da contratação é suficiente a formalização da demanda.

Nesse sentido, o TCU, em precedente que ainda pode ser aplicado na interpretação da nova lei, determinou ao TRT/RS a observância, no que concerne à dispensa de licitação para aquisição de imóveis, de que o enquadramento no art. 24, inciso X, da Lei nº 8.666/1993[289] somente é possível quando a localização do imóvel for fator condicionante para a escolha.[290]

3.9.4 Finalidades precípuas da Administração

A Lei nº 8.666/1993 exige[291] que o imóvel se destine a finalidades precípuas da Administração Pública. A nova lei se refere apenas à necessidade da Administração Pública, sem o uso do qualificador atividade precípua. A omissão revela uma evolução. Justifica-se: para as finalidades "precípuas" da Administração era uma expressão equivalente em sinônimo a "principal" ou "essencial".

---

[288] BRASIL. **Lei nº 14.133, de 1º de abril de 2021**. Lei de Licitações e Contratos Administrativos. Organização de textos, remissões da Lei nº 8.666/1993, Lei nº 10.520/2002 e Lei nº 12.462/2011 e índices por Ana Luiza Jacoby Fernandes e J. U. Jacoby Fernandes. Belo Horizonte: Fórum, 2021.

[289] BRASIL. **Lei nº 8.666/93 (Versão Bolso)**. Organização dos textos e índice por J. U. JACOBY FERNANDES. 21. ed. ampl., rev. e atual. Belo Horizonte: Fórum, 2020. Livro digital.

[290] BRASIL. Tribunal de Contas da União. Processo TC nº 625.362/95-0. Decisão nº 337/1998 - 1ª Câmara. Relator: Ministro Carlos Átila Álvares da Silva. **Diário Oficial da União**, Brasília, DF, 19 nov. 1998. Seção 1, p. 78. No mesmo sentido: Processo TC nº 001.026/1998-4. Acórdão nº 320/2002 - 1ª Câmara. Relator: Ministro Iram Saraiva. **Diário Oficial da União**, Brasília, DF, 16 maio 2002. Seção 1.

[291] Exige, pois ainda vigente, pelo menos até 01/04/2023.

Com essa restrição, os imóveis destinados a finalidades não principais deveriam ser licitados. Assim, depósitos, estacionamentos, espaços para refeitório não poderiam ser comprados ou alugados por meio de contratação direta sem licitação.

A propósito, releva observar que, com a edição da Lei nº 8.025, de 28 de maio de 1990[292], regulamentada pelo Decreto nº 99.266, de 28 de maio de 1990, ficou vedada a aquisição, construção ou locação de imóvel residencial no Distrito Federal por órgão da Administração Pública Federal, para ocupação por seus servidores, bem como a renovação dos contratos de locação em vigor.

3.9.5 Chamamento público – boa prática

Alguns órgãos desenvolveram a prática de anunciar na imprensa, oficial ou oficiosa, o interesse de alugar imóvel. Em alguns casos, elaboram um sintético edital com a descrição do imóvel pretendido e, até, definem os limites de área como critérios para aceitação de ofertas.

Trata-se de procedimento não obrigatório por lei, que tem por finalidade, apenas, reforçar a impessoalidade e transparência de gestão.

3.9.6 Built to suit ou locação sob medida

Antes da tomada de decisão, analise a possibilidade de suprir o interesse público em imóveis pelo instituto do *Built to suit* ou locação sob medida.

Built to suit é uma expressão do idioma inglês, cuja tradução literal seria "construído para servir". Foi incorporado na linguagem informal, no ramo imobiliário para identificar contratos de locação, firmados com prazo determinado de longa vigência, em relação a imóveis construídos para atender aos interesses do futuro locatário.

Em alguns casos, a locação para atender o órgão pode ser precedida de *retrofit* que é um verbo do idioma inglês, cuja tradução literal seria "reformar, equipar, modernizar, remodelar, renovar". Foi incorporado na linguagem informal, no ramo de engenharia para designar o processo de modernização de algum equipamento já considerado ultrapassado ou fora de norma, permitindo esse tipo de contrato. Algumas locações, tanto na esfera particular, quanto pública, podem ser antecedidas de *retrofit*. Aqui não há dificuldade, pois, agora, na nova lei, os custos de reforma e adaptação devem integrar prévia avaliação para subsidiar o processo decisório de conveniência e oportunidade.

A propósito da locação sob medida, cabe lembrar que a Lei Federal nº 12.462/2011, que instituiu o Regime Diferenciado de Contratação, teve o art. 47-A introduzido pela Lei Federal nº 13.190/2015, para permitir a hipótese específica de contratação sob demanda *built to suit* para a Administração Pública Federal. Esse

---

[292] BRASIL. **Lei nº 8.025, de 12 de maio de 1990.** Dispõe sobre a alienação de bens imóveis residenciais de propriedade da União, e dos vinculados ou incorporados ao FRHB, situados no Distrito Federal, e dá outras providências.

dispositivo teve os efeitos suspensos, cautelarmente, em face de decisão monocrática do Supremo Tribunal Federal (STF), nos autos do MS n° 33.889 MC/DF.[293]

Mesmo sob o império da Lei n° 8.666/1993 era possível utilizar o instituto da locação sob medida ou *built to suit*, em que o futuro locatário contrata com particular a construção, reforma ou até *retrofit* de um edifício, para atender as funcionalidades que indicar, garantindo um contrato por prazo determinado de longo prazo para suportar as amortizações do investimento e retorno atrativo do capital investido pelo particular.

A jurisprudência, compatível com a nova Lei, admite o uso pela Administração Pública do *built to suit*. Nesse sentido: o Acórdão n° 1.301/2013, do Plenário do Tribunal de Contas da União[294], em sede de consulta. Cabe, a propósito lembrar, que ao responder consulta, a tese passa a ter efeitos vinculante para o Tribunal de Contas que, a partir de então, não pode decidir de modo diferente. Na prática tem força de importante precedente de jurisprudência, embora não vincule o gestor.

É evidente que o valor do aluguel não pode ser compatível com o de mercado, pois deverá remunerar o construtor ou proprietário, pelo custo do investimento realizado. Não pode, no entanto, deixar de ser vantajoso para a Administração. Por isso, na justificativa do preço aceito, deve o ordenador de despesas se preocupar em comparar o preço com imóvel pronto e quanto custaria para adaptar um imóvel pronto. Sugere-se, como boa prática, que sempre que possível contrate um engenheiro-avaliador ou empresa especializada.

Nesse mesmo sentido é a posição do Tribunal de Contas do Mato Grosso e do Tribunal de Contas do Mato Grosso do Sul, assentada nos autos do Processo n° 5.865-3/2016, também respondendo consulta[295].

Interessante destacar entendimento uniforme da jurisprudência no sentido de que se o imóvel for da Administração Pública, o contrato de *built to suit* deve ser licitado, com o particular que construirá sobre a propriedade pública e a quem será concedido o direito de superfície, nos termos dispostos no art. 1.369 do Código Civil[296].

---

[293] BRASIL. STF. **Mandado de Segurança no 33.889 – DF**. Relator: Ministro Luís Roberto Barroso. Em novembro de 2018, em razão da conversão em lei do projeto impugnado, o STF entendeu que não era "viável o prosseguimento da ação mandamental. Eventual questionamento sobre vícios formais do processo legislativo deve ser deduzido em ação direta de inconstitucionalidade". Assim, julgou prejudicado o julgamento do MS.
[294] BRASIL. TCU. Processo n° 046.489/2012. **Acórdão n° 1.301/2013** - Plenário. Relator: Ministro André de Carvalho. Disponível em: https://pesquisa.apps.tcu.gov.br/#/redireciona/acordao-completo/%22ACORDAO-COMPLETO-1264326%22. Acesso em: 18 maio 2021.
[295] MATO GROSSO. Tribunal de Contas. **Processo n° 5.865-3/2016**. Consulta. Interessado: Secretaria de Estado de Fazenda - SEFAZ/MT. Relator: Conselheiro Waldir Júlio Teis. Parecer n° 22/2016. Disponível em: https://www.tce.mt.gov.br/protocolo/documento/num/58653/ano/ 2016/numero_documento/58725/ano_documento/2016/hash/834de30fbfedb27f16eca66557fd 435d. Acesso em: 18 maio 2021.
[296] BRASIL. **Lei n° 10.406, de 10 de janeiro de 2002**. Código Civil.

É também possível à Administração Pública efetuar locação sob medida ou sob demanda, *built to suit*, junto a particulares, mediante contratação direta, a saber, via dispensa de licitação. Nesse sentido, antes da nova lei, a jurisprudência recomendava a fundamentação no art. 24, inc. X, da Lei 8.666/1993. Para tanto, a Administração Pública deverá atender de forma cumulativa os seguintes requisitos, segundo o entendimento firmado pelo TCE/MT na vigência daquela lei:

> [...]
>
> b.1) as necessidades de instalação e de localização devem condicionar a escolha do imóvel para o qual a Administração pretende buscar a locação;
>
> b.2) o preço da locação deve ser compatível com o valor de mercado, segundo avaliação prévia;
>
> b.3) os autos do procedimento de dispensa de licitação fundamentada no art. 24, inc. X, da Lei 8.666/1993, devem estar motivados com as razões de fato e de direito, mediante colação de estudos técnicos, pareceres e documentos comprobatórios, nos termos do art. 64, da Lei estadual 7.692/2002, que regula o processo administrativo no âmbito do Estado de Mato Grosso; e,
>
> b.4) a junção do serviço de locação (parte principal) com o de execução indireta de obra (parte acessória) deve apresentar economia de escala, garantindo, dessarte, que a reportada locação sob encomenda não ofende o princípio do parcelamento do objeto, previsto no art. 23, § 1º, da Lei nº 8.666/1993.
>
> c) é possível à Administração Pública efetuar locação sob demanda (*built to suit*) junto a particulares, ainda que a construção ou reforma ocorram em imóvel ou edificação de propriedade pública; nessa hipótese, é obrigatória a realização de licitação, preferencialmente na modalidade concorrência, devendo-se, antes de se operacionalizar o mencionado contrato (locação sob medida), com o particular construindo sobre a propriedade pública, conceder-lhe o direito de superfície, nos termos dispostos no art. 1.369 do Código Civil; e,
>
> d) não é possível à Administração Pública efetuar locação sob demanda (*built to suit*) junto a particulares, mediante dispensa de licitação fundamentada no art. 24, X, da Lei 8.666/93, quando a construção ou reforma ocorrerem em imóvel ou edificação de propriedade pública.[297]

A transposição da dispensa de licitação para o fundamento da inexigibilidade na nova lei de licitações não altera os fundamentos da recomendação que permanecem hígidos.

---

[297] MATO GROSSO. Tribunal de Contas. **Processo nº 5.865-3/2016**. Consulta. Interessado: Secretaria de Estado de Fazenda - SEFAZ/MT. Relator: Conselheiro Waldir Júlio Teis. Parecer nº 22/2016. Disponível em: https://www.tce.mt.gov.br/protocolo/documento/num/58653/ano/2016/numero_documento/58725/ano_documento/2016/hash/834de30fbfedb27f16eca66557fd435d. Acesso em: 18 maio 2021.

3.9.7 Regularidade com a seguridade social

Em decisão ainda coerente com a nova legislação, decidiu o TCU:

> Em relação aos documentos exigidos para assinatura do contrato de locação, entendeu a Secretaria do Tesouro Nacional que a comprovação de regularidade com a seguridade social somente deve ser exigida de locadores pessoas jurídicas.[298]

A questão é um pouco mais complexa. Como regra, oriunda da Constituição Federal[299], art. 195, § 3º, a regularidade com a seguridade social é requisito para firmar ou manter contrato com a Administração Pública.

Ocorre que a jurisprudência tem admitido manter contrato quando a Administração Pública é tomadora de serviço prestado por apenas uma empresa, no chamado monopólio de fato. A possibilidade tem precedentes uniformes nos tribunais de contas e no Poder Judiciário. Inclusive, na esfera federal, as normas que se preocuparam em orientar, considerando a prática do mercado, admitiram essa possibilidade.

Podem ocorrer duas situações distintas:

a) o proprietário do único imóvel disponível não está em situação regular. Se for o único imóvel que atenda, o contrato deverá ser firmado e comunicado o fato para que os órgãos de arrecadação procedam conforme suas competências. Nesse caso, também informar aos órgãos de arrecadação que há crédito do proprietário disponível para eventual arresto dos órgãos cobradores. A propósito, é importante conhecer o entendimento sobre o tema da cobrança e regularidade com a seguridade social, inserido no livro Terceirização.[300] A Administração Pública deve considerar a possibilidade de uso provisório, enquanto aguarda surgir outro imóvel, ou desenvolver estudos para aplicação da locação sob medida ou *built to suit*. Nesse caso, recomendamos estudar o tema, que pode ser uma solução.

b) O imóvel foi locado ao tempo em que o proprietário estava em situação regular. Sendo provável a regularização, deve a Administração Pública notificar com vistas à regularização e informar aos órgãos de arrecadação que há crédito do proprietário disponível para eventual arresto dos órgãos cobradores.

---

[298] Nesse sentido: Secretaria do Tesouro Nacional. Mensagem PROFS CONED/STN, sem número, de 12 de novembro de 1993, origem DRTN/SE. Disponível em: **www.jacoby.pro.br**.
[299] BRASIL. **Constituição da República Federativa do Brasil**. Organização dos textos e índice por J. U. JACOBY FERNANDES. 3. ed. Atualizada até a EC nº 102/2019. Belo Horizonte: Fórum, 2020.
[300] JACOBY FERNANDES, Jorge Ulisses; JACOBY FERNANDES, Murilo Jacoby (Coord.). **Terceirização**: legislação, doutrina e jurisprudência. 2. ed., rev. e ampl. Belo Horizonte: Fórum, 2018. (Coleção Jacoby de Direito Público; v.15).

3.9.8 Despesas de condomínio

Quando for avaliar o imóvel, deve o gestor considerar as despesas de condomínio, porque integram a despesa.

Na esfera federal, as despesas de condomínio poder ser classificadas como "aplicável", no SIAFI, ou seja, não se aplica a Lei de Licitações e não se aplica a inexigibilidade ou dispensa de licitação. Assim, como a folha de pagamento, trata-se de despesas com destino certo.

3.9.9 Condomínio e facilities

A modernização no setor empresarial levou a um novo produto: integrar empresas e inserir na prestação de serviços do condomínio atividades comuns como reprodução de documentos, entregas e recebimentos, logística, manutenção predial e administração de serviços de secretariado e apoio.

Sobre esse tema, há jurisprudência do TCU que ainda continua válida no novo ordenamento jurídico, pois recomenda cautela do gestor e motivação do ato que decide pela contratação, em estimativa de despesas.

Eis os seguintes excertos das deliberações e manifestações, suficientes à compreensão do balizamento do tema:

a) Oportunidade de melhoria:

> [...] trata-se de auditoria realizada na extinta SPU. Locações de imóveis de terceiros pela Administração Pública federal. Oportunidades de melhoria. Recomendações.[301]

b) Recomendando estudo econômico e inserção no projeto básico da demanda:

> [...] 9.1.2.1 a metodologia para seleção adequada do modelo de locação a ser efetuado, considerando, ao menos, os custos com mudança e a restituição de imóveis, bem assim a demonstração do custo-benefício favorável no tocante à contratação de serviços condo-miniais inclusos nos contratos de locação imobiliária, quando aplicável;[302]

c) Precedente que analisa a modalidade *facilities*:

> [...] pode-se definir o termo *facilities* como a aplicação de um conjunto de mão-de-obra especializada em determinados serviços no âmbito de uma organização. Neste modelo, o locatário aluga não só o espaço físico, como serviços à sua operação, a exemplo de limpeza, administração predial, recepção, vigilância etc.; e

> [...] Segundo aponta a equipe de auditoria, a APF, quando optar por este modelo, deve demonstrar, sob os pontos de vista técnico e econômico, a vantagem da opção. Ainda, deve constar no planejamento da contratação todos os serviços desejados para que estejam refletidos na proposta dos interessados em locar o imóvel.[303]

---

[301] BRASIL. TCU. Processo TC n° 041.024/2018-4. Acórdão n° 1479/2019 – TCU – Plenário
[302] BRASIL. TCU. Processo TC n° 041.024/2018-4. Acórdão n° 1479/2019 – TCU – Plenário.
[303] BRASIL. TCU. Processo TC n° 041.024/2018-4. Acórdão n° 1479/2019 – TCU – Plenário

d) Recomendando a edição de normativo próprio sobre o tema:

> Propostas de encaminhamento [...]
>
> 115. Diante do exposto, propõe-se recomendar, com fulcro no art. 250, III, do RI/TCU, à Secretaria-Executiva do Ministério da Economia que estude, em noventa dias, a possibilidade de elaborar normativo, bem como, se for o caso, documentos auxiliares, acerca dos processos de trabalho de locações de imóveis, disciplinando, entre outros temas, os a seguir arrolados:
>
> a) definição de metodologia para seleção adequada do modelo de locação a ser efetuado, considerando ao menos:
>
> a.1) cálculos dos custos com mudança e restituição de imóveis; e
>
> a.2) demonstração de custo-benefício favorável no tocante à contratação de serviços condominiais inclusos nos contratos de locação imobiliária;[304]

e) Precedentes que apresentaram economicidade

> 126. Há fato comum entre as locações analisadas nos autos que resultaram nos mencionados acórdãos, ambas sob o modelo de condomínio: as duas obtiveram resultados que, de início, reduziram os gastos das locatárias. No caso do Acórdão 203/2019-TCU-Plenário, os números são substanciais: cerca de R$ 15 milhões de economia anual, considerando-se o valor da locação somado aos serviços (parágrafo 19 do voto condutor do Acórdão). Já no âmbito da locação examinada por ocasião do Acórdão 2.872/2017-TCU-Plenário os valores foram de cerca de dois milhões de economia anual.
>
> 127. Uma análise preliminar e apressada poderia levar à conclusão, então, de que o modelo condominial seria mais econômico em relação aos demais modelos. Contudo, não é possível fazer tal afirmativa com razoável segurança por duas razões: i) incipiência da utilização do modelo de condomínio na Administração; e ii) ausência de base de dados que permita comparação efetiva com os demais modelos, conforme discutido no achado III.4 do presente relatório (itens 153 a 173 deste relatório).[305]

f) precedente sobre projeto básico insuficiente:

> Em que pese concordar que esses serviços gerais possam ser prestados pelo condomínio, verifico que o projeto básico é deficiente, impreciso e que não contempla todos os elementos necessários e suficientes para bem caracterizar e orçar os serviços que se deseja sejam prestados.[306]

---

[304] BRASIL. TCU. Processo TC n° 041.024/2018-4. Acórdão n° 1479/2019 – TCU – Plenário
[305] BRASIL. TCU. Processo TC n° 041.024/2018-4. Acórdão n° 1479/2019 – TCU – Plenário.
[306] Acórdão n° 2.020/2017-Plenário. Rel. Min. Weder de Oliveira. Excerto do voto apud BRASIL. TCU. Processo TC n° 041.024/2018-4. Acórdão n° 1479/2019 – TCU – Plenário.

g) outro precedente sobre a economicidade:

> b.5) trecho do voto do ministro Relator:
> 33. No caso do extinto MTPac, concluiu-se que a redução total dos valores alcança cerca de vinte milhões de reais ao longo de 10 anos, considerando-se a locação do imóvel que atenderia ao mesmo tempo três instituições públicas distintas, juntamente com os valores pagos pelos serviços condominiais, tal como evidenciado no voto conducente do Acórdão 2.872/2017-TCU- Plenário, Rel. Min. Bruno Dantas. Ou seja: licitando-se em separado os serviços inclusos na locação, as despesas teriam valores estimados em cerca de R$ 107 milhões de reais, enquanto no modelo de condomínio o contrato foi fechado por cerca de R$ 87 milhões de reais, com os serviços licitados no bojo da locação (conjuntamente).[307]

Com o advento da Lei nº 14.011/2020, esse tema, *facilities*, pode ser tratado pela expressão brasileira "contrato de gestão para ocupação de imóveis públicos", comentado a seguir.

3.9.10 Contrato de gestão para ocupação de imóveis públicos

Este estudo estaria incompleto se não fosse destacada a Lei nº 14.011, de 10 de junho de 2020, que aprimora os procedimentos de gestão e alienação dos imóveis da União.

Cabe destacar os seguintes dispositivos:

> Art. 7º A administração pública **poderá** celebrar contrato de gestão para ocupação de imóveis **públicos**, nos termos da Lei nº 8.666, de 21 de junho de 1993.
> § 1º O contrato de gestão para ocupação de imóveis públicos consiste na prestação, em um único contrato, de serviços de gerenciamento e manutenção de imóvel, incluído o fornecimento dos equipamentos, materiais e outros serviços necessários ao uso do imóvel pela administração pública, por escopo ou continuados.
> § 2º O contrato de gestão para ocupação de imóveis públicos poderá:
> I - incluir a realização de obras para adequação do imóvel, inclusive a elaboração dos projetos básico e executivo; e
> II - ter prazo de duração de até 20 (vinte) anos, quando incluir investimentos iniciais relacionados à realização de obras e o fornecimento de bens.

A propósito, comenta a Professora Cristiana Fortini que:

> Por outro lado, essa leitura restritiva não se coaduna com os potenciais ganhos de eficiência trazidos pelo instituto para a Administração Pública, que por diversas vezes atua se valendo de imóveis privados. Não há razão para vedar a contratação de gestão da ocupação nos termos do § 1º do art. 7º da Lei nº 14.011/20 nas ocasiões em que a Administração Pública funciona em imóvel locado. Os ganhos

---

[307] BRASIL. TCU. Processo TC nº 006.593/2017-8. Ofício nº 1.265/2017 apud BRASIL. TCU. Processo TC nº 041.024/2018-4. Acórdão nº 1479/2019 - TCU - Plenário.

trazidos pelo modelo nesses casos serão os mesmos oferecidos no caso de funcionamento em imóvel público. O que é inaplicável para o caso dos imóveis locados é a hipótese do § 2º do mesmo art. 7º, que admite a inclusão de obras no objeto do contrato. Isso porque, a princípio, seria irrazoável o Poder Público pagar por obras a serem realizadas em imóveis particulares.[308]

Com razão a eminente doutrinadora, como alerta de cunho geral para os ordenadores de despesas. Não faz sentido, por exemplo, realizar benfeitorias permanentes que valorizam o imóvel, favorecendo o particular com a aplicação de recursos públicos.

Note, porém, que se o fundamento da contratação for o art. 74, inc. V, o imóvel está no âmbito da especificidade que inviabiliza a competição. Para esse imóvel, pode a Administração despender recursos, porque é imóvel único em características que se associam a localização, estado de conservação, área e outros atributos específicos.

Também parece possível considerar que as obras possam interessar **apenas** à Administração Pública, como ocorre com a Secretaria de Segurança, quando comtrata imóvel para funcionamento de uma delegacia e transforma um dos cômodos em "cadeia", ou seja prisão. Nessa situação, a obra prejudica o proprietário do imóvel. Assim, deve o gestor público considerar que a obra deverá estar associada a um prazo, que permita justificar o custo de instalação e, até a remoção no final do prazo.

A lição da eminente doutrinadora é válida quando se trata de caráter geral de aplicação da Lei nº 14.011/2020.

3.9.11 Condomínio de órgãos públicos

A propósito, a Secretaria de Gestão do Ministério da Economia estabeleceu os procedimentos para o compartilhamento de áreas e rateio de despesas comuns em imóveis de uso especial utilizados pelos órgãos e entidades da Administração Pública federal direta, autárquica e fundacional.

Para os fins dessa norma, foram conceituadas:

> I - despesas comuns: serviços públicos de água e esgoto, energia elétrica, manutenção predial, inclusive central de ar condicionado e elevadores, locação de imóveis, condomínio ou taxas condominiais, limpeza e conservação, vigilância, brigadista, segurança eletrônica, terceirização de mão de obra para o imóvel e outras despesas ordinárias necessárias para a conservação e a segurança da edificação;
>
> II - despesas exclusivas: aquelas destinadas ao atendimento de necessidades específicas de cada órgão ou a prestação de serviços em que seja possível individualizar o uso, incluindo-se os serviços de correios, de

---

[308] FORTINI, Cristiana. OLIVEIRA, Rafael Sérgio de. Os novos procedimentos de gestão e alienação dos imóveis públicos. **Conjur**, 02 jul. 2020. Disponível em: http://https://www.conjur.com.br/2020-jul-02/interesse-publico-novos-procedimentos-gestao-alienacao-imoveis-publicos. Acesso em: 21 abril. 2021.

telefonia, estagiários, locação de impressoras, manutenção, seguro e combustível dos veículos e terceirizações para atendimento somente da unidade, como vigilância exclusiva.[309]

A norma ainda estabelece que "para o rateio de despesas comuns em imóveis de uso especial utilizados pelos órgãos clientes deverá ser formalizado o Termo de Compartilhamento com o órgão gestor, conforme modelo constante no Anexo I desta Portaria."[310]

3.9.12 Avaliação prévia e compatibilidade de preços

A avaliação deve ser realizada por profissional ou empresa habilitada para esse fim. Nesse diapasão, deve-se fixar como premissa que a competência jurídica de cada agente, pessoa física ou jurídica, provém da lei, sendo importante lembrar antiga parêmia latina, segundo a qual não é competente quem quer, mas apenas quem a lei autoriza.

Prescindindo de conhecimentos especializados das áreas do conhecimento humano, a avaliação, por mais das vezes, integra o elenco de atividades privativas de determinada profissão regulamentada.

Em Brasília, no parecer emitido pelo Ministério Público junto ao Tribunal de Contas do Distrito Federal, Processo nº 5.521/1992, foi firmado entendimento no sentido de que essa regra inserta no CPC, pode e deve ser aplicada no âmbito das avaliações promovidas pela Administração, em face do princípio da legalidade e, também, pelo princípio lógico de que a avaliação é uma atividade de natureza técnica, não podendo ser realizada por qualquer pessoa.[311]

Desse modo, no caso específico de imóveis, a competência é de engenheiro. Embora a Lei do corretor de imóveis[312] não preveja a competência para proceder à avaliação, tem sido comum recorrer ao auxílio também desse profissional. Sem a avaliação prévia, não há como aferir o preço praticado no mercado.[313]

Pode ocorrer, no entanto, de a Administração Pública precisar de imóvel específico, que tenha preço padrão imposto pelo locador. Um interessante caso

---

[309] MINISTÉRIO DA ECONOMIA. Secretaria de Gestão. **Portaria ME nº 1.708/2021.** DOU 17/02/2021. Disponível em: https://www.in.gov.br/en/web/dou/-/portaria-me-n-1.708-de-12-de-fevereiro-de-2021-303739066.
[310] MINISTÉRIO DA ECONOMIA. Secretaria de Gestão. **Portaria ME nº 1.708/2021.** DOU 17/02/2021. Disponível em: https://www.in.gov.br/en/web/dou/-/portaria-me-n-1.708-de-12-de-fevereiro-de-2021-303739066.
[311] Cabe destacar que o art. 4º e seu parágrafo único da Resolução CONFEA nº 345, de 27 de julho de 1990, dispõem: "Art. 4º. Os trabalhos técnicos indicados no artigo anterior, para a sua plena validade, deverão ser objeto de Anotação de Responsabilidade Técnica (ART), exigida pela Lei nº 6.496, de 7 de dezembro de 1977. Parágrafo único. As Anotações de Responsabilidade Técnica dos trabalhos profissionais de que trata a presente Resolução serão efetivadas nos CREAs em cuja jurisdição será efetuado o serviço."
[312] BRASIL. **Lei nº 6.530, de 12 de maio de 1978.** Dá nova regulamentação à profissão de Corretor de Imóveis, disciplina o funcionamento de seus órgãos de fiscalização e dá outras providências.
[313] BORGES, Alice Gonzáles. Critério de Aceitabilidade de Preços nas Licitações. **Boletim de Licitações e Contratos - BLC,** nº 8/94. São Paulo: NDJ, p. 361.

serve de precedente. No processo, no âmbito do TCDF se questionava a irregularidade da falta de avaliação prévia por parte do Banco de Brasília S.A., que locara espaço para instalação de posto em hipermercado de Brasília. O Tribunal julgou regular o procedimento, **em caráter excepcional**, cabendo, aqui, transcrever parte do voto, como forma de ilustração:

> A singularidade da locação em questão é manifesta, o que, de acordo com o que se expôs, contraditoriamente afasta a existência de avaliação prévia e induz à fixação de um preço único que é cobrado de clientes do mesmo ramo de atividade nas demais lojas da locadora. Trata-se, pois, de adesão. Ou se aceitam as regras do locador ou se abre oportunidade para que outros concorrentes, que a elas se submetem, ofereçam os seus serviços com comodidade e eficiência, fator de inegável relevância nas relações entre as instituições bancárias, estatais ou não, e seus correntistas.[314]

Há distinção entre preço de mercado e média dos laudos de avaliação. Um órgão procedeu à compra do imóvel pagando o valor da média dos laudos de avaliação, contrariando a lei que exige a compra pelo preço de mercado. O fato foi denunciado pela imprensa. O TCU analisou e concluiu que, embora feito pela média dos valores, o valor estava compatível com o preço de mercado e mandou arquivar o processo.[315]

3.9.13 Inexistência de imóveis públicos vagos e disponíveis

Cada ente federado possui órgão que administra seus imóveis próprios e esse deve ser consultado. É possível, no entanto, haver colaboração entre esferas distintas da federação e essa cooperação resultar na venda, locação ou permuta de imóvel.

A exigência de consulta a um órgão central que administre imóveis públicos tem sido muitas vezes "mascarada", visando a rejeição dos disponíveis. Isso ocorre porque é habitual que os imóveis disponíveis estejam em más condições, ou sejam necessários elevados custos de adaptação, ou ainda em razão de questões de segurança, como a inexistência de habite-se, falta de escada de incêndio etc. Em tais situações, ao invés de "mascarar" o problema, deve o gestor, ao proceder à consulta, detalhar, com precisão, a demanda. O fato de existir outros imóveis com metragem semelhante, em mau estado de conservação, má localização ou desatendendo à legislação não pode interferir no dever do gestor de buscar a proposta mais vantajosa. Uma boa prática tem sido designar uma comissão de três pessoas para proceder não só à avaliação do metro quadrado, mas do atendimento das condições do imóvel frente às necessidades da Administração Pública. Rejeitar imóvel em más condições é também um dever.

---

[314] DISTRITO FEDERAL. Tribunal de Contas. Processo nº 5.337/1995 (C). Relator: Conselheiro Maurílio Silva. Disponível em: **http://www.tc.df.gov.br**. Acesso em: 14 abr. 2014.
[315] BRASIL. Tribunal de Contas da União. Processo TC nº 014.833/95-6 (apenso TC nº 014.785/95-6). Decisão nº 671/1995 - Plenário. Relator: Ministro Adhemar Paladini Ghisi. **Diário Oficial da União**, Brasília, DF, 12 dez. 1995, p. 22566.

Por oportuno, repetimos aqui lição que temos divulgado: servidores públicos não têm direito a luxo, mas têm direito a conforto mínimo necessário ao desempenho de suas funções; têm direito a ter observadas as normas de ergonomia e funcionalidade, visando preservar a dignidade da função pública.

No Brasil, em várias cidades, encontram-se órgãos instalados em condições impróprias não só de salubridade, como de segurança. Imóveis que não passariam em vistoria de habite-se são utilizados como repartições públicas e até como escolas.

3.9.14 A Administração Pública na condição de inquilino

Um dos princípios fundamentais da república brasileira é o respeito à propriedade privada. Por consequência, quando a Administração Pública ocupa o imóvel de particular em contrato de locação, sujeita-se à regra comum de locação, com as exceções que essa própria norma estabelece.

3.9.14.1 Legislação aplicável

Nessa condição de inquilina, a Administração Pública seguirá a Lei nº 8.245, de 18 de outubro de 1991, que dispõe sobre as locações dos imóveis urbanos.

3.9.14.2 Prazo e prorrogação de prazo da locação

Na condição de inquilina, a Administração Pública segue, inclusive, o prazo da lei de locação, admitindo-se o contrato por prazo indeterminado, previsto nessa legislação, mesmo quando a Lei de Licitações vedava o contrato por prazo indeterminado.

A jurisprudência do TCU, a esse tempo, considerava em parte esse entendimento.

Em precedente ainda útil à compreensão, quando a unidade técnica considerou que o prazo era de apenas cinco anos, o relator divergiu e esclareceu o seguinte:

> Em referência ao fato do contrato de locação da agência do Meridional de Alvorada/RS vir sendo prorrogado desde 1985, esclareço que o art. 24 da Lei nº 8.666/93, no seu inciso X, prevê a dispensa de licitação para compra ou locação de imóvel destinado ao atendimento das finalidades precípuas da Administração, cujas necessidades de instalação e localização condicionem a sua escolha, desde que o preço seja compatível com o valor de mercado, segundo avaliação prévia.
>
> Dessa maneira não me parece que haja nenhum óbice legal às prorrogações sucessivas do referido contrato, uma vez que a lei permite a sua celebração através de dispensa do processo licitatório.[316]

---

[316] BRASIL. Tribunal de Contas da União. Processo TC nº 625.062/1996-5. **Decisão nº 503/1996** - Plenário. Relator: Ministro Humberto Souto. **Diário Oficial da União**, Brasília, DF, 04 set. 1996. Seção 1, p. 17355.

Posteriormente, o Tribunal de Contas da União, respondendo à consulta, decidiu que a prorrogação do prazo por tempo indeterminado não pode ser aplicada.[317]

A decisão ainda pode ser considerada como válida, porque tenta harmonizar a permissão do contrato por prazo indeterminado com a necessidade de assegurar prazos até para que o processo decisório seja reavaliado.

Eis o teor da decisão:

> [...]
>
> 9.1. conhecer da presente consulta, por preencher os requisitos de admissibilidade previstos no art. 1º, inciso XVII, da Lei nº 8.443/92 c/c art. 264, inciso III, do RITCU, para responder ao consulente, relativamente aos contratos de locação de imóveis em que a Administração Pública figura como locatária, que:
>
> 9.1.1 pelo disposto no art. 62, § 3º, inciso I, da Lei nº 8.666/93, não se aplicam as restrições constantes do art. 57 da mesma Lei;
>
> 9.1.2. não se aplica a possibilidade de ajustes verbais e prorrogações automáticas por prazo indeterminado, condição prevista no artigo 47 da Lei nº 8.245/91, tendo em vista que (i) o parágrafo único do art. 60 da Lei nº 8.666/93, aplicado a esses contratos conforme dispõe o § 3º do art. 62 da mesma Lei, considera nulo e de nenhum efeito o contrato verbal com a Administração e (ii) o interesse público, princípio basilar para o desempenho da Administração Pública, que visa atender aos interesses e necessidades da coletividade, impede a prorrogação desses contratos por prazo indeterminado;
>
> 9.1.3. a vigência e prorrogação deve ser analisada caso a caso, sempre de acordo com a legislação que se lhe impõe e conforme os princípios que regem a Administração Pública, em especial quanto à verificação da vantajosidade da proposta em confronto com outras opções, nos termos do art. 3º da Lei nº 8.666/93;[318]

Considerando o teor da lei da locação urbana e a decisão acima, pode-se concluir nos seguintes termos:

a) não se aplicam aos contratos de locação as limitações de prazo em geral, podendo ser estabelecido, desde logo, prazo compatível com a necessidade de amortizar os investimentos feitos. Se os investimentos foram feitos pela Administração Pública, a fixação de prazo adequado atende ao interesse público; se os investimentos foram feitos pelo particular, além da motivação para a realização dos investimentos pelo particular, a garantia do prazo atende também ao interesse público de respeitar o princípio da boa-fé dos contratantes;

---

[317] BRASIL. Tribunal de Contas da União. Processo TC nº 002.210/2009-0. Acórdão nº 1.127/2009 - Plenário. Relator: Ministro Benjamin Zymler. **Diário Oficial da União**, Brasília, DF, 01 jun. 2009. Seção 1. Item 9.1.2.

[318] BRASIL. Tribunal de Contas da União. Processo TC nº 002.210/2009-0. Acórdão nº 1.127/2009 - Plenário. Relator: Ministro Benjamin Zymler. **Diário Oficial da União**, Brasília, DF, 01 jun. 2009. Seção 1.

b) embora a Lei de locação - Lei nº 8.245/1991 -, que é aplicável ao caso, permita a prorrogação por vigência indeterminada, o TCU recomenda que sejam as prorrogações objeto de aditivos contratuais específicos; essa decisão ainda pode ser aproveitada, porque não é contra a lei, mas está coerente com a permissão legal;

c) para cada aditivo deverá ser estabelecido prazo - e o TCU corretamente não fixou qual é esse prazo; não fixou, nem poderia fazê-lo;

d) esse prazo deve assegurar para a Administração a condição mais vantajosa.

Importa ainda observar que muitos investimentos já feitos no imóvel com adaptações podem e devem ser considerados como elemento do processo decisório da renovação. Vetores como legalidade, economicidade e oportunidade de reformas devem atuar de forma conjunta.

Ao ensejo, destaca-se que reiteradamente as leis de diretrizes orçamentárias da União têm vedado a realização de despesas com reformas voluptuárias, ou seja, meramente embelezadoras.[319]

3.9.14.3 Hospitais e escolas

Na lei geral de locação urbana, foi inserido dispositivo que tem passado despercebido, inclusive nas ações judiciais.

Trata-se de regra protetiva do inquilino que exerce função de interesse público, como escolas e hospitais, devendo ser transcritos aqui para facilitar a compreensão.

O primeiro protege o inquilino da rescisão imotivada:

> Art. 53 - Nas locações de imóveis utilizados por hospitais, unidades sanitárias oficiais, asilos, estabelecimentos de saúde e de ensino autorizados e fiscalizados pelo Poder Público, bem como por entidades religiosas devidamente registradas, o contrato somente poderá ser rescindido.
> I - nas hipóteses do art. 9º;
> II - se o proprietário, promissário comprador ou promissário cessionário, em caráter irrevogável e imitido na posse, com título registrado, que haja quitado o preço da promessa ou que, não o tendo feito, seja autorizado pelo proprietário, pedir o imóvel para demolição, edificação, licenciada ou reforma que venha a resultar em aumento mínimo de cinqüenta por cento da área útil.[320]

O segundo dispositivo elastece o prazo de despejo:

---

[319] Nesse sentido: BRASIL. **Lei nº 11.514, de agosto de 2007.** Dispõe sobre as diretrizes para a elaboração e execução da Lei Orçamentária de 2008 e dá outras providências. **Diário Oficial da União**, Brasília, DF, 14 ago. 2007. "Art. 25. Não poderão ser destinados recursos para atender a despesas com: I - início de construção, ampliação, reforma voluptuária, aquisição, novas locações ou arrendamentos de imóveis residenciais. [...]."

[320] BRASIL. **Lei nº 8.245, de 18 de outubro de 1991.** Dispõe sobre as locações dos imóveis urbanos e os procedimentos a elas pertinentes. Dispositivo com redação dada pela Lei nº 9.256/1996.

Art. 63. Julgada procedente a ação de despejo, o juiz determinará a expedição de mandado de despejo, que conterá o prazo de 30 (trinta) dias para a desocupação voluntária, ressalvado o disposto nos parágrafos seguintes.

§ 1º O prazo será de quinze dias se:

a) entre a citação e a sentença de primeira instância houverem decorrido mais de quatro meses; ou

b) o despejo houver sido decretado com fundamento no art. 9º ou no § 2º do art. 46

§ 2° Tratando-se de estabelecimento de ensino autorizado e fiscalizado pelo Poder Público, respeitado o prazo mínimo de seis meses e o máximo de um ano, o juiz disporá de modo que a desocupação coincida com o período de férias escolares.

§ 3º Tratando-se de hospitais, repartições públicas, unidades sanitarias oficiais, asilos, estabelecimentos de saúde e de ensino autorizados e fiscalizados pelo Poder Público, bem como por entidades religiosas devidamente registradas, e o despejo for decretado com fundamento no inciso IV do art. 9º ou no inciso II do art. 53, o prazo será de um ano, exceto no caso em que entre a citação e a sentença de primeira instância houver decorrido mais de um ano, hipótese em que o prazo será de seis meses.[321]

Os que se devotam ao Direito Administrativo não têm motivos para aplaudir normas como essa que, a pretexto de proteger o interesse público, retiram direitos do particular e ofendem os primados verdadeiramente republicanos. Um estado espoliador não merece investimentos privados.

Certamente, se os locadores tivessem ciência do dispositivo, seriam recalcitrantes em aceitar a Administração Pública como inquilina.

3.9.15 Imóveis da Administração Pública alugados a terceiros

A lei geral de locação urbana não se aplica aos imóveis da Administração Pública, por disposição expressa dessa mesma lei:

Art. 1º A locação de imóvel urbano regula - se pelo disposto nesta lei:
Parágrafo único. Continuam regulados pelo Código Civil e pelas leis especiais:
a) as locações:
1. de imóveis de propriedade da União, dos Estados e dos Municípios, de suas autarquias e fundações públicas;[322]

A legislação aplicável ao caso é de competência de cada ente federado.

---

[321] BRASIL. **Lei nº 8.245, de 18 de outubro de 1991.** Dispõe sobre as locações dos imóveis urbanos e os procedimentos a elas pertinentes. Dispositivo com redação dada pelas Leis nº 9.256/1996 e nº 12.112/2009.

[322] BRASIL. **Lei nº 8.245, de 18 de outubro de 1991.** Dispõe sobre as locações dos imóveis urbanos e os procedimentos a elas pertinentes. Dispositivo com redação dada pelas Leis nº 9.256/1996 e nº 12.112/2009.

3.9.15.1 Imóveis da União

O governo federal tem editado normas com aplicação restrita à União, tratando do tema imóveis, as quais valem a pena ser consideradas para os que tratam de questões imobiliárias. Dentre as normas estão:

a) Lei nº 14.011, de 10 de junho de 2020, que **aprimorou os procedimentos de gestão e alienação dos imóveis da União**, alterando várias leis e autorizou o Poder Executivo, por intermédio da Secretaria de Coordenação e Governança do Patrimônio da União da Secretaria Especial de Desestatização, Desinvestimento e Mercados do Ministério da Economia, a executar ações de identificação, de demarcação, de cadastramento, de registro e de fiscalização dos bens imóveis da União e a regularizar as ocupações desses imóveis, inclusive de assentamentos informais de baixa renda[323]. A nova lei admite que o Poder Executivo firme convênios com os Estados, o Distrito Federal e os Municípios em cujos territórios se localizem e, observados os procedimentos licitatórios previstos em lei, celebrem contratos com a iniciativa privada.

b) Instrução Normativa que disciplinou o **instrumento de guarda provisória dos imóveis de propriedade da União**, a ser concedida a órgãos e entidades da Administração Pública, aos Estados, Distrito Federal, Municípios e a entidades sem fins lucrativos das áreas de educação, cultura, assistência social ou saúde, enquadrados no art. 18º, inciso I, da Lei nº 9.636, de 1998, quando houver risco iminente aos imóveis, nos termos do art. 45 da Lei 9.784, de 1999.[324]

c) Instrução Normativa que dispôs sobre os **atos administrativos, fiscalizatórios, e de gestão e contratos**, estabelecendo procedimentos inerentes aos processos de cessões de uso, nos regimes gratuito, oneroso ou em condições especiais de imóveis e áreas de domínio e propriedade da União, dando outras providências.[325] A nova instrução traz *checklist* de cessão de uso e vários modelos de minutas, dentre eles: minutas de aviso e ratificação de dispensa de licitação, minutas de extrato de dispensa e inexigibilidade de licitação.

d) Instrução Normativa que estabelece a competência da Secretaria de Coordenação e Governança do Patrimônio da União – SPU para determinação da posição da Linha Média das Enchentes Ordinárias – LMEO e a declaração da navegabilidade dos cursos d'água de domínio da União quando o objetivo for a **demarcação de terrenos marginais**.[326]

e) Instrução Normativa que estabeleces as **diretrizes e procedimentos das atividades de fiscalização dos imóveis da União**. A Secretaria de

---

[323] BRASIL. **Lei nº 14.011, de 10 de junho de 2020.**
[324] BRASIL. Ministério da Economia. **Instrução Normativa SCGPU/ME nº 26/2021.**
[325] BRASIL. Ministério da Economia. **Instrução Normativa SCGPU/ME nº 87/2020.**
[326] BRASIL. Ministério da Economia. **Instrução Normativa SCGPU/ME nº 67/2020.**

Coordenação e Governança do Patrimônio da União - SPU poderá executar ações de fiscalização, fazendo-o diretamente ou por meio de parcerias, convênios, contratos, termos de cooperação, termos de adesão, acordos ou ajustes.[327]

f) Portaria Conjunta que estabelece os prazos para a **atualização cadastral das informações referentes à ocupação dos imóveis de uso especial** utilizados pela União, pelos órgãos e entidades da Administração Pública federal direta, autárquica e fundacional, próprios ou de terceiros, no Sistema de Gerenciamento do Patrimônio Imobiliário de uso especial da União - SPIUNet.[328]

g) Portaria que aprova a implantação **do Sistema de Concorrência Eletrônica** - SCE com vistas a ampliar a competitividade e simplificar os procedimentos de venda de imóveis da União, por intermédio de recursos de tecnologia da informação.[329]

h) **Manual de Padrão de Ocupação e Dimensionamento de Ambientes em Imóveis Institucionais** da Administração Pública Federal direta, autárquica e fundacional, versão 1.0.[330]

i) Portaria que instituiu o **Programa SPU+**, com o escopo de organizar as ações voltadas para o fortalecimento da gestão e governança do patrimônio imobiliário da União no âmbito da Secretaria de Coordenação e Governança do Patrimônio da União - SPU. O Programa será executado pela SPU - Unidade Central e pelas Superintendências Estaduais.[331]

j) Portaria que instituiu o **Programa Regulariza+** com o objetivo de aumentar a capacidade operacional relacionada aos procedimentos de titulação e regularização fundiária das áreas urbanas e rurais da União sob gestão da Secretaria de Coordenação e Governança do Patrimônio da União - SPU. O Programa será executado diretamente pela SPU e, ainda, mediante celebração de convênios e/ou contratos com os Estados, o Distrito federal, os Municípios e a iniciativa privada.[332]

k) Portaria que estabelece as competências para **gestão e acompanhamento das ações que integram o Programa SPU+**.[333]

---

[327] BRASIL. Ministério da Economia. **Instrução Normativa SCGPU/ME nº 23/2020**.
[328] BRASIL. Ministério da Economia. **Portaria Conjunta SEDGGD/ SCGPU nº 38/2020**.
[329] BRASIL. Ministério da Economia. **Portaria ME nº 17.480/2020**. As concorrências públicas para venda de imóveis da União, de que trata o artigo 24, § 8º, da Lei nº 9.636, de 1998, poderão ser realizados por intermédio do SCE, que compreende todas as fases da concorrência pública, a serem realizadas por intermédio de sistema que promova a comunicação pela Internet, utilizando-se de recursos de criptografia e de autenticação que viabilizem condições adequadas de segurança, desde a publicação do Edital até a finalização da licitação, todas à distância.
[330] BRASIL. Ministério da Economia. **Portaria SCGPU nº 20.549/2020**.
[331] BRASIL. Ministério da Economia. **Portaria. SEDDM/SCGPU/ME nº 2.517/2021**.
[332] BRASIL. Ministério da Economia. **Portaria SEDDM/SPU/ME nº 2.519/2021**.
[333] BRASIL. Ministério da Economia. **Portaria SPU/ME nº 4.320/2021**.

l) Portaria que estabelece **prazos e as condições para o lançamento e cobrança das taxas de ocupação e foros de terrenos da União**, relativo ao ano de 2021.[334]

m) Portaria que estabelece normas para envio da **Declaração sobre Operações Imobiliárias em Terrenos da União (Doitu) pelos cartórios** à Secretaria de Coordenação e Governança do Patrimônio da União, da Secretaria Especial de Desestatização, Desinvestimento e Mercados, do Ministério da Economia. O envio da Declaração é obrigatório para os oficiais de cartórios de notas, de registro de imóveis ou de títulos e documentos que promoverem operações imobiliárias anotadas, averbadas, lavradas, matriculadas ou registradas nos assentos de suas serventias que envolvam terrenos da União.[335]

n) Portaria que regulamenta o recebimento de **proposta de aquisição de imóveis da União** que não estejam inscritos em regime enfitêutico ou em ocupação, apresentada por interessado à Secretaria de Coordenação e Governança do Patrimônio da União.[336]

o) Portaria que define **critérios de habilitação de profissionais avaliadores** para elaboração de laudo de avaliação de imóveis da União e estabelece os limites de reembolso dos custos incorridos pelo proponente pelos serviços de avaliação de imóveis e estabelece os critérios e **procedimentos de homologação dos laudos de avaliação de imóveis da União** ou de seu interesse, quando realizados por terceiros.[337]

p) Portaria que atualiza para R$ 93,38, o valor mensal do metro quadrado da **multa por infração administrativa contra o patrimônio da União**, conforme previsto no § 6º do art. 6º do Decreto-Lei nº 2.398, de 21 de dezembro e 1987.[338]

3.9.15.2 Imóveis da União no exterior

O Ministério das Relações Exteriores chegou a aprovar um Manual de Gestão de Próprios Nacionais no Exterior[339]. A norma, que tem por fundamento o § 1º do art. 32-A, da Lei nº 9.636, de 1998, aplica-se aos imóveis de propriedade do Brasil no exterior. Integra as ações do Plano de Gestão Estratégica e Transformação Institucional (PGT), firmado com o Ministério da Economia em 16 de dezembro de 2019. O art. 32-A foi inserido na Lei nº 9.636/1998 por força da Lei nº 14.011, de 10 de junho de 2020, que nasceu com o objetivo de aprimorar os procedimentos de gestão e alienação dos imóveis da União. Pela sua importância para os órgãos e entidades da Administração pública, transcreve-se:

---

[334] BRASIL. Ministério da Economia. **Portaria SPU ME nº 3852/2021.**
[335] BRASIL. Ministério da Economia. **Portaria SPU/ME nº 24.218/2020.**
[336] BRASIL. Ministério da Economia. **Portaria nº 19.832/2020.**
[337] BRASIL. Ministério da Economia. **Portaria nº 19.835, de 25 de agosto de 2020.**
[338] BRASIL. Ministério da Economia. **Portaria SPU/ME nº 663/2021.**
[339] BRASIL. Ministério das Relações Exteriores. **Portaria nº 343/2021.**

Art. 32-A. A Secretaria de Coordenação e Governança do Patrimônio da União será responsável pelo acompanhamento e monitoramento dos dados patrimoniais recebidos dos órgãos e das entidades da administração pública federal e pelo apoio à realização das operações de alienação de bens imóveis. (Incluído pela Lei 14.011, de 2020)

§ 1º **É obrigação dos órgãos e das entidades da administração pública manter inventário atualizado dos bens imóveis sob sua gestão, públicos ou privados, e disponibilizá-lo à Secretaria de Coordenação e Governança do Patrimônio da União.** (Incluído pela Lei 14.011, de 2020)

§ 2º A Secretaria de Coordenação e Governança do Patrimônio da União será responsável pela compilação dos dados patrimoniais recebidos dos órgãos, das autarquias e das fundações públicas e pelo apoio à realização das operações de alienação de bens regidas por esta Lei. (Incluído pela Lei 14.011, de 2020)

§ 3º As demais condições para a execução das ações previstas neste artigo serão estabelecidas em ato do Secretário de Coordenação e Governança do Patrimônio da União. (Incluído pela Lei 14.011, de 2020)

A nova Portaria do Ministério das Relações Exteriores estabelece os procedimentos para dar cumprimento ao § 1º destacado no dispositivo. Como se vê, outros órgãos e entidades devem fazer o mesmo, regulamentando, internamente, o modo pelo qual as informações dos imóveis serão registradas e repassadas à Secretaria de Coordenação e Governança do Patrimônio da União.

O manual do Ministério das Relações Exteriores vai além do inventário exigido pela Lei nº 9.636/1998. Entre as novas regras de gestão dos imóveis, traz vários procedimentos de vistoria, inventário, registro, manutenção, termos de nomeação de comissões e, até planilha contendo as instalações de segurança do imóvel. Vários pontos, pois, em comum com outros órgãos da Administração direta e indireta. Além de constituir uma boa prática, o manual pode subsidiar aperfeiçoamentos e mudanças no setor de manutenção da sua instituição, para eficientizar a gestão e cumprir com as exigências da Secretaria de Coordenação e Governança do Patrimônio da União.

Capítulo 4

Licitação Dispensada

Este capítulo trata do art. 75 da Lei nº 14.133/2021 que dispõe sobre a espécie dispensa de licitação, que integra o gênero contratação direta sem licitação. Inicia com a hipótese dispensa em razão do valor e comenta cada uma das demais hipóteses de contratação direta, trazendo o dispositivo da nova lei, o artigo correspondente na Lei nº 8.666/1993 e os elementos e requisitos necessários para aplicação do dispositivo com segurança jurídica.

A seção III do capítulo VIII da nova Lei de Licitações e Contratos, que trata da contratação direta, dedica-se à espécie dispensa de licitação, sendo também uma das espécies daquele gênero.

4.1 Art. 75, *caput*, incs. I e II – Dispensa em razão do valor

Art. 75. É dispensável a licitação:

I - para contratação que envolva valores inferiores a R$ 100.000,00 (cem mil reais), no caso de obras e serviços de engenharia ou de serviços de manutenção de veículos automotores;

II - para contratação que envolva valores inferiores a R$ 50.000,00 (cinquenta mil reais), no caso de outros serviços e compras;

Dispositivos complementares aos incisos I e II do art. 75

§ 1º Para fins de aferição dos valores que atendam aos limites referidos nos incisos I e II do *caput* deste artigo, deverão ser observados:

I - o somatório do que for despendido no exercício financeiro pela respectiva unidade gestora;

II - o somatório da despesa realizada com objetos de mesma natureza, entendidos como tais aqueles relativos a contratações no mesmo ramo de atividade.

§ 2º Os valores referidos nos incisos I e II do *caput* deste artigo serão duplicados para compras, obras e serviços contratados por consórcio público ou por autarquia ou fundação qualificadas como agências executivas na forma da lei.

§ 3º As contratações de que tratam os incisos I e II do *caput* deste artigo serão preferencialmente precedidas de divulgação de aviso em sítio eletrônico oficial, pelo prazo mínimo de 3 (três) dias úteis, com a especificação do objeto pretendido e com a manifestação de interesse da Administração em obter propostas adicionais de eventuais interessados, devendo ser selecionada a proposta mais vantajosa.

§ 4º As contratações de que tratam os incisos I e II do *caput* deste artigo serão preferencialmente pagas por meio de cartão de pagamento, cujo extrato deverá ser divulgado e mantido à disposição do público no Portal Nacional de Contratações Públicas (PNCP)

[...]

§ 7º Não se aplica o disposto no § 1º deste artigo às contratações de até R$ 8.000,00 (oito mil reais) de serviços de manutenção de veículos automotores de propriedade do órgão ou entidade contratante, incluído o fornecimento de peças

[...]

Art. 182. O Poder Executivo federal atualizará, a cada dia 1º de janeiro, pelo Índice Nacional de Preços ao Consumidor Amplo Especial (IPCA-E) ou por índice que venha a substituí-lo, os valores fixados por esta Lei, os quais serão divulgados no PNCP.

Dispositivos correspondentes na Lei nº 8.666/1993[340]:
Art. 24. É dispensável a licitação:
I - para obras e serviços de engenharia de valor até 10% (dez por cento) do limite previsto na alínea "a", do inciso I do artigo anterior, desde que não se refiram a parcelas de uma mesma obra ou serviço ou ainda para obras e serviços da mesma natureza e no mesmo local que possam ser realizadas conjunta e concomitantemente;
II - para outros serviços e compras de valor até 10% (dez por cento) do limite previsto na alínea "a", do inciso II do artigo anterior e para alienações, nos casos previstos nesta Lei, desde que não se refiram a parcelas de um mesmo serviço, compra ou alienação de maior vulto que possa ser realizada de uma só vez;
Não há dispositivos correspondentes aos parágrafos, exceto:
§ 1º Os percentuais referidos nos incisos I e II do caput deste artigo serão 20% (vinte por cento) para compras, obras e serviços contratados por consórcios públicos, sociedade de economia mista, empresa pública e por autarquia ou fundação qualificadas, na forma da lei, como Agências Executivas. (Incluído pela Lei nº 12.715, de 2012)
[...]
Art. 120. Os valores fixados por esta Lei poderão ser anualmente revistos pelo Poder Executivo Federal, que os fará publicar no Diário Oficial da União, observando como limite superior a variação geral dos preços do mercado, no período. (Redação dada pela Lei nº 9.648, de 1998)

Nesses dois incisos, a LLCA estabelece ser dispensável a licitação em razão do valor do objeto a ser contratado. Os custos do procedimento para assegurar os valores jurídicos que determinam a licitação devem ser coordenados com os demais princípios do Direito, inclusive o princípio constitucional da economicidade, que deve nortear os atos administrativos.

O reduzido valor do objeto a ser contratado colocaria em conflito o princípio da licitação e o da economicidade, ensejando um gasto superior à vantagem direta aferível pela Administração, decidindo o legislador, à vista do interesse público, pela prevalência do segundo.

A nova lei acolheu a jurisprudência sobre o tema e as propostas dos autores desta obra, que há muito tempo já integravam o Código de Licitações e Contratos do Maranhão, norma que vigorou entre 2012 e 2015.

Entre os avanços decorrentes da nova lei está a desnecessidade de remissão a outros dispositivos, como ocorria na lei anterior.

---

[340] BRASIL. **Lei nº 8.666/93** (Versão Bolso). Organização dos textos e índice por J. U. JACOBY FERNANDES. 21. ed. ampl., rev. e atual. Belo Horizonte: Fórum, 2020.

4.1.1 Art. 75, § 1º - valor do objeto do contrato

Há uma preocupação no sentido de evitar que o gestor público divida o objeto em parcelas, ou fracione o objeto, e use esse inciso para contratar cada parte, de modo a não realizar a licitação. Por isso, o § 1º estabelece regra específica sobre a definição do valor.

Com o advento da Lei de Responsabilidade Fiscal[341], passou a ser necessário estimar e oportunizar os recursos correspondentes.

O § 1º estabelece dois critérios para determinar o valor que será utilizado para definir se a contratação pode ou não ser enquadrada nos incisos I e II da norma e, portanto, ser regular a contratação direta sem licitação. Não satisfeito qualquer deles, o enquadramento nos incisos é irregular.

O primeiro inciso define o tempo da despesa correspondendo ao exercício financeiro. Textualmente: o somatório do que for despendido no exercício financeiro pela respectiva unidade gestora.

Exemplificando: se o gestor vai fazer uma reforma no edifício sede do Tribunal, deve considerar o que vai gastar no exercício, ainda que não contrate tudo de uma só vez. Se for a troca de piso de 15 andares, não poderá consumir o valor limite definido no inciso I e contratar a reforma do piso de 7 andares cujo valor é 100.000 reais e, depois, da conclusão dessa parte, contratar mais 100.000 reais para reforma de outros andares.

O **limite de valor** é definido no inciso, seja inciso I ou II do *caput*, e o **tempo** da despesa é o exercício financeiro.

Com isso, não mais subsiste a interpretação de somar o valor do contrato, ainda que fosse serviço contínuo e ultrapassasse o exercício financeiro. Um outro exemplo: manutenção de elevadores, cujo valor mensal fosse de 5.000 reais, para alguns tribunais não poderia ser enquadrado no inciso I, porque somado todo o valor do contrato, 60 meses, o valor seria superior ao definido no inciso. Agora pode, porque a lei determina que seja considerado só o exercício financeiro.

O outro limitador do uso do inciso também veio a resolver antiga polêmica. Deve ser considerada a soma das despesas de mesma natureza. Aqui o legislador acolheu nossa proposição no sentido de deixar mais clara a compreensão do que é despesa de mesma natureza: é a despendida no mesmo ramo de atividade comercial. Assim, por exemplo, a reforma do edifício referida anteriormente, pode ser contra-

---

[341] BRASIL. **Lei Complementar nº 101, de 04 de maio de 2000**. Estabelece normas de finanças públicas voltadas para a responsabilidade na gestão fiscal e dá outras providências. **Diário Oficial da União**. Brasília, DF, 5 maio. 2000. *In verbis*: "Art. 16. A criação, expansão ou aperfeiçoamento de ação governamental que acarrete aumento da despesa será acompanhada de: I - estimativa do impacto orçamentário-financeiro no exercício em que deva entrar em vigor e nos dois subsequentes; II - declaração do ordenador da despesa de que o aumento tem adequação orçamentária e financeira com a Lei Orçamentária Anual e compatibilidade com o plano plurianual e com a Lei de Diretrizes orçamentárias [...] § 4º. As normas do *caput* constituem condição prévia para: I - empenho e licitação de serviços, fornecimento de bens ou execução de obras; II - desapropriação de imóveis urbanos a que se refere o § 3º do art. 182 da Constituição."

tada até o limite de 100.000 reais e a instalação de piso, por mais 100.000 reais, porque existe no mercado empresa de especialidade diversa do executor da obra anterior. Ainda que os serviços sejam aparentemente integrados, a diferença do ramo de especialidade justifica a contratação separada.

Tal entendimento também incorpora posição jurisprudencial sedimentada, a qual utilizava a expressão: universo de potenciais fornecedores.[342] Expressão que nada mais é que considerar o universo de fornecedores potencialmente aptos a entender determinado objeto, ou seja: atuantes na mesma atividade comercial.

Essa possibilidade, inclusive, teve origem num dispositivo da Lei nº 8.666/1993[343], pouquíssimo referido, porque tinha redação hermética à compreensão[344]: o art. 23, § 5º. A utilização veio, agora, a ser consagrada numa redação mais compreensível.

O § 2º do art. 75 da LLCA manteve regra da Lei nº 8.666/1993, que estabeleceu que os valores dos incisos I e II serão duplicados para compras, obras e serviços contratados por consórcio público ou por autarquia ou fundação qualificadas como agências executivas na forma da lei.

4.1.2 Serviços de engenharia

Por vezes, o órgão busca enquadrar o serviço como de engenharia, porque, em vista do maior limite de valor, terá mais flexibilidade nas contratações.

A Lei nº 5.194, de 24 de dezembro de 1996 é a lei que regula as profissões de engenheiro, arquiteto, bem como, de engenheiro-agrônomo e reserva atividades e atribuições privativas dos referidos profissionais[345].

A definição do que é ou não serviço de engenharia está, agora, na nova Lei de Licitações e Contratos:

---

[342] BRASIL. TCU. Acórdão 281/2012, TC nº 023-702/2011-7. Rel. Min. Weder de Oliveira. No mesmo sentido: Acórdão 2172/2008 - Plenário.
[343] BRASIL. **Lei nº 8.666/93 (Versão Bolso)**. Organização dos textos e índice por J. U. JACOBY FERNANDES. 21. ed. ampl., rev. e atual. Belo Horizonte: Fórum, 2020. Livro digital.
[344] BRASIL. **Lei nº 8.666, de 21 de junho de 1993**. "Art. 23. As modalidades de licitação a que se referem os incisos I a III do artigo anterior serão determinadas em função dos seguintes limites, tendo em vista o valor estimado da contratação: § 5º É vedada a utilização da modalidade "convite" ou "tomada de preços", conforme o caso, para parcelas de uma mesma obra ou serviço, ou ainda para obras e serviços da mesma natureza e no mesmo local que possam ser realizadas conjunta e concomitantemente, sempre que o somatório de seus valores caracterizar o caso de "tomada de preços" ou "concorrência", respectivamente, nos termos deste artigo, exceto para as parcelas de natureza específica que possam ser executadas por pessoas ou empresas de especialidade diversa daquela do executor da obra ou serviço." (Redação dada pela Lei nº 8.883, de 1994)
[345] BRASL. **Lei nº 5.194, de 24 de dezembro de 1966**. Regula o exercício das profissões de Engenheiro, Arquiteto e Engenheiro-Agrônomo, e dá outras providências. Veja, também: BRASIL. **Lei nº 12.378, de 31 de dezembro de 2010**. Regulamenta o exercício da Arquitetura e Urbanismo; cria o Conselho de Arquitetura e Urbanismo do Brasil - CAU/BR e os Conselhos de Arquitetura e Urbanismo dos Estados e do Distrito Federal - CAUs; e dá outras providências.

Art. 6º [...]

XXI - serviço de engenharia: toda atividade ou conjunto de atividades destinadas a obter determinada utilidade, intelectual ou material, de interesse para a Administração e que, não enquadradas no conceito de obra a que se refere o inciso XII do caput deste artigo, **são estabelecidas, por força de lei, como privativas das profissões de arquiteto e engenheiro ou de técnicos especializados**, que compreendem:

a) serviço comum de engenharia: todo serviço de engenharia que tem por objeto ações, objetivamente padronizáveis em termos de dessempenho e qualidade, de manutenção, de adequação e de adaptação de bens móveis e imóveis, com preservação das características originais dos bens;

b) serviço especial de engenharia: aquele que, por sua alta heterogeneidade ou complexidade, não pode se enquadrar na definição constante da alínea "a" deste inciso.[346]

Ficou a cargo do Conselho Federal de Arquitetura e Agronomia, por meio da Resolução nº 218, de 29 de junho de 1973, estabelecer as atividades privativas desses profissionais.[347]

4.1.3 Serviços de manutenção de veículos automotores

A possibilidade de contratar a manutenção de veículos é inovação desta lei. Além de ter assumido a condição de serviço específico, a ponto de merecer menção expressa no dispositivo, ainda foi prevista regra peculiar, com redação confusa, no § 7º, ordenando que o somatório previsto no § 1º não fosse aplicado ao caso.

Textualmente:

Art. 75. [...]
[...]
§ 7º Não se aplica o disposto no § 1º deste artigo às contratações de

---

[346] BRASIL. **Lei nº 14.133, de 1º de abril de 2021**. Lei de Licitações e Contratos Administrativos. Organização de textos, remissões da Lei nº 8.666/1993, Lei nº 10.520/2002 e Lei nº 12.462/2011 e índices por Ana Luiza Jacoby Fernandes e J. U. Jacoby Fernandes. Belo Horizonte: Fórum, 2021.

[347] BRASIL. Conselho Federal de Engenharia e Agronomia. **Resolução nº 218, de 29 de junho de 1973**. Discrimina atividades das diferentes modalidades profissionais da Engenharia, Arquitetura e Agronomia. **Diário Oficial da União**, Brasília, DF, 31 jul. 1973. De forma geral. São atividades privativas de engenheiros e arquitetos, conf. art. 1º: "Atividade 01 - Supervisão, coordenação e orientação técnica; Atividade 02 - Estudo, planejamento, projeto e especificação; Atividade 03 - Estudo de viabilidade técnico-econômica; Atividade 04 - Assistência, assessoria e consultoria; Atividade 05 - Direção de obra e serviço técnico; Atividade 06 - Vistoria, perícia, avaliação, arbitramento, laudo e parecer técnico; Atividade 07 - Desempenho de cargo e função técnica; Atividade 08 - Ensino, pesquisa, análise, experimentação, ensaio e divulgação técnica; extensão; Atividade 09 - Elaboração de orçamento; Atividade 10 - Padronização, mensuração e controle de qualidade; Atividade 11 - Execução de obra e serviço técnico; Atividade 12 - Fiscalização de obra e serviço técnico; Atividade 13 - Produção técnica e especializada; Atividade 14 - Condução de trabalho técnico; Atividade 15 - Condução de equipe de instalação, montagem, operação, reparo ou manutenção; Atividade 16 - Execução de instalação, montagem e reparo; Atividade 17 - Operação e manutenção de equipamento e instalação; Atividade 18 - Execução de desenho técnico."

até R$ 8.000,00 (oito mil reais) de serviços de manutenção de veículos automotores de propriedade do órgão ou entidade contratante, incluído o fornecimento de peças.[348]

São requisitos para aplicação dessa peculiar limitação de valor:

a) que os automóveis sejam de propriedade do órgão ou entidade contratante; a lei não esclarece, mas deve-se entender que sejam de propriedade do órgão contratante e regido por esta lei. Parece lógico, por exemplo, que o dispositivo não se aplica aos veículos das empresas estatais;

b) devem ser somadas, para fins de restrição a aplicação e verificação do limite previsto no § 1º, as despesas superiores a 8.000 reais. Em outras palavras, se a despesa no exercício financeiro corresponde à contratação de 30 serviços inferiores 8.000 reais e 10 serviços de 9.000 reais, para os fins do limite do § 1º do art. 75, as contratações diretas sem licitação estão regulares. Ainda que no exercício financeiro – critério do inc. I, e sejam do mesmo ramo de atividade, critério do inc. II, somem o valor de (30 x 8.000 = 240.000 + 10 x 9.000 = 90.000) somente são somadas as despesas superiores a 8.000 reais. Considerando que essas atingiram valor inferior a 100.000 reais, as contratações atenderam ao limite do inc. I.

4.1.4 Modificações do valor pelo reajuste ou alteração da obra ou serviço

A correção monetária em períodos de regime inflacionário não deve ser computada para a estimativa do valor do contrato, nem a ocorrência de necessidades de alterações posteriores.

No curso de uma obra ou serviço de engenharia, poderá ser necessário promover alterações contratuais para atender a fatos supervenientes ao ajuste, desconhecidos ou imprevistos pela Administração, ao tempo de sua assinatura.

Assim, no exemplo em que é necessária uma alteração em um projeto de reforma, no qual fique acrescido o valor da mesma em 40% (quarenta por cento), não há prejuízo à dispensa realizada, mesmo que esse acréscimo, somado com o valor inicial, resulte em total superior ao limite de valor.

As alterações posteriores ou supervenientes ao ajuste não operam retroativamente para interferir na definição da modalidade ou dispensa determinada pela Administração. É preciso que esses fatores sejam efetivamente supervenientes ao ajuste, isto é, que no momento da assinatura do contrato não pudessem as partes prever a necessidade da alteração do projeto de reforma. Qualquer fator, que boas técnicas – pois é dever do administrador utilizar com o maior zelo os recursos públicos – possam admitir, com razoável probabilidade de ocorrência, faz com que se deva ajustar o contrato e a licitação, considerando o valor total.

---

[348] BRASIL. **Lei nº 14.133, de 1º de abril de 2021**. Lei de Licitações e Contratos Administrativos. Organização de textos, remissões da Lei nº 8.666/1993, Lei nº 10.520/2002 e Lei nº12.462/2011 e índices por Ana Luiza Jacoby Fernandes e J. U. Jacoby Fernandes. Belo Horizonte: Fórum, 2021.

Ressalvada essa hipótese de intenção de burla, a dispensa do art. 75, incisos I e II, não pode implicar impossibilidade de aditamento do contrato, nos limites permitidos em lei.

4.1.5 Valor de mercado

O valor estimado da obra, serviço ou compra deve atender ao disposto no art. 72, inc. II, o qual remete ao art. 23 desta mesma lei.

4.1.6 Compras e serviços tratados no inciso II

Ao contrário do inciso anterior, neste caso, não foram contempladas obras, mas apenas compras e serviços.

Como regra, as compras promovidas pela Administração Pública devem ser precedidas de planejamento, integrar o Plano de Contratações Anual[349] e ocorrer em oportunidades/períodos preestabelecidos. A compra deve ser feita de uma só vez, com a estimativa da totalidade do valor a ser adquirido, mas sempre permitida a cotação por item. A entrega pode ser parcelada ou não.

Novamente, invoca-se aqui a noção de potencialidade da compra ou serviço, da possibilidade de esta ser efetivada de uma só vez. Verificando-se que não existe qualquer óbice à contratação única e tendo havido várias contratações, cujo somatório ultrapasse o limite do valor deste inciso, a contratação direta sem licitação é irregular.

Há, contudo, que se considerar a possibilidade de compra separada, quando se tratar de aquisição de produtos de natureza diferente, como peças para manutenção de bens, telefones celulares, material de papelaria, prensas para gráfica, café em pó, açúcar etc. Nesse caso, é possível promover a compra considerando, como determina, o ramo de atividade, em modalidades diversas. Na dúvida, opte o gestor pela aquisição em uma só compra.[350]

---

[349] BRASIL. **Lei nº 14.133, de 1º de abril de 2021.** Lei de Licitações e Contratos Administrativos. Organização de textos, remissões da Lei nº 8.666/1993, Lei nº 10.520/2002 e Lei nº12.462/2011 e índices por Ana Luiza Jacoby Fernandes e J. U. Jacoby Fernandes. Belo Horizonte: Fórum, 2021: "**Art. 12.** No processo licitatório, observar-se-á o seguinte: [...] VII - a partir de documentos de formalização de demandas, os órgãos responsáveis pelo planejamento de cada ente federativo poderão, na forma de regulamento, elaborar plano de contratações anual, com o objetivo de racionalizar as contratações dos órgãos e entidades sob sua competência, garantir o alinhamento com o seu planejamento estratégico e subsidiar a elaboração das respectivas leis orçamentárias. § 1º O plano de contratações anual de que trata o inciso VII do *caput* deste artigo deverá ser divulgado e mantido à disposição do público em sítio eletrônico oficial e será observado pelo ente federativo na realização de licitações e na execução dos contratos."
[350] É possível reduzir as licitações para compras com a implantação do sistema de registro de preços nos moldes preconizados no livro: JACOBY FERNANDES, Jorge Ulisses. **Sistema de Registro de Preços e Pregão Presencial Eletrônico.** 6. ed. Belo Horizonte: Fórum, 2015.

4.1.7 Treinamento

Questão relevante consiste em saber se a despesa com treinamento pode ser enquadrada nesse inciso, em decorrência de interpretação sobre o "ramo de atividade", referido no inciso II do § 1º do art. 75 da LLCA.

Assim, se forem contratados vários cursos com a mesma entidade, devem ter os valores somados ou não, para fins de enquadramento no limite estabelecido no art. 75, inciso II, da nova Lei de Licitações? Ou o critério deverá ser o conteúdo programático? A resposta é a segunda, ou seja, somam-se as despesas com mesmo conteúdo programático, porque esse determina o ramo de atividade.

A justificativa é a seguinte.

Há precedente do TCU, que ainda pode ser aproveitado, respondendo a consulta, e, portanto, com caráter normativo, o qual definiu que o objeto a ser considerado é "cada conjunto de cursos de uma **mesma** disciplina, dado o **conteúdo** didático de cada uma delas, e tendo em vista as características do mercado de trabalho das áreas em questão".[351] Assim, dez cursos com a FGV só são somados se forem com conteúdo programático similar. Mas, dez cursos de licitação, com o mesmo **conteúdo programático** ministrados pela FGV, INSTITUTO PROTEGE, ELO, TREINER, FÓRUM, NTC, NEGÓCIOS PÚBLICOS são somados.

Sobre treinamento, consulte o livro **Contratação de Treinamento: teoria e prática**[352] e considere o que dispõe os arts.7º, inc. II, e 173 da LLCA.

Ao ensejo, lembra-se da relevância que a lei dispôs em favor das escolas de governo e escolas de tribunais de contas.

4.1.8 Alienações

Na legislação anterior, era prevista a alienação com base no inciso II do art. 24. A nova legislação não mais permite alienação com base no valor, sem licitação.

O tema – alienação – é agora tratado no art. 76 da LLCA[353] e não mais há previsão para a alienação em razão do valor.

O dispositivo tinha utilidade para a alienação de bens inservíveis.

O tema, agora, é regulado na esfera federal, pelo Decreto nº 9.373, de 11 de maio de 2018, que dispõe sobre a alienação, a cessão, a transferência, a destinação

---

[351] BRASIL. Tribunal de Contas da União. Processo TC nº 125.111/96-7. Decisão nº 535/1996 - Plenário. Relator: Ministro Paulo Affonso Martins de Oliveira. **Diário Oficial da União**, Brasília, DF, 09 set. 1996. Seção 1, p. 17826.
[352] JACOBY FERNANDES, Jorge Ulisses; JACOBY FERNANDES, Ana Luiza Queiroz Melo. **Contratação de treinamento: teoria e prática**. 1. ed. Curitiba: Negócios Públicos do Brasil, 2014.
[353] BRASIL. **Lei nº 14.133, de 1º de abril de 2021**. Lei de Licitações e Contratos Administrativos. Organização de textos, remissões da Lei nº 8.666/1993, Lei nº 10.520/2002 e Lei nº12.462/2011 e índices por Ana Luiza Jacoby Fernandes e J. U. Jacoby Fernandes. Belo Horizonte: Fórum, 2021.

e a disposição final ambientalmente adequadas de bens móveis no âmbito da administração pública federal direta, autárquica e fundacional[354].

Recomendamos que essa norma seja parâmetro e balizamento para regulação em cada órgão da Administração Pública.

4.1.9 Art. 75 - § 3º e 4º - publicidade e impessoalidade

Seguindo o ideário da nova lei, os atos de dispensa de licitação devem ser publicados.

No caso da dispensa com fundamento nos incisos I e II, a nova lei obriga a divulgação antes e depois da decisão.

Antes, conforme o § 3º do art. 75, para que a Administração Pública escolha a proposta mais vantajosa; depois, conforme o art. 75, § 4º, para controle social[355].

A publicidade prévia deve ser feita preferencialmente. Juridicamente, esse termo – preferencialmente – deve ter sentido de "sempre que possível". Não é imperativo, mas recomendável.

O gestor, de forma prudente, deve considerar como regra a pretensão de divulgar e, decidindo não dar publicidade prévia, justificar por que não o fez e esclarecer a razão de escolha da proposta mais vantajosa. No novo cenário dessa legislação, as motivações devem merecer crédito, até prova em contrário.

A publicação prévia da pretensão da dispensa, repetindo, que não é obrigatória, serve a dois propósitos. Publicidade e facilitar a escolha da proposta mais vantajosa.

A norma deixa claro que os elementos da publicidade prévia devem ser apenas suficientes para que o interessado apresente sua proposta. Será frequente que a escassez de informações motive a pretensão de obter elementos adicionais pelos interessados.

Aqui, a austeridade das relações que se desenvolvem no processo de licitação é mitigada, podendo prevalecer a informalidade, pois a contratação é direta. Não se obriga a formalidade do envelope; não há impeditivo que se peça ao interessado que complemente as informações que faltam na proposta ou algo equivalente.

Cabe lembrar que as contratações com valores muito inferiores ao limite, 500 ou 1.000 reais, podem ser realizadas por suprimento de fundos e cartão corporativo, como será visto adiante.

---

[354] BRASIL. **Decreto nº 9.373, de 11 de maio de 2018.** Dispõe sobre a alienação, a cessão, a transferência, a destinação e a disposição final ambientalmente adequadas de bens móveis no âmbito da administração pública federal direta, autárquica e fundacional.
[355] BRASIL. **Lei nº 14.133, de 1º de abril de 2021.** Lei de Licitações e Contratos Administrativos. Organização de textos, remissões da Lei nº 8.666/1993, Lei nº 10.520/2002 e Lei nº12.462/2011 e índices por Ana Luiza Jacoby Fernandes e J. U. Jacoby Fernandes. Belo Horizonte: Fórum, 2021.

A publicação posterior deve ser feita no prazo de 10 dias[356], no Portal Nacional de Compras Públicas[357]. Esse Portal, unificado nacionalmente, é regulado pelo art. 174 e seguintes da nova Lei.

Em reforço a essa regra geral, foi repetido nesse artigo esse dever. Note:

> Art. 75. É dispensável a licitação:
>
> [...]
>
> § 4º As contratações de que tratam os incisos I e II do *caput* deste artigo serão preferencialmente pagas por meio de cartão de pagamento, cujo extrato deverá ser divulgado e mantido à disposição do público no Portal Nacional de Contratações Públicas (PNCP).[358]

4.1.10. Escolha da proposta – nepotismo e único fornecedor ou prestador de serviço

Sobre a impessoalidade, não é raro surgirem dúvidas acerca da possibilidade de as dispensas de licitação recaírem sobre pessoas físicas ou jurídicas de parentes de dirigentes do órgão.

No âmbito do Poder Judiciário, o tema passou a ser regulado pela Resolução nº 7, de 18 de outubro de 2005, do Conselho Nacional de Justiça[359].

Como regra, o fato é ofensivo à moralidade e à impessoalidade, exigindo-se que seja coibido. A nova Lei, porém, foi ainda mais longe, trazendo vedação expressa:

> Art. 14. Não poderão disputar licitação ou participar da execução de contrato, direta ou indiretamente:

---

[356] BRASIL. **Lei nº 14.133, de 1º de abril de 2021**. Lei de Licitações e Contratos Administrativos. Organização de textos, remissões da Lei nº 8.666/1993, Lei nº 10.520/2002 e Lei nº12.462/2011 e índices por Ana Luiza Jacoby Fernandes e J. U. Jacoby Fernandes. Belo Horizonte: Fórum, 2021: "**Art. 94.** A divulgação no Portal Nacional de Contratações Públicas (PNCP) é condição indispensável para a eficácia do contrato e de seus aditamentos e deverá ocorrer nos seguintes prazos, contados da data de sua assinatura: I – 20 (vinte) dias úteis, no caso de licitação; II – 10 (dez) dias úteis, no caso de contratação direta. § 1º Os contratos celebrados em caso de urgência terão eficácia a partir de sua assinatura e deverão ser publicados nos prazos previstos nos incisos I e II do *caput* deste artigo, sob pena de nulidade. § 2º A divulgação de que trata o *caput* deste artigo, quando referente à contratação de profissional do setor artístico por inexigibilidade, deverá identificar os custos do cachê do artista, dos músicos ou da banda, quando houver, do transporte, da hospedagem, da infraestrutura, da logística do evento e das demais despesas específicas. § 3º No caso de obras, a Administração divulgará em sítio eletrônico oficial, em até 25 (vinte e cinco) dias úteis após a assinatura do contrato, os quantitativos e os preços unitários e totais que contratar e, em até 45 (quarenta e cinco) dias úteis após a conclusão do contrato, os quantitativos executados e os preços praticados. § 4º (VETADO). § 5º (VETADO)."

[357] A propósito do PNCP consulte entendimento da AGU no item 1.4.2 e 1.4.3.

[358] BRASIL. **Lei nº 14.133, de 1º de abril de 2021**. Lei de Licitações e Contratos Administrativos. Organização de textos, remissões da Lei nº 8.666/1993, Lei nº 10.520/2002 e Lei nº12.462/2011 e índices por Ana Luiza Jacoby Fernandes e J. U. Jacoby Fernandes. Belo Horizonte: Fórum, 2021.

[359] BRSIL. CNJ. **Resolução nº 7, de 19 de outubro de 2005**. Disciplina o exercício de cargos, empregos e funções por parentes, cônjuges e companheiros de magistrados e de servidores investidos em cargos de direção e assessoramento, no âmbito dos órgãos do Poder Judiciário e dá outras providências. Ver, também ADC nº 12, no STF.

[...]
IV - aquele que mantenha vínculo de natureza técnica, comercial, econômica, financeira, trabalhista ou civil com dirigente do órgão ou entidade contratante ou com agente público que desempenhe função na licitação ou atue na fiscalização ou na gestão do contrato, ou que **deles seja cônjuge, companheiro ou parente em linha reta, colateral ou por afinidade, até o terceiro grau, devendo essa proibição constar expressamente do edital de licitação;**[360]

Situações há, contudo, notadamente em pequenos municípios, que a **proposta mais vantajosa e, às vezes, a única** é originária de parente do próprio prefeito ou servidor parente.

Nesse cenário, a realidade se sobrepõe, conforme já decidiu o Tribunal de Contas de Minas Gerais, precedente que pode ainda ser acolhido, em resposta a consulta nos seguintes termos:

- Poderia o Município adquirir mercadorias, por meio de licitação, de parentes de servidores ou dirigentes, até mesmo em primeiro grau, resguardando-se, é claro, a isonomia entre os participantes?
- E as pequenas compras/aquisições/contratações ou mesmo pequenas obras, que estão relacionadas no art. 24, incisos I e II, na Lei 8.666/1993, poderiam ser efetuadas de parentes de servidores ou dirigentes? [...]

Por força no art. 29, inciso IX, c/c com o art. 54, incisos I e II, da Constituição Federal, e art. 57, inciso II, da Constituição Estadual, também é vedada a participação em licitação e a consequente realização de obra ou fornecimento de bens e serviços - decorrente de contrato firmado com pessoa jurídica de direito público do Município - de pessoa física do Vereador ou de empresa da qual seja proprietário, diretor ou que nela exerça função remunerada.

Estas vedações consagram o princípio da moralidade, impessoalidade e da isonomia. Entretanto, não existe na lei qualquer dispositivo que impeça de participar de contratação com a Administração parentes de servidores ou de dirigentes de órgãos, desde que o contrato obedeça às cláusulas uniformes e seja precedido do procedimento licitatório nos termos regidos pela Lei nº 8.666/1993.

Com relação à contratação de parentes de servidores e dirigentes com dispensa da licitação, especificamente para obras e serviços de engenharia de valor até 5% do limite previsto na alínea "a" do inciso I do art. 23 da Lei 8.666/1993, e para outros serviços e compras de valor até 5% do limite previsto no inciso II, alínea "a", do mesmo art. 23, entendo que, se existirem outras empresas que podem atender a Administração, é prudente que se estabeleça a licitação, para se evitar risco à isonomia que venha comprometer a lisura da contratação e, principalmente, ferir os princípios da moralidade e impossibilidade, consagrados pela Constituição Federal em seu art. 37.[361]

---

[360] BRASIL. **Lei nº 14.133, de 1º de abril de 2021.** Lei de Licitações e Contratos Administrativos. Organização de textos, remissões da Lei nº 8.666/1993, Lei nº 10.520/2002 e Lei 12.462/2011 e índices por Ana Luiza Jacoby Fernandes e J. U. Jacoby Fernandes. Belo Horizonte: 2021.
[361] MINAS GERAIS. Tribunal de Contas. **Consulta nº 646.988.** Sessão de 05 de dezembro de 2001.

4.1.11. Forma de pagamento

Para saber mais sobre o tema, consulte a obra Manual do Ordenador de Despesas[362].

A nova lei também dispôs sobre o meio de pagamento:

> Art. 75. [...]
>
> § 4º As contratações de que tratam os incisos I e II do *caput* deste artigo **serão preferencialmente pagas por meio de cartão de pagamento**, cujo extrato deverá ser divulgado e mantido à disposição do público no Portal Nacional de Contratações Públicas (PNCP). [363]

No âmbito da Lei nº 8.666/1993, o uso do cartão corporativo na esfera federal é regulado pelo Decreto nº 5.355 de 25 de janeiro de 2005.

Sobre a divulgação referida, trata-se de mero reforço à regra geral de divulgação que ocorre por imposição do art. 94 e deve ser feita em 10 dias.[364]

4.2 Art. 75, inc. III, a, b – Licitação deserta ou fracassada

> Art. 75. É dispensável a licitação:
>
> [...]
>
> III - para contratação que mantenha todas as condições definidas em edital de licitação realizada há menos de 1 (um) ano, quando se verificar que naquela licitação:
>
> a) não surgiram licitantes interessados ou não foram apresentadas propostas válidas;
>
> b) as propostas apresentadas consignaram preços manifestamente superiores aos praticados no mercado ou incompatíveis com os fixados pelos órgãos oficiais competentes;

Dispositivos correspondentes na Lei nº 8.666/1993[365]:
Art. 24. É dispensável a licitação:
[...]
V - quando não acudirem interessados à licitação anterior e esta, justificadamente, não puder ser repetida sem prejuízo para a Administração, mantidas,, neste caso, todas as condições preestabelecidas;
[...]

---

[362] Jacoby Fernandes, Jorge Ulisses. **Manual do ordenador de despesas:** à luz do novo regime fiscal. Belo Horizonte: Fórum, 2019.
[363] BRASIL. **Lei nº 14.133, de 1º de abril de 2021.** Lei de Licitações e Contratos Administrativos. Organização de textos, remissões da Lei nº 8.666/1993, Lei nº 10.520/2002 e Lei 12.462/2011 e índices por Ana Luiza Jacoby Fernandes e J. U. Jacoby Fernandes. Belo Horizonte: 2021.
[364] Idem: "**Art. 96.** A divulgação no Portal Nacional de Contratações Públicas (PNCP) é condição indispensável para a eficácia do contrato e de seus aditamentos e deverá ocorrer nos seguintes prazos, contados da data de sua assinatura: [...] II – 10 (dez) dias úteis, no caso de contratação direta."
[365] BRASIL. **Lei nº 8.666/93 (Versão Bolso).** Organização dos textos e índice por J. U. JACOBY FERNANDES. 21. ed. ampl., rev. e atual. Belo Horizonte: Fórum, 2020.

VII - quando as propostas apresentadas consignarem preços manifestamente superiores aos praticados no mercado nacional, ou forem incompatíveis com os fixados pelos órgãos oficiais competentes, casos em que, observado o parágrafo único do art. 48 desta Lei e, persistindo a situação, será admitida a adjudicação direta dos bens ou serviços, por valor não superior ao constante do registro de preços, ou dos serviços;

A pretensão da reunião dos antigos incisos V e VII do art. 24 da Lei n° 8.666/1993 decorreu do fato de que em ambos houve, licitação anterior. Desse modo, ao sugerirmos a unificação, o gestor público e os empresários teriam em conta o fato de que a licitação deveria ensejar uma contratação, seja no âmbito do processo de licitação, seja por meio de contratação direta sem licitação.

A obrigação de licitar, como condição prévia à contratação, se exaure com a própria licitação. Não obtendo proposta, a Administração Pública cumpriu o rito legal, mas não conseguiu suprir as necessidades do órgão requisitante. É consequência lógica que, após cumprir o dever de oferecer de forma isonômica ao mercado a possibilidade de contratar com a Administração Pública, o gestor que tem o compromisso em contratar o objeto da área demandante possa abrir mão do procedimento licitatório e efetuar a contratação direta sem licitação.

Para melhor compreensão, foram mantidos os comentários em separado, conforme as alíneas. Importante lembrar que o futuro contratado, por dispensa com base nesse inciso III, deve apresentar todos os documentos exigidos no edital de licitação. É da essência dessa dispensa de licitação que o atendimento de todos os requisitos da competição seja comprovado, para demonstrar que a Administração Pública cumpriu com seu dever de licitar e havia, no mercado, fornecedor ou prestador de serviço apto a atender às regras da competição, à qual decidiu não comparecer, por motivo que se insere na órbita de sua privacidade, mas aceitou a contratação direta. Pode, inclusive, essa recusa à competição decorrer da própria cartelização do setor. Evidenciado esse cartel, pode o fato ensejar representação ao Ministério Público ou ao Conselho Administrativo de Defesa Econômica – CADE, mas nunca obstar a contratação.

Como boa prática, há muito tempo recomendamos o prévio aviso a ser inserido em cláusula da convocação que se faz no edital: "não havendo interessados ou não havendo licitante habilitado ou que oferte proposta válida, a Administração Pública terá o direito de proceder a contratação direta sem licitação, nos termos da legislação vigente. Esclarece, ainda, que, havendo apenas um licitante que ofereça proposta válida, com preços compatíveis com o mercado, a licitação será adjudicada."

Esse "aviso ao mercado" não tem conotação apenas figurativa, mas revela o firme propósito de conquistar a proposta mais vantajosa e prosseguir no processo.

Hoje, vamos além: sugerimos que na cotação de preços, caso seja feita junto a fornecedores, se inclua o aviso acima, já questionando os consultados sobre o interesse e preenchimento dos requisitos legais para eventual dispensa com base nesse dispositivo, nos valores que indicar nas respectivas propostas para a estimativa de preços.

A medida acima agiliza os atos procedimentais, caso ocorra eventual dispensa, mas também estimula os fornecedores a cotarem preços mais próximos aos que de fato praticam. Isso porque, caso os preços mantenham-se acima do estimado na licitação, aquele que ofertou o menor preço durante a cotação de preços tende a ser o escolhido para celebração do contrato na forma deste dispositivo.

4.2.1 Repetição da licitação

É preciso compreender, definitivamente, que as pretensões de repetir licitação, seja porque não comparece licitante, seja porque comparece somente um, seja porque todas as propostas estão acima da estimativa, seja porque nenhum licitante consegue habilitar-se, não pode ser a regra. Há um interesse público a ser atendido pela licitação, que não pode ficar sendo adiado por correntes doutrinárias construídas sem amparo legal, em gabinetes distantes da realidade nacional e distantes do sofrimento dos que aguardam o atendimento de serviços públicos pela Administração Pública. A **licitação não é um serviço que a Administração Pública presta aos fornecedores e prestadores de serviço**, mas um processo que se executa em favor da sociedade e da própria Administração Pública.

Por esse motivo, em boa hora, foi excluída a necessidade de repetir o certame, em qualquer uma das hipóteses acima, exigência que existia na Lei nº 8.666/1993.

Indo além, estudos recentes,[366] inclusive da própria CGU,[367] comprovam que a realização de licitação é um processo oneroso. Repeti-lo sem necessidade pode ensejar responsabilização do agente que ordenou a repetição do certame pelos prejuízos causados, mormente quando não havia indícios de que repetir o processo licitatório traria resultado diferente.

4.2.2 Um só licitante

Entre as construções interpretativas mais estapafúrdias está a de considerar nula uma licitação, pela violação ao princípio da competitividade, quando somente um interessado participa. A tese, desenvolvida por alguns controladores e doutrinadores, despreza o esforço da Administração em licitar, despreza o esforço de um licitante que acudiu o interesse público, oferecendo proposta de preço compatível com a estimativa, e despreza o interesse público decorrente da necessidade do objeto. De quebra, incentiva o cartel de licitantes, pois se unirão para ver a licitação seguir em frente. Na realidade brasileira, nos deparamos com um caso em que, aberta a sessão, tendo diante de si apenas um licitante, a comissão suspendeu o certame e "orientou" o licitante a "encontrar" mais dois licitantes. Essa comissão havia sido obrigada a repetir, em anos anteriores, uma licitação que teve apenas um interessado.

---

[366] Você sabe quanto custa uma licitação? Siconv. 2018. Disponível em: https://siconv.com.br/voce-sabe-quanto-custa-uma-licitacao/. Acesso em: 20 maio 2021.
[367] BRASIL. CGPLAG/DG/SFC. Nota Técnica nº 1.081/2017.PDF. Disponível em: https://www.gov.br/cgu/pt-br/assuntos/noticias/2017/07/cgu-divulga-estudo-sobre-eficiencia-dos-pregoes-realizados-pelo-governo-federal/nota-tecnica-no-1-081-2017-cgplag-dg-sfc.pdf/view. Acesso em: 20 maio 2021.

Os devotados à função de operador do Direito devem ter sempre presente o caráter imperativo que decorre da lei, num país que formalmente adota o regime democrático de Direito. Cumprir a lei, fazer cumprir a lei, e mesmo tendo o poder de abusar do Direito subjugar-se ao império da lei, é contribuir para a democracia. Também é lei que a interpretação deve considerar os arts. 20 e 21 do Decreto-lei nº 4.657, de 4 de setembro de 1942, incluídos pela Lei nº 13.655/2018[368]. No caso supracitado, a imagem da Administração Pública e todos os valores republicanos foram maculados. Que imagem levou o licitante dos servidores que na prática propuseram-lhe o conluio com o mercado?

4.2.3 Art. 75, inc. III - licitação anterior

Para a regularidade na aplicação dessa dispensa de licitação, deve ter ocorrido prévio procedimento licitatório no qual não chegou a ocorrer a adjudicação, em razão de desinteresse dos licitantes.[369]

Portanto, é questão bastante diversa daquela em que há adjudicação, mas o contrato não vem a aperfeiçoar-se em razão do desinteresse posterior, como estabelece o art. 90, § 2º, da nova lei. No caso desse dispositivo, não chega a ocorrer adjudicação.

Também deve ser observado que a licitação anterior deve ter preenchido todos os requisitos de validade, inclusive com a permissão de oferta de preços. Nesse sentido, também pondera a Dra. Lúcia Valle Figueiredo, para quem se exige para declarar uma licitação deserta que "a Administração tenha realmente dado possibilidades de oferta"[370].

O dispositivo em tela é também aplicável à alienação de materiais e equipamentos, que, divididos por itens ou unidades autônomas, restaram remanescentes em certame realizado, devendo ser cumpridas todas as formalidades necessárias à

---

[368] BRASIL. **Decreto-Lei nº 4.657, de 4 de setembro de 1942.** Lei de Introdução às normas do Direito Brasileiro.
[369] Às vezes, o gestor deveria preferir cumprir as regras do certame, ao invés de tentar salvar a licitação. A prorrogação de prazo "até aparecer algum licitante" pode ser considerada irregular. Importante precedente, ainda válido, esclarece essa compreensão pelo poder Judiciário. Nesse sentido, o TRF da 1ª Região decidiu: "[...] a licitação está sujeita ao princípio da moralidade dos atos da Administração Pública (Carta Magna, art. 37, *caput*, e XXI). Precedentes do STF. A sessão para o recebimento das propostas foi prorrogada e encerrada logo após uma empresa ter apresentado sua proposta, vindo a sagrar-se vencedora no certame, o que viola o princípio da moralidade administrativa, eis que os atos da Administração Pública devem não apenas ser lícitos, mas também ser honestos e estar acima de qualquer suspeita (Carta Magna, arts. 5º, LXXIII, e 37, *caput*, e XXI). Violação ao princípio da legalidade, eis que diante da ausência de propostas a licitação deveria ter sido declarada deserta (Decreto-Lei 2.300/1986, art. 22, VI), e não prorrogada a sessão de apresentação de propostas (Lei 4.717/65, art. 2º, "c", parágrafo único, "c" e Carta Magna, arts. 5º, LXXIII, e 37, "*caput*", e XXI)." BRASIL. Tribunal Regional Federal da 1ª Região. Processo nº 2001.01.00.022531-2/DF AC nº 01000225312/DF - 6ª Turma. **Diário da Justiça [da] República Federativa do Brasil**, Brasília, DF, 18 jul. 2002, p. 76.
[370] FIGUEIREDO, Lúcia Valle; FERRAZ, Sérgio. **Dispensa e Inexigibilidade de Licitação**. São Paulo: Editora Revista dos Tribunais, 1992.

alienação.[371] Por esse motivo, embora prescindível, temos sugerido que do edital conste: "os itens não cotados ou que não venham a ter proposta válida, serão considerados desertos para fins de contratação direta sem licitação."

Cabe salientar que a licitação anterior pode ter-se desenvolvido em qualquer modalidade, inclusive leilão.[372]

4.2.4 Art. 75, inc. III - licitação realizada há menos de um ano

Na legislação anterior, verifica-se o silêncio da norma em relação ao decurso de tempo entre a licitação anterior e a contratação direta. Deveriam estar associadas ao exercício financeiro ambas as ocorrências?

A nova legislação definiu com clareza que o prazo é de um ano da licitação anterior. A expressão não é precisa em relação ao prazo inicial de contagem, podendo ser a data de publicação do edital, ou data da homologação da decisão que declara deserta ou fracassadas a licitação, ou ainda da decisão que declara que não foi obtida a proposta válida. Como a lei não definiu, é razoável considerar que todas as opções interpretativas são válidas, permitindo-se ao gestor que delibere a respeito.

4.2.5 Imutabilidade das condições anteriormente ofertadas

Conforme exposto, impõe a lógica jurídica que a Administração mantenha as condições ofertadas e exigidas na licitação anterior,[373] pois, se houver qualquer alteração, ficará irremediavelmente comprometido o requisito "ausência de interesse" em participar na licitação.[374]

Efetivamente, não pode a Administração alterar as exigências estabelecidas para a habilitação, tampouco as ofertas constantes do edital. Essa restrição abrange, inclusive, quando for o caso, a alteração dos anexos do ato convocatório, como, por exemplo, o preço estimado pela Administração ou o prazo de execução.

---

[371] BRASIL. Tribunal de Contas da União. Processo TC nº 016.731/95-6. Decisão nº 655/1995 - Plenário. Relator: Ministro Adhemar Paladini. **Diário Oficial da União**, Brasília, DF, 28 dez. 1995. Seção 1, p. 22555.

[372] Neste sentido, q. cfr. Informativo de Licitações e Contratos, set./95. Curitiba: Zênite, p. 628.

[373] BRASIL. Tribunal de Contas da União. Processo TC nº 013.992/96. Decisão nº 103/1998 - Plenário. Relator: Ministro Humberto Guimarães Souto. **Diário Oficial da União**, Brasília, DF, 30 mar. 1998. Seção 1, p. 55; e Processo TC nº 775.046/97-3. Decisão nº 118/1998 - 2ª Câmara. Relator: Ministro Bento José Bugarin. **Diário Oficial da União**, Brasília, DF, 01 jun. 1998. Seção 1, p. 27.

[374] Corroborando com esse entendimento: BRASIL. Tribunal de Contas da União. TCU. Processo TC nº 000.585/1996. Acórdão nº 533/2001 - Plenário. **Diário Oficial da União**, Brasília, DF, 5 set. 2006. Seção 1. No mesmo sentido, o TCU determinou: "[...] mantenha as mesmas condições e exigências da licitação deserta no procedimento para contratação mediante dispensa com base ao art. 24, inciso V, da Lei nº 8.666/93, em observância ao princípio da isonomia". Processo TC nº 008.996/2001-5. Acórdão nº 2663/2005 - 1ª Câmara. **Diário Oficial da União**, 17 nov. 2005, seção 1, p. 104.

Reside, nesse requisito, uma substancial diferença entre a hipótese aqui delineada e aquela estabelecida no inciso VIII do artigo em comento[375]. Enquanto naquela possibilidade de contratação direta limita-se o objeto ao atendimento da situação emergencial ou calamitosa, aqui, não se podendo alterar o objeto, poderá a contratação ser muito superior ao risco potencial, porque o objeto não poderá ser alterado nem mesmo diminuído, vez que se estará alterando as condições da licitação anterior e, por via oblíqua, descaracterizando a "ausência de interesse".

Importante ainda lembrar que a licitação é uma série de atos ordenados, submetidos a um procedimento definido em lei. Nesse cenário, não se pode admitir que um licitante depois de consumada a decisão – isto é após exauridos todos os recursos –, um dia qualquer compareça ao órgão pedindo sua contratação. Não há obrigação legal para a Administração Pública, por exemplo, decorrida a oportunidade para oferta de proposta válida com preço exequível se submeta à vontade de um interessado que a seu *bel* prazer decide um dia abandonar a pretensão de ser contratado com preço superfaturado. Os direitos dos licitantes somente existem e têm validade no preciso balizamento da lei, que define a forma e prazo para a prática dos atos processuais. Após exauridas as etapas, o licitante inclusive deixa de ter esse cognome. Pode, porém, a Administração Pública decidir pela contratação direta até desse "re-interessado" ou qualquer outro, observado o procedimento legal.

4.2.6 Requisitos da alínea "a" do art. 75, inc. III

Requisitos para aplicação do inciso III, alínea "a":
a) ocorrência de licitação anterior;
b) ausência de interessados;
c) manutenção das condições ofertadas no ato convocatório anterior.

A norma não mais exige, de forma expressa, o atendimento aos dois seguintes requisitos:
a) risco de prejuízo caracterizado ou demasiadamente aumentado pela demora decorrente de processo licitatório;
b) evitabilidade do prejuízo, mediante contratação direta.

---

[375] BRASIL. **Lei nº 14.133, de 1º de abril de 2021.** Lei de Licitações e Contratos Administrativos. Organização de textos, remissões da Lei nº 8.666/1993, Lei nº 10.520/2002 e Lei 12.462/2011 e índices por Ana Luiza Jacoby Fernandes e J. U. Jacoby Fernandes. Belo Horizonte: 2021: "Art. 75. É dispensável a licitação: [...] VIII – nos casos de emergência ou de calamidade pública, quando caracterizada urgência de atendimento de situação que possa ocasionar prejuízo ou comprometer a continuidade dos serviços públicos ou a segurança de pessoas, obras, serviços, equipamentos e outros bens, públicos ou particulares, e somente para aquisição dos bens necessários ao atendimento da situação emergencial ou calamitosa e para as parcelas de obras e serviços que possam ser concluídas no prazo máximo de 1 (um) ano, contado da data de ocorrência da emergência ou da calamidade, vedadas a prorrogação dos respectivos contratos e a recontratação de empresa já contratada com base no disposto neste inciso;"

Deixando de ser imperativo que a justificativa se concentre nesses dois requisitos, parece ainda lógico que o gestor público faça referência a essas razões. Pode, no entanto, apresentar outras.

4.2.7 Ausência de interesse

O requisito seguinte, para a hipótese da alínea "a", é que a licitação procedida pela unidade não tenha gerado a adjudicação, em razão de:

a) não terem comparecido licitantes interessados[376], hipótese denominada de "licitação deserta";
b) ter comparecido licitante sem a habilitação necessária;
c) ter comparecido licitante habilitável, mas que não apresentou proposta válida.

Essas duas últimas hipóteses também se denominam "licitação fracassada".

Há equivalência entre as três situações, porque não se pode acolher como "interessado" aquele que comparece sem ter condições jurídicas para contratar, ou fórmula proposta que não atende aos requisitos do ato convocatório[377].

Não raro, pululam "aventureiros" e comerciantes inidôneos, não sendo o caso de coibir a aplicação desse dispositivo, em detrimento do interesse público, em razão de tais comportamentos.

4.2.8 Licitação deserta e licitação fracassada

A legislação anterior também tratava conjuntamente a licitação deserta e a licitação fracassada. Exigia, porém, que o gestor justificasse porque não poderia repetir a licitação.

Desde o início de vigência da Lei nº 8.666/1993[378], ponderamos que a justificativa estava na simples necessidade de atender ao interesse público, inserido no documento que formalizasse a demanda. De fato, chegam a ser raros os casos em que o tempo para atender ao que foi requisitado é suficiente para proceder a uma licitação, quiçá repeti-la.

---

[376] Não há que se falar em anulação de contratação direta realizada em conformidade com o disposto no art. 24, V, da **Lei nº 8.666/93**, após a deserção de duas licitações prévias, em razão de apresentação de proposta supostamente "mais vantajosa" por outra empresa em momento posterior à realização da alienação, pois, além de preenchidos os requisitos legais autorizadores da dispensa de licitação, não subsiste, na hipótese, a concorrência. BRASIL. Superior Tribunal de Justiça. REsp nº 1.331.946 - 1ª Turma. Relator: Ministro Benedito Gonçalves. **Diário da Justiça Eletrônico [do] Superior Tribunal de Justiça**, 3 abr. 2013. Disponível em: http://www.stj.jus.br. Acesso em: 08 abr. 2014.

[377] A CPL alterou a proposta, para adequá-la ao exigido no instrumento convocatório, quando deveria desclassificá-la. O *parquet* considerou o caso de maior relevo e gravidade. Indícios de favorecimento. DISTRITO FEDERAL. Tribunal de Contas do Distrito Federal. Processo nº 1.891/1998. Parecer nº 335/1999. Disponível em: http://www.tc.df.gov.br. Acesso em: 08 abr. 2014

[378] BRASIL. **Lei nº 8.666/93** (Versão Bolso). Organização dos textos e índice por J. U. JACOBY FERNANDES. 21. ed. ampl., rev. e atual. Belo Horizonte: Fórum, 2021.

4.2.9. Dos requisitos da alínea "b" - propostas com sobrepreço

O dispositivo considera dispensável a licitação quando, tendo havido licitação anterior, não tiver havido adjudicação, porque "as propostas apresentadas consignaram preços manifestamente superiores aos praticados no mercado ou incompatíveis com os fixados pelos órgãos oficiais competentes"[379].

Dois dispositivos interessam à compreensão da norma. O primeiro é que evitar a contratação de proposta com sobrepreço é um dos objetivos[380] da licitação, conforme dispõe o art. 11 da nova lei, inciso III. O segundo que ordena que sejam desclassificadas as propostas que apresentarem preços inexequíveis ou permanecerem acima do orçamento estimado para a contratação.[381]

Nesse cenário, como coordenar a aplicação das normas? A Administração Pública, ao considerar que as propostas estão com preços acima da estimativa, deve declarar o fato no processo, encerrando-o para fins de homologação e iniciando o processo de contratação direta sem licitação?

No passado essa interpretação poderia ser sustentada. Agora não mais porque:
a) o aproveitamento dos atos e a análise das consequências passaram a ser lei no Brasil, com a alteração introduzida pela Lei nº 13.655/2018[382];
b) o processo de licitação só encerra quando cumpridos **todos** os procedimentos, entre os quais está o dever de negociar, desclassificar as propostas.

Em termos práticos, sugere-se proceder à negociação na forma do 61 da nova Lei. No caso de insucesso:
a) a realização de diligência, de modo a verificar se os parâmetros existentes durante a cotação de preços continuam válidos – pois, por exemplo, variação cambial, ocorrências econômicas podem impactar significativamente os preços cotados. Nessa hipótese, não havendo fixação de preços máximos, seria possível celebrar contrato com preço acima do preço estimado, desde que demonstrada sua nova compatibilidade com o preço de mercado;
b) a diligência também pode incluir prazo para que os licitantes apresentem as justificativas da divergência com a estimativa, se essa for pública, ou simplesmente justifiquem seus próprios preços, se a estimativa não for pública;

---

[379] BRASIL. **Lei nº 14.133, de 1º de abril de 2021.** Lei de Licitações e Contratos Administrativos. Organização de textos, remissões da Lei nº 8.666/1993, Lei nº 10.520/2002 e Lei 12.462/2011 e índices por Ana Luiza Jacoby Fernandes e J. U. Jacoby Fernandes. Belo Horizonte: 2021. Art. 75, inc. III, alínea b.
[380] Idem: "Art. 11. O processo licitatório tem por objetivos: [...] III - evitar contratações com sobrepreço ou com preços manifestamente inexequíveis e superfaturamento na execução dos contratos;"
[381] Idem: "Art. 59. Serão desclassificadas as propostas que: [...] III - apresentarem preços inexequíveis ou permanecerem acima do orçamento estimado para a contratação;"
[382] BRASIL. **Decreto-Lei nº 4.657, de 4 de setembro de 1942.** Lei de Introdução às normas do Direito Brasileiro.

c) a diligência também deve pesquisar onde há fornecedor ou prestador de serviço com possibilidade de vir a ser contratado diretamente; esse detalhe é importante, porque a desclassificação das propostas sem possibilidade efetiva de haver a contratação direta sem licitação representa risco de a demanda não ser atendida;

d) o fato deve ser informado à autoridade superior - o ordenador de despesas -, para que fique ciente da possibilidade da contratação direta sem licitação e/ou da contratação acima do valor inicialmente estimado;

e) confirmada a correção da estimativa, não havendo justificativa para as propostas com sobrepreço e existindo fornecedor apto a ser contratado diretamente, deve a comissão ou o agente da licitação informar com antecedência necessária a retomada do certame e, em sessão pública, desclassificar a proposta;

f) com a desclassificação, encerra-se o processo, encaminhando-se para homologação da decisão que declara a licitação fracassada, podendo-se desde logo propor a contratação daquele que, pela pesquisa, está apto ao fornecimento ou prestação de serviço.

4.2.10 Processos separados ou continuados

Na prática, surgem dúvidas se a contratação direta sem licitação deve se operar no mesmo processo ou em outros autos. A questão é interna da Administração Pública. No plano teórico, distante dos fatos, mostra-se possível continuar no mesmo processo, pois a demanda que na prática foi o fato gerador do processo não foi atendida com a licitação. Assim, o processo só encerra com a contratação que atenda à demanda.

Esse modo de proceder é mais célere que a abertura de novo processo e transladação de peças.

4.3 Art. 75, inc. IV - Natureza do objeto

Art. 75. É dispensável a licitação:
[...]
IV - para contratação que tenha por objeto:

Seguindo a pretensão de melhor organizar a contratação direta sem licitação, o inciso IV apresenta a relação em que o objeto é o motivo determinante da ausência de licitação.

A regra geral na Constituição[383] é que as obras, serviços, compras e alienações sejam precedidos de licitação. Para determinados objetos, conforme propõe o inciso, a licitação pode ser dispensada.

4.3.1 Art. 75, inc. IV, a

> Art. 75. É dispensável a licitação:
>
> [...]
>
> IV - para contratação que tenha por objeto:
>
> a) bens componentes ou peças de origem nacional ou estrangeira, necessários à manutenção de equipamentos, a serem adquiridos do fornecedor original desses equipamentos durante o período de garantia técnica, quando essa condição de exclusividade for indispensável para a vigência da garantia;

Dispositivos correspondentes na Lei nº 8.666/1993[384]:
Art. 24. É dispensável a licitação:
[...]
XVII - para a aquisição de componentes ou peças de origem nacional ou estrangeira, necessários à manutenção de equipamentos durante o período de garantia técnica, junto ao fornecedor original desses equipamentos, quando tal condição de exclusividade for indispensável para a vigência da garantia.

O dispositivo teve origem na Lei nº 8.883/1994, sem precedentes na legislação pátria, e assegura à Administração Pública, mesmo havendo vários possíveis fornecedores e, portanto, ainda que viável a competição entre ofertantes, que seja dispensada a licitação, desde que a aquisição de componentes de determinado fornecedor constitua *conditio sine qua non* à manutenção da garantia técnica.

À época, foi recebido com aplauso pela doutrina, tendo o Professor Toshio Mukai assim se expressado: "essa hipótese era absolutamente necessária para viabilizar serviços de manutenção de equipamentos durante o período de garantia técnica junto ao fornecedor original".[385]

Advertiu Jessé Torres Pereira Júnior, magistrado e notável estudioso do tema, que, "nessas circunstâncias, a condição mais vantajosa não é a do menor preço, mas

---

[383] BRASIL. **Constituição da República Federativa do Brasil**. Organização dos textos e índice por J. U. JACOBY FERNANDES. 3. ed. Atualizada até a EC nº 102/2019. Belo Horizonte: Fórum, 2020: "Art. 37 [...] XXI - ressalvados os casos especificados na legislação, as obras, serviços, compras e alienações serão contratados mediante processo de licitação pública que assegure igualdade de condições a todos os concorrentes, com cláusulas que estabeleçam obrigações de pagamento, mantidas as condições efetivas da proposta, nos termos da lei, o qual somente permitirá as exigências de qualificação técnica e econômica indispensáveis à garantia do cumprimento das obrigações."
[384] BRASIL. **Lei nº 8.666/93 (Versão Bolso)**. Organização dos textos e índice por J. U. JACOBY FERNANDES. 21. ed. ampl., rev. e atual. Belo Horizonte: Fórum, 2020.
[385] **Boletim de Licitações e Contratos - BLC**, nº 9/94. São Paulo: Ed. NDJ, p. 418.

a que vincule a responsabilidade do fabricante pelo correto funcionamento da máquina, o que, a seu turno, vincula o interesse da Administração"[386].

Há, sem laivo de dúvida, subjacente, o interesse econômico da Administração de permitir que as vantagens decorrentes da garantia técnica sejam efetivadas, pois a inclusão da possibilidade de contratação direta foi elencada entre os casos de dispensa de licitação. Essa classificação legal induz ao entendimento de que o agente público pode deixar de fazer a aquisição direta e até acabar por renunciar à garantia técnica, quando, pela abusiva cotação de preços, mostrar-se inviável continuar adquirindo componentes do fornecedor original.

Aliás, é conveniente que, desde logo, fique assentado que a Administração não está obrigada a ficar adquirindo peças do fornecedor original para assegurar-se da garantia técnica,[387] pois é evidente que empresas vão, a partir da aprovação desse dispositivo, tentar elastecer o prazo de garantia técnica, a fim de criar reservas de mercado para a venda de peças.

4.3.1.1 Requisitos

Convém examinar *de per si* os requisitos para a validade da dispensa em causa:
a) objeto do contrato: compra de componente de origem nacional ou estrangeira;
b) o componente deve ser necessário à manutenção de equipamento da Administração;
c) o período de garantia técnica deve estar em curso;
d) a compra deve ser feita diretamente do fornecedor original; e
e) a exclusiva aquisição junto ao fornecedor original seja condição indispensável para a vigência da garantia.

Sobre esses requisitos, parece oportuno tecer algumas considerações, que se seguem.

4.3.1.1.1 Objeto

A lei, indistintamente, estabeleceu que o objeto do contrato deverá ser a aquisição de componentes nacionais ou estrangeiros, podendo advir algumas situações interessantes a respeito, em diferentes hipóteses:
a) o componente só é fabricado por uma empresa e não há similar no mercado:
    a.1) na praça, só há um fornecedor;
    a.2) na praça, há mais de um fornecedor.
b) o componente tem similar no mercado:
    b.1) na praça, só há um fornecedor;

---

[386] PEREIRA JUNIOR, Jessé Torres. **Comentários à Lei das Licitações e contratações da Administração Pública.** Rio de Janeiro: Renovar, 1994, p. 164.
[387] Em sentido contrário: PEREIRA JUNIOR, Jessé Torres. **Comentários à Lei das Licitações e contratações da administração pública.** 6. ed., Rio de Janeiro: Renovar, p. 290 e 291.

b.2) na praça, há mais de um fornecedor.

Na hipótese da subalínea "a.1", a Administração poderá optar por dispensar a licitação, na forma do inciso em comento ou adotar como fundamentação o disposto no art. 75, inciso I, desta lei.

A rigor, trata-se verdadeiramente de inexigibilidade de licitação, amparada no último dispositivo citado, mas não há irregularidade em fundamentá-la como dispensa, se verificados os requisitos que estão previstos neste inciso.

Na situação tratada na subalínea "a.2", há viabilidade de competição, e, à luz do art. 75, seria obrigatória a licitação entre os fornecedores das peças genuínas.[388] Embora possam parecer semelhantes, as hipóteses em comento de fato não o são, porque a dispensa se enquadra como autorização especificamente na hipótese b, sendo apenas admissível para "a.1". Não haveria como justificar a escolha de um fornecedor quando o que constitui o objeto da dispensa é o fato de se tratar de componente original, necessário à manutenção da garantia.

Poderá ocorrer, porém, que, num contrato, a garantia técnica do fabricante fique vinculada à sua manutenção por determinado fornecedor ou à aquisição dos componentes no local - na loja - onde foi comprado o equipamento, hipótese cada vez mais rara no cenário nacional. Nesse caso, mesmo sendo viável a competição, pode legalmente a Administração dispensá-la, porque expressamente autoriza o inciso, quando alude a autorização para adquirir sem licitação "junto ao fornecedor original desses equipamentos".

Tendo em conta, agora, as hipóteses da alínea "b" mais ocorrentes, existem várias peças que atendem à necessidade de fazer o equipamento funcionar adequadamente, mas o contrato, na cláusula que dispõe sobre a garantia, estabelece que, se for utilizada peça não genuína, a garantia resolve-se.

Para aproveitar a garantia, a Administração acata as disposições contratuais e compra diretamente do fornecedor o componente original. Poderá ser inviável a competição se houver só um fornecedor na praça (hipótese b.1), mas, ainda assim, o caso é de dispensa, porque outras peças, não genuínas, atendem ao interesse da Administração. Se na praça houver mais de um fornecedor do componente, poderá ser obrigatória a licitação ou não. Será dispensável a licitação se a condição da manutenção da garantia estiver associada à aquisição da peça na loja fornecedora original do equipamento, ou, ao contrário, será obrigatória a licitação se a cláusula de garantia estiver associada apenas à genuinidade da peça, sem referência à aquisição obrigatória no fornecedor do equipamento, existindo mais de um com capacidade atestada pela fábrica para dar manutenção. Aqui é preciso muito cuidado, pois, se de um lado é admissível que o Poder Público acolha regras do fabricante, que distribui entre vários fornecedores de seus produtos, a exclusividade na venda do

---

[388] O TJDFT comprava peças Mercedes-Benz de um revendedor, embora na praça existissem vários fornecedores. O TCU limitou-se a recomendar a correção, sem punir os envolvidos. BRASIL. Tribunal de Contas da União. Processo TC nº 010.230/94-7. Decisão nº 110/1996 - Plenário. Relator: Ministro Humberto Guimarães Souto. **Diário Oficial da União**, Brasília, DF, 26 mar. 1996. Seção 1, p. 5005.

equipamento e fornecimento das peças necessárias à manutenção da garantia, por outro lado, poderá estar subjacente o artifício desenvolvido pelo fornecedor para obter a dispensa de licitação. Só o caso concreto e suas circunstâncias elucidarão a questão.

É necessário considerar que pela nova Lei de Licitações, pode o fabricante definir o mercado de seus fornecedores, por meio de contrato. Essa questão foi tratada nos comentários ao art. 75, inciso I, desta lei.

Referência breve, mas especial, demanda a questão da aquisição de componentes estrangeiros do fornecedor original do equipamento. Se a aquisição for feita diretamente no estrangeiro pela Administração Pública direta, sem intermediação de representante nacional ou filial brasileira, poderá a compra ter o preço reduzido pela não incidência de tributos, em face do que dispõe o art. 150, inciso VI, "a", da Constituição Federal[389], de acordo com a redação dada pela Emenda Constitucional nº 3, de 1994.

O que já foi considerado irregular é a importação do produto pelo fornecedor nacional, com a isenção de tributos da pessoa jurídica de direito público interno contratante, com a interveniência e incidência de lucro sem transferência da redução tributária. Por via oblíqua, lesava-se a Fazenda Pública e o contratante.

4.3.1.1.2 Componente necessário à manutenção do equipamento

Fazem parte do triste folclore nacional alguns casos em que o sujeito responsável pela manutenção acaba "condenando" peças em bom estado de conservação para lucrar com a venda de novo componente.

A Administração Pública, atenta ao império da lei, deve nomear para acompanhar o contrato um representante integrante do seu quadro de pessoal que poderá ser assistido ou assessorado por especialista, inclusive, se for o caso, contratado para prestação de serviços. É o que se denomina gestor do contrato, figura pouco compreendida no universo administrativo.

"Gestor do contrato"[390] é o agente da Administração responsável pela fiscalização e fiel acompanhamento do ajuste, constituindo-se um verdadeiro preposto. Os órgãos de controle têm procurado questionar e responsabilizar os executores de contratos imperfeitos, de obras inexistentes, de desperdícios e erros na execução. Não raro, é nomeado gestor do contrato um agente de escritório que jamais comparece ao local da obra ou serviço ou não detém capacidade técnica para promover com eficácia o acompanhamento do ajuste. Alguns municípios chegaram a criar uma espécie de executor de contratos como uma função, sobre cujo ocupante recairia a responsabilidade de atestar todas as faturas, num verdadeiro ato absurdo. Atestar uma fatura, como todo ato administrativo, faz atrair a responsabilidade pela regulari-

---

[389] BRASIL. **Constituição da República Federativa do Brasil**. Organização dos textos e índice por J. U. JACOBY FERNANDES. 3. ed. Atualizada até a EC nº 102/2019. Belo Horizonte: Fórum, 2020.
[390] Consulte: JACOBY FERNANDES, Jorge Ulisses. **Manual de Gestão de Contratos Administrativos na Justiça Eleitoral**. 2. ed. Belo Horizonte: Fórum, 2006; ou, ainda, as próprias normas no sítio www.jacoby.pro.br. Ver: contratos - execução.

dade e fidelidade das declarações e coloca o agente que o pratica diante do ônus de arcar com as provas de suas declarações.

A IN nº 05/2017, conforme comentários no livro Terceirização[391], trouxe a figura dos fiscais de contrato, servidores cuja função é auxiliar o gestor do contrato. No caso em tela, o fiscal técnico é o indicado para esse acompanhamento, quando houver. Nesse sentido, a solicitação de troca de peças deverá ser acompanhada pelo gestor do contrato e/ou fiscal técnico da aquisição do próprio equipamento ou outro que vier a ser designado especificamente para acompanhar a manutenção e, se possível, deverá acompanhar inclusive o serviço de manutenção, verificando as condições dos componentes cuja substituição é requerida.

Outra providência recomendável consiste em requerer e juntar, ao processo, relatório das visitas do CREA, quando se tratar de equipamento de engenharia, para documentar o acompanhamento da execução do contrato.

Ao ensejo, insta observar que, embora a lei aluda a equipamento da Administração, também é legal a dispensa quando se trata de equipamento usado pela repartição, sob contrato de *leasing*,[392] empréstimo ou outra forma.

4.3.1.1.3 Período de garantia técnica

A rigor, para que se processe regularmente a dispensa, é necessário que sua aquisição seja determinada no curso da garantia técnica do fabricante ou montador do equipamento, mas a entrega e pagamento poderão ocorrer após vencido tal prazo. Nesse caso, contudo, o serviço deverá ser executado nos termos da garantia técnica em vigor ao tempo da aquisição.

É que não pode o erário responder por eventuais atrasos decorrentes de culpa do fornecedor. Se, contudo, o atraso decorreu de culpa da Administração e o fornecimento só se dá após o vencimento do prazo, poderá ser paga a reposição do componente fora dos termos da garantia se encomendada antes do seu termo.

Após o prazo de garantia, a exigência de prévio procedimento licitatório[393] para a aquisição de componentes volta a ser a regra.

---

[391] JACOBY FERNANDES, Jorge Ulisses(Coord.); JACOBY FERNANDES, Murilo (Coord). **Terceirização**: legislação, doutrina e jurisprudência. 2. ed., rev. e ampl. Belo Horizonte: Fórum, 2018 (Coleção Jacoby de Direito Público; v.15).
[392] BRASIL. Tribunal de Contas da União Processo TC nº 012.146/2002-4. Acórdão nº 746/2003 - Plenário. Relator: Ministro Adylson Motta. **Diário Oficial da União**, Brasília, DF, 3 jul. 2003. Seção 1.
[393] A obrigatoriedade de certame licitatório para a manutenção de elevadores constitui entendimento consolidado. BRASIL. Tribunal de Contas da União Processo TC nº 001.339/93-1. Decisão nº 448/1993 - Plenário. Relator: Ministro Luciano Brandão Alves de Souza. **Diário Oficial da União**, Brasília, DF, 26 out. 1993. Seção 1, p. 16025; no mesmo sentido: Processo TC nº 025.590/92-8. Decisão nº 704/1998 - Plenário. Relator: Ministro-Substituto José Antonio Barreto de Macedo. **Diário Oficial da União**, Brasília, DF, 23 out. 1998. Seção 1.

Ao ensejo, cabe obtemperar que o art. 95 da nova lei[394] impõe a necessidade de contrato formal para todos os casos que exijam a manutenção do vínculo obrigacional, independentemente do valor, ainda que nas simples relações de assistência técnica.[395] Ocorre que o período de garantia pode ser uniforme para todas as compras daquele objeto, independentemente de quem seja o adquirente. Portanto, se a garantia futura está formalizada pelo próprio fabricante conforme praxe do mercado, não há motivo para a Administração Pública exigir a elaboração de contrato específico.

Como boa prática, temos sugerido que, nos contratos de manutenção em geral, sempre que possível, sejam fixados prazos para a correção/operação do equipamento, o qual o contratado colocará, conforme o caso, equipamento similar no local. Não faz sentido que o serviço público, carente de automóveis, computadores, impressoras e equipamentos em geral, fique à mercê de fatores imprevisíveis ou dependentes da boa-vontade do contratado ou fabricante.

4.3.1.1.4 Fornecedor original do equipamento

Esse requisito merece uma observação consistente na necessária amplitude que deve ser dada ao termo, vez que não se pode associá-lo exclusivamente à pessoa jurídica vendedora do equipamento.

Quando o legislador indicou quem seria o contratado, teve a cautela de utilizar o termo "junto ao fornecedor original desses equipamentos", que na sua exata dimensão difere da expressão "do fornecedor original...". Pode um mesmo fabricante ter, em um determinado município, mais de um representante e credenciá-lo ou descredenciá-lo segundo sua conveniência e, ainda assim, a Administração poderá proceder à aquisição direta de quem, à época da compra, estiver representando o fabricante ou montador.[396]

Se o contrato, porém, como foi visto, vincular a cláusula de garantia à realização de aquisições em determinada empresa representante do fabricante ou fornecedor, na localidade onde exista mais de uma autorizada, aí sim deve ser entendido restritivamente o termo "fornecedor original desses equipamentos", salvo se o fabricante ou montador proceder à alteração contratual dos termos da garantia, responsa-

---

[394] BRASIL. **Lei nº 14.133, de 1º de abril de 2021.** Lei de Licitações e Contratos Administrativos. Organização de textos, remissões da Lei nº 8.666/1993, Lei nº 10.520/2002 e Lei 12.462/2011 e índices por Ana Luiza Jacoby Fernandes e J. U. Jacoby Fernandes. Belo Horizonte: 2021: "Art. 95. O instrumento de contrato é obrigatório, salvo nas seguintes hipóteses, em que a Administração poderá substituí-lo por outro instrumento hábil, como carta-contrato, nota de empenho de despesa, autorização de compra ou ordem de execução de serviço: I – dispensa de licitação em razão de valor; II – compras com entrega imediata e integral dos bens adquiridos e dos quais não resultem obrigações futuras, inclusive quanto a assistência técnica, independentemente de seu valor. [...]"

[395] Neste sentido é a Mensagem CONED/STN nº 470.383, de 18 de abril de 1994.

[396] O órgão exigia que os licitantes apresentassem declaração de que o fabricante se comprometia a fornecer peças originais para manutenção de elevadores e pessoal treinado na fábrica. O TCU julgou pela ilegalidade. BRASIL. Tribunal de Contas da União Processo TC nº 013.570/95-1. Decisão nº 645/1995 - Plenário. Relator: Ministro Paulo Affonso Martins de Oliveira. **Diário Oficial da União**, Brasília, DF, 22 dez. 1995. Seção 1, p. 21903.

bilizando-se pelas perdas e danos oponíveis pela empresa intermediária afastada, por via oblíqua, do ajuste com a Administração.

4.3.1.1.5 Aquisição junto ao fornecedor original e a condição da garantia

A literalidade da lei é expressa no sentido de que a aquisição junto ao fornecedor deve ser condição indispensável para a vigência da garantia.

Outras vantagens, ainda que relevantes, na aquisição dos componentes junto ao fornecedor não têm o condão de legitimar a dispensa de licitação com base nessa alínea; pode, no entanto, justificar a contratação direta com base em outros incisos, como os I e II deste artigo. Qualidade, eficiência do equipamento, vida útil etc., para autorizar a contratação direta, dependerão de comprovação e, mesmo assim, só poderão ter por fundamento outro dispositivo da lei.[397]

É um requisito que não comporta interpretação ampliativa.

4.3.1.1.6 Peças genuínas

A exigência de aquisição de peças genuínas é um dos fundamentos da contratação direta, no caso do inciso, tão somente porque permite à Administração usufruir da garantia técnica, não constituindo em si mesma justificativa válida para restringir a competitividade, em princípio.

Não raro, vem à balha a antiga discussão sobre a possibilidade de exigir, no ato convocatório, ou utilizar-se como fundamento da inexigibilidade de licitação (art. 74, inciso I) a qualificação "genuína" após a descrição das peças. Os compo-

---

[397] O TCU manifestou-se acerca do assunto da seguinte forma: "[...] 10.2.4. Diante do exposto, apesar dos argumentos apresentados pela [...] para preferir cartuchos produzidos pelo fabricante, consideramos que a busca pela qualidade do produto poderia ter sido contornada, sem que fosse restringido o universo de participantes qualificados. Acerca do assunto, o entendimento do TCU indica que a exigência de só admitir peças genuínas e de marca idêntica a do fabricante do equipamento impressor constitui restrição à competitividade do processo licitatório. [...] 10.2.4.1. Nesse sentido, o voto do Ministro Relator Iram Saraiva que fundamentou o Acórdão nº 1476/2002 - Plenário (TC 011.579/2002-2, Ata 40/2002): 'Como se pode verificar do Relatório precedente, a exigência contida no edital quanto à aceitação apenas de cartuchos de *toner* originais dos equipamentos indica claramente a preferência por marca, o que contraria alguns dos princípios basilares que devem orientar os procedimentos licitatórios no âmbito da Administração Pública [...]'. [...] 10.2.4.2. Citamos ainda o voto do Ministro Relator Marcos Bemquerer Costa na Decisão nº 130/2002 - Plenário (TC 012.416/2001-3 - Ata 05/2002): 'De fato, verifica-se que, no certame em foco, houve restrição da competitividade ao exigir-se que os cartuchos fossem da mesma marca da impressora sem justo motivo técnico.' [...] 10.2.4.3. Sobre o tema, o Ministro Relator Adylson Martins Motta, no relatório que acompanhou o Acórdão nº 1685/2004 - Segunda Câmara (TC 006.872/2004-3 - Ata 33/2004), se manifestou: 'Desta forma, o TCU entende que o simples fato de uma determinada peça ser da mesma marca do equipamento a qual se destina não é suficiente para atestar sua superioridade em relação às peças análogas, fabricadas por outras empresas.' [...] 10.2.5. Diante do exposto, em concordância com o representante, consideramos que condicionar que os suprimentos sejam produzidos pelo fabricante do equipamento afronta a lei de licitações e contratos, especificamente os artigos 3º, §1º, I e 15, §7º, I." TCU. Processo TC nº 000.236/2005-5. Acórdão nº 520/2005 - Plenário. Relator: Ministro Ubiratan Aguiar. **Diário Oficial da União**, Brasília, DF, 12 maio 2005. Seção 1.

nentes, assim adjetivados, teriam a vantagem de possuir uma garantia de fábrica e, portanto, ofertarem uma vantagem para a Administração.

Na nova lei, a indicação de marcas constitui tema importante e foi bem detalhado no art. 41[398].

O TCU, em decisão que é compatível com a nova ordem jurídica, decidiu que peças de reposição podem ser adquiridas com indicação de marca. A informação da economicidade por servidores justifica a exigência das características exclusivas.[399] De fato, o objeto não teria a descrição completa sem que fosse indicada a marca onde serão aplicadas as peças. Por exemplo: peças para veículos *Volkswagen*.

4.4 Art. 75, inc. IV, b – Acordo Internacional

Art. 75. É dispensável a licitação:

[...]

IV - para contratação que tenha por objeto:

[...]

b) bens, serviços, alienações ou obras, nos termos de acordo internacional específico aprovado pelo Congresso Nacional, quando as condições ofertadas forem manifestamente vantajosas para a Administração;

Dispositivos correspondentes na Lei nº 8.666/1993[400]:
Art. 24. É dispensável a licitação:
[...]
XIV - para a aquisição de bens ou serviços nos termos de acordo internacional específico aprovado pelo Congresso Nacional, quando as condições ofertadas forem manifestamente vantajosas para o Poder Público;

Pelo dispositivo, na atualidade, a Administração Pública, em razão de acordo internacional, poderá, ou deverá, segundo os termos do acordo, adquirir diretamente, sem prévio procedimento licitatório, bens e serviços normalmente produzidos no exterior, em detrimento do fornecedor nacional. A isonomia cederá passo ao interesse nacional de intercâmbio entre nações, essencial no relacionamento dos povos. Imperativamente, dispõe a norma que as condições oferecidas, para que seja válida a dispensa, deverão ser manifestamente vantajosas para o Poder Público.

---

[398] BRASIL. **Lei nº 14.133, de 1º de abril de 2021.** Lei de Licitações e Contratos Administrativos. Organização de textos, remissões da Lei nº 8.666/1993, Lei nº 10.520/2002 e Lei 12.462/2011 e índices por Ana Luiza Jacoby Fernandes e J. U. Jacoby Fernandes. Belo Horizonte: 2021.
[399] BRASIL. Tribunal de Contas da União. Processo TC nº 500.134/93-6. Decisão nº 132/1997 - Plenário. Relator: Ministro Bento José Bugarin. **Diário Oficial da União**, Brasília, DF, 15 abr. 1997. Seção 1, p. 7395.
[400] BRASIL. **Lei nº 8.666/93 (Versão Bolso).** Organização dos textos e índice por J. U. JACOBY FERNANDES. 21. ed. ampl., rev. e atual. Belo Horizonte: Fórum, 2020. Livro digital.

4.4.1 Alcance da dispensa

Diferente do texto previsto na Lei nº 8.666/1993, o inciso autoriza a contratação direta, sem prévio procedimento licitatório, para a aquisição de bens, serviços, alienações ou obras, ampliando sua utilização e reduzindo dificuldades do seu enquadramento na hipótese de alienação ou obra.

4.4.2 Requisitos

O inciso impõe três requisitos:
a) existência de acordo internacional que estabeleça a aquisição de bens, serviços, alienações ou obras;
b) aprovação do acordo pelo Congresso Nacional; e
c) condições oferecidas para a aquisição manifestamente vantajosas para a Administração.

Em relação ao primeiro, insta ressaltar que algumas críticas têm sido formuladas ao inciso, com absoluta propriedade, podendo ser lembrada a do saudoso Marcos Juruena que, comentando a redação anterior do dispositivo, obtempera:

> [...] o próprio tratado, que no direito interno tem hierarquia de lei ordinária, poderia excepcionar a regra para o caso específico, sem necessidade de outra legislação, até porque o art. 4º da Constituição Federal já prevê a cooperação entre os povos e a integração econômica como princípios das relações internacionais brasileiras.[401]

Mostra-se conveniente, nesse passo, observar que a lei se referiu a acordo, havendo no âmbito do Direito Internacional outras expressões de amplitude conceptual distinta, como, por exemplo, tratado e convenção, além de acordo. Celso de Albuquerque Mello[402] ensina que o termo "tratado" é utilizado para acordos solenes, ao passo que "convenção" corresponderia ao tratado que cria normas gerais. O acordo seria uma manifestação de vontade dos países envolvidos, que tornaria efetivo o regime de cooperação. Nesse sentido, é o acordo que implicará a possibilidade de aquisição de bens e serviços, e não o tratado ou a convenção internacional, que têm, por natureza, caráter normativo.[403]

Com referência à aprovação do acordo exigida pelo inciso, deve ser observado que, conforme estatui o art. 49, inciso I, da Constituição Federal[404], é da competência exclusiva do Congresso Nacional resolver definitivamente sobre tratados, acordos ou atos internacionais que acarretem encargos ou compromissos gravosos ao patrimônio nacional. É importante salientar que, nos termos do art. 84, inciso

---

[401] VILLELA SOUTO, Marcos Juruena. **Licitações & contratos administrativos**. Rio de Janeiro: Esplanada/ADCOAS, 1993, p. 95.
[402] MELLO, Celso de Albuquerque. **Curso de Direito Internacional Público**, vol. 1. Rio de Janeiro: Editora Renovar, p. 133-4.
[403] Veja o minucioso estudo de Marcos Juruena Villela Souto: Mercosul e a nova Lei de Licitações, no **Boletim de Licitações e Contratos - BLC**, nº 5/94, São Paulo, Editora NDJ, p. 69.
[404] BRASIL. **Constituição da República Federativa do Brasil**. Organização dos textos e índice por J. U. JACOBY FERNANDES. 3. ed. Atualizada até a EC nº 102/2019. Belo Horizonte: Fórum, 2020.

VIII, da Constituição, compete privativamente ao Presidente da República celebrar tratados, convenções e atos internacionais, sujeitos a referendo do Congresso Nacional.

Qualquer aquisição efetivada sem o procedimento licitatório, baseada em acordo internacional não referendado pelo Congresso Nacional, não apresentará o suporte de legalidade indispensável e sujeitará a autoridade responsável às penalidades do art. 337-E do Código Penal[405].

Sobre o requisito "condições ofertadas forem manifestamente vantajosas para a Administração", poderia ser considerado como vantajoso o interesse público de integração de mercados econômicos? Como ficaria o produtor ou prestador de serviços nacional capaz de oferecer condições mais vantajosas no caso?

A atual Constituição Federal[406] traça um balizamento que parece indicar uma possibilidade de resposta a tais indagações.

Destaca-se nesse regramento o inciso IV do art. 1º, estabelecendo como fundamentos da República os valores sociais do trabalho e da livre iniciativa, norma essa que deve ser coordenada com o inciso XXI do art. 37, no qual está subjacente o princípio da isonomia, e ambas confrontadas com a regra insculpida no art. 4º, parágrafo único, também da Constituição, a qual programaticamente dispõe que o Brasil buscará a integração econômica, visando à formação de uma comunidade latino-americana de nações.

Com tais prescrições, é possível concluir que, se para atender à última regra houver a aquisição em preços não manifestamente mais vantajosas, o acordo ainda terá validade jurídica, visto que se trata de encontrar um equilíbrio entre as normas.

É imperioso salientar, contudo, que os órgãos de controle externo da Administração Pública, judicial ou não, procuram prestigiar a letra de tratados e convenções firmados pelo governo brasileiro, esforçando-se por emprestar-lhes eficácia diante do ordenamento jurídico pátrio, até pelo interesse maior de garantir a honorabilidade das autoridades brasileiras e, por essa via, do próprio Brasil. Daí porque o assunto merece cautela e, no exame de tais atos, não se deve deixar de questionar a conduta do agente que promove acordo para aquisição em condições menos vantajosas para a Administração.

A possibilidade de conciliar normas alienígenas com o Direito Positivo pátrio dependerá do exame caso a caso, em boa medida conduzido pelo subjacente interesse de fazer prevalecer as normas nacionais.

Ainda é de se pôr em relevo que o dispositivo não alude à compatibilidade de preços e condições com os elementos de mesma natureza praticados no mercado,[407]

---

[405] BRASIL. **Decreto-Lei nº 2.848, de 7 de dezembro de 1940.** Código Penal.
[406] BRASIL. **Constituição da República Federativa do Brasil.** Organização dos textos e índice por J. U. JACOBY FERNANDES. 3. ed. Atualizada até a EC nº 102/2019. Belo Horizonte: Fórum, 2020.
[407] A rigor é o preço de mercado, porque o Poder Público está adstrito a contratar no mercado localizado. Esse termo deve ser considerado à luz também do art. 23, da Lei nº 14.133/2021: "valores praticados pelo mercado, considerados os preços constantes de bancos de dados públicos".

impondo severamente que as condições oferecidas sejam "manifestamente vantajosas", implicando a necessidade inafastável de que o órgão adquirente explicite, demonstre e justifique as vantagens ofertadas e as contraste com outras possibilidades de contratação. É que, manifestamente, só pode ser entendido como algo que se revele ao mundo cognitivo.

Tais elementos integram, necessariamente, o elenco das justificativas da escolha do fornecedor, às quais alude o art. 72, que devem ser previamente elaboradas em relação à contratação.

Cumpre salientar que, ao tempo do fechamento desta edição, o governo brasileiro apresentou oferta para adesão ao Acordo sobre Contratações Governamentais (GPA, na sigla em inglês) da Organização Mundial do Comércio (OMC). Deferida a participação no GPA, os bens, serviços e obras públicas abrangidos pelo acordo deverão adaptar-se as suas normas que podem ou não afastar a ocorrência da licitação insculpida na Lei nº 14.133/2021 ou pode implicar em adaptação desta norma às regras do acordo.

4.5 Art. 75, inc. IV, c – Produtos para pesquisa

Art. 75. É dispensável a licitação:

[...]

IV - para contratação que tenha por objeto:

[...]

c) produtos para pesquisa e desenvolvimento, limitada a contratação, no caso de obras e serviços de engenharia, ao valor de R$ 300.000,00 (trezentos mil reais);

[...]

§ 5º A dispensa prevista na alínea "c" do inciso IV do *caput* deste artigo, quando aplicada a obras e serviços de engenharia, seguirá procedimentos especiais instituídos em regulamentação específica.

Dispositivos correspondentes na Lei nº 8.666/1993[408]:
Art. 24. É dispensável a licitação:
[...]
XXI - para a aquisição ou contratação de produto para pesquisa e desenvolvimento, limitada, no caso de obras e serviços de engenharia, a 20% (vinte por cento) do valor de que trata a alínea "b" do inciso I do caput do art. 23;
[...]
§ 3º A hipótese de dispensa prevista no inciso XXI do caput, quando aplicada a obras e serviços de engenharia, seguirá procedimentos especiais instituídos em regulamentação específica.

O dispositivo visa valorizar a possibilidade de desenvolvimento da pesquisa.

---

[408] BRASIL. **Lei nº 8.666/93** (Versão Bolso). Organização dos textos e índice por J. U. JACOBY FERNANDES. 21. ed. ampl., rev. e atual. Belo Horizonte: Fórum, 2020. Livro digital.

Por esse inciso, podem ser promovidas as aquisições de bens; pelo inciso XV, pode ser contratada a instituição que se dedica à pesquisa. Há, porém, semelhanças entre os dois incisos:

a) as contratações podem ocorrer diretamente, sem a obrigatoriedade da licitação;

b) a lei efetiva o comando insculpido no art. 218 da Constituição Federal em vigor.[409]

Expendidas essas breves considerações de cunho crítico, é imperioso proceder ao exame do dispositivo em tela.

A primeira observação que se impõe é que, a exemplo de outras possibilidades de contratação direta, o inciso não determinou a qualificação do contratante nem a do contratado, permitindo, portanto, que qualquer entidade que esteja sujeita ao império da Lei de Licitações dele faça uso.

Conselhos de profissões regulamentadas (CONFEA, CREA, OAB, entre outros), bancos estaduais e federais, empresas de pesquisa, universidades, secretarias de governo, tribunais e órgãos do Poder Legislativo, enfim, qualquer órgão pode ser o contratante. Se por um lado o dispositivo em comento, na voz do seu editor, não restringiu a aplicação da norma, inevitavelmente o exame dos casos concretos levará a restringi-la.

Efetivamente, em inspeções a serem promovidas pelos tribunais de contas, ou no bojo de processos que venham a ser submetidos ao exame do Poder Judiciário, deverá ficar subjacente a correlação entre a atividade de pesquisa científica ou tecnológica e a finalidade do órgão. Há de ver certa pertinência temática entre o objeto do contrato e a finalidade da instituição contratante. Pertinência que pode ser direta ou indireta, de curto ou longo prazo.

Enfim, é possível vislumbrar as mais variadas atividades de pesquisas científica e tecnológica relacionadas aos fins dos órgãos, mesmo que a relação seja indireta. Sempre, porém, deverá ser respeitada a distribuição sistêmica da função administrativa estabelecida nas leis que organizam o serviço público e o interesse coletivo.

Com relação ao contratado, também o dispositivo é aberto, podendo ser qualquer pessoa física ou jurídica que comercialize bens.

4.5.1 Objeto

Esse inciso determina que sua aplicação pode ser destinada à aquisição de produtos para pesquisa e desenvolvimento, contratação de obras e serviços de engenharia.

---

[409] BRASIL. **Constituição da República Federativa do Brasil.** Organização dos textos e índice por J. U. JACOBY FERNANDES. 3. ed. Atualizada até a EC nº 102/2019. Belo Horizonte: Fórum, 2020. *In verbis:* "Art. 218. O Estado promoverá e incentivará o desenvolvimento científico, a pesquisa e a capacitação tecnológicas."

O que pretende a norma, na sua melhor interpretação, é evitar que, "mascarada" de aquisição de bens com essa finalidade, os órgãos busquem reequipar-se, utilizando os bens em várias atividades e, inclusive em caráter eventual, na pesquisa. Numa inspeção deve, portanto, ser verificado onde estão sendo utilizados os bens adquiridos com base nesse permissivo legal e considerado irregular quando não estiverem sendo utilizados na pesquisa pelos órgãos que se dedicam a tal mister. Só por meio de inspeção direta é possível avaliar o regular cumprimento da norma.

Outra questão relevante diz respeito aos tipos de bens que podem ser adquiridos: somente aqueles empregados diretamente na pesquisa ou também os que, de modo indireto, dão suporte a ela? Exemplificando: na área de pesquisa biomédica, o microscópio e pipetas de vidro, ou também *pendrives*, mesas e computadores?

O alcance da norma ficaria comprometido se apenas os bens de aplicação direta pudessem ser adquiridos. Efetivamente, no presente caso, o legislador teve várias oportunidades de refletir o exato alcance dos termos utilizados - com as reedições das Medidas Provisórias e consequente conversão na Lei nº 9.648/1998 e, agora, na nova lei. Admitir um maior elastério na interpretação parece indispensável, até porque o suporte à atividade de pesquisa pode ser tão ou mais essencial do que o instrumental e os equipamentos utilizados diretamente.[410]

4.5.2 Obras e serviços de engenharia

No caso de obras e serviços de engenharia, o legislador limitou o valor da despesa decorrente dessa contratação direta sem licitação a 300.000,00 reais. Para aferir a regularidade desse limite na prática, propõe-se o critério do § 1º do art. 75, ou seja, o limite é por exercício financeiro para mesmo ramo de atividade.[411]

Vale lembrar nesse caso, o disposto no § 5º do art. 75, que defere à regulamentação específica, os procedimentos para sua realização. Como tratado no Capítulo 1, essa regulamentação pode ser por ente da federação, por órgão ou entidade.

Apresenta-se como a melhor solução, considerando a peculiaridade da hipótese de dispensa que os órgãos e entidades cuja atividade guardem maior compatibilidade com pesquisa e desenvolvimento, regulamentem, sempre tendo em vista os princípios constitucionais da Administração Pública.

A contratação de apoio especializado e o diálogo com os órgãos de controle também se mostram como boa prática para o caso.

---

[410] A propósito, o TCU recomendou abster-se "[...] de realizar contratações de materiais gráficos/impressos utilizando-se do previsto no art. 24, inciso XXI, da Lei nº 8.666/1993." BRASIL. Tribunal de Contas da União. Processo TC nº 010.631/2003-8. Acórdão nº 3559/2006 - 1ª Câmara. **Diário Oficial da União**, Brasília, DF, 08 dez. 2006, p. 156.

[411] Para melhor compreensão, consulte os comentários a esse dispositivo.

4.6 Art. 75, inc. IV, d – Transferência de tecnologia ou licenciamento

> Art. 75. É dispensável a licitação:
>
> [...]
>
> IV – para contratação que tenha por objeto:
>
> [...]
>
> d) transferência de tecnologia ou licenciamento de direito de uso ou de exploração de criação protegida, nas contratações realizadas por instituição científica, tecnológica e de inovação (ICT) pública ou por agência de fomento, desde que demonstrada vantagem para a Administração;

Dispositivos correspondentes na Lei nº 8.666/1993[412]:
Art. 24. É dispensável a licitação:
[...]
XXV - na contratação realizada por Instituição Científica e Tecnológica - ICT ou por agência de fomento para a transferência de tecnologia e para o licenciamento de direito de uso ou de exploração de criação protegida.

A nova lei acresceu aos requisitos da contratação a possibilidade de, além da ICT, serem contratadas as agências de fomento. Sobre os benefícios ou valores da contratação, a norma passou a exigir que fosse "demonstrada vantagem para a Administração".

A origem desse dispositivo é o inciso XXV do art. 24 da Lei nº 8.666/1993, que foi inserido pela Lei nº 10.973/2004[413], o qual, em cumprimento a dispositivo constitucional[414], promove o incentivo à inovação e à pesquisa científica e tecnológica no ambiente produtivo.

---

[412] BRASIL. **Lei nº 8.666/93** (Versão Bolso). Organização dos textos e índice por J. U. JACOBY FERNANDES. 21. ed. ampl., rev. e atual. Belo Horizonte: Fórum, 2021.

[413] a) BRASIL. **Lei nº 10.973, de 2 de dezembro de 2004.** Dispõe sobre incentivos à inovação e à pesquisa científica e tecnológica no ambiente produtivo e dá outras providências. Diário Oficial da União, Brasília, DF, 3 dez. 2004.

b) BRASIL. **Decreto nº 8.240, de 21 de maio de 2014.** A norma regulamenta a celebração de convênios de educação, ciência, tecnologia e inovação que tenham como partícipes Instituição Federal de Ensino Superior - IFES ou Instituição Científica e Tecnológica - ICT, fundações de apoio, e empresas públicas ou sociedades de economia mista, visando às finalidades de pesquisa científica, desenvolvimento tecnológico, estímulo e fomento à inovação, e apoio a projetos de ensino, pesquisa, extensão e desenvolvimento institucional, com transferência de recursos financeiros ou não financeiros, em parceria com entidades privadas, com ou sem fins lucrativos, envolvendo a execução de projetos de interesse recíproco, podendo contar ainda com a participação de organizações sociais, que tenham contrato de gestão firmado com a União. **Diário Oficial da União**, Brasília, DF, 22 maio 2014. Seção 1, p. 2-4.

[414] BRASIL. **Constituição da República Federativa do Brasil**. Organização dos textos e índice por J. U. JACOBY FERNANDES. 3. ed. Atualizada até a EC nº 102/2019. Belo Horizonte: Fórum, 2020. Vide arts. 218 e 219.

A proposta do legislador revela o intuito de colaborar com a modernização, racionalização e melhoria de desempenho, da eficiência e da eficácia da atuação institucional dos órgãos incluídos na hipótese.

Em consenso com a ideia, o Tribunal de Contas da União determinou que fosse esclarecido àqueles que se envolverem com a política de inovação tecnológica no ambiente produtivo as vantagens advindas da Lei nº 10.973/2004.[415]

4.6.1 Conceituações

As Instituições Científicas e Tecnológicas - ICTs, na conceituação legal do art. 2º, inciso V, da Lei nº 10.973/2004:

> [...] são órgãos ou entidades da Administração Pública direta ou indireta ou pessoa jurídica de direito privado sem fins lucrativos legalmente constituída sob as leis brasileiras, com sede e foro no País, que inclua em sua missão institucional ou em seu objetivo social ou estatutário a pesquisa básica ou aplicada de caráter científico ou tecnológico ou o desenvolvimento de novos produtos, serviços ou processos;[416]

Também conceitua o inciso I do mesmo artigo e Lei as agências de fomento como sendo "órgão ou instituição de natureza pública ou privada que tenha entre os seus objetivos o financiamento de ações que visem a estimular e promover o desenvolvimento da ciência, da tecnologia e da inovação".

Sob o aspecto jurídico, ICT e Agência de Fomento são qualificações atribuíveis aos entes públicos ou particulares, assim como Agência Reguladora é uma qualificadora que se agrega a uma autarquia. Não existe no mundo jurídico como um *tertium genus*, ao lado das pessoas jurídicas elencadas no art. 4º do Decreto-Lei nº 200/1967.

Tal aspecto, no entanto, não retira o valor dessas expressões qualificadoras; ao contrário, muito auxiliará na identificação de peculiaridades e propósitos.

4.6.2 Requisitos

São requisitos para a dispensa de licitação que:

a) o contratante, órgão ou entidade pública ou privada:

    a.1) esteja qualificado como Instituição Científica ou Tecnológica ou Agência de Fomento;

---

[415] BRASIL. Tribunal de Contas da União. Processo TC nº 006.997/2005-6. Acórdão nº 642/2006 - Plenário. Relator: Ministro Valmir Campelo. **Diário Oficial da União**, Brasília, DF, 8 maio 2006.

[416] BRASIL. **Lei nº 10.973, de 2 de dezembro de 2004**. Dispõe sobre incentivos à inovação e à pesquisa científica e tecnológica no ambiente produtivo e dá outras providências. [Redação pela Lei nº 13.243, de 2016].

a.2) seja detentora da tecnologia ou licença de direito de uso ou de exploração de criação protegida;[417]

a.3) haja interesse na transferência da tecnologia ou da licença dos direitos referidos na alínea anterior;

b) a tecnologia e a licença sejam adquiridas pelo ICT ou pela Agência de Fomento e transferíveis nos termos da Lei nº 10.973/2004.

Não há requisitos exigíveis do contratado, podendo ser livremente escolhido pela ICT ou pela Agência de Fomento. Foi esse o objetivo do inciso: facilitar a disponibilidade do mercado do direito de uso e de licenciamento.

A dispensa de licitação incluída neste inciso traduz-se num complemento facilitador da exploração dos resultados alcançados, em vista da faculdade dos arts. 6º e 7º da Lei nº 10.973/2004 para a celebração de contratos de transferência de tecnologia e de licenciamento para outorga de direito de uso, além da possibilidade de obtenção do direito de uso ou de exploração de criação protegida, que deve se consolidar sem a obrigatoriedade de licitação, nos casos em que não ofenda ao princípio da isonomia e não infrinja o caráter competitivo das alienações públicas.

4.7 Art. 75, inc. IV, e – Alimentos perecíveis

> Art. 75. É dispensável a licitação:
>
> [...]
>
> IV - para contratação que tenha por objeto:
>
> [...]
>
> e) hortifrutigranjeiros, pães e outros gêneros perecíveis, no período necessário para a realização dos processos licitatórios correspondentes, hipótese em que a contratação será realizada diretamente com base no preço do dia;

Dispositivos correspondentes na Lei nº 8.666/1993[418]:
Art. 24. É dispensável a licitação:
[...]
XII - nas compras de hortifrutigranjeiros, pão e outros gêneros perecíveis, no tempo necessário para a realização dos processos licitatórios correspondentes, realizadas diretamente com base no preço do dia;

Esse dispositivo apresentou avanço significativo na evolução legislativa. Anteriormente, dispunha o Decreto-Lei nº 2.300/1986 que seria dispensável a licitação

---

[417] Periodicamente, as Instituições Científicas, Tecnológicas e de Inovação (ICT) renovam informações por meio do Formulário Eletrônico sobre a Política de Propriedade Intelectual, disponibilizado no sítio eletrônico www.gov.br/mcti do Ministério da Ciência, Tecnologia e Inovações, em página eletrônica específica para o Formict. Consulte, a propósito, a Portaria SEMPI/MCTI nº 4.741/2021.

[418] BRASIL. **Lei nº 8.666/93 (Versão Bolso)**. Organização dos textos e índice por J. U. JACOBY FERNANDES. 21. ed. ampl., rev. e atual. Belo Horizonte: Fórum, 2020. Arquivo digital.

para as compras eventuais de gêneros alimentícios perecíveis em centro de abastecimento, tendo então por base o preço do dia (art. 21, § 3º).

A Lei nº 8.666/1993, em sua redação original, seguiu o Decreto-Lei nº 2.300/1986, de tal modo que bastava ser eventual a compra para que a licitação deixasse de ser obrigatória, inclusive com os consectários naturais, daí decorrentes, consistentes na imprecisão, para alguns, do termo "eventuais".

A Lei nº 8.883/1994 adotou um novo requisito, delimitando a possibilidade de contratação direta apenas pelo tempo necessário para a realização do certame licitatório, no que foi mais feliz.

A nova lei manteve a redação, sem alteração.

Não há explicação para o dispositivo adotar três espécies – pães, hortifrutigranjeiros são gêneros perecíveis. Bastava ter inserido o gênero alimentos perecíveis.

Assim, no atual ordenamento jurídico, a possibilidade de utilização desse permissivo aproxima-se à figura do contrato provisório ou emergencial, que os tribunais de contas vêm admitindo, numa analogia ao inciso VIII do art. 75.

4.7.1 Requisitos

Vislumbram-se nesse dispositivo três fundamentais requisitos para a regularidade da dispensa de licitação: o primeiro, temporal; o segundo, relacionado ao objeto; o terceiro, referente ao preço da compra.[419]

4.7.1.1 Requisito temporal

O dispositivo limita o tempo da contratação direta dos produtos perecíveis ao tempo necessário para a realização de processo licitatório.

Observe-se que, normalmente, cabe ao órgão proceder ao planejamento visando às compras, mas poderá ocorrer de este não ser ultimado, seja pela sua não realização, seja por imprevisto fato intercorrente no processo licitatório que comprometa a sua conclusão no tempo estimado. No primeiro caso, poderá o órgão de controle, a exemplo do que acontece em relação à falta de planejamento, referida no inciso VIII deste mesmo artigo, promover recomendação aos titulares da unidade pelo não planejamento; no segundo, normalmente não há como responsabilizar os gestores. O tempo de contratação direta que o dispositivo autoriza é aquele necessário à realização do processo licitatório normal desde o início até a conclusão.

Admitem-se, ainda, como regulares as compras feitas diretamente por tempo superior ao normal da modalidade de licitação se, no curso desta, algum recurso judicial ou outro fator, como greve no órgão, impedir a conclusão do certame

---

[419] No magistério do emérito Professor Diógenes Gasparini, são quatro os requisitos, a saber: a) que se trate de gênero alimentício; b) que seja perecível; c) que esteja instaurado o processo licitatório para sua aquisição; d) que se faça com base no preço do dia. Ref.: GASPARINI, Diógenes. **Direito administrativo**. 11. ed. São Paulo: Saraiva, 2006, p. 526.

licitatório. Tem-se, no caso, que se trata da aquisição de alimentos destinados a suprir necessidades essenciais de determinada comunidade.

Poderá, entretanto, ter-se em conta a aquisição de produtos para um evento[420] os quais, embora utilizados na alimentação, não tenham o caráter de subsistência, como, por exemplo, num coquetel comemorativo. Nesse caso, embora se trate de gêneros perecíveis, não caberá a utilização desse permissivo, porque **não estará a aquisição associada à realização de uma licitação**, e o intérprete não pode deixar de considerar os termos da lei: a autorização para a contratação direta só existe se já tiver sido iniciado ou, segundo a outra sustentável corrente, instaurado o processo licitatório. **Se não houver processo licitatório, não pode haver contratação direta com base nesse inciso.**

4.7.1.2 Requisitos do objeto

O dispositivo tem nítido caráter exemplificativo. Gênero perecível é o que perece com o decorrer do tempo e, portanto, nele estariam abrangidos os de longo e curto espaço de tempo para a perecibilidade. A autorizada palavra do saudoso Professor Diógenes Gasparini sobre essa expressão, referindo o dispositivo da Lei nº 8.666/1993[421], esclarece que:

> [...] a expressão gêneros perecíveis, consignada no inciso XII do art. 24 do referido Estatuto, não pode significar outra coisa senão gêneros alimentícios perecíveis. Estes são todos os produtos que comumente servem para a alimentação humana, suscetíveis de perecimento, ainda que se possa afirmar que não há alimento não perecível.[422]

A natureza do objeto a ser adquirido é, por dois motivos, de curta perecibilidade: primeiro, porque o exemplo dado pelo início do inciso cita produtos de prazo de consumo bastante exíguo; segundo, porque a aquisição está condicionada ao limite temporal anteriormente referido.

Na mesma linha de raciocínio, cabe obtemperar que produtos com validade de vários meses não podem ser adquiridos para serem estocados, além do prazo razoável para a conclusão do certame licitatório.

Não pensa de outro modo o autor supracitado, asserindo que, "se fosse permitida a compra de qualquer quantidade, estaria caracterizada a fraude e o facultado pelo inciso em comento perderia sua finalidade, sua razão de ser". E, com notável senso de oportunidade, complementa:

> Por outro lado, nada obriga que o necessário seja atendido com uma única operação. Pode a Administração Pública licitante, pelas mais

---

[420] O TCU afirma que esses serviços devem ser licitados pelo menor preço. Admitiu "serviço-teste" desde que conste do edital e que o serviço-teste seja realizado na fase de julgamento apenas para fins de desclassificação de proposta. BRASIL. Tribunal de Contas da União Processo TC nº 001.377/97-3. Decisão nº 739/1998 - Plenário. Relator: Ministro Iram Saraiva. **Diário Oficial da União**, Brasília, DF, 06 nov. 1998. Seção 1, p. 54.

[421] BRASIL. **Lei nº 8.666/93 (Versão Bolso)**. Organização dos textos e índice por J. U. JACOBY FERNANDES. 21. ed. ampl., rev. e atual. Belo Horizonte: Fórum, 2020. Livro digital.

[422] **Boletim de Licitações e Contratos** - BLC, nº 11/94. São Paulo: NDJ, p. 529.

diversas razões (falta de recursos financeiros, dificuldade de armazenamento) promover dentro do período em que se processa a licitação mais de uma aquisição direta dos referidos bens.[423]

A propósito das condições da aquisição, entre outras, devem ser consideradas pela unidade adquirente as referentes ao armazenamento, conforme programaticamente recomenda o art. 40 da nova lei.

Por outro lado, é conveniente repetir que não é a natureza de tais produtos que autoriza a contratação direta, pois a jurisprudência, de há muito assentada, exige a licitação para a aquisição de hortifrutigranjeiros e outros gêneros.[424]

4.7.1.3 Preço

Além de constituir-se em instrumento para a concretização do princípio da isonomia, a licitação objetiva à conquista da proposta mais vantajosa para a Administração.

Nesse sentido, no caso desse dispositivo, é necessário que, na aquisição, seja preservado como parâmetro - não absoluto - o preço do dia praticado no local.

Em centro de abastecimento, grandes mercados e semelhantes, há, sem laivo de dúvida, margens de valores variáveis, segundo a qualidade ou procedência do produto, e a busca da proposta mais vantajosa deve nortear a aquisição, não necessariamente a mais barata ou de menor preço.

A dificuldade, mesmo nos grandes centros, é a de comprovação da faixa de preços ofertada para documentação no processo, que neste caso é requisito inafastável.

Se no local houver jornal de grande circulação que publique os preços, a questão estará solucionada com a juntada de um exemplar aos autos do processo ou apenas da página que publica a cotação, pois não se pode exigir grande rigor de comprovação, dada a tipicidade da natureza desses revendedores. Também é válido que o órgão junte, por exemplo, uma tabela de preços fornecida por grandes atacadistas, ainda que a aquisição se faça de outro revendedor. A juntada de arquivos eletrônicos, com indicação precisa de fonte, também é válida. Nesse caso, a tabela servirá apenas como elemento referencial de preços.

Municípios pequenos terão, inegavelmente, dificuldade em comprovar a satisfação desse requisito, razão pela qual se sugere que a pesquisa de preços procedida, ainda que em caráter informal, seja posteriormente juntada aos autos: algo como a indicação dos vendedores e os preços praticados no dia, numa lista elaborada pelo próprio servidor encarregado da aquisição e por ele assinada e datada, constitui

---

[423] **Boletim de Licitações e Contratos** - BLC, nº 11/94. São Paulo: NDJ, p. 530-1.
[424] BRASIL. Tribunal de Contas da União. Processo TC nº 449.023/92-3. Acórdão nº 143/1994 - Plenário. Relator: Ministro Olavo Drummond. **Diário Oficial da União**, Brasília, DF, 12 dez. 1994, p. 19229. No mesmo sentido: TCU. Processo TC nº 012.860/2002-1. Acórdão nº 515/2005 - Plenário. Ministro-Substituto Lincoln Magalhães da Rocha. **Diário Oficial da União**, Brasília, DF, 15 maio 2005. Seção 1.

razoável início de prova e poderá ser suficiente nas circunstâncias. Fotos, filmes e outros arquivos de mídia eletrônica podem ser meio de prova.

Jessé Torres Pereira Júnior, circundado por Diógenes Gasparini, no sentido do exposto, esclarece que a Administração deve levantar o preço do dia junto à "bolsa de alimentos" e, com base nesse preço, promover a compra. O preço levantado, obtempera o segundo citado mestre, deve restar devidamente comprovado no processo de dispensa, mediante a juntada de documento correspondente ou de certidão da lavra do servidor competente, em que reste certificado esse preço.

4.8 Art. 75, inc. IV, f – Bens de alta complexidade tecnológica e defesa nacional

> Art. 75. É dispensável a licitação:
>
> [...]
>
> IV - para contratação que tenha por objeto:
>
> [...]
>
> f) bens ou serviços, produzidos ou prestados no País que envolvam, cumulativamente, alta complexidade tecnológica e defesa nacional;

Dispositivos correspondentes na Lei nº 8.666/1993[425]:
Art. 24. É dispensável a licitação:
[...]
XXVIII – para o fornecimento de bens e serviços, produzidos ou prestados no País, que envolvam, cumulativamente, alta complexidade tecnológica e defesa nacional, mediante parecer de comissão especialmente designada pela autoridade máxima do órgão.

Introduzido anteriormente pela Lei nº 11.196/2005,[426] esse dispositivo representava o texto do inciso XXVII da Lei nº 8.666/1993, porém a Lei nº 11.445, de 05 de janeiro de 2007, literalmente substituiu o texto antigo, introduzindo a nova hipótese de dispensa de licitação sobre resíduos sólidos que será comentada no item 4.12.

Essa supressão provavelmente ocorreu em virtude de algum percalço na elaboração do processo legislativo que alterou o art. 24 da Lei nº 8.666/1993[427],

---

[425] BRASIL. **Lei nº 8.666/93 (Versão Bolso)**. Organização dos textos e índice por J. U. JACOBY FERNANDES. 21. ed. ampl., rev. e atual. Belo Horizonte: Fórum, 2020. Livro digital.
[426] BRASIL. **Lei nº 11.196, de 21 de novembro de 2005**. Institui o Regime Especial de Tributação para a Plataforma de Exportação de Serviços de Tecnologia da Informação - REPES, o Regime Especial de Aquisição de Bens de Capital para Empresas Exportadoras - RECAP e o Programa de Inclusão Digital; dispõe sobre incentivos fiscais para a inovação tecnológica; altera [...] as Leis nºs [...] 8.666, de 21 de junho de 1993 [...] e dá outras providências. **Diário Oficial da União**, Brasília, DF, 22 nov. 2005. Art. 118.
[427] BRASIL. **Lei nº 8.666/93 (Versão Bolso)**. Organização dos textos e índice por J. U. JACOBY FERNANDES. 21. ed. ampl., rev. e atual. Belo Horizonte: Fórum, 2020. Livro digital.

tanto que o inteiro teor do antigo inciso XXVII foi restabelecido pela Medida Provisória nº 352/2007, convertida na Lei nº 11.484/2007, porém como inciso XXVIII.

Destaca-se que a nova Lei não mais prevê expressamente parecer de comissão especialmente designada pela autoridade máxima como requisito para a contratação. A medida, portanto, desburocratiza a hipótese, mantendo os demais requisitos de alta complexidade tecnológica e defesa nacional.

4.9 Art. 75, inc. IV, g – Materiais de uso das forças armadas

> Art. 75. É dispensável a licitação:
>
> [...]
>
> IV - para contratação que tenha por objeto:
>
> [...]
>
> g) materiais de uso das Forças Armadas, com exceção de materiais de uso pessoal e administrativo, quando houver necessidade de manter a padronização requerida pela estrutura de apoio logístico dos meios navais, aéreos e terrestres, mediante autorização por ato do comandante da força militar;

Dispositivos correspondentes na Lei nº 8.666/1993[428]:
Art. 24. É dispensável a licitação:
[...]
XIX - para as compras de material de uso pelas Forças Armadas, com exceção de materiais de uso pessoal e administrativo, quando houver necessidade de manter a padronização requerida pela estrutura de apoio logístico dos meios navais, aéreos e terrestres, mediante parecer de comissão instituída por decreto;

Em relação à norma anterior, a alteração ocorreu no procedimento. Na regulamentação anterior, exigia-se um parecer de uma comissão instituída por decreto. O qual certamente seria atribuição do presidente da República; na nova norma é suficiente uma decisão de autoridade certa e determinada: "autorização por ato do comandante da força militar"[429].

A pretensão de padronizar o material de uso das Forças Armadas continua válida, porque a contratação direta sem licitação vai atender à "necessidade de manter a padronização requerida pela estrutura de apoio logístico dos meios navais, aéreos e terrestres".

No 1º Simpósio de Licitações e Contratos promovido pelo Departamento Geral de Serviços do Ministério do Exército, de 27 a 30 de abril de 1992, do qual participaram os professores Toshio Mukai, Carlos Pinto Coelho Motta e um dos

---

[428] BRASIL. **Lei nº 8.666/93 (Versão Bolso)**. Organização dos textos e índice por J. U. JACOBY FERNANDES. 21. ed. ampl., rev. e atual. Belo Horizonte: Fórum, 2020. Livro digital.

[429] BRASIL. **Lei nº 14.133, de 1º de abril de 2021**. Lei de Licitações e Contratos Administrativos. Organização de textos, remissões da Lei nº 8.666/1993, Lei nº 10.520/2002 e Lei 12.462/2011 e índices por Ana Luiza Jacoby Fernandes e J. U. Jacoby Fernandes. Belo Horizonte: 2021.

autores, além da padronização, outro aspecto relevante surgiu nos debates, referente à necessidade de as Forças Armadas promoverem a preparação da indústria nacional para o "esforço de guerra", desenvolvendo a capacidade de mobilização nacional. Assim, por exemplo, projetado e definido determinado tipo de veículo blindado, seria conveniente que algumas unidades fossem encomendadas em uma fábrica no sul do país e outras em regiões diversas, de tal modo que, em caso de conflito, houvesse no território nacional mais de uma indústria apta a fabricar aquele veículo com o nível de padronização necessário.[430]

À época, se discutia a elaboração da Lei nº 8.666/1993 e a resposta oferecida foi no sentido de que a solução para atender ao interesse das pastas militares no desenvolvimento da capacidade de mobilização nacional deveria advir por via legislativa.

Não pela influência do histórico do dispositivo, mas especialmente pelo que foi exposto na parte introdutória do capítulo e na parte geral das dispensas, é que não se acolhe a ideia comungada por alguns autores no sentido de que, havendo viabilidade de competição, ou seja, mais de um fornecedor com capacidade de oferecer o produto padronizado, seria obrigatória a realização da licitação, invariavelmente. O que deve nortear a escolha do fornecedor é uma causa legítima, amparada em interesse público, da segurança nacional e no princípio da impessoalidade. A preparação da indústria nacional para a mobilização nacional - que deve ser preocupação permanente das Forças Armadas, mesmo em tempo de paz - é uma justificativa legítima para a escolha do fornecedor, nos termos do art. 75, inc. VI, da nova Lei de Licitações.

4.9.1 Requisitos

O dispositivo impõe os seguintes requisitos para a dispensa de licitação:
a) as compras devem visar materiais de uso pelas Forças Armadas;
  b) não pode ser objeto da dispensa material de uso pessoal e administrativo;
  c) o objetivo da compra deverá ser a manutenção da padronização;
  d) a padronização deverá ser impositiva pela estrutura de apoio logístico dos meios navais, aéreos e terrestres;
  e) a contratação direta sem licitação deverá ser autorizada por ato do comandante da força militar[431].

4.9.1.1 Objeto do contrato

A primeira leitura do dispositivo poderia levar ao entendimento de que se trata de aquisição de material para as Forças Armadas e para seu exclusivo uso. A

---

[430] Notas pessoais do autor Jacoby Fernandes.
[431] Dispõe a **Resolução CONFEA nº 430, de 13 de agosto de 1999**. Diário Oficial da União em 15 set. 1999, Seção 1, p. 45, que a padronização, e outras atividades ali mencionadas, são atividades de engenheiro, arquiteto e agrônomo.

rigor, talvez fosse essa a pretensão da iniciativa, mas a literalidade permite que outras organizações que utilizem material de uso das Forças Armadas dele se sirvam para proceder à aquisição direta.[432]

Verifica-se, de fato, que o dispositivo não faz referência a uso exclusivo das Forças Armadas, mas tão só que seja de seu uso.

Haverá, pois, uma utilidade direta para as Forças Armadas, na medida em que deterão o controle sobre o material adquirido pelas corporações militares, forças reservas, polícias e outras organizações. Tal controle estabelecer-se-á não só pela eventual restrição de ordem legislativa a que outras organizações utilizem material próprio das Forças Armadas, quanto pelos termos em que for aprovado o parecer de padronização.

Esse procedimento não afetará a autonomia administrativa dos demais entes da federação, pois sobre o tema, há muito tempo, existe interferência federal acentuada.[433]

Poderá, assim, uma determinada Polícia Militar utilizar um fuzil de uso normal pelas organizações militares federais e até adquiri-lo com dispensa de licitação, se a Comissão e o parecer se inclinarem pela conveniência de padronização e, com isso, aumentar o potencial de mobilização nacional. Do mesmo modo, em relação à máscara de proteção contra substância química e gases tóxicos.

O que se não admite é a aquisição direta, a pretexto de padronizar, promovida na esfera militar federal ou não, sem o formalismo imposto pelo dispositivo.

Ressalte-se que o inciso só autoriza compras, descabendo para obras e serviços a possibilidade de dispensa; admissível, no entanto, a realização dos serviços inerentes à garantia técnica, quando constituir elemento acessório do contrato de compras, mas inadmissível a contratação da manutenção dos equipamentos por absoluta ausência de previsão legal.

4.9.1.2 Material de uso pessoal e administrativo

Estabelece a alínea em tela que **não** haverá dispensa de licitação para a aquisição de material de uso pessoal e administrativo.

Estão afastadas da possibilidade de contratação direta, com fundamento neste normativo, as fardas, calçados, divisas, condecorações, formulários, computadores, impressoras, veículos de características não militares etc.

---

[432] Em sentido contrário, entendendo que as forças reservas auxiliares não podem se utilizar do dispositivo: PEREIRA JUNIOR, Jessé Torres. **Comentários à Lei das Licitações e Contratações da Administração Pública**. Rio de Janeiro: Renovar, 1994, p. 166; e entendendo que as Forças Armadas são destinatárias subjetivas singulares do permissivo legal: FIGUEIREDO, Lúcia Valle; FERRAZ, Sérgio. **Dispensa e Inexigibilidade de Licitação**. São Paulo: Malheiros, 1994, p. 67.
[433] BRASIL. **Constituição da República Federativa do Brasil**. Organização dos textos e índice por J. U. JACOBY FERNANDES. 3. ed. Atualizada até a EC nº 102/2019. Belo Horizonte: Fórum, 2020. Confira arts. 22, XXI, e 144, §§ 5º e 6º.

Mesmo quando padronizados tais materiais, a sua aquisição há de ser feita mediante procedimento licitatório, pois não há, em princípio, qualquer interesse de segurança ou mobilização subjacente a tais aquisições.

4.9.1.3 Manutenção da padronização

Indiscutivelmente, a padronização, que é um princípio informativo das compras em geral, originado no art. 15, inciso I, da Lei nº 8.666/1993[434] foi mantido nos arts. 19, inc. II, e art. 40, inc. V, alínea "a" da nova lei.

No caso da norma anterior, a contratação direta sem licitação poderia ocorrer quando da "necessidade" de padronização, enquanto para a nova lei, a padronização permeia toda a Administração Pública e, certamente, também as organizações militares.

A padronização deve ser precedida de estudos técnicos, extremamente amplos, de mercado, em que todas as possibilidades de exame de produtos sejam esgotadas, a fim de que a escolha recaia sobre a aquisição que retrate a condição mais vantajosa, como expressamente previsto no art. 43 da nova LLCA. Uma vez definido em parecer técnico que deve haver padronização, elencando-se circunstanciadamente os motivos, será indicado o produto cujas características serão adotadas como padrão e, caso exclusivas de determinada marca, também a marca e o modelo.

4.9.1.4 Padronização impositiva

A Administração Pública poderá ser levada a padronizar os bens e materiais a serem adquiridos, por diversas razões consentâneas com o interesse público, entre as quais lembra-se o atendimento ao princípio da economicidade, reduzindo custos de manutenção pela escolha de melhor produto e treinamento de servidores para uso e manutenção, diminuindo a quantidade de itens de almoxarifado etc.

A autorização consubstanciada na alínea em exame tem o motivo vinculado: é imperioso que a padronização se faça por questões impositivas requeridas pela estrutura de apoio logístico.

Motivos de ordem econômica poderiam recomendar que a padronização recaísse em bens, por exemplo, de origem estrangeira, mas poderia haver, no caso, comprometimento do interesse em desenvolver determinada área da indústria nacional. Por isso, a lei vinculou a padronização ao que a estrutura de apoio logístico necessita, deixando os motivos subjacentes ao prudente arbítrio da comandante da força militar.

Recentemente, a Diretoria de Fiscalização de Produtos Controlados do Comando do Exército aprovou o Regulamento de Produtos Controlados, e designou a Associação Brasileira de Normas Técnicas (ABNT) para exercer as funções de Organismo de Certificação Designado - OCD.[435]

---

[434] BRASIL. **Lei nº 8.666/93 (Versão Bolso).** Organização dos textos e índice por J. U. JACOBY FERNANDES. 21. ed. ampl., rev. e atual. Belo Horizonte: Fórum, 2021.
[435] BRASIL. Comando do Exército. Ato DFPC/C EX nº 2/2021.

Sobre a certificação, cabe lembrar que, a LLCA estabelece que:

> Art. 17 [...]
>
> [...]
>
> § 6º A Administração poderá exigir certificação por organização independente acreditada pelo Instituto Nacional de Metrologia, Qualidade e Tecnologia (Inmetro) como condição para aceitação de:
>
> I - estudos, anteprojetos, projetos básicos e projetos executivos;
>
> II - conclusão de fases ou de objetos de contratos;
>
> III - material e corpo técnico apresentados por empresa para fins de habilitação.[436]

Atendendo a essa permissão, o Comando do Exército delega a organismo acreditado, a função de analisar os equipamentos e certificá-los, garantindo-lhes a qualidade para fins de aquisição e a boa aplicação dos recursos públicos, em nome da segurança nacional.

4.9.1.5 Autorização por ato do comandante da força militar

A parte final do dispositivo se refere à autorização e não define se essa se dirige à padronização ou à decisão da contratação direta sem licitação.

Parece mais acertada a segunda interpretação, porque a motivação, que integra o parecer, está definida pela necessidade de manter a padronização requerida pela estrutura de apoio logístico dos meios navais, aéreos e terrestres.

Portanto, a decisão que se expressa na "autorização" se dirige à própria contratação direta. Pelo domínio do vernáculo, aliás, não faria sentido autorizar a padronização, mas decidir pela padronização, verbo cuja ação vai além da mera autorização. Não se autoriza padronizar, mas decide-se padronizar.

Mesmo em caráter reservado, esses documentos podem ser examinados pelos órgãos de controle externo da Administração Pública, que possui procedimento próprio para o julgamento das contas oriundas de processos reservados ou sigilosos.

A propósito, por Decreto de 2 de abril de 1996,[437] o Presidente da República instituiu, no âmbito do Ministério da Aeronáutica, comissão com competência para examinar e emitir parecer sobre dispensa de licitação e para compras de materiais de uso da Aeronáutica com exceção de material de uso pessoal e administrativo, quando houver necessidade de manter a padronização requerida pela estrutura de apoio logístico dos meios aéreos e terrestres.

4.10 Art. 75, inc. IV, h – Operações de paz no exterior

Art. 75. É dispensável a licitação:

---

[436] BRASIL. **Lei nº 14.133, de 1º de abril de 2021.** Lei de Licitações e Contratos Administrativos. Organização de textos, remissões da Lei nº 8.666/1993, Lei nº 10.520/2002 e Lei 12.462/2011 e índices por Ana Luiza Jacoby Fernandes e J. U. Jacoby Fernandes. Belo Horizonte: 2021.

[437] Publicado no **Diário Oficial da União**, Brasília, DF, 03 abr. 1996.

[...]

IV - para contratação que tenha por objeto:

[...]

h) bens e serviços para atendimento dos contingentes militares das forças singulares brasileiras empregadas em operações de paz no exterior, hipótese em que a contratação deverá ser justificada quanto ao preço e à escolha do fornecedor ou executante e ratificada pelo comandante da força militar;

Dispositivos correspondentes na Lei nº 8.666/1993[438]:
Art. 24. É dispensável a licitação:
[...]
XXIX - na aquisição de bens e contratação de serviços para atender aos contingentes militares das Forças Singulares brasileiras empregadas em operações de paz no exterior, necessariamente justificadas quanto ao preço e à escolha do fornecedor ou executante e ratificadas pelo Comandante da Força.

A importância do País no cenário internacional e o seu envolvimento na defesa dos valores da pessoa humana e da democracia têm justificado a inserção do contingente militar e civil em operações de apoio a forças multilaterais supranacionais. Essas operações não se assemelham à guerra, sendo necessário e imprescindível um adequado planejamento e coordenação de ações, sob pena de comprometerem a vida dos envolvidos e, no final, a própria missão. Episódios recentes demonstram que o desatino de se aventurar sem preparo, em solos desconhecidos, criaram riscos que, para a mídia, podem representar atos de heroísmo, mas que não resistem, como tais, a um melhor estudo e análise. Afinal, por mais nobres que sejam os ideais envolvidos, a missão se faz em tempos de paz.

Deixando o plano teórico, na prática realmente existem motivos para a criação desse inciso. É que, ao contrário do que recomenda a boa gestão, a decisão de se inserir em operações militares dessa natureza não nasce no âmbito da força; a decisão é política e tomada em nível superior com absoluta desconsideração à capacidade, estrutura e adestramento dos planos inferiores. A intendência não é ouvida e a área operacional, subordinada à rígida hierarquia, acaba por não levar as instâncias superiores à efetiva capacidade de operação. Desse modo, recebendo a missão, os agentes acabam por se devotar com tal espírito que os aspectos legais acabam mitigados. Assim, o dispositivo assegura ampla margem para contratações nacionais e não nacionais, direta ou indiretamente vinculadas às necessidades dos contingentes militares das Forças Singulares brasileiras empregadas em operações de paz no exterior.

---

[438] BRASIL. **Lei nº 8.666/93 (Versão Bolso)**. Organização dos textos e índice por J. U. JACOBY FERNANDES. 21. ed. ampl., rev. e atual. Belo Horizonte: Fórum, 2020. Livro digital.

4.10.1 Dispositivos correlatos

Soma-se a esse quadro o fato de que a dispensa tem dispositivos correlatos que muito auxiliam na solução de questões que se apresentam como justificadoras da exceção:

a) o inciso VIII, do mesmo artigo 75, autoriza a exceção se houver emergência para a contratação de serviços e fornecimentos por até um ano;

b) o inciso IV, alínea "i" do mesmo artigo, autoriza a compra para abastecimento ou suprimento de efetivos militares em estada eventual de curta duração em portos, aeroportos ou localidades diferentes de suas sedes, por motivo de movimentação operacional ou de adestramento;

c) o inciso IV, alínea "g", porque não trata da necessidade de padronização.

Verifica-se, portanto, que a nova hipótese difere:

a) do inciso VIII, porque não exige a ocorrência de situação calamitosa ou emergencial; mesmo havendo falta de planejamento, a norma é permissiva; também não impõe o limite de um ano, podendo protrair-se além desse tempo;

b) do inciso IV, alínea "i", porque não exige que o destino da contratação seja determinado para o abastecimento ou suprimento de curta duração;

c) do inciso IV, alínea g, porque não é destinado a material padronizado para as Forças Armadas e pode ser para suprimento de necessidades administrativas e uso pessoal.

4.10.2 Requisitos

A decomposição semântica da norma indica que são requisitos para a aplicação dessa exceção à regra constitucional de licitar:

a) Objeto: compra de bens ou contratação de serviços, não importando se administrativos, operacionais ou estritamente militares. A norma não distingue e, mesmo em se tratando de norma que abre exceção, não pode o intérprete restringir;

b) Objetivo da contratação: atender às necessidades dos contingentes militares das forças singulares brasileiras empregadas em operações de paz no exterior. Somente a esse grupo é que a contratação poderá se destinar, embora os excedentes das contratações existentes por fatores externos ao bom planejamento possam não ter essa finalidade;

c) Proposta mais vantajosa: a contratação não necessita ser pelo menor preço, mas ao gestor não será permitido abandonar o dever de buscar a proposta mais vantajosa: justificando o preço. Nessa parte, a norma repete o que já é exigido de toda contratação direta sem licitação, conforme consta do art. 72, inciso VII;

d) Garantia da impessoalidade: repetindo outras normas do mesmo artigo, exige-se que seja justificada a razão da escolha do fornecedor ou contratado. Também nesse dispositivo a norma repete a regra geral de toda contratação direta sem licitação, conforme consta do art. 72, inciso VI.

4.11 Art. 75, inc. IV, i – Abastecimento/suprimento de efetivos militares

> Art. 75. É dispensável a licitação:
>
> [...]
>
> IV - para contratação que tenha por objeto:
>
> [...]
>
> i) abastecimento ou suprimento de efetivos militares em estada eventual de curta duração em portos, aeroportos ou localidades diferentes de suas sedes, por motivo de movimentação operacional ou de adestramento;

Dispositivos correspondentes na Lei nº 8.666/1993[439]:
Art. 24. É dispensável a licitação:
[...]
XVIII - nas compras ou contratações de serviços para o abastecimento de navios, embarcações, unidades aéreas ou tropas e seus meios de deslocamento quando em estada eventual de curta duração em portos, aeroportos ou localidades diferentes de suas sedes, por motivo de movimentação operacional ou de adestramento, quando a exiguidade dos prazos legais puder comprometer a normalidade e os propósitos das operações e desde que seu valor não exceda ao limite previsto na alínea "a" do inciso II do art. 23 desta Lei.

O dispositivo em tela tem sido bastante criticado. De um lado, por ter particularizado demasiadamente o destinatário e criado situação tão peculiar que seria facilmente vencível à luz da inexigibilidade de licitação.[440] De outro lado, a sua quase ineficácia, dada a quantidade de requisitos estabelecidos.

Há inúmeros dispositivos correlatos que podem abrigar o caso concreto, como os referidos nos incisos I, II, IV, "g" e "h", deste mesmo artigo, além dos casos de inexigibilidade estabelecidos no art. 74, inclusive o *caput*.

4.11.1 Requisitos

São os seguintes os requisitos que devem ocorrer e ser discriminados pela Administração, na justificativa a que alude o art. 72, para a validade da dispensa:

a) que o órgão contratante seja o responsável pelo suprimento de navios, embarcações, unidades aéreas ou tropas;

---

[439] BRASIL. **Lei nº 8.666/93 (Versão Bolso)**. Organização dos textos e índice por J. U. JACOBY FERNANDES. 21. ed. ampl., rev. e atual. Belo Horizonte: Fórum, 2020. Livro digital.
[440] MOTTA, Carlos Pinto Coelho. **Eficácia nas Licitações & Contratos**: Estrutura da Contratação, Concessões e Permissões, Responsabilidade Fiscal, Pregão - Parcerias Público-Privadas. 10 ed. Belo Horizonte: Del Rey, 2005, p. 223.

b) que estejam, em caráter eventual, em portos, aeroportos ou localidades diferentes de suas sedes por motivo operacional ou de adestramento;
c) que seja necessário abastecê-los.

Como se observa, comparando o art. 75, inc. IV, alínea "i", da atual lei, com o art. 24, inc. XVIII, da Lei nº 8.666/1993[441], não há mais limite de valor para essa compra. Também não mais foi exigido que essa dispensa perdurasse apenas durante "o tempo exigido para o regular processo licitatório" ou que o tempo de estadia eventual fosse "incompatível com a necessidade a satisfazer, no sentido de afetar a normalidade e os propósitos das operações desenvolvidas".

4.11.2 Contratante responsável pelo abastecimento

O dispositivo está dirigido para as mobilizações das Forças Armadas, mas, como oportunamente ensina Jessé Torres,[442] a hipótese de dispensabilidade pode aproveitar as polícias militares e o corpo de bombeiros.

De fato, ao usar a expressão "efetivos militares", se refere a instituições militares, em geral. Há de haver cautela, pois a polícia militar e o corpo de bombeiros militar deverão estar em deslocamento fora da sede, em região que exija o abastecimento não suprível. Na prática, muito provavelmente os incs. I e II do art. 75 serão preferidos pelos gestores, porque o pagamento via cartão corporativo minimiza a instrução processual.

Também podem beneficiar-se do dispositivo, ao contrário do que sustentam alguns doutrinadores, empresas responsáveis pelo deslocamento de navio, embarcações e unidades aéreas. Dada a extensa dimensão do território nacional e a diversidade de composição das regiões, parece possível exemplificar várias hipóteses em que outras unidades, além das militares, poderiam utilizar-se desse inciso para promover a contratação sem prévio procedimento licitatório: a FUNAI, em expedição organizada fora da sede, usando de avião militar em município distante; as unidades de saúde federais, em atividade típica que desloca um grupo de profissionais da área de Saúde para uma região endêmica, por embarcação militar; nos casos citados, tais órgãos poderão abastecer os meios de deslocamento com dispensa de licitação, promovendo diretamente as compras e as contratações de serviços.

Fato interessante ocorreu em pequeno município que recebeu e hospedou uma tropa de militares responsáveis pela distribuição de alimentos a comunidades carentes. O prefeito pretendia, segundo informou em um seminário do qual participamos, fundamentar a contratação direta de víveres para a tropa nesse inciso. Em princípio, só quem está autorizado pelo inciso é que detém a responsabilidade para abastecer, não sendo abrangidos pelo dispositivo atos de cooperação de caráter informal. À época, recomendamos fundamentar a contratação no inciso XII do art.

---

[441] BRASIL. **Lei nº 8.666/93 (Versão Bolso)**. Organização dos textos e índice por J. U. JACOBY FERNANDES. 21. ed. ampl., rev. e atual. Belo Horizonte: Fórum, 2020. Livro digital.
[442] PEREIRA JÚNIOR, Jessé Torres. **Comentários à Lei das Licitações e Contratações da Administração Pública**. Rio de Janeiro: Renovar, 1994, p. 165-6.

24 da Lei nº 8.666/1993[443], que hoje corresponde ao art. 75, inc. IV, alínea "e", devendo ser adotada a cautela de justificar o ato de cooperação e sua motivação, vez que promoção pessoal ou política não autoriza legitimamente o uso de recursos públicos.

4.11.3 Localização em caráter eventual

Estabelece o dispositivo a condição de eventualidade desse deslocamento. Eventual é, pois, o que depende de acontecimento incerto, casual, fortuito, acidental,[444] opondo-se à noção de periódico, mas que pode ser até razoavelmente previsível.

Nesse diapasão, podem ocorrer hipóteses várias que autorizam, ou não, a contratação direta:

a) o próprio deslocamento só ocorre em caráter eventual, como, por exemplo, o helicóptero utilizado eventualmente por uma equipe de resgate na selva amazônica. Plenamente viável e jurídico que seja abastecido e consertado mediante contratação direta em algum município;

b) o deslocamento é rotineiro, mas o destino, imprevisível, ensejando, portanto, a impossibilidade de, por meio de regular processo licitatório, estabelecer pontos de previsão de abastecimento de embarcações, navios, unidades aéreas ou tropas. A consequência direta é que a estada apresenta o caráter de eventualidade, previsto expressamente no dispositivo como autorizador da dispensa. Há um detalhe a contrastar, condizente à efetiva atuação dos órgãos de suprimento. A exemplo do que está nos comentários ao inciso VIII deste mesmo artigo, sobre emergência, a negligência da atividade não pode obviar o acatamento da lei;

c) o deslocamento é rotineiro e periódico para itinerários previsíveis. Nesse caso, o abastecimento é de integral responsabilidade dos órgãos de apoio e, dada a periodicidade, é absolutamente impositivo o certame licitatório. Sem o caráter de eventualidade, não pode haver dispensa de licitação com base nessa alínea.

Como exposto na parte preliminar dos comentários desse inciso, a expressão "localidades diferentes de suas sedes" pode ter amplitude suficiente para comportar, por exemplo, o afastamento de tropas da polícia militar para fora do quartel, que seria, no caso, a sede da unidade. O fundamento lógico que permeia a autorização para a compra direta, no caso, é a impossibilidade de retornar à sede e ali proceder ao abastecimento do avião, por exemplo, ou à alimentação da tropa que se afastou da sede para atender à necessidade de manter a ordem em determinada localidade, afetada por uma comoção interna. Permanece, contudo, a noção de eventualidade, a ser rigorosamente apreciada no caso concreto.

---

[443] BRASIL. **Lei nº 8.666/93 (Versão Bolso)**. Organização dos textos e índice por J. U. JACOBY FERNANDES. 21. ed. ampl., rev. e atual. Belo Horizonte: Fórum, 2021.

[444] FERREIRA, Aurélio Buarque de Holanda. **Novo Dicionário da Língua Portuguesa**. 2. ed. 25. impressão. Rio de Janeiro: Nova Fronteira,1986, p. 736.

4.11.4 A necessidade do abastecimento

A exemplo do que ocorre no inciso VIII, a autorização para a compra direta restringe-se a itens necessários ao abastecimento durante o deslocamento que se faz em continuidade, fora da sede ou em estadia eventual. Não pode o agente público utilizar o pretexto para promover aquisições não necessárias, sob pena de praticar ato simulado, nulo perante a lei, e atrair para si a responsabilidade administrativa, civil e penal.

Toda a documentação poderá ser examinada pelos órgãos de controle, mostrando-se, desde logo, conveniente que as contratações que fujam à rotina mereçam circunstanciado registro por parte do agente. O que pode ser feito, até, no verso dos documentos da despesa, apontando as causas da aquisição, para que, depois, no regresso, sirva de base às formulações da instrução processual na forma do art. 72.

Estão abrangidas pelo dispositivo as aquisições feitas para abastecimento, durante a estada e também as necessárias ao deslocamento até o próximo ponto de abastecimento dos efetivos militares.

4.12 Art. 75, inc. IV, j – Resíduos sólidos

> Art. 75. É dispensável a licitação:
>
> [...]
>
> IV - para contratação que tenha por objeto:
>
> [...]
>
> j) coleta, processamento e comercialização de resíduos sólidos urbanos recicláveis ou reutilizáveis, em áreas com sistema de coleta seletiva de lixo, realizados por associações ou cooperativas formadas exclusivamente de pessoas físicas de baixa renda reconhecidas pelo poder público como catadores de materiais recicláveis, com o uso de equipamentos compatíveis com as normas técnicas, ambientais e de saúde pública;

Dispositivos correspondentes na Lei nº 8.666/1993[445]:
Art. 24. É dispensável a licitação:
[...]
XXVII - na contratação da coleta, processamento e comercialização de resíduos sólidos urbanos recicláveis ou reutilizáveis, em áreas com sistema de coleta seletiva de lixo, efetuados por associações ou cooperativas formadas exclusivamente por pessoas físicas de baixa renda reconhecidas pelo poder público como catadores de materiais recicláveis, com o uso de equipamentos compatíveis com as normas técnicas, ambientais e de saúde pública

A limpeza urbana e manejo de resíduos sólidos é um dos elementos integrantes da definição de saneamento básico, inserta no art. 3º, inc. I, da Lei nº 11.445/

---

[445] BRASIL. **Lei nº 8.666/93 (Versão Bolso)**. Organização dos textos e índice por J. U. JACOBY FERNANDES. 21. ed. ampl., rev. e atual. Belo Horizonte: Fórum, 2020. Livro digital.

2007,[446] que simbolizou o marco regulatório do setor no País. Esse marco teve substancial alteração com a redação pela Lei nº 14.026, de 15 de julho de 2020[447].

A citada lei estabelece diretrizes nacionais para o saneamento básico que, não obstante sua indiscutível relevância, permanecia sem regulação específica.

Inserido no rol do art. 24 da Lei nº 8.666/1993 como mais uma hipótese de dispensa de licitação, restritivamente permitida pela Lei Geral de Licitações e Contratações Públicas, o inciso XXVII destinava-se, essencialmente, ao incentivo e apoio às associações e cooperativas de "catadores de materiais recicláveis" formadas exclusivamente por pessoas físicas de baixa renda.

É uma opção política. A outra seria exigir a coleta por empresas, obrigando-as a qualificar a mão de obra. Em trabalho desenvolvido no Ministério Público, apontou-se o extraordinário sobrepreço dessa opção para o contribuinte, quando o GDF rescindiu os contratos com empresas de coleta de lixo, para contratar associações de carroceiros.

Essa evidente preocupação com a gestão social e ambientalmente correta do lixo urbano assume importância na inclusão econômica e social dos catadores de lixo em associações e cooperativas, promovendo a geração de emprego e renda e auxiliando esses trabalhadores a enfrentar as numerosas dificuldades que se impõem, diante das condições de extrema penúria que os colocam em situação de pouca ou nenhuma chance de competir no mercado de trabalho. O equilíbrio entre eficiência e economicidade não pode descambar para uma solução imprópria como aquela que transformou a capital do país num trânsito atabalhoado por carroceiros sem atender à legislação do trânsito e da proteção ambiental.

4.12.1 Titularidade do contratante

A Constituição Federal de 1988, em seu art. 30, inc. I, atribui aos municípios a competência para organizar e prestar os serviços públicos de interesse local[448].

---

[446] BRASIL. **Lei nº 11.445, de 5 de janeiro de 2007** [com a Redação pela Lei nº 14.026, de 2020]. Estabelece diretrizes nacionais para o saneamento básico; altera as Leis nos 6.766, de 19 de dezembro de 1979, 8.036, de 11 de maio de 1990, 8.666, de 21 de junho de 1993, 8.987, de 13 de fevereiro de 1995; revoga a Lei nº 6.528, de 11 de maio de 1978; e dá outras providências. **Diário Oficial da União**, Brasília, DF, 08 jan. 2007.

[447] BRASIL. **Lei nº 14.026 de 15 de julho de 2020**. Atualiza o marco legal do saneamento básico e altera a Lei nº 9.984, de 17 de julho de 2000, para atribuir à Agência Nacional de Águas e Saneamento Básico (ANA) competência para editar normas de referência sobre o serviço de saneamento, a Lei nº 10.768, de 19 de novembro de 2003, para alterar o nome e as atribuições do cargo de Especialista em Recursos Hídricos, a Lei nº 11.107, de 6 de abril de 2005, para vedar a prestação por contrato de programa dos serviços públicos de que trata o art. 175 da Constituição Federal, a Lei nº 11.445, de 5 de janeiro de 2007, para aprimorar as condições estruturais do saneamento básico no País, a Lei nº 12.305, de 2 de agosto de 2010, para tratar dos prazos para a disposição final ambientalmente adequada dos rejeitos, a Lei nº 13.089, de 12 de janeiro de 2015 (Estatuto da Metrópole), para estender seu âmbito de aplicação às microrregiões, e a Lei nº 13.529, de 4 de dezembro de 2017, para autorizar a União a participar de fundo com a finalidade exclusiva de financiar serviços técnicos especializados.

[448] BRASIL. **Constituição da República Federativa do Brasil**. Organização dos textos e índice por J. U. JACOBY FERNANDES. 3. ed. Atualizada até a EC nº 102/2019. Belo Horizonte: Fórum, 2020.

Em conformidade com a Constituição Federal, em 2010 foi criada a Lei Federal nº 12.305, de 02 de agosto, que incumbiu ao "Distrito Federal e aos Municípios a gestão integrada dos resíduos sólidos gerados nos respectivos territórios", colocando um ponto final às controvérsias.

Não é somente o Poder Público que pode servir-se desse dispositivo. Outras instituições podem contratar a coleta seletiva, por dispensa de licitação.

4.12.2 Requisitos

Os requisitos explícitos no inciso referem-se ao contratado, que deve ser associação ou cooperativas de "catadores de materiais recicláveis":

a) formadas exclusivamente por pessoas físicas de baixa renda, e

b) que utilizem equipamentos compatíveis com as normas técnicas, ambientais e de saúde pública;

c) que tenham por objeto, o serviço de coleta, processamento e comercialização de resíduos sólidos urbanos recicláveis ou reutilizáveis, nas áreas de coleta seletiva de lixo.

4.13 Art. 75, inc. IV, k – Restauração de obras de arte e objetos históricos

Art. 75. É dispensável a licitação:
[...]
IV - para contratação que tenha por objeto:
[...]
k) aquisição ou restauração de obras de arte e objetos históricos, de autenticidade certificada, desde que inerente às finalidades do órgão ou com elas compatível;

Dispositivos correspondentes na Lei nº 8.666/1993[449]:
Art. 24. É dispensável a licitação:
[...]
XV - para a aquisição ou restauração de obras de arte e objetos históricos, de autenticidade certificada, desde que compatíveis ou inerentes às finalidades do órgão ou entidade.

A possibilidade de contratação tratada nesse inciso foi classificada como inexigibilidade de licitação pelo Decreto-Lei nº 200/1967 e também pelo Decreto-Lei nº 2.300/1986. Na doutrina, sustenta-se ainda que o melhor tratamento seria sua continuidade naquela classificação, em face da inviabilidade de competição e da normal necessidade de notório especialista para execução dos serviços de restauração.

---

[449] BRASIL. **Lei nº 8.666/93 (Versão Bolso)**. Organização dos textos e índice por J. U. JACOBY FERNANDES. 21. ed. ampl., rev. e atual. Belo Horizonte: Fórum, 2021. Livro digital.

Há conexão íntima entre esse inciso e o art. 74, inciso II e inciso III, alínea "g", da nova Lei, que tratam da inexigibilidade de licitação. No inciso III, alínea "g", do art. 74, reconhece-se a inviabilidade de competição entre os profissionais prestadores de serviços técnicos, dada a notória especialização do agente a ser contratado. No inciso II, permite-se a contratação direta do artista, consagrado pela crítica, que poderá ser, então, o encarregado da restauração de uma obra. Mas o inciso IV, alínea "k", deste artigo, de que se cuida agora, tem sua utilidade, como adiante será visto, ainda que as críticas pela inadequada sistematização sejam procedentes.

4.13.1 Objeto

Poderá ser contratada diretamente, sem necessidade do certame licitatório, a compra de obras de arte e objetos históricos.

"Obra de arte" é uma expressão de significado bastante amplo, capaz de sustentar o produto da atividade criativa humana que, embora em seu conteúdo vernacular esteja associada à produção de sensações agradáveis ou de estado de espírito de caráter estético, nem sempre, na atualidade, a isso correspondem.

Tanto poderá ser adquirida uma escultura quanto um quadro de pintura, um objeto de porcelana, um monumento, enfim, um bem com características próprias de trabalhos humanos, descartando-se do elenco a aquisição de imóveis.

Em termos práticos, vislumbra-se certa confusão, ainda, entre objetos de arte e objetos de decoração. A originalidade e singularidade de um objeto podem ser critérios distintivos, mas, com certeza, só as circunstâncias poderão permitir enfrentar adequadamente a questão.

O "objeto histórico", por sua vez, poderá consistir, também, numa obra de arte ou não. É um bem que, pela característica pretérita a ele imprimida, assumiu certa singularidade, como, *v.g.*, "a caneta com a qual a Princesa Isabel sancionou a lei que aboliu a escravatura". Não é necessário que o bem tenha sido tombado pelo patrimônio histórico, bastando a autenticidade comprovada.[450]

Também não cabe aqui a aquisição de prédios históricos que, a propósito, poderão enquadrar-se no *caput* do art. 76. Há, porém, duas considerações importantes sobre o objeto a ser adquirido:

a) o interesse público; e
b) a autenticidade certificada.

Conquanto o primeiro não esteja previsto expressamente na lei, constitui ponto basilar de toda atividade administrativa.

Estabelece a Constituição Federal, no art. 23, inc. III, que é da competência comum da União, dos Estados, do Distrito Federal e dos Municípios "proteger os documentos, as obras e outros bens de valor histórico, artístico e cultural [...]" e, em

---

[450] SOUTO, Marcos Juruena Villela. **Licitações & contratos administrativos**. Rio de Janeiro: Esplanada/ADCOAS, 1998, p. 157.

continuidade, "impedir a evasão, a destruição e a descaracterização de obras de arte e de outros bens de valor histórico, artístico ou cultural", repetindo, para os municípios, enfaticamente, a mesma competência, no art. 30, inc. IX[451].

Ao lado dessas disposições, está o interesse público de que os edifícios públicos não sejam povoados com obras de arte, em detrimento da austeridade que um país em fase de desenvolvimento deve ostentar, para fazer frente às grandes prioridades sociais.

Tradicionalmente, por serem esses bens singulares, firmou-se uma visão deformada de que o valor destes é incomensurável. Não pode haver equívoco maior.

A valoração do bem não deprecia o talento artístico e é, na sociedade, a forma adequada e única de "traduzir" a sua expressão. Só uma Administração ineficiente e pouco atenta ao interesse público deixa de promover uma avaliação idônea de uma obra de arte ou de um bem de valor histórico como medida prévia à aquisição. Qualquer particular, cidadão comum, antes de fazer uma aquisição, procuraria saber o real valor do bem. Se essa conduta é a ordinária do *bonus pater familis*, com muito mais razão não se pode relegá-la quando o adquirente é um agente remunerado pelo erário, responsável pelo emprego de verbas públicas.

O laudo de avaliação, instrumento que formaliza o procedimento referido no parágrafo anterior, deverá ser elaborado por um profissional com capacidade técnica para tanto - e esta será demonstrada pelo próprio contratado, pelos documentos de que dispuser, se não se tratar de atividade referente a profissão regulamentada por lei, hipótese em que só serão admitidos os títulos estabelecidos pela norma legal pertinente - por um grupo de profissionais ou, dependendo do vulto da aquisição, por mais de um laudo. É importante consignar que, pela natureza dos objetos pretendidos, o laudo não constitui valor absoluto final e indiscutível, ao contrário das hipóteses de dispensa, vez que é admissível certa margem de negociação sobre o valor considerado justo.

O proprietário do bem, de fato, não estará obrigado a aceitar o valor encontrado pelos peritos, mostrando-se razoável uma variação que as circunstâncias considerem adequada. Não pode, porém, o Poder Público, que tem seus recursos oriundos da compulsoriedade dos tributos, curvar-se à especulação abusiva.

Ocorrendo tal fato e, em se tratando de relevante interesse - como, por exemplo, se um particular, proprietário de um objeto de valor histórico, extremamente importante para o Brasil, ameaça vendê-lo a um estrangeiro -, a Administração não deve se inibir no uso do seu poder de império e, de imediato, deve proceder à desapropriação, usando das medidas cautelares, se necessário, para garantir a integridade do bem, com a retirada da posse.[452] Essa postura já foi praticada por países mais desenvolvidos.

---

[451] BRASIL. **Constituição da República Federativa do Brasil**. Organização dos textos e índice por J. U. JACOBY FERNANDES. 3. ed. Atualizada até a EC nº 102/2019. Belo Horizonte: Fórum, 2020.
[452] A título de ilustração, lembra-se a **Lei nº 4.845, de 19 de novembro de 1965,** que proibiu a saída para o exterior de obras de arte e ofícios produzidos no País até o fim do período monárquico.

Aliás, um determinado município enfrentou situação curiosa: possuindo em seu acervo uma escultura de artista nordestino famoso, de "notória" autenticidade, viu-se com dificuldades para cumprir as prescrições do inciso, devido ao fato de que, ao tempo em que a obra fora doada, o artista não era famoso. A sugestão encontrada foi a contratação de perito, para atestar a autenticidade da obra e, a partir daí, contratar com dispensa de licitação a sua restauração. Nesse momento, outro fato ocorreu: tendo o próprio autor da obra interesse em promover a restauração, e ofertando, para tanto, preço muito razoável, a contratação acabou efetivando-se por inexigibilidade de licitação.

Para enfrentar a questão, deverá a Administração considerar as seguintes hipóteses (h):

> h.1) o bem a ser restaurado é comum e o seu valor histórico decorre apenas de episódio no qual se inseriu, como, por exemplo, os móveis de uma sala de jantar de um encontro importante;

O serviço de restauração pode ser realizado por profissionais da área, desde que idôneos, para garantir a eficiência do serviço: a licitação é, portanto, viável, sendo conveniente que a Administração cerque-se de algumas garantias, como a inclusão, no ato convocatório, de exigência de comprovação de aptidão e certificação, na forma do art. 17, § 6º, inciso III, observando a forma estabelecida no art. 67 e no § 1º do mesmo artigo, com indicação das parcelas de maior relevância, notadamente de ordem estética, a serem discriminadas na forma do § 2º do mesmo art. 67 da nova lei. Recomendável, também, a exigência de garantia, prevista no art. 92, inc. XII, e arts. 96 e 98. Havendo a entrega dos bens para restauração, a Administração ainda poderá acrescer ao valor da garantia exigida o valor dos próprios bens, como faculta o art. 101. Com essas cautelas, o interesse público ficará devidamente resguardado, sendo possível o certame licitatório;

> h.2) o bem a ser restaurado apresenta singularidade de tal ordem que exige a sua restauração por grupo restrito de profissionais;

Entre os diversos possíveis futuros contratados, apenas dois, por exemplo, residem no município e a Prefeitura entende inconveniente o transporte do bem para outra localidade. Por outro lado, se promover a licitação, não poderá restringir a participação de profissional de outra região e, a rigor, a obrigação de promover a restauração na localidade poderá ser tida como impertinente.[453]

Nesse contexto, existindo poucos profissionais com aptidão e, tendo o objeto certas características singulares, parece possível dispensar a licitação, como preceitua o inciso em comento, e escolher um determinado profissional sem ofensa ao princípio da isonomia, justificando adequadamente a escolha por fatores como o bom nome do profissional, o aparelhamento e instalações que possui, a experiência, a desnecessidade de transporte dos bens com a sua contratação. Indubitavelmente, essas assertivas que justificam a escolha, se colocadas em ato convocatório, seriam rechaçadas por impertinentes, irrelevantes e restritivas à competitividade; somadas,

---

[453] BRASIL. **Lei nº 8.666/93 (Versão Bolso)**. Organização dos textos e índice por J. U. JACOBY FERNANDES. 21. ed. ampl., rev. e atual. Belo Horizonte: Fórum, 2020. Livro digital. Vide art. 3º, I.

contudo, fundamentam com segurança a dispensa. Ademais, é sempre conveniente recordar que o próprio legislador assegurou a hipótese de contratação direta, sem que o profissional seja detentor de notória especialização ou artista de renome consagrado pela crítica;

    h.3) o objeto a ser restaurado guarda certas características de grande singularidade e, no mercado, há empresa com especialização na área, à qual é reconhecidamente atribuída notoriedade no ramo, levando a Administração a concluir tratar-se indubitavelmente da única capaz de levar a termo o serviço, nas condições pretendidas, pelo órgão contratante;

Dois dispositivos autorizam a contratação direta: o inciso em comento e o inciso II do art. 74 da nova lei. A justificativa pode fazer referência a ambos, mas o ato é praticado com fundamento em apenas um deles. Como recomendação, pode-se registrar que, se forem atendidos plenamente os requisitos do dispositivo que trata da dispensa (art. 75, inc. IV, alínea "k"), deve-se optar por esse que é, na prática, mais fácil de enfrentar, se o ato vier a ser questionado;

    h.4) só um artista ou o próprio autor da obra é capaz de promover a restauração de modo eficaz.

Valem aqui as mesmas considerações expendidas em relação ao caso tratado na hipótese anterior e as mesmas conclusões adotadas, obtemperando-se que a inexigibilidade, no caso, seria fundamentada no inciso II do art. 74 da nova lei.

Para todas as hipóteses, valem as recomendações da conveniência de a Administração garantir-se da eficaz execução do serviço, como sugerido em h.1, e da avaliação prévia.

Deve-se recomendar, ainda, que, por se tratar de serviço, antes seja elaborado singelo projeto básico ou termo de referência, prevendo detalhadamente o que é pretendido, o tempo de execução necessário, os materiais a serem empregados, os cuidados no transporte do objeto e meios de sua realização, uma vez que, conforme o art. 6º, XXIII e XXV, é imprescindível a existência de algum destes para a contratação de qualquer serviço, por se tratarem de elementos do processo que define com precisão o objeto pretendido pela Administração, que o minudencia e detalha.[454]

4.13.2 Contratante

Não é qualquer entidade que pode utilizar-se desse dispositivo para promover a aquisição ou restauração de obras de arte ou objetos históricos. A lei impõe que a contratação guarde correspondência de compatibilidade ou inerência entre as finalidades da entidade e a aquisição ou restauração para que seja permitida a aquisição ou restauração sem licitação.

---

[454] BRASIL. Tribunal de Contas da União. Processo TC nº 014.511/2005-4. Acórdão nº 989/2006 - 1ª Câmara. Relator: Ministro Valmir Campelo. **Diário Oficial da União**, Brasília, DF, 02 maio 2006. Seção 1, p. 67.

Nos casos dos órgãos que não apresentem atividades compatíveis ou inerentes à aquisição de obras de arte ou objeto de valor histórico, a compra ou serviço deverá processar-se mediante regular procedimento licitatório. Por óbvio, mesmo nesse caso, exige-se o interesse público específico para justificar a aquisição, como referido anteriormente.[455]

Razões didáticas impõem que, primeiramente, seja analisada a expressão "desde que compatíveis ou inerentes com as finalidades do órgão ou entidade".

Os termos usados não são sinônimos, e o legislador usou-os de modo alternativo, de tal sorte que cada um poderá ensejar caminhos diversos para o administrador público, fato que tem passado despercebido pelos doutrinadores pátrios.

Efetivamente, "compatível" é o que pode coexistir, conciliar-se, harmonizar-se com algo,[456] enquanto "inerente" é o que está, por natureza, inseparavelmente ligado a alguma coisa.[457]

No caso, para que se considere compatível, é necessário verificar se a aquisição ou a contratação da restauração se harmonizam com as atribuições e finalidades do órgão ou entidade; já a inerência seria a relação direta com a finalidade do órgão.

Exemplificando, na esfera federal seriam inerentes às atribuições do Departamento do Arquivo Nacional adquirir os originais da Lei Áurea; seria compatível com a finalidade do Departamento de Imprensa Nacional adquirir a primeira prensa usada, no Império, para divulgar os atos do Reino; ou a Embratur contratar a restauração do Cristo Redentor do Rio de Janeiro. Percebe-se que há uma relação indireta entre a contratação e a finalidade do órgão, mas há um liame de harmonia evidente. É precisamente essa evidência que demonstra a compatibilidade e afasta o mero interesse de adornar repartições ou ambientes de trabalho à custa do erário, que deve ser amplamente rechaçada pela sociedade. Guardada relação de inerência ou compatibilidade com a finalidade do órgão ou entidade, quais pessoas estão autorizadas a promover a dispensa?

Considerando-se que é da competência da União, Estados, Distrito Federal e Municípios proteger as obras de arte e objetos de valor histórico, bem como impedir a evasão, a destruição e a descaracterização, nos termos do art. 23, incs. III e IV, da Constituição Federal[458], são regulares as dispensas quando promovidas por órgãos da Administração Direta. Essa premissa, contudo, deve ser balizada pela distribuição sistêmica de funções adotada como modelo na Administração Pública brasileira.

Nesses termos, o que pode ser compatível com um Ministério poderá não ser com outro, sendo que ambos integram a mesma entidade, exigindo o dispositivo a

---

[455] O TCU vedou a compra de obra de arte por um TRT. Processo TC nº 350.336/91-1. Relator: Jose Antonio Barreto de Macedo. **Diário Oficial da União**, Brasília, DF, 08 nov. 91. Seção 1, p. 25227.
[456] FERREIRA, Aurélio Buarque de Holanda. **Novo Dicionário da Língua Portuguesa**. 2. ed. 25. impressão. Rio de Janeiro: Nova Fronteira, 1986, p. 439.
[457] FERREIRA, Aurélio Buarque de Holanda, op. cit. supra, p. 941.
[458] BRASIL. **Constituição da República Federativa do Brasil**. Organização dos textos e índice por J. U. JACOBY FERNANDES. 3. ed. Atualizada até a EC nº 102/2019. Belo Horizonte: Fórum, 2020.

correlação de inerência ou compatibilidade com a finalidade do órgão, aqui entendido como não personalizado ou entidade.

Na esfera da Administração descentralizada, porém, os fatos se passam de modo diverso, pois não há, como regra geral, pertinência ou correlação da atividade com a finalidade e a aquisição ou restauração, ressalvado, por óbvio, quando é a própria atividade de proteção, conservação e manutenção dos objetos históricos ou de arte que se descentraliza. Exemplos comuns são as fundações culturais municipais, escolas de arte, museus, galerias de arte, que podem, por interesse da Administração, atuar descentralizadamente.

A aquisição ou a restauração deverá ser aproveitada pelo órgão ou dar cumprimento à sua finalidade, sendo inconcebível que entidades como as referidas no parágrafo anterior adquiram ou restaurem obras e objetos para uso de outras repartições.

Também esse ato seria nulo de pleno direito, por desvio de finalidade, contrastável no bojo de ação popular ou mediante a ação dos Tribunais de Contas.

4.14 Art. 75, inc. IV, l – Provas em persecução penal

> Art. 75. É dispensável a licitação:
>
> [...]
>
> IV - para contratação que tenha por objeto:
>
> [...]
>
> l) serviços especializados ou aquisição ou locação de equipamentos destinados ao rastreamento e à obtenção de provas previstas nos incisos II e V do *caput* do art. 3º da Lei nº 12.850, de 2 de agosto de 2013, quando houver necessidade justificada de manutenção de sigilo sobre a investigação;

Dispositivos correspondentes na Lei nº 8.666/1993[459]: não há.

Na Lei nº 12.850, de 2 de agosto de 2013, que define organização criminosa e dispõe sobre a investigação criminal, os meios de obtenção da prova, infrações penais correlatas e o procedimento criminal, foi incluído pela Lei nº 13.097, de 19 de janeiro de 2015, o seguinte dispositivo:

> Art. 3º Em qualquer fase da persecução penal, serão permitidos, sem prejuízo de outros já previstos em lei, os seguintes meios de obtenção da prova:
>
> [...]
>
> § 1º Havendo necessidade justificada de manter sigilo sobre a capacidade investigatória, poderá ser dispensada licitação para contratação de serviços técnicos especializados, aquisição ou locação de equipamentos destinados à polícia judiciária para o rastreamento

---

[459] BRASIL. **Lei nº 8.666/93 (Versão Bolso).** Organização dos textos e índice por J. U. JACOBY FERNANDES. 21. ed. ampl., rev. e atual. Belo Horizonte: Fórum, 2020. Livro digital.

e obtenção de provas previstas nos incisos II e V.

§ 2º No caso do § 1º, fica dispensada a publicação de que trata o parágrafo único do art. 61 da Lei nº 8.666, de 21 de junho de 1993, devendo ser comunicado o órgão de controle interno da realização da contratação.[460]

4.14.1 Requisitos

São requisitos para aplicação do dispositivo:

a) autoridade contratante: agente público integrante de órgão da Administração Pública responsável por qualquer fase da persecução penal;

b) objeto a ser contratado: serviços técnicos especializados, aquisição ou locação de equipamentos;

c) finalidade do objeto a ser contratado: obter prova para fins de persecução penal.

Não há requisitos em relação ao contratado, mas deve atender às regras gerais de habilitação jurídica e regularidade fiscal. A qualificação técnica deve ser pertinente ao objeto do contrato.

4.14.1.1 Autoridade competente

A norma refere-se à "persecução penal". Persecução penal ou persecução criminal é o procedimento criminal brasileiro que comporta duas fases: 1) investigação criminal; e 2) o processo penal, propriamente dito.

Portanto, o dispositivo autoriza a contratação direta sem licitação tanto para autoridade policial, quanto para o Ministério Público.

Recomenda-se a cautela a essas autoridades no sentido de que não atuem como contratantes, mas como demandantes da contratação. Em outras palavras, não se recomenda ao Delegado de Polícia que determine a compra; ao contrário, recomenda-se que o mesmo demande a contratação, esclarecendo que, nos termos da lei, pode ser realizada sem licitação. Na precisa disposição do art. 18, § 1º, inc. I, da LLCA, que atue na "descrição da necessidade da contratação, considerado o problema a ser resolvido sob a perspectiva do interesse público".

As áreas administrativas estão mais aptas a proceder à instrução do processo, na forma do art. 72 da nova lei.

---

[460] BRASIL. **Lei nº 12.850, de 2 de agosto de 2013.** Define organização criminosa e dispõe sobre a investigação criminal, os meios de obtenção da prova, infrações penais correlatas e o procedimento criminal; altera o Decreto-Lei nº 2.848, de 7 de dezembro de 1940 (Código Penal); revoga a Lei nº 9.034, de 3 de maio de 1995; e dá outras providências.

4.14.1.2 Objeto - serviços técnicos especializados, aquisição ou locação de equipamentos

Como a persecução penal visa a coleta de elementos de informações, a apuração de fato que configure infração penal e respectiva autoria, para servir de base à ação penal ou às providências cautelares, o objeto, pela lei, é amplo.

Pode ser profissional especialista em escuta, intercepção de fone e dados, perícia de materiais e outros. Obviamente, a contratação deve ser de objeto conforme a lei, fato que pode implicar, por exemplo, a necessidade de ser juntada aos autos a autorização judicial. Note: não é a autorização judicial para a contratação, porque essa é da autoridade administrativa, Ordenador de Despesas. A autorização judicial, quando requerida, é para integrar a instrução processual e demonstrar a conformidade do ato.

Pode também o objeto ser uma compra de equipamento ou a locação de equipamentos. Não há, no dispositivo, limite de valor ou época.

Embora a contratação se destine a persecução penal, não é necessário que seja para persecução penal específica.

4.14.1.3 Finalidade do objeto a ser contratado: obter prova para fins de persecução penal

Quanto ao terceiro requisito, é suficiente a declaração da autoridade competente que se destina à produção de prova em persecução penal. Em condições normais, a simples descrição do objeto costuma ser suficiente para identificar a finalidade.

4.14.1.4 Publicidade

A publicidade não é requisito dessa contratação direta sem licitação. Ao contrário, neste caso a publicidade foi mitigada para que o próprio investigado ou os delinquentes em geral não tenham conhecimento da contratação ou aquisição das novas tecnologias ou dos meios de prova que poderão ser utilizados pela autoridade policial ou Ministério Público.

Assim, a publicidade nesta hipótese deverá se limitar ao extrato do contrato, conforme parágrafo único do art. 72, dispensando os requisitos de publicidade previstos no art. 92 da nova Lei. Isso porque, o extrato de contrato, confere a publicidade mínima necessária, mas não expõe informações prejudiciais à investigação, quando a integralidade do contrato e dos documentos de planejamento, por óbvio, prejudicam a persecução penal.

Inclusive, na hipótese em que o mero extrato de contrato seja prejudicial à investigação, dever-se-á conceder sigilo, comunicando-se, apenas, aos órgãos de controle pertinentes.

4.15 Art. 75, inc. IV, m – Medicamentos para tratamento de doenças raras

> Art. 75. É dispensável a licitação:
>
> [...]
>
> IV - para contratação que tenha por objeto:
>
> [...]
>
> m) aquisição de medicamentos destinados exclusivamente ao tratamento de doenças raras definidas pelo Ministério da Saúde;

Dispositivos correspondentes na Lei nº 8.666/1993: não há.

A política pública de compra de medicamentos para tratamento de doenças raras foi regulada pela Lei nº 13.930, de 10 de dezembro de 2019, que alterou a Lei nº 10.332, de 19 de dezembro de 2001, para garantir aplicação de percentual dos recursos do Programa de Fomento à Pesquisa em Saúde em atividades relacionadas ao desenvolvimento tecnológico de medicamentos, imunobiológicos, produtos para a saúde e outras modalidades terapêuticas destinados ao tratamento de doenças raras ou negligenciadas.[461]

4.15.1 Requisitos

O dispositivo é extremamente vago e define apenas o objeto. Algumas considerações devem ser apresentadas.

O dispositivo não define autoridade competente, devendo prevalecer a estruturação sistêmica das funções públicas, originadas no Decreto-Lei nº 200/1967, como forma de organização e definição de competências. Portanto, é legítima a compra pelas unidades setoriais públicas de saúde do Poder Executivo. Não é legítima a compra ou contratação por órgãos do Judiciário, do Ministério Público, do Tribunal de Contas e outras instituições, porque não têm a finalidade da execução dessa política pública. Ainda que se pretenda comprar para os próprios servidores, haverá desvio de finalidade, porque o orçamento dessas instituições deve destinar-se às atividades que, pela estruturação sistêmica, lhes compete.

Não há impedimento que seus servidores captem recursos, com relações de solidariedade, entre os colegas visando o atendimento de colega ou familiar de colega de trabalho. Tal iniciativa, que por vezes ocorre, não envolve, obviamente, recursos públicos ou a aplicação da lei em comento.

---

[461] BRASIL. **Lei nº 13.930, de 10 de dezembro de 2019.** Altera a Lei nº 10.332, de 19 de dezembro de 2001, para garantir aplicação de percentual dos recursos do Programa de Fomento à Pesquisa em Saúde em atividades relacionadas ao desenvolvimento tecnológico de medicamentos, imunobiológicos, produtos para a saúde e outras modalidades terapêuticas destinados ao tratamento de doenças raras ou negligenciadas.

Sobre o objeto: é "medicamento" e destinado **exclusivamente** ao tratamento de doenças raras[462]. A doença rara deve ter sido definida previamente pelo Ministério da Saúde. A norma federal só se refere ao órgão federal, deixando um hiato na possibilidade de as demais esferas definirem em ato próprio, no âmbito das respectivas competências, rol próprio de doenças raras.

Nesse hiato, parece possível a definição por normas das demais unidades federadas. O ideal, certamente, é concentrar a definição de política pública na esfera federal, até porque, em razão dessa, até a quebra de patentes pode ocorrer. Uma política nacional bem definida, formada no consenso colaborativo das unidades federadas, resulta em eficácia na gestão e aplicação de políticas públicas.

4.16 Art. 75, inc. V - Inovação e pesquisa científica e tecnológica

Art. 75. É dispensável a licitação:

[...]

V - para contratação com vistas ao cumprimento do disposto nos arts. 3º, 3º-A, 4º, 5º e 20 da Lei nº 10.973, de 2 de dezembro de 2004, observados os princípios gerais de contratação constantes da referida Lei;

Dispositivos correspondentes na Lei nº 8.666/1993[463]:
Art. 24. É dispensável a licitação:
XXXI - nas contratações visando ao cumprimento do disposto nos arts. 3º, 4º, 5º e 20 da Lei no 10.973, de 2 de dezembro de 2004, observados os princípios gerais de contratação dela constantes.

Esse dispositivo, agora repetido entre as hipóteses de dispensa da nova Lei, foi incluído na Lei nº 8.666/1993 pela Lei nº 12.349, de 15 de dezembro de 2010.

O legislador, sistematicamente, sensibiliza-se com a pretensão externada pelo Governo para estimular a ciência e a tecnologia, não faltando legislação que incentive esses relevantes propósitos. A própria Lei nº 14.133/2021, em seu art. 169, estimula a adoção de recursos tecnológicos como forma de submeter-se a práticas contínuas e permanentes de gestão de riscos e de controle preventivo.

A norma tem conteúdo bastante amplo. A partir da permissão ao abandono da licitação, em várias situações as instituições da Administração Pública terão a possibilidade de contratar instituições de pesquisa ou criar mecanismos para incentivá-las indiretamente. Por força de outras alterações dessa mesma lei, também poderão dirigir as licitações para determinados produtos e segmentos, estabelecendo privilégios e preferências.

---

[462] Sobre o tema, recomendamos a consulta ao portal: https://www.gov.br/pt-br/servicos/habilitar-se-na-politica-nacional-de-atencao-integral-as-pessoas-com-doencas-raras.

[463] BRASIL. **Lei nº 8.666/93 (Versão Bolso)**. Organização dos textos e índice por J. U. JACOBY FERNANDES. 21. ed. ampl., rev. e atual. Belo Horizonte: Fórum, 2020. Livro digital.

4.16.1 Dispositivos correlatos

A contratação com base nesse inciso veio resolver questão tormentosa para os gestores e agentes de controle, em especial para o TCU. Essa instituição, corretamente, vinha impedindo que, na aplicação da exceção à regra da licitação prevista no inciso XIII do art. 24,[464] da Lei nº 8.666/1993, atual inciso XV da nova LLCA, fosse permitida açambarcar toda e qualquer contratação com instituição dedicada a pesquisa, ensino e desenvolvimento institucional. Para tanto, pela via interpretativa, foi erigida a necessidade de estrita correlação entre o objeto do contrato e a finalidade da instituição, não se admitindo a subcontratação, para evitar os chamados contratos "guarda-chuva". Tal entendimento foi absolutamente coincidente com aquele que consta desde a primeira edição deste trabalho.

É inegável que o dever constitucional do Poder Público de investir em pesquisa deve ter no poder de compras governamental uma alavanca expressiva. O que não se admite é alterar a finalidade da instituição, notadamente as vinculadas às instituições de ensino superior, retirando os professores da sala de aula, para criar contratos com flagrante ofensa aos princípios e fundamentos da economia do país. Na aplicação do inciso XV, como relatado naquele tópico, fundações de apoio foram contratadas até para serviço de conservação e limpeza, em manifesto afastamento à pretensão do legislador, desviando recursos públicos para serem geridos por agentes não integrantes da Administração.

Portanto, o que difere a aplicação do inciso é o objeto do contrato que deve guardar estrita conexão com a finalidade e os fatores que levaram à sua reputação ético-profissional.

4.16.2 Requisitos

Os requisitos ficaram extremamente vagos e dependem da situação a que se aplicam, tendo em conta a remissão aos arts. 3º, 3º-A, 4º, 5º e 20 da Lei nº 10.973/2004. A pretensão do legislador foi mesmo ampliar as possibilidades de contratação direta sem licitação para inovação e pesquisa. Desse modo, é necessário analisar cada um dos artigos para concluir o entendimento dos requisitos.

4.16.2.1 Requisitos vinculados ao art. 3º

Dispõe o art. 3º da Lei nº 10.973, de 2 de dezembro de 2004, com redação da Lei nº 13.243, de 11 de janeiro de 2016:

> Art. 3º A União, os Estados, o Distrito Federal, os Municípios e as respectivas agências de fomento poderão estimular e apoiar a constituição de alianças estratégicas e o desenvolvimento de projetos de cooperação envolvendo empresas, ICTs e entidades privadas sem fins lucrativos voltadas para atividades de pesquisa e desenvolvi-

---

[464] Lei nº 8.666/1993: "Art. 24. XIII - na contratação de instituição brasileira incumbida regimental ou estatutariamente da pesquisa, do ensino ou do desenvolvimento institucional, ou de instituição dedicada à recuperação social do preso, desde que contratada detenha inquestionável reputação ético-profissional e não tenha fins lucrativos; (Redação dada pela Lei nº 8.883, de 1994)"

mento, que objetivem a geração de produtos, processos e serviços inovadores e a transferência e a difusão de tecnologia.

Parágrafo único. O apoio previsto no caput poderá contemplar as redes e os projetos internacionais de pesquisa tecnológica, as ações de empreendedorismo tecnológico e de criação de ambientes de inovação, inclusive incubadoras e parques tecnológicos, e a formação e a capacitação de recursos humanos qualificados.[465]

Com as alterações da Lei nº 13.243, de 11 de janeiro de 2016, as ações de estímulo e apoio foram ampliadas, excluindo-se algumas restrições, como a exigência da empresa ser nacional.

O Poder Público de todas as esferas de governo pode:

I. Estimular e apoiar a constituição de alianças estratégicas e o desenvolvimento de projetos de cooperação envolvendo empresas, ICTs e entidades privadas sem fins lucrativos voltadas para atividades de pesquisa e desenvolvimento, que objetivem a geração de produtos, processos e serviços inovadores e a transferência e a difusão de tecnologia.

O estímulo e o apoio, no âmbito da despesa pública, podem se concretizar em contribuições, investimentos[466] e subvenções, que podem, por lei, ser destinadas a instituições públicas e privadas.

As subvenções econômicas podem ser destinadas a empresas públicas ou privadas de caráter industrial, comercial, agrícola ou pastoril. Também pode haver transferências de capital por meio de dotações para investimentos ou inversões financeiras. Para essa categoria, não se faz necessária a existência de contraprestação direta em bens ou serviços. Nesse ponto, é questão de direito financeiro que transcorre sem a interferência da Lei de Licitações e Contratos.

A questão que tangencia essa norma diz respeito ao que se pode entender como aliança estratégica: se for compreendido firmar acordo em que o Poder Público se beneficia com a tecnologia desenvolvida, além da subvenção econômica e da contribuição, poderá ser formalizado o instrumento do contrato? A resposta é negativa: uma das características do contrato é sua relação sinalagmática, isto é, de troca de obrigações, fato que a pesquisa, pela sua própria natureza, não pode assegurar. Daí porque haverá algumas restrições ao uso de contrato por dispensa, para formar essa aliança estratégica.

Não é, porém, de se desprezar o instrumento do contrato para a hipótese. Situações haverá em que o contrato será o melhor instrumento para assegurar a rela-

---

[465] BRASIL. **Lei nº 10.973, de 2 de dezembro de 2004.** Dispõe sobre incentivos à inovação e à pesquisa científica e tecnológica no ambiente produtivo e dá outras providências.
[466] Aliás sobre o tema, a Secretaria de Empreendedorismo e Inovação do Ministério da Ciência, Tecnologia e Inovações regulamentou os procedimentos para comprovação do cumprimento das obrigações relativas aos investimentos em pesquisa, desenvolvimento e inovação, previstos no art. 11 da Lei nº 8.248, de 23.10.1991, na Lei nº 13.969, de 26.12.2019 e no Decreto nº 10.356, de 20.05.2020. Portaria nº 4.801/2021.

ção entre as partes, como ocorreria se uma parte da pesquisa já fosse fruível pelo contratado, havendo necessidade de novos incentivos para o aperfeiçoamento do produto.

II. Desenvolver projetos de cooperação com empresas, ICTs e entidades privadas sem fins lucrativos voltadas para atividades de pesquisa e desenvolvimento, que objetivem a geração de produtos, processos e serviços inovadores e a transferência e a difusão de tecnologia.

A exemplo do estímulo e apoio, o Poder Público pode buscar o desenvolvimento de projetos de cooperação. É pressuposto desse o afastamento do processo licitatório. A Lei nº 10.973/2004, cuidou de definir sistemática para a seleção de projetos, os quais, para desenvolvimento, poderão ser firmados mediante contrato, nesse caso, sem licitação.

4.16.2.2 Requisitos vinculados ao art. 3º-A

Dispõe a Lei nº 10.973/2004:

> Art. 3º-A. A Financiadora de Estudos e Projetos - FINEP, como secretaria executiva do Fundo Nacional de Desenvolvimento Científico e Tecnológico - FNDCT, o Conselho Nacional de Desenvolvimento Científico e Tecnológico - CNPq e as Agências Financeiras Oficiais de Fomento poderão celebrar convênios e contratos, nos termos do inciso XIII do art. 24 da Lei nº 8.666, de 21 de junho de 1993, por prazo determinado, com as fundações de apoio, com a finalidade de dar apoio às IFES e demais ICTs, inclusive na gestão administrativa e financeira dos projetos mencionados no caput do art. 1º da Lei nº 8.958, de 20 de dezembro de 1994, com a anuência expressa das instituições apoiadas.[467]

Nesse dispositivo existe definição precisa do sujeito, quais sejam:

a) Financiadora de Estudos e Projetos - FINEP;

b) Conselho Nacional de Desenvolvimento Científico e Tecnológico - CNPq; e

c) as Agências Financeiras Oficiais de Fomento.

Ademais, o dispositivo se confunde com aquele previsto no inciso XV desta Lei, posto que, em relação ao objeto, estabelece a celebração de contratos com as fundações de apoio, com a finalidade de dar apoio às IFES e demais ICTs, inclusive na gestão administrativa e financeira dos projetos previstos no art. 1º da Lei nº 8.958/1994, quais sejam: projetos de ensino, pesquisa, extensão, desenvolvimento institucional, científico e tecnológico e estímulo à inovação.

Obviamente, existindo hipótese de dispensa mais específica, essa deve ser utilizada como fundamento, em detrimento daquela mais genérica, prevista no inciso XV da nova Lei.

---

[467] BRASIL. **Lei nº 10.973, de 2 de dezembro de 2004.** Dispõe sobre incentivos à inovação e à pesquisa científica e tecnológica no ambiente produtivo e dá outras providências. O art. 3º-A foi incluído pela Lei nº 12.349, de 2010.

4.16.2.3 Requisitos vinculados ao art. 4º

Dispõe a Lei nº 10.973/2004:

> Art. 4º A ICT pública poderá, mediante contrapartida financeira ou não financeira e por prazo determinado, nos termos de contrato ou convênio:
>
> I - compartilhar seus laboratórios, equipamentos, instrumentos, materiais e demais instalações com ICT ou empresas em ações voltadas à inovação tecnológica para consecução das atividades de incubação, sem prejuízo de sua atividade finalística;
>
> II - permitir a utilização de seus laboratórios, equipamentos, instrumentos, materiais e demais instalações existentes em suas próprias dependências por ICT, empresas ou pessoas físicas voltadas a atividades de pesquisa, desenvolvimento e inovação, desde que tal permissão não interfira diretamente em sua atividade-fim nem com ela conflite;
>
> III - permitir o uso de seu capital intelectual em projetos de pesquisa, desenvolvimento e inovação.
>
> Parágrafo único. O compartilhamento e a permissão de que tratam os incisos I e II do caput obedecerão às prioridades, aos critérios e aos requisitos aprovados e divulgados pela ICT pública, observadas as respectivas disponibilidades e assegurada a igualdade de oportunidades a empresas e demais organizações interessadas.[468]

Todas as ações aqui previstas necessitam de instrumentos para a definição jurídica das responsabilidades. Por esse motivo, divide-se a análise em duas e distintas perspectivas.

A simples leitura do dispositivo evidencia que o propósito mais elevado pretendido pelo legislador é dificultado pela seleção pública isonômica feita para gerar a proposta mais vantajosa.

No caso do inciso I, há precedentes no exterior que demonstram a utilidade de envolver empresas na atividade de pesquisa científica e tecnológica. De fato, o modelo da relação de trabalho ortodoxo, notadamente o vínculo empregatício público ou estatutário, é incompatível com o espírito da pesquisa, não só pela rígida disciplina, horário e resultados previamente definidos e mensuráveis, quanto pelo valor da remuneração. Desse modo, a retenção de pesquisadores no solo nacional ou em favor do País necessita de certa flexibilização incompatível com os contornos da gestão de pessoal pelo Poder Público.

O incentivo para que o pesquisador forme sua equipe e a partir dela constitua um núcleo produtivo, sob a forma de pessoa jurídica, com o apoio do Poder Público, tem-se revelado como modelo mais adequado. Surge, porém, a necessidade de que a escolha da empresa ou instituição seja motivada por critérios impessoais. Mesmo para isso, a Lei de Licitações apresenta respostas: a realização de concurso – modali-

---

[468] BRASIL. **Lei nº 10.973, de 2 de dezembro de 2004.** Dispõe sobre incentivos à inovação e à pesquisa científica e tecnológica no ambiente produtivo e dá outras providências. O art. 4º teve a redação alterada pela Lei nº 13.243/2016.

dade prevista no art. 28, inc. III, e art. 30 – permite a seleção por banca de especialistas com razoável flexibilidade para definir critérios. Poucos vislumbram, mas a seleção pode ser feita a partir de projetos de pesquisa e de inovação para posterior desenvolvimento, conforme se extrai do próprio conceito da nova Lei, que permite a remuneração ou prêmio.

Como se percebe, mais uma vez, a proliferação de dispensas de licitação se deve, sobretudo, ao desconhecimento das potencialidades da Lei de Licitações. Também cabe registrar que o mesmo objetivo da norma poderia ser plenamente realizado pela edição de regulamento próprio pelas instituições envolvidas.

Censuras à parte, o dispositivo, de forma pragmática, estabelece os requisitos seguintes:

a) o dispositivo **dirige-se** às Instituições Científicas e Tecnológicas – **ICT** para dispensar a licitação para duas ações distintas: permitir o uso e compartilhar o uso;

b) a norma não esclarece se o laboratório deve ser de propriedade da ICT, razão pela qual e pode admitir que esta não seja detentora da propriedade, mas apenas da posse, assegurada por meio de contratos ou outros instrumentos jurídicos. Assim, as empresas podem estar na condição de subpermissionárias, subcontratadas ou subarrendatárias, acolhendo-se figuras jurídicas equivalentes;

c) é necessário que a ICT receba contrapartida por isso, mas a norma não exige que seja financeira, podendo a remuneração se fazer pela promessa de parceria futura da atividade de encubação. Recomenda-se ao gestor, porém, prudência, editando regulamento próprio com critérios, pois estará envolvida a aplicação de recursos públicos no âmbito da contratação direta sem licitação. Se a intenção do legislador fosse "dar" o direito de compartilhamento ou permissão, sem ônus, portanto, teria se servido de outros instrumentos jurídicos ao seu alcance e expressamente previstos na lei de regência do direito financeiro, como auxílio ou subvenção, inclusive econômico. Desse modo, se não o fez e ainda determinou a contrapartida, é porque busca uma contrapartida e uma justificativa, na forma do art. 72, inciso VI, da nova lei;

d) recomenda-se que o compartilhamento e a permissão devem ter prazo determinado, mas a norma não impede prorrogações sucessivas. Certamente o gestor público deve ter a cautela mínima de reavaliar a atividade e as razões justificadoras ao prorrogar os prazos, para não se desenvolver a acomodação e a letargia absolutamente impróprias ao interesse da pesquisa e inovação;

e) outro aspecto importante é que o compartilhamento não precisa estar diretamente voltado para a finalidade da ICT, estrito senso, podendo ser complementar dessa ou acessório; não se pode conceber, porém, que não tenha qualquer relação com a atividade envolvida. Caso ocorra, o dirigente deverá direcionar o interesse para a instituição que tenha correlação com a pretensão da pesquisa e inovação pelo empreendedor;

f) no inciso I, a norma permite à ICT envolver a empresa e visa a atividade de encubação; no inciso II, a norma permite à ICT envolver empresas ou pessoas físicas nas atividades de pesquisa.

g) a norma define que a relação jurídica pode se dar por meio de contrato ou convênio, mas ao mesmo tempo define a necessidade de contrapartida;

h) o objeto da relação pode ser o compartilhamento ou a permissão de uso de laboratórios, equipamentos, instrumentos, materiais e demais instalações; no primeiro caso, a atividade será a incubação da empresa; no segundo, a atividade de pesquisa. Ambas devem ser precedidas de projeto para o desenvolvimento;

i) antes de qualquer relação de que trata a norma, exige-se:

i.1) a divulgação da definição de prioridades, de critérios e requisitos,

i.2) a disponibilidade,

i.3) embora não exigido expressamente que seja em forma de norma, recomenda-se que a ICT a edite, não só para definir os requisitos legais – assegurar a igualdade de oportunidades às empresas e organizações interessadas, mas especialmente para definir a responsabilidade patrimonial de tudo que for compartilhado ou permitido; afinal, o viés público faz pairar sobre a atividade um tipo de controle multiforme entre social e estatal.

4.16.2.4 Requisitos vinculados ao art. 5º

Dispõe a Lei nº 10.973/2004:

> Art. 5º São a União e os demais entes federativos e suas entidades autorizados, nos termos de regulamento, a participar minoritariamente do capital social de empresas, com o propósito de desenvolver produtos ou processos inovadores que estejam de acordo com as diretrizes e prioridades definidas nas políticas de ciência, tecnologia, inovação e de desenvolvimento industrial de cada esfera de governo.
> § 1º A propriedade intelectual sobre os resultados obtidos pertencerá à empresa, na forma da legislação vigente e de seus atos constitutivos.
> § 2º O poder público poderá condicionar a participação societária via aporte de capital à previsão de licenciamento da propriedade intelectual para atender ao interesse público.
> § 3º A alienação dos ativos da participação societária referida no caput dispensa realização de licitação, conforme legislação vigente.
> § 4º Os recursos recebidos em decorrência da alienação da participação societária referida no caput deverão ser aplicados em pesquisa e desenvolvimento ou em novas participações societárias.
> § 5º Nas empresas a que se refere o caput, o estatuto ou contrato social poderá conferir às ações ou quotas detidas pela União ou por suas entidades poderes especiais, inclusive de veto às deliberações dos demais sócios nas matérias que especificar.
> § 6º A participação minoritária de que trata o caput dar-se-á por meio

de contribuição financeira ou não financeira, desde que economicamente mensurável, e poderá ser aceita como forma de remuneração pela transferência de tecnologia e pelo licenciamento para outorga de direito de uso ou de exploração de criação de titularidade da União e de suas entidades.[469]

4.16.2.4.1 Noções

A redação da norma, alterada pela Lei nº 13.243/2016 ampliou seu escopo de utilização para todos os entes da federação, bem como, ampliou as características das empresas, não mais limitando à Sociedade de Propósito Específico - SPE.

Desse modo, a constituição de Empresas Estatais e Sociedades de Economia Mista, ou participação minoritária do capital social estatal em qualquer empresa, são instrumentos hábeis à aplicação do dispositivo.

Apesar dessa ampliação, considerando o caráter peculiar das SPEs, a figura empresarial ainda merece maiores explicações.

4.16.2.4.2 Sociedade de propósito específico

É necessário iniciar com uma breve explicação sobre a figura da sociedade de propósito específico para melhor situar o tema. O texto a seguir foi produzido pelo eminente Professor Marlon Tomazzeti[470] e, gentilmente, cedido para integrar o presente trabalho.

As atividades econômicas em geral não são desenvolvidas apenas pelas pessoas físicas isoladamente, porquanto nem sempre é possível que elas sozinhas exerçam a atividade pretendida. Em muitos casos, é necessária a combinação de esforços ou recursos dessas pessoas para que a atividade pretendida seja exercida da melhor maneira.

Em outras palavras, é extremamente frequente a união dessas pessoas em sociedades para o exercício de atividades econômicas. Tal união se dá por meio da formação de sociedade, cujo conceito é dado pelo art. 981 do Código Civil: "Celebram contrato de sociedade as pessoas que reciprocamente se obrigam a contribuir, com bens ou serviços, para o exercício de atividade econômica e a partilha, entre si, dos resultados"[471].

De acordo com a atual terminologia, as sociedades necessariamente exercem uma atividade que representa o que normalmente é denominado de objeto social, vale dizer, o conjunto de atos que a sociedade se propõe a praticar. Nas palavras de

---

[469] BRASIL. **Lei nº 10.973, de 2 de dezembro de 2004.** Dispõe sobre incentivos à inovação e à pesquisa científica e tecnológica no ambiente produtivo e dá outras providências. O caput do art. 5º foi alterado pela Lei nº 13.243/2016, que incluiu, também os §§ 1º a 6º .
[470] Com passagens da obra TOMAZZETI, Marlon. **Curso de Direito Empresarial.** Teoria geral e Direito Societário. 11. ed. São Paulo: Saraiva, 2020.
[471] BRASIL. **Lei nº 10.406, de 10 de janeiro de 2002.** Código Civil.

Antonio Brunetti, "aquele conjunto de operações que esta se propõe a realizar para exercer em comum uma determinada atividade econômica"[472].

Tal objeto deve ser explicitado no ato constitutivo da sociedade de forma clara e determinada, devendo tratar-se de uma atividade econômica idônea, vale dizer, objeto possível, lícito e determinado, sob pena de ser obstado o arquivamento do ato constitutivo - art. 35, inc. I, da Lei nº 8.934/1994.

A atividade econômica a ser desenvolvida pela sociedade pode ter as mais variadas feições, desde que as operações sejam possíveis física e juridicamente, isto é, compatíveis com as leis da natureza e com o ordenamento jurídico. Além disso, deve tratar-se de objeto lícito em sentido mais amplo, ou seja, deve estar em conformidade com a lei, a moral e os bons costumes.

Na definição desse objeto, o próprio art. 981 do CC admite que ele se restrinja a uma ou mais atividades, dando margem ao que se convencionou denominar de Sociedade de Propósito Específico - SPE, também conhecida como *Special Purpose Company* - SPC - que pode ser entendida como uma sociedade que se destina a um objeto específico e determinado.

Após o advento da Lei nº 11.079/2004, é comum a aplicação de uma SPE no âmbito das PPPs. Entretanto, a sua colocação não se resume a isso, de sorte que uma SPE pode servir também de instrumento nas operações de recuperação judicial de empresas e de securitização de créditos, além do que, os editais de licitação que permitem a participação de consórcios podem exigir a constituição de uma SPE para a assinatura do contrato.

Em termos mais específicos, a SPE pode ser definida como:

> [...] uma estrutura negocial agregadora de interesses e recursos de duas ou mais pessoas, naturais ou jurídicas, nacionais ou estrangeiras para a consecução de empreendimento de objeto específico e determinado, mediante a constituição de uma nova sociedade com personalidade jurídica distinta dos seus integrantes[473].

Não se trata de um novo tipo societário, mas de uma sociedade que se destina a um fim específico, representando um instrumento a serviço dos seus sócios. Não há uma disciplina societária específica, isto é, sob o ponto de vista societário, a SPE será regida pelas normas inerentes ao tipo societário escolhido e, nessa perspectiva, ela será uma pessoa jurídica dotada dos consectários inerentes a essa condição societária.

4.16.2.4.3 Relações entre a SPE e a instituidora

Embora seja uma nova pessoa jurídica, dotada de autonomia patrimonial e de direitos e obrigações próprias, não há como negar que a SPE possui uma relação direta com sua controladora. Nas palavras de José Edwaldo Tavares Borba, as Sociedades de Propósito Específico são constituídas "única e exclusivamente para desen-

---

[472] apud TOMAZZETI, Marlon. **Curso de Direito Empresarial**. 11. ed. São Paulo: Saraiva, 2020.
[473] *apud* TOMAZZETI, Marlon. **Curso de Direito Empresarial**. 11. ed. São Paulo: Saraiva, 2020.

volver uma ação ou um projeto de interesse exclusivo de seu controlador". E, prossegue o referido autor, "a S. P. E. não tem interesse próprio, não cumpre um objeto social próprio, não se destina a desenvolver uma vida social"[474].

Para se interpretar qualquer relação jurídica entre a SPE e sua controladora, deve-se ter em mente que a primeira é apenas "uma fórmula adequada para o desenvolvimento autônomo de determinado projeto da controladora"[475]. É uma íntima relação de causa e consequência.

A norma veio estabelecer que é dispensável a licitação para implementar a necessidade de um ente estatal fazer parte de uma SPE.

Em outras normas, não se aludiu a esse tipo de dispensa, implícita na autorização para formar uma SPE. A inovação deve ser bem saudada vez que resguarda o gestor de futuros litígios decorrentes de interpretações lançadas casuisticamente.

Importante esclarecer que nesse tipo de associação – em forma de SPE, há riscos, sigilo comercial, prazos e oportunidades inimagináveis com os procedimentos do processo licitatório e sua divulgação.

Assim, para integrar uma SPE, a decisão do gestor deve ser criteriosamente considerada, até porque utilizará recursos públicos na formação da SPE. É fato inconteste: a atividade comercial não se insere na Lei de Licitações com harmonia. Mesmo a Lei das Estatais, Lei nº 13.303/2016, também não se propõe a regular a constituição e participação acionária por instituições estatais.

Não há, portanto, como definir previamente critérios de seleção para a oportunidade e dinâmica da escolha do negócio. Em situações como essa, o Direito Administrativo reconhece a necessidade do uso do poder discricionário; o controle exercer-se-á sobre a motivação, que deve ser mais sobre o aspecto econômico e estratégico do que jurídico.

4.16.2.4.4 Requisitos específicos da dispensa

Registradas essas recomendações, os requisitos objetivos para a dispensa são:
a) a participação deve ser minoritária na formação do capital de empresa;
b) o outro ou os outros participantes da empresa podem ser igualmente públicos ou privados, da mesma esfera ou de outras esferas de governo, nacionais ou estrangeiros;
c) o objetivo da empresa deve ser o desenvolvimento de projetos científicos ou tecnológicos, os quais devem visar a obtenção de produto ou processo inovadores;
d) o produto ou processo inovador deve estar de acordo com as diretrizes e prioridades definidas nas políticas de ciência, tecnologia, inovação e de desenvolvimento industrial de cada esfera de governo;

---

[474] BORBA, José Edwaldo Tavares. **Direito Societário**. 9. ed. Rio de Janeiro: Renovar, 2004.
[475] *Ibidem.*

e) o instrumento que formaliza a participação acionária deve resguardar que a propriedade intelectual sobre os resultados obtidos pertencerá às instituições detentoras do capital social, na forma da legislação vigente.

4.16.2.5 Requisitos vinculados ao art. 20

Dispõe a Lei nº 10.973/2004, no art. 20, *in verbis*:

> Art. 20. Os órgãos e entidades da administração pública, em matéria de interesse público, poderão contratar diretamente ICT, entidades de direito privado sem fins lucrativos ou empresas, isoladamente ou em consórcios, voltadas para atividades de pesquisa e de reconhecida capacitação tecnológica no setor, visando à realização de atividades de pesquisa, desenvolvimento e inovação que envolvam risco tecnológico, para solução de problema técnico específico ou obtenção de produto, serviço ou processo inovador.
>
> § 1º Considerar-se-á desenvolvida na vigência do contrato a que se refere o caput deste artigo a criação intelectual pertinente ao seu objeto cuja proteção seja requerida pela empresa contratada até 2 (dois) anos após o seu término.
>
> § 2º Findo o contrato sem alcance integral ou com alcance parcial do resultado almejado, o órgão ou entidade contratante, a seu exclusivo critério, poderá, mediante auditoria técnica e financeira, prorrogar seu prazo de duração ou elaborar relatório final dando-o por encerrado.
>
> § 3º O pagamento decorrente da contratação prevista no caput será efetuado proporcionalmente aos trabalhos executados no projeto, consoante o cronograma físico-financeiro aprovado, com a possibilidade de adoção de remunerações adicionais associadas ao alcance de metas de desempenho no projeto.
>
> § 4º O fornecimento, em escala ou não, do produto ou processo inovador resultante das atividades de pesquisa, desenvolvimento e inovação encomendadas na forma do caput poderá ser contratado mediante dispensa de licitação, inclusive com o próprio desenvolvedor da encomenda, observado o disposto em regulamento específico.
>
> § 5º Para os fins do caput e do § 4º, a administração pública poderá, mediante justificativa expressa, contratar concomitantemente mais de uma ICT, entidade de direito privado sem fins lucrativos ou empresa com o objetivo de:
>
> I - desenvolver alternativas para solução de problema técnico específico ou obtenção de produto ou processo inovador; ou
>
> II - executar partes de um mesmo objeto.
>
> § 6º Observadas as diretrizes previstas em regulamento específico, os órgãos e as entidades da administração pública federal competentes para regulação, revisão, aprovação, autorização ou licenciamento atribuído ao poder público, inclusive para fins de vigilância sanitária, preservação ambiental, importação de bens e segurança, estabelecerão normas e procedimentos especiais, simplificados e prioritários que facilitem:
>
> I - a realização das atividades de pesquisa, desenvolvimento ou inova-

ção encomendadas na forma do caput;

II - a obtenção dos produtos para pesquisa e desenvolvimento necessários à realização das atividades descritas no inciso I deste parágrafo; e

III - a fabricação, a produção e a contratação de produto, serviço ou processo inovador resultante das atividades descritas no inciso I deste parágrafo.[476]

De plano, cabe destacar que a forma da redação evidencia duas condicionantes para sua aplicação: ou preexiste o problema ou se tem por objetivo a obtenção de produto, serviço ou processo inovador.

A redação, porém, deve ser compreendida para que não se alargue o conteúdo, fazendo tábula rasa do princípio da licitação. Note-se que a amplitude da norma, por abrir exceção, exige a aplicação do processo restritivo. O estudo dos requisitos a seguir evidenciará o fato.

São requisitos para a validade da contratação direta sem licitação:

a) contratante: órgãos e entidades da Administração Pública, como tal entendida "a administração direta e indireta da União, dos Estados, do Distrito Federal e dos Municípios, abrangendo inclusive as entidades com personalidade jurídica de direito privado sob controle do Poder Público e das fundações por ele instituídas ou mantidas, em matéria de interesse público";

b) contratado:

b.1) ICT;

b.2) entidade de direito privado sem fins lucrativos;

b.3) empresa, isoladamente ou em consórcio, portanto, pessoa jurídica constituída e em funcionamento com fim de lucro;

c) finalidade da instituição a ser contratada: atividades de pesquisa, de reconhecida capacitação tecnológica no setor correspondente à necessidade da Administração Pública. Esse fato é relevante para que o dispositivo não permita a ampla aplicação a qualquer instituição de pesquisa de "qualquer coisa"; a pesquisa há que ser setorial, admitindo-se a correlação de conhecimentos e produtos com essa finalidade;

d) objetivo da contratação: a realização de atividades de pesquisa e desenvolvimento, que envolvam risco tecnológico, para solução de problema técnico específico ou obtenção de produto, serviço ou processo inovador:

d.1) risco: se não houver risco de êxito ou da economicidade da solução no desenvolvimento da atividade, o objeto é amplamente licitável.

---

[476] BRASIL. **Lei nº 10.973, de 2 de dezembro de 2004.** Dispõe sobre incentivos à inovação e à pesquisa científica e tecnológica no ambiente produtivo e dá outras providências. A redação do caput do art. 20 e § 3º foram alteradas pela Lei nº 13.243/2016, que incluiu, também, os §§ 4º e 5º. O § 6º foi incluído pela MP nº 718/2016, convertida na Lei nº 13.322, de 28 de julho de 2016.

Portanto, o risco é elemento essencial para justificar a contratação direta sem licitação;

d.2) divisão do risco: o risco deve ser compartilhado conforme as regras dos parágrafos seguintes do mesmo artigo;

d.3) a finalidade – solução de problema. A finalidade da contratação é a necessidade de a Administração Pública com essa atividade, envolvendo certo grau de risco, solucionar um problema técnico específico. É bem de ver que a Lei nº 14.133/2021 exige que as contratações, inclusive as diretas, sejam, por regra, antecedidas de termo de referência ou projeto básico. Há, contudo, que se ver tratar-se de solução de problema que pode envolver alta complexidade. Justifica-se, portanto, certa flexibilidade no detalhamento do projeto básico ou termo de referência nesse caso, sob pena de inviabilizar a própria dispensa. O conjunto de elementos necessários e suficientes deve considerar as limitações técnicas e econômicas dos órgãos contratantes; ou

d.4) finalidade – produto, serviço ou processo inovador. Se a Administração Pública não tiver um problema específico, pode abrir a possibilidade de firmar a parceria com quem se disponha a assumir parte de risco para a criação de produto, serviço ou processo inovador. Aqui, inclusive, se pode lançar mão de um processo conhecido vulgarmente como "chamamento público", figura que se aproxima do credenciamento, vista no item 3.8. A dificuldade é estruturar a pretensão para a oferta do produto ou processo inovador. Vencida essa etapa, certamente a pesquisa e a tecnologia muito ganharão com a parceria nesse setor.

Deixa-se de tecer considerações sobre os parágrafos do art. 20 por serem matérias atinentes às relações contratuais negociais típicas, preferindo-se remeter o leitor para a doutrina especializada.

4.17 Art. 75, inc. VI – Segurança Nacional

Art. 75. É dispensável a licitação:

[...]

VI - para contratação que possa acarretar comprometimento da segurança nacional, nos casos estabelecidos pelo Ministro de Estado da Defesa, mediante demanda dos comandos das Forças Armadas ou dos demais ministérios;

Dispositivos correspondentes na Lei nº 8.666/1993[477]:

Art. 24. É dispensável a licitação:

[...]

IX - quando houver possibilidade de comprometimento da segurança nacional, nos casos estabelecidos em decreto do Presidente da República, ouvido o Conselho de Defesa Nacional;

---

[477] BRASIL. **Lei nº 8.666/93 (Versão Bolso)**. Organização dos textos e índice por J. U. JACOBY FERNANDES. 21. ed. ampl., rev. e atual. Belo Horizonte: Fórum, 2020. Livro digital.

Este foi um dos dispositivos que teve alteração de redação substancial, embora com inadequado uso do vernáculo.

De fato, não pode o Administração Pública realizar contrato, com ou sem dispensa de licitação, "que possa acarretar comprometimento da segurança nacional". Deve ser compreendido que é dispensável a licitação para a contratação que visa afastar ato ou fato "que possa acarretar comprometimento da segurança nacional".

A melhoria da norma está na definição de autoridade competente, que, na norma anterior era "o Presidente da República, ouvido o Conselho de Defesa Nacional". Portanto, a possibilidade de contratação direta sem licitação não estava na competência do Presidente da República, mas ainda se fazia necessário ouvir o Conselho de Defesa Nacional.

Agora, a autoridade competente é o "Ministro de Estado da Defesa" que pode praticar o ato de dispensar a licitação diretamente, mediante provocação dos comandos das Forças Armadas ou dos demais ministérios.

Esse é o sistema compatível com a regra já antiga e ainda muito atual de organização da Administração Pública e de qualquer instituição que seja adequadamente organizada. Note que o Presidente da República continua com poderes, pois o cargo de Ministro é cargo de natureza especial vinculado e subordinado à sua autoridade. Essa é a regra que[478] decorre do ideário da reforma Administrativa de 1967.

---

[478] BRASIL. **Decreto-lei nº 200, de 25 de fevereiro de 1967.** "Art. 6º As atividades da Administração Federal obedecerão aos seguintes princípios fundamentais: [...] III – Descentralização. [...] Art. 10. A execução das atividades da Administração Federal deverá ser amplamente descentralizada. § 1º A descentralização será posta em prática em três planos principais: a) dentro dos quadros da Administração Federal, distinguindo-se claramente o nível de direção do de execução; b) da Administração Federal para a das unidades federadas, quando estejam devidamente aparelhadas e mediante convênio; c) da Administração Federal para a órbita privada, mediante contratos ou concessões. § 2º Em cada órgão da Administração Federal, os serviços que compõem a estrutura central de direção devem permanecer liberados das rotinas de execução e das tarefas de mera formalização de atos administrativos, para que possam concentrar-se nas atividades de planejamento, supervisão, coordenação e contrôle. § 3º A Administração casuística, assim entendida a decisão de casos individuais, compete, em princípio, ao nível de execução, especialmente aos serviços de natureza local, que estão em contato com os fatos e com o público. § 4º Compete à estrutura central de direção o estabelecimento das normas, critérios, programas e princípios, que os serviços responsáveis pela execução são obrigados a respeitar na solução dos casos individuais e no desempenho de suas atribuições. § 5º Ressalvados os casos de manifesta impraticabilidade ou inconveniência, a execução de programas federais de caráter nitidamente local deverá ser delegada, no todo ou em parte, mediante convênio, aos órgãos estaduais ou municipais incumbidos de serviços correspondentes. § 6º Os órgãos federais responsáveis pelos programas conservarão a autoridade normativa e exercerão contrôle e fiscalização indispensáveis sôbre a execução local, condicionando-se a liberação dos recursos ao fiel cumprimento dos programas e convênios. 7º Para melhor desincumbir-se das tarefas de planejamento, coordenação, supervisão e contrôle e com o objetivo de impedir o crescimento desmesurado da máquina administrativa, a Administração procurará desobrigar-se da realização material de tarefas executivas, recorrendo, sempre que possível, à execução indireta, mediante contrato, desde que exista, na área, iniciativa privada suficientemente desenvolvida e capacitada a desempenhar os encargos de execução. § 8º A aplicação desse critério está condicionada, em qualquer caso, aos ditames do interesse público e às conveniências da segurança nacional." [Sic]

Antes de outros comentários, cabe registrar que não há restrição de valor na contratação. Chama a atenção que na dispensa para contratar instrumentos para persecução penal, referidos no inciso III, alínea l, deste mesmo artigo, a publicidade foi mitigada. Embora a instrução penal e a coleta de provas tenham menor dimensão jurídica que segurança nacional, o sigilo daquela integra a rotina processual. Para a segurança nacional, também poderá haver sigilo, sem nenhuma publicidade, seguindo-se a legislação específica.

4.17.1 Comprometimento da segurança nacional

Deve ser notado que a possibilidade de comprometimento deve ser real e efetiva, sendo que a contratação direta se mostra como a forma adequada de afastar os riscos à segurança nacional, no juízo do Ministro da Defesa, mediante provocação dos Comandantes das Forças Armadas.

Embora o conceito de comprometimento da segurança nacional seja aferível, a relação inclui certa dose de discricionariedade e pode referir-se a bens, serviços ou obras, indistintamente. Como pontuado, não há restrição de valor.

O dispositivo delineia a possibilidade de comprometimento da segurança nacional, afastada desde logo a extensão de hipóteses semelhante ser gerida em âmbito estadual ou municipal. Só se refere o dispositivo à segurança nacional, definindo com precisão o âmbito da ocorrência do bem jurídico que se pretende tutelar: nacional. Não podem municípios, estados ou o Distrito Federal ampliar essa hipótese ou sequer confundi-la com segurança pública ou segurança local.

Como em outros dispositivos, nesse caso, a obrigatoriedade de licitar foi sobreposta à necessidade de preservação da segurança nacional, entendendo o legislador que deveria prevalecer o segundo sobre o primeiro nos limites que definiu. O risco à segurança nacional poderia advir de diversos procedimentos ínsitos ao processo licitatório, como, por exemplo:

a) publicidade ou divulgação da realização da obra, serviço ou fornecimento pretendido pelo Estado brasileiro;

b) escolha de proposta mais vantajosa, quando, por exemplo, motivos relacionados à capacidade de "mobilidade" nacional recomendarem que seja contratada empresa nacional, em detrimento de outra possível proposta mais vantajosa de empresa estrangeira, com o fim único de assegurar o aparelhamento da indústria bélica nacional; e

c) prazo dos procedimentos, quando o decurso dos lapsos temporais impostos pela Lei seja incompatível 2 determinado fato, diretamente relacionado com a segurança nacional.

Cabe assinalar, contudo, que esse dispositivo não é um "cheque em branco" passado pelo legislador em proveito dos que se dedicam a zelar pela segurança nacional ou que, de algum modo, lhes permita permanente fuga do procedimento licitatório. O uso ficou vinculado à causa - segurança nacional - e ao prudente arbítrio do Ministro da Defesa, mediante provocação dos Comandantes das Forças Armadas.

4.21.2 Caso SIVAM e financiamento externo

Os comentários a esse dispositivo estariam incompletos se não fosse feita referência ao memorável caso SIVAM, devido à atenção que despertou junto à comunidade nacional e porque, a princípio, estaria sendo violada a regra que impede licitar o objeto e o respectivo financiamento.

Submetido a exame do TCU, o relator, citou o parecer da Procuradoria Geral da Fazenda Nacional - PGFN:

> Assim, sob os dois prismas, podemos verificar que a exigência estatuída no Decreto nº 892/1993, quanto à obtenção de financiamento por parte das empresas participantes da competição levada a cabo pela CCSIVAM, não se afigurou como procedimento ilegal, não tendo ferido o espírito da lei das licitações.

E, ao final, julgou regular a contração, por meio decisão do Tribunal Pleno:

> [...] diante das razões expostas pelo Relator, com fulcro nos arts. 1º, II, 41, II, e 43, I, todos da Lei nº 8.443/92, DECIDE:
>
> 8.1. considerar regulares os procedimentos adotados pelo Ministério da Aeronáutica objetivando a seleção e contratação da firma fornecedora de equipamento para o projeto SIVAM.[479]

Desse modo, criou-se precedente admitindo que o Decreto regulamente questão atinente à segurança nacional, inclusive afastando a vedação que existia na Lei de Licitações e Contratos, à época a Lei nº 8.666/1993[480], inserida no art. 7º, § 3º, que vedava licitar e incluir no objeto a obtenção de financiamento como obrigação do futuro contratado.

4.21.3 Decreto nº 2.295/1997

A título exemplificativo, faz-se breve retomada histórica no tocante à competência do Conselho de Defesa Nacional. A redação da ainda vigente Lei nº 8.666/1993 definia como competente o Presidente da República, após a audiência do Conselho de Defesa Nacional - CDN. Havia um problema jurídico: o CDN não tinha competência para tratar de contratação direta sem licitação.

Em colaboração com o governo federal, orientamos a definir um balizamento em Decreto. Essa iniciativa contornou com mestria a questão da constitucionalidade e o inciso IX do art. 24 da Lei nº 8.666/1993 foi regulamentado pelo Decreto nº 2.295, de 4 de agosto de 1997, que trata da dispensa a licitação para compras e contratações de obras ou serviços quando a revelação de sua localização, necessi-

---

[479] BRASIL. Tribunal de Contas da União. Processo TC 003.974/96-0 – SIGILOSO. Decisão nº 806/1996. Relator: Ministro Adhemar Paladini Ghisi. Disponível em: http://www.tcu.gov.br/Consultas/Juris/Docs/judoc%5CDec%5C19960412%5CGERADO_TC-22198.pdf. Acesso em: 25 maio 2021.

[480] BRASIL. **Lei nº 8.666/93 (Versão Bolso)**. Organização dos textos e índice por J. U. JACOBY FERNANDES. 21. ed. ampl., rev. e atual. Belo Horizonte: Fórum, 2020. Livro digital.

dade, característica do seu objeto, especificação ou quantidade coloque em risco objetivos da segurança nacional.[481]

O Decreto nº 2.295/1997 enumera restritivamente as possibilidades de contração direta, ficando os casos não elencados, que porventura venham a surgir, submetidos à apreciação do Conselho de Defesa Nacional. Recentemente, esse rol foi ampliado com as alterações advindas do Decreto nº 10.631, de 18 de fevereiro de 2021:

a) aquisição de recursos bélicos navais, terrestres e aeroespaciais;
b) contratação de serviços técnicos especializados na área de projetos, pesquisas e desenvolvimento científico e tecnológico; e
c) aquisição de equipamentos e contratação de serviços técnicos especializados para as áreas de inteligência, segurança da informação, segurança cibernética, segurança das comunicações, defesa cibernética e lançamento de veículos espaciais e respectiva contratação de bens e serviços da União para a sua operacionalização.

Há que se observar, ainda, que, além da justificativa quanto à escolha do preço e fornecedor, o diploma legal, *in fine*, exige também a ratificação da justificativa pelo titular da pasta ou órgão que tenha prerrogativa de Ministro de Estado.

Referida norma ainda está em vigor e pode ser útil como argumentação da contratação direta sem licitação. Como a nova redação é diferente em relação à competência para a decisão, esse Decreto não supera o poder discricionário atribuído ao Ministro da Defesa.

4.18 Art. 75, inc. VII – Guerra, estado de defesa, estado de sítio, intervenção federal ou grave perturbação da ordem

> Art. 75. É dispensável a licitação:
>
> [...]
>
> VII - nos casos de guerra, estado de defesa, estado de sítio, intervenção federal ou de grave perturbação da ordem;

Dispositivos correspondentes na Lei nº 8.666/1993[482]:

Art. 24. É dispensável a licitação:

[...]

III - nos casos de guerra ou grave perturbação da ordem;

---

[481] Decreto nº 2.295, de 4 de agosto de 1997 alterado pelo Decreto nº 10.631, de 18 de fevereiro de 2021. Altera o Decreto nº 2.295, de 4 de agosto de 1997, que regulamenta o disposto no art. 24, caput , inciso IX, da Lei nº 8.666, de 21 de junho de 1993, e dispõe sobre a dispensa de licitação nos casos que possam comprometer a segurança nacional.
[482] BRASIL. **Lei nº 8.666/93 (Versão Bolso)**. Organização dos textos e índice por J. U. JACOBY FERNANDES. 21. ed. ampl., rev. e atual. Belo Horizonte: Fórum, 2020. Livro digital.

É difícil prever ações e atos para tempos em que o ordenamento jurídico possa estar comprometido pela desordem. Experiência recente vivenciada no Brasil, com o estado de emergência em saúde pública, revelou a necessidade de rever todas as normas que visavam balizar os momentos de emergência nacional.

Esse trabalho legislativo não é, contudo, inútil. Como já citado alhures, "Legislar é fazer experiências com o destino humano"[483], escreveu em 1953 o jurista alemão Hermann Jahrreiss. E, é precisamente nos momentos de paz que o ordenamento jurídico deve pretender balizar as situações de anormalidade. É nesse momento anterior que um estado verdadeiramente democrático baliza a atuação da sociedade. Melhor prova dessa atuação é que legislar é definir um dever-ser diretamente associado à cultura do povo e conduz a um balizamento que resiste nos primeiros momentos do processo decisório.

No inciso em comento, foi autorizado ao administrador público dispensar a licitação quando o atendimento do interesse público se encontrar de tal modo em evidência que a tramitação burocrática e as atípicas condições do comércio possam levar à frustração do próprio interesse público que se pretenda ver atendido.

A Lei nº 8.666/1993[484] alterou a disciplina legal da matéria, vez que, no Decreto-Lei nº 2.300/1986, eram relacionadas, conjuntamente, as hipóteses de guerra, grave perturbação da ordem e calamidade pública. Esse último caso foi remetido ao inciso IV do art. 24 da Lei nº 8.666/1993 que tratou da calamidade junto com a emergência, tal como agora permanece.

De lege ferenda, a sistematização ainda não alcançou a maturidade com adequada densidade jurídica, pois a calamidade e a emergência previstas no próximo inciso, quando ultrapassadas as fronteiras de um órgão ou entidade, podem em tudo se assimilar às demais situações tratadas neste inciso.

4.18.1 Guerra

A guerra, como toda situação de fato relevante, tem consequências na órbita do Direito. Como ato jurídico especial, a guerra é declarada pelo Presidente da República, autorizada previamente pelo Congresso Nacional ou posteriormente referendada, na forma do art. 84, inc. XIX, c/c. o art. 49, inc. II, da Constituição Federal[485]. Pode ser conceituada, na lição de Hely Lopes Meirelles, como: "[...] o estado de beligerância entre duas ou mais nações, devendo ser declarada, no Brasil, por ato do Presidente da República, na forma constitucional (CF, art. 84, inc. XIX)"[486].

---

[483] JAHRREISS, Hermann. *Groesse und Not der Gesetzgebung*, 1953, p. 5 apud MENDES, Gilmar Ferreira et All (Coord.). **Manual de Redação da Presidência da República**. 3. ed. rev. e atual. Brasília: Presidência da República, 2018, p. 103.
[484] BRASIL. **Lei nº 8.666/93 (Versão Bolso)**. Organização dos textos e índice por J. U. JACOBY FERNANDES. 21. ed. ampl., rev. e atual. Belo Horizonte: Fórum, 2020. Livro digital.
[485] BRASIL. **Constituição da República Federativa do Brasil**. Organização dos textos e índice por J. U. JACOBY FERNANDES. 3. ed. Atualizada até a EC nº 102/2019. Belo Horizonte: Fórum, 2020.
[486] MEIRELLES, Hely Lopes. **Direito Administrativo Brasileiro**. 32. ed. atual. São Paulo: Malheiros, 2006.

No caso da guerra, há um ato declaratório do Presidente da República que envolve necessariamente país estrangeiro, não sendo juridicamente considerado guerra, nem tendo efeitos equivalentes, campanhas publicitárias com esse cognome, ainda que relevantes seus propósitos. "Guerra contra a corrupção", "guerra contra a COVID" são expressões midiáticas sem qualquer conotação com a possibilidade jurídica de contratação direta sem licitação.

Pode, contudo, seja por qualquer razão, não advir o conflito armado, invasão ou expedição de tropas militares; basta, porém, a declaração formal para autorizar o uso do dispositivo, porque até o estado de guerra, ainda que sem efetivo conflito, já é suficiente para alterar de modo extraordinário a atividade administrativa. Além disso, postergar a dispensa para o início do conflito é ignorar a relevância da necessidade de mobilização e de planejamento.

Há correlação entre a pretensa e futura contratação e a necessidade de se dispensar a licitação, podendo exsurgir vários fatores determinantes:

a) alteração do mercado, em razão da decretação do estado de guerra, inviabilizando a credibilidade como fator de contratação, como, por exemplo, determinados bens terem-se tornado escassos ou raros, ou as relações entre fornecedores e vendedores terem se tornado inviáveis, podendo haver, nesse caso, correlação com as autorizações de dispensa expostas, v. g., no art. 75, inciso III, alíneas "a" e "b", inciso IV, art. 74, inciso V e outros;

b) urgência de atendimentos imprevistos e inadiáveis, caso correlato ao do inciso VIII;

c) necessidade de se proceder à dispensa por motivo de segurança nacional, correlacionando-se este inciso VI, deste mesmo artigo;

d) outros motivos, entre os quais até o fato da declaração de dispensa que possa comprometer a segurança, circunstância que leva a acolher, apenas em termos, a necessidade de publicação dos atos, conforme legislação específica.

Assim, poderão ocorrer hipóteses bem diversas, sem qualquer correlação com outros dispositivos, justificadas apenas pelo fato da guerra, ou casos em que são satisfeitos os requisitos delineados em outros incisos. Nesse caso, quando também se amparar no fato da guerra, deve o administrador mencionar ambos os dispositivos.

4.18.2 Estado de defesa

Possuindo rito próprio, o estado de defesa tem como objetivo, conforme artigo 136 da Constituição Federal/1988, "preservar ou prontamente restabelecer, em locais restritos e determinados, a ordem pública ou a paz social ameaçadas por grave e iminente instabilidade institucional ou atingidas por calamidades de grandes proporções na natureza"[487].

Diferente da guerra, o Estado de Defesa é limitado a:

a) locais restritos e determinados; e

b) com prazo definido, máximo de 30 dias, prorrogável uma única vez.[488]

Outra diferença, consiste no risco, que requer que o Presidente da República ouça o Conselho da República e o Conselho de Defesa Nacional antes de sua decretação.

Apesar das diferenças, são plenamente aplicáveis os comentários apresentados no item anterior acerca da correlação entre a futura contratação e a necessidade de dispensar licitação.

4.18.3 Estado de sítio

O Estado de Sítio, previsto no art. 137 da Constituição Federal[489], consiste em medida mais gravosa que o Estado de Defesa e é aplicada quando:

a) ocorrer comoção grave de repercussão nacional;

b) ineficácia das medidas tomadas durante o Estado de defesa;

c) declaração de guerra ou resposta a agressão armada estrangeira.

Para sua declaração, além de ouvir o Conselho da República e o Conselho de Defesa Nacional, é necessária autorização do Congresso Nacional por maioria absoluta.

A gravidade do Estado de Sítio autoriza as seguintes medidas:

a) obrigar a permanência em localidade determinada;

b) detenção em edifício não destinado a acusados ou condenados por crimes comuns;

c) restrições relativas à inviolabilidade da correspondência, ao sigilo das comunicações, à prestação de informações e à liberdade de imprensa, radiodifusão e televisão, na forma da lei;

d) suspensão da liberdade de reunião;

e) busca e apreensão em domicílio;

f) intervenção nas empresas de serviços públicos;

g) requisição de bens.

---

[487] BRASIL. **Constituição da República Federativa do Brasil**. Organização dos textos e índice por J. U. JACOBY FERNANDES. 3. ed. Atualizada até a EC nº 102/2019. Belo Horizonte: Fórum, 2020.
[488] § 1º, art. 136 da CF.
[489] BRASIL. **Constituição da República Federativa do Brasil**. Organização dos textos e índice por J. U. JACOBY FERNANDES. 3. ed. Atualizada até a EC nº 102/2019. Belo Horizonte: Fórum, 2020.

Novamente, é imprescindível a correlação entre a futura contratação e proteção do bem que justificou o Estado de Sítio.

4.18.4 Intervenção federal

Prevista no art. 34 da Constituição Federal[490], a intervenção federal se tornou mais conhecida dos brasileiros quando a União decidiu intervir no Estado do Rio de Janeiro, entre 16 de fevereiro e 31 de dezembro de 2018.

As hipóteses de cabimento de intervenção federal estão previstas nos incisos desse mesmo art. 34 da Constituição Federal de 1988.

Como o instrumento também se constitui em medida excepcional, compartilha a urgência de ação prevista no inciso seguinte da Lei nº 14.133/2021.

Do mesmo modo, o objeto da futura contratação deve ter correlação direta com o bem jurídico que se deseja proteger com a intervenção. Há aqui, mais um detalhe: como os prazos de intervenção são mais elasticidos, é necessário demonstrar a inviabilidade de se aguardar o devido processo licitatório, para se realizar a contratação direta.

4.18.5 Grave perturbação da ordem

Em estudo proferido à luz da legislação anterior, obtempera a eminente professora Lúcia Valle Figueiredo:

> Entretanto, é mister deixar claro. Se o conceito de 'guerra' não oferece maior problema com relação ao seu conteúdo, os conceitos de 'grave perturbação da ordem' e o de 'calamidade pública' estão eivados de indeterminação. E há de se registrar intensa cautela na sua determinação, não devendo incidir sobre eles o juízo subjetivo do administrador. Todo conceito, exatamente por ser conceito, é finito.[491]

Em coerência com o exposto, deve-se advertir que, no estado de guerra, há um ato jurídico declaratório e que na "grave perturbação da ordem" tal não ocorre. Há uma equivalência entre os fatos "guerra" e "grave perturbação da ordem" no plano fático, justificando seu tratamento no mesmo dispositivo, com iguais consequências em matéria de licitações, qual seja, a dispensa.

Hely Lopes Meirelles conceituou grave perturbação da ordem como "a comoção interna generalizada ou circunscrita a uma região, provocada por atos humanos, tais como revolução, motim, greve que paralisa ou retarda atividades ou serviços essenciais à comunidade"[492].

Deve o fato, para justificar a dispensa, provocar tal alteração na ordem social que assuma a característica de "fato notório" sob o aspecto jurídico.

---

[490] BRASIL. **Constituição da República Federativa do Brasil**. Organização dos textos e índice por J. U. JACOBY FERNANDES. 3. ed. Atualizada até a EC nº 102/2019. Belo Horizonte: Fórum, 2020.
[491] FIGUEIREDO, Lúcia Valle; FERRAZ, Sérgio. **Dispensa e Inexigibilidade de Licitação**. São Paulo: Malheiros, 1994.
[492] MEIRELLES, Hely Lopes. **Direito Administrativo Brasileiro**. 32. ed. atual. São Paulo: Malheiros, 2006.

Para o Direito, o fato é notório; na lição de Lomonaco:

> Notorium, quod quidem a probandi onere liberet, non id appellamus, de quo quaedam serpi fama, a rumores circumferuntur, verum quod ita evidens ac publicum, ut totius quodammodo populi testimonio et velut consensu civitatis contineatur.[493]

Não basta que o fato tenha sido objeto de comentários; é indispensável que haja, num consenso unânime e geral, a impossibilidade de negá-lo ou ignorá-lo.

Há momentos em que as greves se sucedem, tornando-se fato rotineiro, mesmo quando afetam serviços essenciais, mas isso não é suficiente para justificar a dispensa de licitação: é preciso que se caracterize grave perturbação da ordem. Eventuais tumultos, dificuldades de tráfego, fechamento de comércio por curto espaço de tempo não justificam a dispensa, ainda que se tenha tornado notória a paralisação ou a perturbação da ordem.

Na guerra, não há previsão de restabelecimento da normalidade das atividades; e, ao contrário da comoção interna, não se tem conflito externo, mas sim interno, localizado ou não, em determinada região; podendo, inclusive, abranger todo o território nacional. Desse modo, a perturbação da ordem pode ficar restrita à localidade e à atividade, afetando toda a ordem pública apenas na sua repercussão.

4.18.6 Requisitos

Considerando-se o que foi exposto, pode-se proceder à enunciação dos seguintes requisitos:

a) anormalidade ou extraordinária alteração do mercado, afetado diretamente pela guerra, estado de defesa, estado de sítio, intervenção federal e grave perturbação da ordem, inviabilizando a credibilidade como fator de contratação;

e) necessidade de premente atendimento de determinados e definidos interesses públicos, imprevistos e inadiáveis;

f) contratação direta, com dispensa de licitação, apenas nas quantidades necessárias ao atendimento imediato, sendo vedada, em princípio, a formação de grandes estoques ou o ajuste de serviços por tempo superior a um limite considerado razoável nas circunstâncias.

No caso do inciso IV, essas limitações foram expressas, não havendo, no caso de grave perturbação da ordem, essa exigência explícita que, nada obstante, deve integrar a justificativa do ato, exigida pelo art. 72, pois compete à Administração, nos termos da lei, motivar os atos que pratica, sob pena de invalidação judicial.

---

[493] Fato notório, que é, aliás, do ónus da prova, ele não os chama assim, de quem é uma espécie de serpi a notícia, a partir dos boatos em circulação, da verdade que não é tão evidente, e para o público, e por assim dizer, pelo testemunho do consentimento do povo da cidade, de modo que o todo seja contido de uma certa maneira (tradução nossa).

4.19 - Art. 75, inc. VIII – Emergência ou calamidade pública

> Art. 75. É dispensável a licitação:
>
> [...]
>
> VIII - nos casos de emergência ou de calamidade pública, quando caracterizada urgência de atendimento de situação que possa ocasionar prejuízo ou comprometer a continuidade dos serviços públicos ou a segurança de pessoas, obras, serviços, equipamentos e outros bens, públicos ou particulares, e somente para aquisição dos bens necessários ao atendimento da situação emergencial ou calamitosa e para as parcelas de obras e serviços que possam ser concluídas no prazo máximo de 1 (um) ano, contado da data de ocorrência da emergência ou da calamidade, vedadas a prorrogação dos respectivos contratos e a recontratação de empresa já contratada com base no disposto neste inciso;
>
> [...]
>
> § 6º Para os fins do inciso VIII do *caput* deste artigo, considera-se emergencial a contratação por dispensa com objetivo de manter a continuidade do serviço público, e deverão ser observados os valores praticados pelo mercado na forma do art. 23 desta Lei e adotadas as providências necessárias para a conclusão do processo licitatório, sem prejuízo de apuração de responsabilidade dos agentes públicos que deram causa à situação emergencial.

Dispositivos correspondentes na Lei nº 8.666/1993[494]:
Art. 24. É dispensável a licitação:
[...]
IV - nos casos de emergência ou de calamidade pública, quando caracterizada urgência de atendimento de situação que possa ocasionar prejuízo ou comprometer a segurança de pessoas, obras, serviços, equipamentos e outros bens, públicos ou particulares, e somente para os bens necessários ao atendimento da situação emergencial ou calamitosa e para as parcelas de obras e serviços que possam ser concluídas no prazo máximo de 180 (cento e oitenta) dias consecutivos e ininterruptos, contados da ocorrência da emergência ou calamidade, vedada a prorrogação dos respectivos contratos;

Esse dispositivo teve um notável aprimoramento de redação, acolhendo a parte boa da jurisprudência e balizando, com austeridade e segurança, um procedimento factível.

É preciso atenção para criar uma estrutura de interpretação nova, erigindo-se os ensinamentos em conformidade com o novo texto legal. É necessária cautela para romper com vícios anteriores e até decisões que pretenderam usurpar a função legislativa, criando procedimentos e requisitos que não constavam do texto legal.

---

[494] BRASIL. **Lei nº 8.666/93 (Versão Bolso).** Organização dos textos e índice por J. U. JACOBY FERNANDES. 21. ed. ampl., rev. e atual. Belo Horizonte: Fórum, 2020. Livro digital.

4.19.1 Emergência

A noção jurídica do termo emergência deve ser dissociada da noção vulgar do coloquial do termo, para fins de aplicação dessa permissão de contratação direta sem licitação.

Aqui, emergência diz respeito à possibilidade de se promover a dispensa de licitação. Corolário dessa premissa é, fundamentalmente, a absoluta impossibilidade de atender ao interesse público - fim único de toda atividade administrativa - se adotado o procedimento licitatório. Emergência, para autorizar a dispensa, requer a caracterização de uma situação cujo tempo de atendimento implique a necessidade de dispensar o procedimento licitatório.[495]

Deve, por conseguinte, haver direta correlação entre o sentido da palavra emergência e o tempo[496] necessário à realização de licitação.[498]

No magistério de Antonio Carlos Cintra do Amaral, a emergência:

> é [...] caracterizada pela inadequação do procedimento formal licitatório ao caso concreto. Mais especificamente: um caso é de emergência quando reclama solução imediata, de tal modo que a realização de licitação, com os prazos e formalidades que exige, pode causar prejuízo à empresa (obviamente prejuízo relevante) ou comprometer a segurança de pessoas, obras, serviços ou bens, ou, ainda, provocar a paralisação ou prejudicar a regularidade de suas atividades específicas. Quando a realização de licitação não é incompatível com a solução necessária, no momento preconizado, não se caracteriza a emergência.[498]

---

[495] a) O TCU julgou regular contratar por emergência empresa para fornecer passagem aérea até a conclusão do procedimento licitatório, retardado por recursos administrativos. BRASIL. Tribunal de Contas da União. Processo TC nº 007.852/96-7. Decisão nº 137/96 - Plenário. Relator: Ministro-Substituto Lincoln Magalhães da Rocha. **Diário Oficial da União**, Brasília, DF, 15 abr. 97. Seção 1, p. 7449-51.

b) Em caráter excepcional, o TCU admitiu a contratação de advogado por emergência. BRASIL. Tribunal de Contas da União. Processo TC nº 015.044/97-1. Decisão nº 494/1999 - Plenário. Relator: Ministro Humberto Guimarães Souto. **Diário Oficial da União**, Brasília, DF, 13 ago. 99. Seção 1, p. 134.

c) Ademais, essa possibilidade deve ser prevista na Minuta do Contrato, para que, no caso de adaptações, crie condições ao ente público de Assessoramento Jurídico de agilizar remessa de material para exame e aprovação prévia, objetivando o cumprimento do inciso IV do art. 24 da Lei nº 8.666/1993.

[496] O TCU cientificou quanto à seguinte impropriedade: "[...] duas contratações emergenciais consecutivas, em um lapso de 360 dias, sem que restasse evidenciada a situação adversa dada como emergencial ou de calamidade pública, o que demonstra falta de planejamento da [...] para realização de procedimento licitatório e afronta o disposto no art. 24, inciso IV, da Lei nº 8.666/1993 [...]." BRASIL. Tribunal de Contas da União. Processo TC nº 027.798/2011-9. Acórdão nº 9364/2012 - 2ª Câmara. Relator: André de Carvalho. **Diário Oficial da União**, Brasília, DF, 14 dez. 2012. Seção 1, p. 295.

[497] O TCU suspendeu pregão e, posteriormente o anulou, mas esclareceu ao gestor que a continuidade dos serviços – cirurgia bariátrica – deveria ser garantida utilizando-se de outros instrumentos legais. Esse é um típico caso em que a ausência de conclusão de licitação no tempo devido autoriza a firmar contrato emergencial. BRASIL. Tribunal de Contas da União. Processo TC nº 031.937/213-6. Acórdão nº 122/2014 - Plenário. Relator: Ministro Benjamin Zymler. **Diário Oficial da União**, Brasília, DF, 29 jan. 2014. Nesse sentido: Processo TC nº 001.511/2014-9. Acórdão nº 278/2015 - Plenário.

[498] AMARAL, Antônio Carlos Cintra *apud* FIGUEIREDO, Lúcia Valle; FERRAZ, Sérgio. **Dispensa e Inexigibilidade de Licitação**. São Paulo: Malheiros, 1994, p. 49.

Do sentido vulgar do termo, tem-se que emergência é uma "situação crítica; acontecimento perigoso ou fortuito; incidente".[499]

Compõe a situação de emergência, na finalidade desse dispositivo, certa dose de imprevisibilidade da situação e a existência de risco em potencial a pessoas ou a coisas, que requerem urgência de atendimento.

Por sua vez, o Decreto nº 10.593, de 24 de dezembro de 2020, que dispõe sobre a organização e o funcionamento do Sistema Nacional de Proteção e Defesa Civil e do Conselho Nacional de Proteção e Defesa Civil e sobre o Plano Nacional de Proteção e Defesa Civil e o Sistema Nacional de Informações sobre Desastres, trata de forma idêntica os casos de emergência e calamidade. Conceitua ambos, o estado de calamidade pública e a "situação de emergência", como a

> [...] situação anormal provocada por desastre que causa danos e prejuízos que impliquem o comprometimento parcial da capacidade de resposta do Poder Público do ente federativo atingido ou que demande a adoção de medidas administrativas excepcionais para resposta e recuperação.

Nesse sentido, aproxima-se da calamidade pública, pois o seu reconhecimento se faz por um ato administrativo formal, do qual participa o chefe do Executivo municipal, estadual ou distrital e o secretário especial de Políticas Regionais. Mas também é permitida a contratação direta diante da análise de uma determinada situação que, pelas suas dimensões, não atinge toda uma comunidade, mas apenas uma área de atividade da Administração, órgão ou entidade, num círculo bem mais restrito, independentemente de qualquer ato formal de reconhecimento da situação. Portanto, a "situação de emergência" pode ser afirmada num processo de contratação, enquanto a calamidade somente após a declaração formal do chefe do Poder Executivo da respectiva esfera de governo, federal, estadual, municipal ou distrital.

Para melhor explicitação do assunto, seria conveniente distinguir "caso de emergência" da "situação de emergência", usando o primeiro termo para a avaliação restrita a órgão ou entidade, e o segundo para o que o decreto referido entende como a circunstância que deve ser formalizada por um ato administrativo - portaria ministerial. A distinção é feita apenas para valor doutrinário, vez que ambos podem autorizar a contratação direta.

A Nação brasileira enfrentou nos anos de 2020 e 2021 a situação de emergência e a declaração ocorreu com a conjugação da vontade do Poder Executivo e do Poder Legislativo.

A percepção dos fatos pela perspectiva da Ciência jurídica revela, até o momento, um tratamento consistente no arcabouço jurídico.

---

[499] FERREIRA, Aurélio Buarque de Holanda. **Novo Dicionário da Língua Portuguesa**. 2. ed., 25ª impressão. Rio de Janeiro: Nova Fronteira, 1986, p. 634.

Sobre este tema, em obra sobre o Direito Provisório, ponderamos: a OMS declarou estado de emergência em razão da disseminação do coronavírus em 30 de janeiro de 2020.

O Brasil expediu três atos normativos relevantes:
   a) em 3 de fevereiro de 2020, por meio da Portaria nº 188, o Ministro da Saúde declara Emergência em Saúde Pública de importância Nacional (ESPIN) em decorrência da Infecção Humana pelo novo coronavírus (2019-nCoV);
   b) em 6 de fevereiro de 2020, o Presidente sanciona a Lei nº 13.979, dispondo sobre as medidas para enfrentamento da emergência de saúde pública de importância internacional, decorrente do coronavírus;
   c) em 18 de março de 2020, o Presidente da República encaminha a Mensagem nº 93, solicitando que o Congresso Nacional reconheça a ocorrência do estado de calamidade pública, medida essa necessária para o Poder Público efetivar o socorro às vítimas mais vulneráveis;
   d) em apenas dois dias, já em 20 de março de 2020, o Congresso nacional promulgou o Decreto Legislativo nº 6, de 2020, por meio do qual reconhece, para os fins do art. 65 da Lei Complementar nº 101, de 4 de maio de 2000, a ocorrência do estado de calamidade pública.

Desse cenário de providências iniciais, pode-se verificar que o Parlamento e o Executivo responderam muito rápido à decisão da OMS, pois em menos de sete dias o país já tinha uma lei específica, definindo procedimentos claros e objetivos para o enfrentamento da calamidade pública.

Detalhe: responderam por atos do Congresso Nacional, sucedidos por atos consistentes do Poder Executivo.[500]

Examinem-se os demais requisitos que a jurisprudência e a doutrina estabeleceram sobre o assunto.

4.19.2 Calamidade

Como a guerra, a calamidade consubstancia-se no mundo jurídico como um ato administrativo de natureza declaratória, atualmente regulado pelo Decreto nº 7.257, de agosto de 2010. Foi visto que também a "situação de emergência" pode assumir essa mesma condição formal, embora para os fins da Lei de Licitações seja possível a contratação direta sem licitação por emergência reconhecida pelo Ordenador de Despesas na instrução do processo.

Nos termos do art. 2º, inc. IV, desse diploma legal, entende-se por estado de calamidade pública o reconhecimento, pelo Poder Público, de situação anormal

---

[500] Para saber mais sobre o tema, consulte: JACOBY FERNANDES, Jorge Ulisses; JACOBY FERNANDES, Murilo CHARLES, Ronny; TEIXEIRA, Paulo; RIOS, Verônica Sanches. **Direito Provisório e a emergência do coronavírus:** ESPIN - COVID-19 - Critérios e fundamentos de Direito Administrativo, Financeiro (responsabilidade fiscal), Trabalhista e Tributário. 2. ed. Belo Horizonte: 2020.

provocada por desastres, causando sérios danos à comunidade afetada, inclusive à incolumidade ou à vida de seus integrantes. Vendavais, enchentes, inundações, doenças infectocontagiosas em largas proporções e seca prolongada podem ensejar a declaração de calamidade pública.[501]

A declaração do estado de calamidade pública deve ser reconhecida por portaria da Secretaria Especial de Políticas Regionais da Câmara de Políticas Regionais;[502] não pode pretender o administrador utilizar-se do dispositivo sem a existência desse ato administrativo formal. Admissível, contudo, que na época da efetivação das contratações ainda esteja apenas em elaboração, e não publicado formalmente.

Pelo exposto, verifica-se que, ao contrário do caso de emergência, não ocorre possibilidade de critério subjetivo ou discricionário, sem que o ato formal da declaração de calamidade pública se exteriorize.

O disciplinamento federal da "situação de emergência" e da declaração de calamidade pública teve por escopo resguardar uma uniformidade no tratamento da matéria e, de certo modo, limitar o uso abusivo desse instrumento.

Também a calamidade é circundada pelo aspecto da imprevisibilidade, mas admite-se que, se previsível e inevitável, justifique a contratação direta. Realmente, seria inaceitável que um fato previsível e evitável pudesse ser posteriormente utilizado como justificativa para a declaração de calamidade pública de modo repetitivo ou comum, sem que fosse apurada a responsabilidade pela falta de planejamento.[503] Se tal situação ocorrer, deve ser realizada a contratação direta sem licitação e, posteriormente, apurada a responsabilidade.

Deve ser observado que também o estado de defesa pode ter por causa fato ensejador da decretação de calamidade pública, tudo dependendo das proporções desta, conforme se depreende do disposto no art. 136 da Constituição Federal[504].

---

[501] Pela **Lei nº 10.890, de 2 de julho de 2004**, é permitida a antecipação dos recursos da Lei nº 10.336, de 19 de dezembro de 2001, aos estados e ao Distrito Federal cujas áreas ocorrer dano na infraestrutura de transporte em função de emergência ou estado de calamidade pública.

[502] Por delegação de competência nos termos do Decreto de 17 de janeiro de 1995.

[503] Sobre o assunto, o TCU manifestou-se nos seguintes termos: "[...] 9.2.3. abstenha-se de destinar a um único servidor as tarefas atinentes ao planejamento do órgão, à contratação das obras a seu cargo e à medição dos serviços executados, em observância ao princípio administrativo da segregação de funções [...]". BRASIL. Tribunal de Contas da União. Processo TC nº 006.319/2005-7. Acórdão nº 609/2006 - Plenário. Relator: Ministro Augusto Nardes. **Diário Oficial da União**, Brasília, DF, 2 maio 2006. Seção 1, p. 62.

[504] BRASIL. **Constituição da República Federativa do Brasil**. Organização dos textos e índice por J. U. JACOBY FERNANDES. 3. ed. Atualizada até a EC nº 102/2019. Belo Horizonte: Fórum, 2020.

Sobre a flexibilização da Lei de Responsabilidade Fiscal durante o estado de calamidade, consulte as obras Direito Provisório[505] e o Manual do Ordenador de Despesas[506].

4.19.3 Imprevisibilidade

A doutrina pátria mais esclarecida tem posto em confronto a caracterização da emergência e a conduta pretérita do administrador para avaliar se a situação decorre ou não de atuação irresponsável ou negligente.

Nesse sentido, adverte Mariense Escobar que "a situação emergencial ensejadora da dispensa é aquela que resulta do imprevisível, e não da inércia administrativa".[507]

Relevante questão que se apresenta diz respeito à verificação da conduta do administrador e se esta, quando caracterizada como desidiosa,[508] deve implicar a impossibilidade de a Administração servir-se desse dispositivo que autoriza a dispensa de licitação. A resposta é negativa.

Efetivamente, se ficar caracterizada a emergência e todos os outros requisitos estabelecidos nesse dispositivo, pouco importa que esta decorra da inércia do agente da administração ou não! Caracterizada a tipificação legal, não pode a sociedade ser duplamente penalizada pela incompetência de servidores públicos ou agentes políticos: dispensa-se a licitação em qualquer caso.

Obviamente, não deve a situação ficar sem providências acauteladoras ou de caráter didático-pedagógicas, sob pena de esse dispositivo vir a tornar-se de tal modo permissivo que acabe por anular o princípio da licitação.

A nova Lei de Licitações tratou do tema, com equilíbrio e adequada harmonia com a doutrina que foi defendida nesta obra, desde a primeira edição. No § 6º, determinou a apuração de responsabilidade de quem deu causa a situação emergencial.

---

[505] Para saber mais sobre o tema, consulte: JACOBY FERNANDES, Jorge Ulisses; JACOBY FERNANDES, Murilo CHARLES, Ronny; TEIXEIRA, Paulo; RIOS, Verônica Sanches. **Direito Provisório e a emergência do coronavírus:** ESPIN - COVID-19 - Critérios e fundamentos de Direito Administrativo, Financeiro (responsabilidade fiscal), Trabalhista e Tributário. 2. ed. Belo Horizonte: 2020.
[506] Jacoby Fernandes, Jorge Ulisses. **Manual do ordenador de despesas: à luz do novo regime fiscal.** Belo Horizonte: Fórum, 2019.
[507] ESCOBAR, J. C. Mariense. **Licitação, Teoria e Prática.** Porto Alegre - RS: Livraria do Advogado, 1993, p. 72.
[508] Nesse sentido o TCU entendeu: "[...] que a situação adversa, dada como de emergência ou de calamidade pública, não se tenha originado, total ou parcialmente, da falta de planejamento, da desídia administrativa ou da má gestão dos recursos disponíveis, ou seja, que ela não possa, em alguma medida, ser atribuída à culpa ou dolo do agente público que tinha o dever de agir para prevenir a ocorrência de tal situação, consoante atendimento firmado na Decisão nº 347/1994 - Plenário". BRASIL. Tribunal de Contas da União. Processo TC nº 006.687/2004-5. Acórdão nº 1.248/2004 - Plenário. No mesmo sentido: Processo TC nº 002.056/2003-0. Acórdão nº 663/2005 - Plenário. **Diário Oficial da União**, Brasília, DF, 3 jul. 2005. Seção 1.

Para a reflexão sobre o tema, fica a questão: por que os órgãos de controle não determinam a apuração de responsabilidade dos chefes do Poder Executivo que anualmente assistem à repetição das tragédias decorrentes de enchentes? O país somente nas últimas décadas passou a estruturar um sistema nacional de defesa civil, incorporando conceitos de cidades resilientes.

Importante sobre o tema da defesa civil é a Lei nº 12.608, de 10 de abril de 2012, que institui a Política Nacional de Proteção e Defesa Civil - PNPDEC; dispõe sobre o Sistema Nacional de Proteção e Defesa Civil - SINPDEC e o Conselho Nacional de Proteção e Defesa Civil - CONPDEC; autoriza a criação de sistema de informações e monitoramento de desastres[509].

Enquanto a jurisprudência atua corretamente penalizando servidores públicos que dão causa a situação emergencial, os agentes políticos não são penalizados. Na lei referida, nada foi definido sobre responsabilização e penalização.

No passado, houve acórdãos do Tribunal de Contas da União que julgaram irregular a contratação por emergência, à vista exclusivamente da conduta desidiosa[510] do administrador; se negligente a ponto de não proceder à licitação no devido tempo, com antecedência necessária, irregular a contratação, mesmo que presentes os demais requisitos.[511]

---

[509] BRASIL. Lei nº 12.608, de 10 de abril de 2012.
[510] TCU recomenda abster-se: "[...] de lançar mão da contratação direta prevista no art. 24, inciso IV, da Lei 8.666/1993 quando a situação emergencial tenha se originado, total ou parcialmente, por culpa ou dolo, de falta de planejamento, de má gestão dos recursos disponíveis ou de desídia por parte do agente público que tinha o dever de agir para prevenir a ocorrência de tal situação [...]." BRASIL. Tribunal de Contas da União. Processo TC nº 021.463/2010-7. Acórdão nº 7206/2012 - 2. Câmara. Relator: Ministro Aroldo Cedraz. **Diário Oficial da União**, Brasília, DF, 05 de out. de 2012, Seção 1, p. 192.
[511] a) BRASIL. Tribunal de Contas da União. Processo TC nº 003.856/94-1. Acórdão nº 488/1994 - 1ª Câmara. Relator: Ministro Adhemar Paladini Ghisi. **Diário Oficial da União**, Brasília, DF, 09 set. 94. Seção 1, p. 13608. Desde esse precedente, a jurisprudência tem sido uniforme no sentido de recomendar a atuação tempestiva do gestor. O seguinte excerto é também elucidativo do entendimento predominante do que recomenda o TCU: "[...] adote as providências cabíveis para que sejam promovidos os processos licitatórios com a antecedência necessária para a sua conclusão antes do término do contrato vigente, evitando-se a descontinuidade da prestação dos serviços e a realização indevida de dispensa de licitação, fundamentada no art. 24, inciso IV, da Lei n. 8.666/1993, quando não estiverem absolutamente caracterizados os casos de emergência e calamidade pública estabelecidos no referido dispositivo legal". BRASIL. Tribunal de Contas da União. Processo TC nº 007.680/2005-7. Acórdão nº 1080/2006 - 2ª Câmara. **Diário Oficial da União**, Brasília, DF, 12 maio 2006, p. 123. No mesmo sentido: Processo TC nº 019.317/2003-3. Acórdão nº 2123/2006 - 1ª Câmara. **Diário Oficial da União**, Brasília, DF, 04 ago. 2006, p. 109; Processo TC nº 015.545/2007-3. Acórdão nº 158/2010 - 2ª Câmara. **Diário Oficial da União**, Brasília, DF, 29 de jan. de 2010, Seção 1; Processo TC nº 019.706/2007-4. Acórdão nº 429/2010. Relator: Ministro Aroldo Cedraz. **Diário Oficial da União**, Brasília, DF, 12 de fev. de 2010, Seção 1.
b) O TCU aplicou multa por entender que havia tempo suficiente para realização do certame e ainda porque a responsável se omitiu em apresentar provas que comprovassem que o atraso não decorrera de sua inércia ou negligência em adotar providências suficientes para abreviar o início da licitação. BRASIL. Tribunal de Contas da União. Processo TC nº 006.437/95-8 - anexo TC nº 004.982/95-9. Acórdão nº 66/1999 - Plenário. Relator: Ministro Walton Alencar Rodrigues. **Diário Oficial da União**, Brasília, DF, 14 jun. 99. Seção 1, p. 56. No mesmo sentido: Processo TC nº 002.056/2003-0. Acórdão nº

No mesmo sentido, a Secretaria do Tesouro Nacional:

> [...] as situações de efetiva emergência continuam sendo contempladas pela nova lei que disciplina as licitações e as exceções que permitem a dispensa ou reconhecem a inexigibilidade do processo licitatório, desde que, devidamente fundamentado e comprovado o processo, não se admitindo como caso de urgência ou de emergência as situações que, previsíveis, não foram providenciadas a tempo pelo administrador, como no caso citado da ruptura de estoque mínimo. Se existe um controle de estoque, a ponto de saber qual o estoque mínimo, este tem um único objetivo: a reposição. Nesse caso, compete ao administrador providenciar a reposição antes que se chegue a um estoque que ofereça risco de interrupção das atividades, especialmente nos casos em que a interrupção oferecer riscos de prejuízo ou de perigo para pessoas ou para o patrimônio.[512]

Como esclarecido no passado e agora definido com precisão pela lei, a imprevisibilidade ou a previsibilidade da situação emergencial não afeta a regularidade da contratação emergencial. São pertinentes apenas a responsabilização ou não do agente público que era responsável por manter a continuidade do serviço público ou não causar a situação emergencial.

A lei, com precisão, definiu desse modo. Assim, a contratação será regular, ainda que decorra de negligência, imprudência ou incompetência do gestor. Ainda que seja esse mesmo gestor o responsável pela situação previsível e também pela contratação para sanar o risco decorrente da emergência. A conduta será regular por tentar sanar a irregularidade, ainda que tenha sido ele próprio o causador da irregularidade. Poderá ser responsabilizado, em outros autos, por ter dado causa a situação emergencial.[513]

Muitas vezes, o gestor age com prudência e os fatos vão além da previsibilidade. Nesse sentido, em jurisprudência do Tribunal de Contas da União que ainda pode ser válida, analisa a ocorrência de fatores alheios à vontade do adminis-

---

663/2005 - Plenário. Relator: Ministro Ubiratan Aguiar. **Diário Oficial da União**, Brasília, DF, 3 jun. 2006. Seção 1.

[512] Mensagem CONED/STN nº 174.920, de 13 de setembro de 1993, interessado DNER/09. DRF/PR.

[513] Por isso, não mais procede o entendimento do TCU de julgar as contas irregulares com multa, no caso de contratações previsíveis com fundamento em emergência. São atos distintos: a contratação direta sem licitação e apuração de responsabilidade por dar causa a contratação por emergência. a) BRASIL. Tribunal de Contas da União. Processo TC nº 500.066/1997-3. Decisão nº 453/1998 - Plenário. Relator: Ministro Valmir Campelo. **Diário Oficial da União**, Brasília, DF, 24 nov. 1998. Seção 1, p. 88. b) No exercício das atribuições do Ministério Público junto ao TCDF, pugnamos porque o Plenário daquela Corte decidisse pela não aplicação de multa aos responsáveis, como medida de caráter pedagógico. No caso, o órgão havia contratado por emergência, sem a caracterização da urgência, mas por desculpável erro de planejamento; inexistia má-fé e não restou configurado prejuízo ao erário. DISTRITO FEDERAL. Tribunal de Contas do Distrito Federal. Processo nº 3.781/1997. Parecer nº 3.1498/2000. Disponível em: **http://www.tc.df.gov.br**. Acesso em: 04 abr. 2014

trador público,[514] imprevisíveis, que podem justificar a regularidade da contratação. Em determinado caso, um órgão contratou por emergência a confecção de serviços gráficos porque, embora tenha planejado a atividade, problemas imprevisíveis nas impressoras impuseram a contratação emergencial para minorar/evitar prejuízos.

Nesse sentido, manifestou-se o Min. Humberto Souto:

> Conforme restou comprovado pelas razões e elementos acostados pela empresa, embora o planejamento elaborado estabelecesse prazos condizentes com as normas trabalhistas, ocorreu situação alheia à Administração - problemas nas impressoras - que, por ensejar possíveis prejuízos devido ao não cumprimento dos prazos, motivaram o procedimento adotado.[515]

Como foi exposto, vedar a contratação direta quando presentes todos os requisitos ou declará-la nula, com os consectários incidentes sobre o contrato, não parece ser o meio adequado de resguardar o interesse público.[516] Ao contrário, implicará penalizar duas vezes a sociedade, já vítima de um gestor negligente, que agora não poderá ter suas necessidades atendidas pela contratação direta. Caracterizados os pressupostos do artigo, deve a contratação ser efetivada, apurando-se com rigor a responsabilidade pela desídia que ficar provada, na forma do § 6º, do art. 75 da nova Lei.

4.19.3.1 Fato previsível, mas inevitável

Cabe ainda obtemperar que pode, eventualmente, fato previsível, mas inevitável, ensejar uma contratação por emergência. No desempenho da função institucional de procurador do Ministério Público, um dos autores do presente trabalho ofereceu representação ao Tribunal de Contas do Distrito Federal pelo fato de a Secretaria de Obras haver promovido a contratação por emergência da construção de uma estação de abastecimento de água para uma cidade-satélite que sofria com insuficiência de água canalizada há dez anos. Apurados os fatos, julgou-se regular o ato, tendo em vista que a única solução viável para a captação de águas dependia de financiamento externo e liberação da área pelo IBAMA. Nada obstante

---

[514] a) O TCU considerou falha formal, não punível entre outras, a dispensa de licitação por emergência resultante de fatos previsíveis. BRASIL. Tribunal de Contas da União. Processo TC nº 675.217/97-0. Decisão nº 755/1998. Plenário. Relator: Ministro Valmir Campelo. **Diário Oficial da União**, Brasília, DF, 16 nov. 1998, Seção 1, p. 61.
b) O TCU, no caso de contratações previsíveis com fundamento em emergência, julga as contas irregulares com multa. BRASIL. Tribunal de Contas da União. Processo TC nº 500.066/97-3. Decisão nº 453/1998. 2ª Câmara. Relator: Ministro Valmir Campelo. **Diário Oficial da União**, Brasília, DF, 24 nov. 1998, Seção 1, p. 88.
[515] BRASIL. Tribunal de Contas da União. Processo TC nº 000.674/96-6. Decisão nº 161/1996. 1ª Câmara. Relator: Ministro Humberto Guimarães Souto. **Diário Oficial da União**, Brasília, DF, 26 jul. 96. Seção 1, p. 14.006.
[516] Em sede cautelar, o juiz proibiu a realização de nova licitação para o mesmo objeto, em face da revogação desmotivada de licitação anterior, até que o órgão motivasse o ato revogatório, nos termos do art. 49 da Lei nº 8.666/93. DISTRITO FEDERAL. Tribunal de Justiça do Distrito Federal e Territórios. Processo nº AC 67.726/97. Relator: Desembargador Arnoldo Camanho. Arquivado desde 2001. Disponível: **http://www.tjdft.jus.br**. Acesso em: 03 abr. 2014.

prolongados esforços da Administração, a obtenção dessas condicionantes se protraiu no tempo. Somente em fevereiro de determinado ano foram obtidos os financiamentos e a liberação da área. Considerando a proximidade com estação das secas, que se inicia em maio, quando o problema se agravava substancialmente, restava período de tempo insuficiente para a licitação e a construção. A construção sem licitação apresentou-se como única hipótese capaz de preservar o interesse público e afastar o sofrimento daquela população.[517]

4.19.3.2 Previsibilidade e contingenciamento do orçamento

Todo o programa de governo, abrangendo todas as obras e serviços, e todos os investimentos deveriam estar perfeitamente demonstrados numa estrutura de custos, na forma da lei. Essa estrutura de composição de custos deveria estar atrelada às metas quantitativamente objetivadas.[518]

Também no plano legislativo, as normas buscaram dar plena efetividade ao planejamento e à realização concreta dos programas. Não bastava planejar obras e serviços públicos. Mostrava-se necessário disponibilizar a quantidade necessária e no devido tempo, para que o administrador público pudesse cumprir os programas a contento.

Desse modo, imediatamente após a promulgação da Lei Orçamentária e com base nos limites nela fixados, o Poder Executivo deveria aprovar um quadro de cotas trimestrais da despesa para cada unidade orçamentária e autorizá-las a utilizar nesses limites. Na fixação dessas cotas, dever-se-ia assegurar às unidades orçamentárias, em tempo útil, a soma de recursos necessários e suficientes para a melhor execução do programa anual de trabalho.

Com esse valioso arcabouço legal de rigor técnico elogiável, a prática demonstrou que, por uma sucessão de artifícios financeiros, as autoridades administrativas encarregadas de repasses de recursos iniciaram uma política de contingenciamento que passou a implicar severa desobediência a esse comando. Assim, os dispêndios não eram programados nos limites estabelecidos; os repasses não visavam à realização dos programas, parecendo mesmo o contrário, isto é, que se efetivavam em tempo tal que a autoridade não pudesse cumprir o longo itinerário burocrático da realização da despesa, entre eles, o mais detalhado: a licitação.

Na esfera federal, é conhecido o esforço que o Tribunal de Contas da União desenvolveu para concretizar o comando legal na sua melhor expressão. Tornaram-se mesmo famosas as auditorias para verificar obras inacabadas e a recomendação ao Congresso Nacional para dotá-las de recursos. Em outras oportunidades, destacou em relatórios de contas anuais esse problema. Entre os inúmeros esforços um tornou-se memorável:

---

[517] DISTRITO FEDERAL. Tribunal de Contas do Distrito Federal. Processo nº 5.016/1996; e Representação 003/1996, Disponíveis em: **http://www.tc.df.gov.br**. Acesso em: 04 abr. 2014.
[518] Neste sentido, já destacava o parágrafo único do art. 25 da Lei nº 4.320, de 17 de março de 1964: "Consideram-se metas os resultados que se pretendem obter com a realização de cada programa."

e) a Universidade Federal do Rio Grande do Sul recebeu recursos para a aquisição de computadores, mas com tempo de tal modo exíguo, que inviabilizava a concorrência, na modalidade de técnica e preço, para a aquisição. Os dirigentes da unidade fizeram então ampla pesquisa de preços e promoveram a compra mais vantajosa, com base no dispositivo que autoriza a compra emergencial sem licitação;[519]

f) achado em auditoria, o fato em procedimento normal levaria a imputação de multa, porque é inaplicável o instituto da emergência, quando o fato é previsível ou, não está caracterizado risco à segurança de pessoas e bens, sejam públicos ou privados;

g) o corpo instrutivo, guardando coerência com a jurisprudência da Corte, informou o processo nesse sentido, mas o ministro-relator Valmir Campelo adotou deliberação diversa, preferindo relevar a aplicação de multa em caráter excepcional, reconhecendo a vantajosidade para o erário da aquisição procedida e recomendando ao órgão repassador que liberasse os recursos em tempo suficiente para que as unidades pudessem dar cumprimento às formalidades legais prévias à realização da despesa.

Tais episódios reforçam a importância e o valor dos Tribunais de Contas como órgãos de controle, porque podem decidir além da legalidade, sempre que necessário, para efetivar o comando da legitimidade e eficiência. Independentemente da causa ou do ardil utilizado para não transferir os recursos a destempo para sua utilização, a decisão atacou o ponto central do problema, a causa remota da ilegalidade praticada pelos dirigentes da Universidade.

Forçoso reconhecer que providências nesse sentido deveriam passar a ser a regra no momento que a Lei de Responsabilidade Fiscal coloca em destaque a necessidade de estabelecer uma estrutura de custos e de avaliação de resultados. Infelizmente, ações no TCU desse tipo ainda são raras.

4.19.4 Preço

O dispositivo do inciso VIII reforça o dever de contratar com preços de mercado, fato que tem pertinência com a justificativa exigida pelo art. 72, inc. VII, desta lei.

4.19.5 Risco iminente

Não basta, contudo, que ocorra situação de emergência, sendo imprescindível que essa situação gere urgência de atendimento por parte da Administração, cuja omissão possa ocasionar prejuízo ou comprometer a segurança de pessoas, obras, serviços, equipamentos e outros bens, públicos ou particulares, em suma, o risco.

---

[519] BRASIL. Tribunal de Contas da União. Processo TC nº 926.268/1998-8. Decisão nº 524/1999 - Plenário. Relator: Ministro Valmir Campelo. **Diário Oficial da União**, Brasília, DF, 20 ago. 1999. Seção 1, p 68.

Nesse passo, é mister que o administrador, ao dispensar a licitação, tenha presente um risco que poderá ser evitado ou mitigado.[520] Esse risco pode de ser potencial e iminente, apto a ser evitado com a contratação direta, ou ter ocorrido e ser apto a ter seus efeitos mitigados pela contratação direta.

Os termos "pessoas", "obras", "serviços" e "equipamentos" são inequívocos, mas, com relação à expressão "outros bens", procuram alguns elastecê-la para abranger bens de conteúdo não econômico, fato que não constitui a melhor exegese, dado o conteúdo exemplificativo da expressão, que se associa aos valores anteriores que pretende ver tutelados.

Em edição anterior, foi afirmado que "o bem-estar, a justiça e a dignidade não são os tipos de bens que se coadunam com a exemplificação precedente e, por isso, o risco incidente sobre os mesmos, conquanto possam ser até mais relevantes socialmente, não justificam a utilização do dispositivo." Evoluímos para considerar que, embora o dispositivo vigente à época se refira a bens materiais, os bens imateriais podem justificar a contratação para sanar os riscos. E, para essa evolução, usa-se o mesmo precedente então apresentado, que firmou jurisprudência admitindo o uso da emergência para evitar riscos à imagem institucional – como no caso referido no subtítulo 4.19.3.2 e até a perda de recursos orçamentários, como no caso da UFRGS referido no subtítulo.

4.19.6 Limitação do objeto

A redação do dispositivo indica que não é possível ao administrador pretender utilizar uma situação emergencial ou calamitosa para dispensar a licitação em aquisições que transcendam o objeto do contrato, que, nesses casos emergenciais, deve ser feito tão-somente no limite indispensável ao afastamento do risco. Haverá, assim, profunda correlação entre o objeto pretendido pela Administração e o interesse público a ser atendido. Há correlação entre uma explosão acidental, envolvendo dutos de combustível, ferindo pessoas, e a contratação de serviços médicos sem licitação, com determinado hospital. A correlação entre o objeto do futuro contrato e o risco, limitado, cuja ocorrência se pretenda evitar, deve ser íntima, sob pena de incidir o administrador em ilícita dispensa de licitação.[521]

Há que se observar, ainda, que tanto o risco à segurança das pessoas e bens ampara o uso da norma, quanto o risco de grave prejuízo de conteúdo econômico.

---

[520] O TCU aplicou multa pelo uso do instituto da dispensa de licitação para contratação de obras, cinco meses após a decretação de situação emergencial. O lapso de tempo decorrido seria suficiente para realização do devido procedimento licitatório; ademais esse tipo de obra tem natureza reparadora e não assistencial. BRASIL. Tribunal de Contas da União. Processo TC nº 325.456/1996-8. Decisão nº 100/1998 - 2ª Câmara. Relator: Ministro Valmir Campelo. **Diário Oficial da União**, Brasília, DF, 12 maio 1998. Seção 1, p. 153.

[521] O TCU decidiu aplicar multa, considerando que a situação de emergência e calamidade não ficaram devidamente configuradas, pois as obras não foram contratadas para remediar consequências de desastre natural, mas para corrigir erros que o desordenado crescimento urbano produziu na drenagem urbana. BRASIL. Tribunal de Contas da União. Processo TC nº 500.115/1997-4. Acórdão nº 1.506/2003 - 2ª Câmara. Relator: Ministro-Substituto Lincoln Magalhães da Rocha. **Diário Oficial da União**, Brasília, DF, 8 set. 2003.

O exemplo da contratação de serviços gráficos exposto em item precedente, referido no subtítulo da imprevisibilidade antecedente, ilustra essa equivalência.

4.19.7 Limitação temporal [522]

Na regulamentação da hipótese em comento, houve por bem o legislador, a par das outras restrições que estabeleceu, fixar um prazo máximo. Na legislação anterior, 180 dias; na nova lei, um ano.

4.19.8 Prazo do contrato

A compra em caso de emergência ou calamidade é para pronta entrega ou com exíguo espaço de tempo,[523] mas os serviços podem se protrair no tempo até o prazo máximo de um ano, consecutivos e ininterruptos.[524]

Durante esse prazo, agora longo, deve a Administração Pública envidar todos os esforços para licitar o objeto, se for de necessidade contínua.

No mesmo prazo, contudo, poderá ser firmado mais de um contrato,[525] se persistirem os requisitos previstos a seguir, sendo admissível que o prazo de 1 ano se refira a um conjunto de contratos, desde que atendidas, a cada nova contratação, as formalidades do art. 72. Essa é a inteligência que se extrai do fato de a Lei referir-se à vedação da prorrogação dos respectivos contratos, expressão que o legislador utilizou no plural.

---

[522] O TCU considerou impropriedade: "[...] a contratação direta sem licitação sob a égide de emergência depois de decorrido longo espaço de tempo entre o fato gerador da emergência e a contratação afronta o disposto no inciso IV, art. 24 da Lei 8.666/93 [...]." BRASIL. Tribunal de Contas da União. Processo TC- 000.437/2012-3. Acórdão nº 3065/2012 - Plenário. Relator: Ministro Valmir Campelo. Brasília, DF, 14 de novembro de 2012. **Diário Oficial da União,** Brasília, DF, 22 de novembro de 2012, Seção 1, p. 122.

[523] A demora na aquisição e entrega pode, excepcionalmente, à vista de outros fatores, não afastar a justificativa da emergência. O TCU decidiu pela regularidade da compra de cestas básicas, cuja entrega ocorreu dois meses após. BRASIL. Tribunal de Contas da União. Processo TC nº 007.191/1994-4. Acórdão nº 136/1995 - Plenário. Relator: Ministro Adhemar Paladini Ghisi. **Diário Oficial da União,** Brasília, DF, 31 out. 1995. Seção 1, p. 17332.

[524] O TCU recomendou que não se celebrasse contrato por prazo superior a 180 dias contados da ocorrência da situação emergencial ou calamitosa. BRASIL. Tribunal de Contas da União. Processo TC nº 300.246/1996-0. Decisão nº 678/1998 - Plenário. Relator: Ministro-Substituto José Antonio B. de Macedo. **Diário Oficial da União,** Brasília, DF, de 13 out. 1998. Seção 1. No mesmo sentido: Processo TC nº 010.441/2000-9. Acórdão nº 99/2006 - Plenário. Relator: Ministro Marcos Vinicios Vilaça. **Diário Oficial da União,** Brasília, DF, 8 fev. 2006. Seção 1.

[525] BRASIL. Tribunal de Contas da União. Processo TC nº 625.189/1997-3. Decisão nº 822/1997 - Plenário. Relator: Ministro Humberto Guimarães Souto. **Diário Oficial da União,** Brasília, DF, 12 dez. 1997. Seção 1, p. 29830.

4.19.8.1 Prorrogação do contrato

Além de estabelecer a forma de contagem, o dispositivo acabou por vedar a prorrogação[526] do contrato. Obviamente, o fez sem o interesse de distinguir entre o que é precedido de licitação ou não.

Casos podem ocorrer em que a não prorrogação implique sacrifício insuportável ao interesse público, ficando o administrador público no dilema entre a prorrogação ou nova declaração de emergência.

O dispositivo do inciso VIII foi agora completado com o § 6º, definindo que não haverá, e é vedada, a recontratação de empresa já contratada com base neste inciso.

Era frequente a contratação da mesma empresa, especialmente nos contratos de serviços contínuos, porque tinha condições de apresentar preços inferiores, em razão de não ter custos de mobilização.

Como regra, a determinação legal se justifica, pois o prazo do contrato emergencial foi elastecido para um ano.

4.19.9 Documento formalizador da demanda e projeto básico

Sobre a necessidade de instruir o processo com o documento formalizador da demanda, projeto básico ou projeto executivo, consulte comentários ao art. 72.

4.19.10 Contrato provisório – demora na apreciação judicial

Mostra-se oportuno examinar, agora, questão pertinente à dispensa de licitação, tolerada pelos órgãos de controle, que demonstra o abrandamento dos contornos dos requisitos delineados: é o denominado contrato provisório ou emergencial, efetivado com dispensa de licitação com base no mesmo dispositivo em exame.[527]

Aqui tem-se situação em que a Administração pretendia promover, por exemplo, a contratação de um serviço de natureza contínua, devidamente precedido de processo licitatório que, por razões alheias à Administração, não vem a ser concluído em tempo de possibilitar a contratação.[528]

---

[526] Contrato emergencial não pode ser prorrogado. Contrato alterado entre a FSS e SAB para fornecer gêneros alimentícios, de 13.12 a 31.12.94, foi prorrogado por mais 60 dias. O TCDF considerou o fato irregular, mas, em face do tempo decorrido entre o fato e o julgamento, fez mera recomendação. DISTRITO FEDERAL. Tribunal de Contas. Processo nº 3.400/1996. Disponível em: http://www.tc.df.gov.br. Acesso em: 07 abr. 2014.
[527] Consulte o processo TCDF nº 1131/1999 e a Decisão nº 3329/1999. Disponíveis em: http://www.tc.df.gov.br.
[528] O TCU julgou regular contratar por emergência empresa para fornecer passagem aérea até a conclusão do procedimento licitatório, retardado por recursos administrativos. BRASIL. Tribunal de Contas da União. Processo TC nº 007.852/1996-7. Decisão nº 137/1996 - Plenário. Relator: Ministro-Substituto Lincoln Magalhães da Rocha. **Diário Oficial da União**, Brasília, DF, 15 abr. 1997. Seção 1, p. 7449-51.

Esse é um caso excepcional em que os órgãos de controle têm admitido que a Administração contrate diretamente uma empresa até que o processo licitatório seja concluído, e tão-somente para esse fim.

Tal contexto está expressamente previsto no § 6º do art. 75 da nova LLCA.

Num dos primeiros julgamentos que passou a balizar o processo decisório, o Tribunal de Contas da União[529] considerou legítima a contratação direta, pela Câmara dos Deputados, pelo prazo de 90 (noventa) dias, conforme requerido por aquele órgão, para que fosse possível ultimar procedimento licitatório tendo por objeto serviço de natureza contínua,[530] essencial à segurança de bens públicos (contrato de vigilância).[531]

Também o Tribunal de Contas do Distrito Federal tem admitido e praticado essa hipótese,[532] entendimento que foi reiterado em caráter normativo, em resposta a consulta, nos seguintes termos:

> II) informar ao ilustre consulente que, sem prejuízo do cumprimento das formalidades previstas no art. 26 da Lei nº 8.666/93, é possível a contratação direta de obras, serviços (continuados ou não) e bens, com fulcro no art. 24, IV, da referida norma legal, se estiverem presentes, simultaneamente, os seguintes requisitos, devidamente demonstrados em processo administrativo próprio:
>
> a) a licitação tenha se iniciado em tempo hábil, considerando, com folga, os prazos previstos no Estatuto Fundamental das Contratações para abertura do procedimento licitatório e interposição de recursos administrativos, bem assim aqueles necessários à elaboração do instrumento convocatório, análise dos documentos de habilitação (se for o caso) e das propostas, adjudicação do objeto e homologação do certame;
>
> b) o atraso porventura ocorrido na conclusão do procedimento licitatório não tenha sido resultante de falta de planejamento, desídia administrativa ou má gestão dos recursos disponíveis, ou seja, que tal fato não possa, em hipótese alguma, ser atribuído à culpa ou dolo do(s) agente(s) público(s) envolvido(s);
>
> c) a situação exija da Administração a adoção de medidas urgentes e

---

[529] BRASIL. Tribunal de Contas da União. Processo TC nº 019.983/1993-0. Decisão nº 585/1994 - Plenário. **Diário Oficial da União**, Brasília, DF, 31 jan. 1994, p. 1487.

[530] Em vários processos, entretanto, o TCU tem recomendado a adoção de providências necessárias ao início dos processos licitatórios com antecedência suficiente para que se evitem tanto a descontinuidade dos serviços como a necessidade de contratações emergenciais. BRASIL. Tribunal de Contas da União. Processo TC nº 013.992/96-1. Decisão nº 103/1998 - Plenário. Relator: Ministro Humberto Guimarães Souto. **Diário Oficial da União**, Brasília, DF, 30 mar. 1998. Seção 1, p. 55. No mesmo sentido: Processo TC nº 004.724/95-0. Decisão nº 301/1997 - 2ª Câmara; Processo TC nº 350.057/95-1. Decisão nº 504/96 - Plenário e Processo TC nº 525.196/95-1. Decisão nº 530/96 - Plenário.

[531] O TCU entendeu como regulares as várias prorrogações de contrato de vigilância porque o gestor indicou a necessidade de preservar a integridade dos bens da União e as informações que eram guardadas na Corte de Justiça. BRASIL. Tribunal de Contas da União. Processo TC nº 425.027/95-3. Acórdão nº 105/1998 - Plenário. Relator: Ministro Bento José Bugarin. **Diário Oficial da União**, Brasília, DF, 10 ago. 1998. Seção 1, p. 15.

[532] DISTRITO FEDERAL. Tribunal de Contas. Processo nº 182/1994. Decisão nº 3.500/1999. **Diário Oficial do Distrito Federal**, Brasília, DF, 11 fev. 1994, p. 35.

imediatas, sob pena de ocasionar prejuízo ou comprometer a segurança de pessoas, obras, serviços, equipamentos e outros bens, públicos ou particulares;

d) a contratação direta pretendida seja o meio mais adequado, efetivo e eficiente de afastar o risco iminente detectado;

e) o objeto da contratação se limite, em termos qualitativos e quantitativos, ao que for estritamente indispensável para o equacionamento da situação emergencial;

f) a duração do contrato, em se tratando de obras e serviços, não ultrapasse o prazo de 180 dias, contados a partir da data de ocorrência do fato tido como emergencial;

g) a compra, no caso de aquisição de bens, seja para entrega imediata.[533]

Destaque-se que o mesmo entendimento tem sido adotado em outras unidades da Federação.

Para melhor compreensão, imagine-se caso em que o regular procedimento licitatório poderia ter sido obstruído em seu curso normal, v.g., por um dos licitantes que recorresse ao Poder Judiciário, obtendo liminar que sustasse[534] o prosseguimento da licitação enquanto não fosse julgada ação interposta contra a decisão da Administração que inabilitou a empresa.

O fato concreto da imprescindibilidade dos serviços - como o de vigilância - obriga que o Direito ceda passo para que bens jurídicos mais relevantes não sejam atingidos.[535] Porém, pergunta-se: com a habitual lentidão do Judiciário, é possível assegurar que o prazo máximo, agora elastecido para um ano, seja suficiente? Obviamente, cada caso apresenta as suas peculiaridades, e não se deve correr o risco de generalizar, tampouco de vedar a utilização desse dispositivo em casos como o exemplificado.

Sob o aspecto jurídico, considerando-se que a Administração tem a prerrogativa[536] de anular a licitação, por ilegalidade, ou de revogá-la, por conveniência e

---

[533] DISTRITO FEDERAL. Tribunal de Contas do Distrito Federal. Processo nº 1805/1999. Decisão nº 3.500/1999. **Diário Oficial do Distrito Federal**, Brasília, DF, 01 jul. 1999, p. 26.

[534] a) Liminar judicial autoriza a contratação por emergência, se impedir a finalização da licitação. BRASIL. Tribunal de Contas da União. Processo TC nº 018.874/1996-7. Decisão nº 586/1998 - Plenário. Relator: Ministro Adhemar Paladini Ghisi. **Diário Oficial da União**, Brasília, DF, 15 set. 1998. Seção 1, p. 19.
b) Pela não suspensão do procedimento licitatório, por ordem judicial, consulte: DISTRITO FEDERAL. Tribunal de Justiça do Distrito Federal e Territórios. Processo AGI nº 678996/DF. Acórdão nº 86.576. Relator: Desembargador Eduardo de Moraes Oliveira. **Diário da Justiça [da] República Federativa do Brasil**, Brasília, 14 ago. 1996. Seção 3, p. 13.602.

[535] O contrato de vigilância foi várias vezes prorrogado, o TCU entendeu regular porque o gestor demonstrou a necessidade de preservar a integridade dos bens da União e das informações que eram guardadas na Corte de Justiça. BRASIL. Tribunal de Contas da União. Processo TC nº 425.027/1995-3. Acórdão nº 105/1998 - Plenário. Relator: Ministro Bento José Bugarin. **Diário Oficial da União**, Brasília, DF, 10 ago. 1998. Seção 1, p. 15.

[536] A administração tem o poder/dever de revisar seus atos ilegais ou danosos aos interesses públicos, desde que o faça mediante justificação. No caso, a anulação do ato administrativo ocorreu tendo em

oportunidade, é possível ao gestor público proceder à anulação ou à revogação da licitação, fazendo com que a liminar perdesse o objeto, reiniciando-se o procedimento licitatório com a cautela de evitar a ocorrência da repetição dos fatos[537] que ensejaram o recurso ao Judiciário.

Ademais, conforme manifestou-se o Tribunal de Justiça do Distrito Federal, é temerário sustentar despacho que suspende, liminarmente, todos os atos licitatórios e seus desdobramentos, pois, se prejuízo ocorre nessa fase, é do órgão licitador que se vê, assim, impedido de agir nos estritos limites de sua competência.[538]

Pode parecer que se pretende evitar a tutela judicial sobre a Administração, mas não é bem isso. A Administração não é obrigada a ficar aguardando prolongadas demandas judiciais quando tem o interesse público a atingir com a limitação temporal para firmar contratos diretos, determinados ao prazo de praticamente seis meses, especialmente porque o Poder Público possui a prerrogativa de anular ou revogar a licitação, em regra sem qualquer indenização.[539]

A justificativa para o ato consistiria em parecer devidamente fundamentado, sustentado na inviabilidade de dar seguimento a um procedimento questionado perante o Poder Judiciário,[540] com possibilidade efetiva de longa tramitação, quando há limite temporal para a contratação direta e o interesse público emergente, que poderá ser plenamente atendido com novo procedimento licitatório, obviando-se os aspectos questionados junto ao Poder Judiciário. No caso de preferir anular, a Admi-

---

vista irregularidade detectadas nos documentos utilizado para a habilitação. BRASIL. Tribunal Regional Federal da 4ª Região. Processo AMS nº 90.04.15046-3. Relatora: Juíza Luiza Dias Cassales - 2. Turma. **Diário da Justiça [da] República Federativa do Brasil**, Brasília, DF, 21 set. 1994, p. 52.780.

[537] TCU determinou que se faça pesquisa prévia para se certificar dos preços de mercado dos itens a serem adquiridos, visando com isso evitar infundadas interrupções ou revogações dos processos licitatórios e prevenir a ocorrência de recursos e os ônus daí recorrentes. BRASIL. Tribunal de Contas da União. Processo TC nº 006.004/98-9. Decisão nº 438/1999 - Plenário. Relator: Ministro Walton Alencar Rodrigues. **Diário Oficial da União**, Brasília, DF, 22 jul. 1999. Seção 1, p. 54.

[538] DISTRITO FEDERAL. Tribunal de Justiça do Distrito Federal e Territórios. Processo AGI nº 678996/DF. Registro do Acórdão nº 86576. Relator: Desembargador Eduardo de Moraes Oliveira. **Diário da Justiça [da] República Federativa do Brasil**, Brasília, 14 ago. 1996. Seção 3, p. 13.602.

[539] a) Licitação revogada por preços superfaturados. Contrataram por emergência. Liminar em novo processo licitatório. Nova contratação por emergência. TCU julgou regular. BRASIL. Tribunal de Contas da União. Processo TC nº 625.189/97-3. Decisão nº 822/1997 - Plenário. Relator: Ministro Humberto Guimarães Souto. **Diário Oficial da União**, Brasília, DF, 12 dez. 1997, Seção I, p. 29.830.

b) Pelos mesmos fundamentos, o TCU determinou: "[...] 1.5.1.6 [...] Superintendência Regional do Departamento de Polícia Federal para que adote as providências necessárias com vistas à anulação ou revogação de licitações objeto de ação judicial cujos argumentos sejam relevantes e a demora na apreciação pelo Judiciário ocasionem sucessivos contratos emergenciais, como verificado quando da suspensão cautelar de uma concorrência de 2002 [...]." BRASIL. Tribunal de Contas da União. Processo TC nº 018.758/2007-6, Acórdão nº 2.679/2009 - 1ª Câmara. Relator: Ministro Walton Alencar Rodrigues. **Diário Oficial da União**, Brasília, DF, 29 maio 2009.

[540] Declarado nulo, por sentença, o julgamento de concorrência pública, desconstitui-se automaticamente o ato que - por efeito daquele julgamento - adjudicará a um dos licitantes o serviço público em disputa. BRASIL. Superior Tribunal de Justiça. Processo ROMS nº 9343/SP - 1ª Turma. Relator: Ministro Humberto Gomes de Barros. **Diário da Justiça [da] República Federativa do Brasil**, Brasília, DF, 03 maio 1999. O recurso teve provimento negado.

nistração reconhece a ilegalidade da cláusula editalícia, por exemplo, mesmo que anteriormente tenha indeferido a impugnação,[541] à vista da Súmula nº 473 do STF.

Nos cursos ministrados, temos sugerido que a Administração, sempre que possível, elabore um cronograma de licitações tendo em conta a data final dos contratos, reduzindo-se o tempo necessário à realização da licitação, com margem de folga razoável, suficiente para suportar eventual lide.[542]Ademais, o plano de contratações anual introduzido pela LLCA é importante instrumento para facilitar a organização da Administração e possibilitar o tempo hábil para realizar a licitação.

4.19.11 Boas práticas - manualização de rotinas

Enfatizando a função pedagógica que exerce, o Tribunal de Contas da União vem recomendando aos órgãos que procurem criar rotinas, procedimentos e manuais de modo a evitar a criação de situações ensejadoras de contratos emergenciais.

Numa organização, quando cada servidor sabe a competência que detém e conhece também aquela que é atribuída a seus colegas - definição precisa dos atores - sabe quando atuar - definição precisa do tempo - e conhece o procedimento - é treinado, erros são minimizados.

O autor deste trabalho teve o privilégio de construir, com os servidores do Tribunal Superior Eleitora - TSE, um manual de gestão de contratos, maximizando rotinas.[543]

A seguir apresenta-se um elucidativo acórdão nesse sentido:

> 1.4 - estabeleça manual de rotinas internas que definam de forma clara as ações relativas a aquisições, seus prazos e respectivos respon-

---

[541] A vinculação ao edital é princípio basilar de toda licitação. Não impugnado o edital, no prazo legal, decai o direito, não podendo fazê-lo após decisão da comissão, que lhe foi desfavorável. DISTRITO FEDERAL. Tribunal de Justiça do Distrito Federal e Territórios. Processo AC nº 116916 - 1ª Turma Cível. Relatora: Desembargadora Vera Andrighi. **Diário da Justiça [da] República Federativa do Brasil**, Brasília, DF, 31 maio 1999, p. 42.

[542] a) Também nesse sentido, o TCDF recomendou a uma jurisdicionada que adotasse procedimentos formais de controle para compatibilizar a data de término dos contratos com os prazos de conclusão das licitações, prevendo, inclusive, a possibilidade de recursos por parte dos concorrentes, de forma a evitar descontinuidade na prestação dos serviços ou contratações emergenciais. DISTRITO FEDERAL. Tribunal de Contas do Distrito Federal. Processo nº 1.913/1994. Disponível em: http://www.tc.df.gov.br. Acesso em: 14 abr. 2014.

b) No mesmo sentido: o TCU determinou: "[...] planeje as datas em que devam ser iniciadas as licitações dos serviços de duração continuada, a fim de que os prazos para a realização dos certames sejam compatíveis com as datas de vencimento dos contratos [...]." BRASIL. Tribunal de Contas da União. Processo TC nº 007.581/2005-9. Acórdão nº 1169/2006 - Plenário. Relator: Ministro Marcos Vinicios Vilaça. **Diário Oficial da União**, Brasília, DF, 24 jun. 2006. Seção 1, p. 85.

[543] TCU recomenda: "[...] a criação e formalização de procedimentos para a fiscalização e acompanhamento dos contratos, cujas etapas (requisição, recebimento, guarda, contato com o fornecedor, atesto) possam, internamente, ter suas funções segregadas. [...]." BRASIL. Tribunal de Contas da União. Processo TC nº 009.389/2012-1. Acórdão nº 1161/2013 - Plenário. Relator: Ministro José Jorge. **Diário Oficial da União**, Brasília, DF, 15 mai. 2013. Seção 1.

sáveis, de modo a serem evitadas contratações com o aludido caráter emergencial não previsto no inciso IV do art. 24 da Lei n.º 8.666/1993.[544]

Na nova lei, no art. 8º, § 3º, foi imposta à Administração Pública regulamentar a atuação do agente de contratação e da equipe de apoio, o funcionamento da comissão de contratação e a atuação de fiscais e gestores de contratos, inclusive, inovadoramente, o direito de esses servidores **contarem com o apoio** dos órgãos de assessoramento jurídico e de controle interno.

A fixação de prazos e rotinas para evitar riscos e situações de emergência integram o amplo escopo dessa regulamentação recomendada.

4.20 Art. 75, inc. IX – Bens e serviços de entidade pública

Art. 75. É dispensável a licitação:

[...]

IX - para a aquisição, por pessoa jurídica de direito público interno, de bens produzidos ou serviços prestados por órgão ou entidade que integrem a Administração Pública e que tenham sido criados para esse fim específico, desde que o preço contratado seja compatível com o praticado no mercado;

Dispositivos correspondentes na Lei nº 8.666/1993[545]:
Art. 24. É dispensável a licitação:
[...]
VIII - para a aquisição, por pessoa jurídica de direito público interno, de bens produzidos ou serviços prestados por órgão ou entidade que integre a Administração Pública e que tenha sido criado para esse fim específico em data anterior à vigência desta Lei, desde que o preço contratado seja compatível com o praticado no mercado;

Nos comentários a seguir, podem ser aproveitados quase integralmente os textos produzidos na legislação anterior e também a jurisprudência, vez que houve pouca alteração de redação. A nova norma excluiu a expressão "em data anterior à vigência desta Lei"[546]. Nas obras anteriores, demonstramos que a limitação temporal, notadamente casuística não se encontrava harmônica com a Constituição. A evolução legislativa revela o acerto do nosso entendimento.

---

[544] BRASIL. Tribunal de Contas da União. Processo TC nº 010.914/2007-6. Acórdão nº 2829/2008 - 2ª Câmara. Relator: Ministro Augusto Sherman. **Diário Oficial da União**, Brasília, DF, 15 ago. 2008. Seção 1.
[545] BRASIL. **Lei nº 8.666/93 (Versão Bolso)**. Organização dos textos e índice por J. U. JACOBY FERNANDES. 21. ed. ampl., rev. e atual. Belo Horizonte: Fórum, 2021. Livro digital.
[546] BRASIL. **Lei nº 14.133, de 1º de abril de 2021**. Lei de Licitações e Contratos Administrativos. Organização de textos, remissões da Lei nº 8.666/1993, Lei nº 10.520/2002 e Lei 12.462/2011 e índices por Ana Luiza Jacoby Fernandes e J. U. Jacoby Fernandes. Belo Horizonte: 2021.

4.20.1 Origem histórica

Sob a égide do Decreto-Lei nº 2.300, era permitida a contratação direta quando a operação envolvesse concessionário de serviço público e o objeto do contrato fosse pertinente ao da concessão e, também, quando envolvesse pessoas jurídicas de direito público interno ou entidades paraestatais ou, ainda, aquelas sujeitas ao seu controle majoritário. Seria, entretanto, obrigatória a licitação[547] se houvesse empresas privadas que pudessem prestar ou fornecer os mesmos bens ou serviços.

Já a redação original da Lei nº 8.666/1993 estabelecia o seguinte:

> Art. 24. É dispensável a licitação:
> [...]
> VIII - quando a operação envolver exclusivamente pessoas jurídicas de direito público interno, exceto se houver empresas privadas ou de economia mista que possam prestar ou fornecer os mesmos bens ou serviços, hipóteses em que ficarão sujeitas a licitação.
> [...]
> § 2º O limite temporal de criação do órgão ou entidade que integre a administração pública estabelecido no inciso VIII do caput deste artigo não se aplica aos órgãos ou entidades que produzem produtos estratégicos para o SUS, no âmbito da Lei nº 8.080, de 19 de setembro de 1990, conforme elencados em ato da direção nacional do SUS.[548]

Criava-se, assim, um tipo diferenciado de dispensa de licitação que, na verdade, tratava-se de inexigibilidade, pois seria inviável a competição.

Esse dispositivo teve uma origem histórica: foi instituído para que a Lei nº 8.666/1993[549] não impedisse a contratação de órgãos públicos. A existência de pessoas jurídicas de direito público integrando a Administração Pública revela uma decisão política sujeita a movimentos cíclicos, dependendo da ideologia que governa. Estados com Administração Pública que abarca todas as funções contrapõem-se ao chamado "estado mínimo", onde o Poder Público atua em poucas áreas e desenvolve a iniciativa privada.

Se inexistente esse dispositivo, os serviços e bens produzidos por órgão público seriam licitados e não contratados diretamente.

---

[547] BRASIL. **Decreto-Lei nº 2.300, de 21 de novembro de 1986**. Dispõe sobre licitações e contratos da Administração Federal e dá outras providências. **Diário Oficial da União**, 25 nov. 1986. (conf. art. 22, inc. VII e X). Revogado pela Lei nº 8.666, de 21 de junho de 1993.

[548] BRASIL. **Lei nº 8.666/93 (Versão Bolso)**. Organização dos textos e índice por J. U. JACOBY FERNANDES. 21. ed. ampl., rev. e atual. Belo Horizonte: Fórum, 2020. Livro digital. O § 2º foi incluído pela Lei nº 12.715, de 2012.

[549] BRASIL. **Lei nº 8.666/93 (Versão Bolso)**. Organização dos textos e índice por J. U. JACOBY FERNANDES. 28. ed. ampl., rev. e atual. Belo Horizonte: Fórum, 2020. Livro digital.

Pouco tempo depois, as empresas estatais adquiriam o mesmo direito de contratar suas subsidiárias sem licitação.[550]

Juridicamente, a criação de entidades, subsidiárias e outros acabam por enfraquecer a economia e os postulados da Lei de Responsabilidade Fiscal, tirando a possibilidade de desenvolver setores e cumprir o ideário consagrado no art. 10, § 7º, do Decreto-Lei nº 200/1967. Além disso, permite ocultar desvios orçamentários, transferindo recursos público para sustentar instituições com sobrepreços de valores.

Essa dispensa alterou a fisionomia da dispensa, isentando da salutar concorrência órgãos da Administração, exigindo apenas a compatibilidade de preços com os praticados no mercado.

4.20.2 Descentralização – competição e licitação

A justificativa jurídica para essa dispensa repousa no fato de que a descentralização das atividades não poderia obrigar à licitação. Assim, se o Estado possui na sua estrutura um órgão que realiza um serviço, ao conceder-lhe autonomia e personalidade, continuaria podendo contratar, diretamente, sob pena de inviabilizar a própria descentralização.

O assunto, contudo, não é pacífico, e o douto Toshio Mukai, um dos mais expressivos expoentes sobre o tema, sustenta[551] que a alteração da redação do inciso, promovida pela Lei nº 8.883/1994, conquanto omissa sobre a questão da possibilidade de competição com a iniciativa privada, merece maior reflexão.

Lembrando que o texto do DL nº 200/1967 contemplava como uma das hipóteses de dispensa a licitação entre órgãos e entidades públicas (art. 126, § 2º, "f"), o referido autor traz à colação o seguinte caso:

> Com base nessa disposição, reproduzida no texto da Lei paulista nº 89/72, o Sr. Governador do Estado de São Paulo dispensou de licitação a Petrobrás para instalar postos de gasolina (com os complementos de praxe) ao longo da Rodovia Castello Branco. Diversas empresas (Shell, Esso etc.) ingressaram com Mandado de Segurança, reivindicando a necessidade de licitação. A resposta do Judiciário veio no RE nº 87.347, 1ª T., 04.03.80, Rel. o Min. Xavier de Albuquerque: 'Não cabe dispensa de licitação, em favor da Petrobrás, para instalar postos de gasolina e de socorro mecânico em estrada estadual. Essa atividade não se inclui no monopólio ou exclusividade de serviço, não se caracterizando a hipótese do art. 126, § 2º, f, do Dec.-Lei nº 200/67' (Vox Legis, v. 137, p. 20 e ss., maio/1980)[552].

---

[550] **Lei nº 8.666, de 21 de junho de 1993.** "Art. 24. É dispensável a licitação: [...] XXIII - na contratação realizada por empresa pública ou sociedade de economia mista com suas subsidiárias e controladas, para a aquisição ou alienação de bens, prestação ou obtenção de serviços, desde que o preço contratado seja compatível com o praticado no mercado. [Incluído pela Lei nº 9.648, de 1998]."
[551] Boletim de Licitações e Contratos - BLC, nº 9/94. São Paulo: NDJ, p. 417-8.
[552] Ibidem.

Para melhor compreensão, é o seguinte texto do Decreto-Lei nº 200/1967, que, copiado para aquela legislação estadual, gerou a manifestação precitada do Pretório Excelso:

> Art. 126. As compras, obras e serviços efetuar-se-ão com estrita observância do princípio da licitação.
> [...]
> § 2º É dispensável a licitação:
> [...]
> f) quando a operação envolver concessionário de serviço público ou, exclusivamente, pessoas de direito público interno ou entidades sujeitas ao seu controle majoritário.[553]

Na edição anterior, manifestou-se a opinião de que diante da redação do inciso VIII do art. 24 da Lei nº 8.666/1993, e tendo subjacente o acórdão em tela, verificava-se que o normativo ainda carecia de aperfeiçoamento, uma vez que não fora alcançado o exato equilíbrio entre os princípios da descentralização das atividades estatais, em que seria possível a contratação direta, e o da licitação e da livre iniciativa.

Embora o dispositivo tenha sido reproduzido com alteração na nova Lei, a mudança limitou-se à questão temporal, omitindo-se o legislador em equacionar os princípios da licitação, da livre iniciativa e da descentralização que, como dito, é a questão mais substancial que afeta o tema.

4.20.3 Requisitos

Para que se opere legitimamente a contratação direta, é necessário que:

a) o contratante seja pessoa jurídica de direito público interno;
b) o contratado seja órgão ou entidade que integre a Administração Pública;
c) o contratado tenha sido criado para o fim específico do objeto pretendido pela Administração contratante;
d) o preço seja compatível com o praticado no mercado.

Cabe, agora, analisar cada um dos requisitos para a adequada compreensão do tema.

Como já referido, não mais exige a norma que "a criação do órgão ou entidade contratada tenha ocorrido antes da vigência da Lei nº 8.666/1993".

4.20.3.1 Contratante: *pessoa jurídica de direito público interno*

Pessoa jurídica de direito público interno é uma expressão que abrange determinados tipos de pessoas com regime jurídico próprio e peculiar, em que conservam prerrogativas do poder de *imperio*. No ordenamento jurídico pátrio, são: a União, os estados, os municípios, o Distrito Federal e suas autarquias.

---

[553] BRASIL. Decreto-Lei nº 200/1967. Dispõe sôbre a organização da Administração Federal, estabelece diretrizes para a Reforma Administrativa e dá outras providências.

Com profundo dissenso doutrinário e legal, até o advento da Constituição Federal[554] de 1988, as fundações instituídas e mantidas pelo Poder Público oscilavam ao sabor das conveniências, ora ostentando nítidas características do Direito Privado, ora se afirmando como pessoas jurídicas de Direito Público.

Somente após o Estatuto Político de 1988 foram as fundações adequadamente situadas como *tertium genus*, em relação à natureza jurídica de sua personalidade, mas muito bem situada sob adequada e integral jurisdição do controle.

O Supremo Tribunal Federal, por ocasião do julgamento da ADI nº 926/1993,[555] definiu com absoluta precisão os novos contornos constitucionais das fundações, para aproximá-las das autarquias sob vários aspectos.

Na atualidade, deve-se classificar as fundações instituídas e mantidas pelo Poder Público como pessoas jurídicas de Direito Público, e, portanto, podem elas integrar o elenco de órgãos contratantes que se podem servir da possibilidade de dispensa. Se o contratante for empresa pública ou sociedade de economia mista, deverá ser utilizada a Lei nº 13.303/2016[556].

4.20.3.2 Contratado: órgão ou entidade integrado à Administração Pública

O outro sujeito da futura relação contratual deverá ser órgão ou entidade integrante da Administração Pública.

Se o contratante foi precisamente definido pelo inciso em comento, o mesmo não ocorreu em relação ao contratado. Primeiro, porque admitiu a contratação de órgão, expressão de larga amplitude, abrangendo partes despersonalizadas da Administração. Mesmo no mais autorizado magistério do saudoso Hely Lopes Meirelles, o conceito de órgão não se identifica com o de pessoa jurídica capaz de ser sujeito de direitos e obrigações, muito embora se lhe atribua capacidade de expressar parcela de vontade do Estado, fato que estabelece uma zona intermediária, bastante dissociada dos elementos clássicos do Direito Privado. Para o renomado autor: "órgãos públicos - são centros de competência instituídos para o desempenho de funções estatais, através de seus agentes, cuja atuação é imputada à pessoa jurídica a que pertencem."[557]

Mais adiante, amparado em Gierke, afirma que o órgão é parte do corpo da entidade e, assim, "todas as suas manifestações de vontade são consideradas como da própria entidade".

---

[554] BRASIL. **Constituição da República Federativa do Brasil**. Organização dos textos e índice por J. U. JACOBY FERNANDES. 3. ed. Atualizada até a EC nº 102/2019. Belo Horizonte: Fórum, 2020.
[555] BRASIL. Supremo Tribunal Federal. Ação Direta de Inconstitucionalidade nº 926/93. **Diário da Justiça [da] República Federativa do Brasil**, Brasília, DF, 06 maio 1994.
[556] BRASIL. **Lei nº 8.666/93 (Versão Bolso)**. Organização dos textos e índice por J. U. JACOBY FERNANDES. 21. ed. ampl., rev. e atual. Belo Horizonte: Fórum, 2020. Livro digital.
[557] MEIRELLES, Hely Lopes. **Direito Administrativo Brasileiro**. 32. ed. atual. São Paulo: Malheiros, 2006, p. 69.

Nada obstante a clareza dessas afirmativas iniciais, mais adiante o autor admite a capacidade dessa parte ou centro de competência, para depois ratificar a inexistência de personalidade jurídica do "órgão", como se observa:

> [...] os órgãos integram a estrutura do Estado e das demais pessoas jurídicas como partes desses corpos vivos, dotados de vontade e capazes de exercer direitos e obrigações para a consecução de seus fins institucionais. Por isso mesmo, os órgãos não têm personalidade jurídica nem vontade própria, que são atributos do corpo e não das partes, mas na área de suas atribuições e nos limites de sua competência funcional expressam a vontade da entidade a que pertencem e a vinculam por seus atos, manifestados através de seus agentes (pessoas físicas).

Acrescenta, em seguida, que:

> [...] embora despersonalizados, os órgãos mantêm relações funcionais entre si e com terceiros, das quais resultam efeitos internos e externos, na forma legal ou regulamentar. E, a despeito de não terem personalidade jurídica, os órgãos podem ter prerrogativas funcionais próprias que, quando infringidas por outro órgão, admitem defesa até mesmo por mandado de segurança.[558]

Sobre entidades, é possível defini-las, seguindo corrente já firmada, como centros de competência específica, providos de personalidade jurídica de direito público ou privado e criados por lei, para o desempenho de funções descentralizadas.[559]

Deve ficar adequadamente estabelecida substancial diferença entre a prerrogativa de contratação direta, que o inciso em comento estabelece em favor do contratante, e a possibilidade de venda ou prestação direta de serviços por parte do órgão ou entidade contratada.

Como regra, a Administração está sujeita ao processo licitatório, seja para comprar ou vender, contratar a prestação de serviços ou realizá-los, exsurgindo daí que o contratante pode ter autorização legal para promover a contratação direta, mas o contratado, se pretender promover a alienação direta dos seus bens, deverá também ter amparo legal expresso nesse sentido, este podendo ser afirmado em relação aos serviços quando está na condição de prestador.

Mais uma vez, renova-se aqui a noção básica elementar de que as entidades da Administração podem ocupar qualquer um dos polos da relação contratual, mas apenas uma é, no estrito âmbito da legalidade, a "contratante", possuindo a outra a condição de "contratada", sendo que à primeira cabe a utilização de cláusulas exorbitantes, como regra.

---

[558] MEIRELLES, Hely Lopes. **Direito Administrativo Brasileiro**. 32. ed. atual. São Paulo: Malheiros, 2006, p. 68-69.
[559] ZAIDMAN, Luiz; LUZ, Lincoln T. M. P. da. **Estudos para uma Lei Orgânica da Administração Federal.** Brasília: IPEA, 1978, p. 107.

4.20.3.2.1 Contratado: prestador de serviço público delegado

A propósito, insta ressaltar que o dispositivo não alberga as contratações diretas com as executoras de serviços públicos mediante delegação, como ocorre em relação aos serviços concedidos, permitidos e autorizados.

Na concessão, dá-se o traspasse contratual dos serviços públicos para o particular, permanecendo o Poder Público com a titularidade destes e a prerrogativa de fiscalizar-lhes a execução, além de impor as alterações que se fizerem necessárias como cláusulas exorbitantes.

Já a permissão, que guarda pontos de contato com a concessão, é mais precária e se realiza por ato unilateral, transferindo aos particulares que preencham determinados requisitos a execução de um serviço público; a seu turno, serviços autorizados, na lição de Hely Lopes Meirelles, são aqueles em que o Poder Público, por ato unilateral, precário e discricionário, consente na sua execução por particular para atender a interesses coletivos instáveis ou emergenciais[560].

Nenhum dos executores dos serviços delegados pode ser contratado diretamente com fulcro nesse inciso, mesmo os concessionários ou permissionários. Quando a Administração Pública transfere ao particular a execução do serviço, embora tal ação possa ser compreendida como descentralização *lato sensu*, o delegado não é ente integrante da Administração Pública. É particular, para fins de contratação dos serviços ou fornecimentos.[561]

4.20.3.2.2 Contratação entre unidades da federação

Importante questão ainda merece exame e refere-se à possibilidade de uma esfera de governo contratar entidade criada por outra para prestar serviços.

Em pesquisa levada a efeito, verificou-se a inexistência de uniformidade a respeito.

A Editora NDJ, por sua equipe de consultoria, firmou o seguinte entendimento sobre essa questão:

> A aquisição de bens produzidos ou serviços prestados por órgão ou entidade que integre a Administração Pública significa que a contratação direta só pode ser levada a efeito se ocorrer na mesma esfera de governo?
> - Refere-se este quesito à dispensabilidade de licitação referida na Lei nº 8.666/1993, art. 24, VIII. A resposta é negativa. A compra, por

---

[560] MEIRELLES, Hely Lopes. **Direito Administrativo Brasileiro**. 32. ed. atual. São Paulo: Malheiros, 2006.
[561] No início da vigência da Lei nº 8.666/1993, a Secretaria do Tesouro Nacional - STN esclareceu a diferença de tratamento entre o Decreto-Lei nº 2.300/1986 e a Lei nº 8.666/1993. Objetivamente deixou assentado que "foi suprimido do Estatuto das Licitações o dispositivo que previa a dispensa de licitação para concessionários de serviço público". Quanto ao art. 24, inciso VIII, da Lei de Licitações, dispõe sobre operações entre órgãos e entidades públicas, excluindo a hipótese das concessionárias. BRASIL. Secretaria do Tesouro Nacional. Mensagem CONED/STN nº 402.268, de 24 de fevereiro de 1994, interessado DRTN/RJ.

pessoa jurídica de direito público interno, de bens ou serviços prestados por órgão ou entidade integrante da Administração Pública pode ser efetuada com dispensa de licitação, mesmo que o contratante seja de um nível de governo e o contratado de outro. Exemplo: pode um Município adquirir os bens ou os serviços de uma entidade federal, ou estadual, criada para o fim específico de vender aqueles bens e serviços para o Poder Público, independendo o nível de governo a que pertença. Tal assertiva se dá em virtude da definição que a Lei nº 8.666/1993 apresentou para "Administração Pública", conforme consta do art. 6º, XI, que abrange toda e qualquer pessoa jurídica, de direito público e privado, do nível que for, para abarcar a todas naquele abrangente conceito.[562]

O Tribunal de Contas da União, examinando a hipótese de uma fundação pública federal (FUB) contratar empresa pública do Distrito Federal, não julgou regular o contrato. Nesse caso, inclusive, outro fator foi fundamental no julgamento: viabilidade de competição, por existirem empresas privadas competitivas, sinalizando na direção do entendimento do Professor Toshio Mukai, exposto no subtítulo 4.20.2, precedente.

Assim manifestou-se o douto órgão instrutivo do TCU:

> a) Processos nºs 23.106.011.303/95-9 e 23.106.011.585/94-73 - Contratação, com dispensa de licitação, da Companhia Urbanizadora da Nova Capital do Brasil (NOVACAP), com amparo no disposto no inciso VIII do art. 24 da Lei nº 8.666/1993 (fls. 09/20). Observa a equipe que a fundamentação legal utilizada (inciso VIII do art. 24 da Lei nº 8.666/93) é inaplicável à espécie, uma vez que na iniciativa privada existem concorrentes para o objeto contratado, e, ainda, que o Distrito Federal goza de autonomia administrativa e competência administrativa (arts. 18 e 32 da Constituição Federal), não se podendo considerar suas empresas estatais como agregadas à Administração Federal.[563]

À vista desse entendimento, o TCU deliberou recomendar à FUB que:

> 8.1.2. atente para a impropriedade da dispensa de licitação para a contratação da Companhia Urbanizadora da Nova Capital do Brasil (Processos nºs 23.106.011.303/95-9 e 23.106.011.585/94-75 - PRC), com base no inciso VIII do art. 24 da Lei nº 8.666/93, uma vez que na iniciativa privada existem concorrentes para os objetos contratados.[564]

---

[562] **Boletim de Licitações e Contratos** - BLC, mar./97. São Paulo: NDJ, p.154.
[563] BRASIL. Tribunal de Contas da União. Processo TC nº 004.906/1995-0. Decisão nº 165/1995 - 1ª Câmara. Relator: Ministro Homero Santos. **Diário Oficial da União**, Brasília, DF, 24 jul. 1995. Seção 1, p. 11087-8.
[564] Há evidente equívoco nessa decisão, pois a inviabilidade de competição é requisito próprio do art. 25, e não do art. 24.

Portanto, contrastando as transcrições feitas, verifica-se que, dos dois fundamentos do órgão instrutivo para imputar a irregularidade, apenas um foi acolhido.[565]

Após a terceira edição do livro *Contratação Direta sem Licitação*, reflexão mais detida levou à evolução da exegese sobre a questão. Essa evolução se mantém nesta obra, porque é coerente com a precisão das palavras utilizadas no dispositivo.

A Lei nº 8.666/1993[566] definiu, expressamente, o que se deve entender por "Administração e Administração Pública".[567] A nova lei mantém esses termos.[568]

O legislador, corretamente, empregou esses dois termos em vários dispositivos da Lei, não havendo dúvidas quanto à sua utilização.

A parte do Direito que cuida da interpretação das leis, a hermenêutica, em um dos seus mais festejados mestres, Carlos Maximiliano, ensina que o juiz atribui aos vocábulos o sentido resultante da linguagem vulgar; porque se presume haver o legislador, ou escritor, usado expressões comuns; "porém, quando são empregados termos jurídicos, deve-se crer ter havido preferência pela linguagem técnica."[569]

No presente caso, o legislador não só está usando termos jurídicos, como também está empregando termos que ele próprio conceituou.

Também é da hermenêutica a lição de Gianturco,[570] de que se deve presumir que a lei não contenha palavras supérfluas; devem todas ser entendidas como escritas adrede para influir no sentido da frase respectiva.

Basta a lógica para assegurar essa proposição: se o legislador tivesse estabelecido que as pessoas jurídicas de Direito Público pudessem contratar com os órgãos e entidades integrantes da "Administração", faria sentido restringir o alcance da norma à respectiva esfera de governo ou à respectiva pessoa jurídica. Não o fez, porém. Expressamente, e com o conteúdo que precisamente definiu no art. 6º, incisos III e IV, o legislador usou o termo "Administração Pública".[571] A se entender

---

[565] Diversamente, a editora Zênite, no Informativo de Licitações e Contratos, consolidou seu entendimento no sentido de que "dispensa de licitação com fundamento no art. 24, inc. VIII, da Lei nº 8.666/93 só será válida se o órgão ou entidade a ser contratado for instrumento de atuação da própria pessoa jurídica de direito público interessada". ILC, jan./1996. Curitiba: Zênite, p. 35.
[566] BRASIL. **Lei nº 8.666/93 (Versão Bolso)**. Organização dos textos e índice por J. U. JACOBY FERNANDES. 21. ed. ampl., rev. e atual. Belo Horizonte: Fórum, 2020. Livro digital.
[567] BRASIL. **Lei nº 8.666/93 (Versão Bolso)**. Organização dos textos e índice por J. U. JACOBY FERNANDES. 21. ed. ampl., rev. e atual. Belo Horizonte: Fórum, 2020. Livro digital. Vide art. 6º, inc. XI e XII.
[568] Lei nº 14.133/2021: "Art. 6º Para os fins desta Lei, consideram-se: [...] III – Administração Pública: administração direta e indireta da União, dos Estados, do Distrito Federal e dos Municípios, inclusive as entidades com personalidade jurídica de direito privado sob controle do poder público e as fundações por ele instituídas ou mantidas; IV – Administração: órgão ou entidade por meio do qual a Administração Pública atua;"
[569] Maximiliano, Carlos. **Hermenêutica e aplicação do Direito**. Rio de Janeiro: Forense, 1988, p. 109.
[570] Maximiliano, Carlos. **Hermenêutica e aplicação do Direito**. Rio de Janeiro: Forense, 1988, p. 110.
[571] Corroborando nosso entendimento, cabe trazer à balha, como forma de ilustração, excerto do Parecer nº 2.157/97, da lavra do Dr. André Carlo Torres Pontes, Procurador do Ministério Público junto ao

de modo diverso, ficaria impedida parte da colaboração entre esferas de governo e entre municípios vizinhos.

Ao consagrar essa interpretação, além de atender à literalidade de Lei, permite-se uma maior colaboração entre as diversas esferas de Governo, facilitando especialmente nos municípios, a divisão de atividades.

4.20.3.3 Contratado criado para o fim específico do objeto

O outro requisito inafastável à lei, para que ocorra a contratação direta, é que o objeto a ser contratado pela Administração seja coincidente com a finalidade precípua ou fundamental do órgão.

Nesse sentido, os elementos ensejadores da criação do órgão estão diretamente relacionados com o objeto de interesse da Administração contratante.

Exemplos clássicos seriam: a contratação de divulgação de informativos do interesse da Administração por uma emissora de rádio estatal,[572] criada para promover a divulgação das atividades do governo, com finalidade institucional; a realização de concursos por órgãos integrantes da Administração Pública, encarregados dessa tarefa.[573]

Merece reflexão o fato de um órgão possuir a finalidade genérica de prestar serviços numa determinada atividade, sem haver referência à execução dos supracitados para a Administração Pública. Nesse caso, por não ficar caracterizada a "finalidade específica", a dispensa de licitação não atenderia ao rigor da lei.

Efetivamente, não há amparo legal para a Administração Pública ficar contratando diretamente qualquer órgão da Administração. Quis o legislador colocar em destaque que, na criação do órgão, o que deve ficar em evidência é a finalidade específica.[574]

TC/PB, Processo nº 7.458/97. Informativo do MPjTCE/PB, nº 5, p. 8: "Com efeito, ao tratar da dispensabilidade de licitação relativa à espécie - art. 24, inc. VIII, da Lei nº 8.666/93 - o legislador não fez menção sobre se o órgão da Administração Pública contratado deveria integrar a esfera de governo do ente de direito público contratante, o que nos faz supor ser aplicável o conceito de Administração Pública contido no art. 6º, inc. XI, supracitado, indistintamente".

[572] Em resposta a consulta, o TCU entendeu que prevalece a Lei nº 6.650/1979, que criou a Radiobrás. Publicidade pode ser contratada com base no art. 25, *caput*. A vedação à publicidade, prevista no art. 25, inc. II, não alcança essa contratação. BRASIL. Tribunal de Contas da União. Processo TC nº 002.751/99-2. Decisão nº 538/1999 - Plenário. Relator: Ministro Adylson Motta. **Diário Oficial da União**, Brasília, DF, 02 set. 1999. Seção 1, p. 33. No mesmo sentido: Processo TC nº 010.507/2001-0. Acórdão nº 1382/2003 - 1ª Câmara. Relator: Ministro Augusto Sherman Cavalcanti. **Diário Oficial da União**, Brasília, DF, 4 jul. 2003. Seção 1.

[573] A Procuradoria Geral do Distrito Federal entendeu que, na licitação para realização de concurso público para ingresso na carreira de Procurador do Distrito Federal, pode ser contratada a Escola de Administração Fazendária/ESAF, com base no inciso VIII, do art. 24, da Lei nº 8.666/93. PGDF. Parecer nº 307/2003 - PROCAD. Vicente Martins da Costa Júnior. Informativo do Centro de Estudos da PGDF, julho de 2003.

[574] O TCU julgou Acórdão em que o Estatuto de uma Fundação permite a ela prestar serviços de diversas naturezas à Universidade, sem a observância da finalidade para a qual aquela foi instituída (explorar

Afinal, como anteriormente expendido, presume-se que a lei não contenha palavras supérfluas; "devem todas ser entendidas como escritas adrede para influir no sentido da frase respectiva".[575]

Se o exercício da atividade mercantil se pauta pelo princípio da livre concorrência, tendo o Estado se igualado à iniciativa privada para a execução de um serviço ou o fornecimento de bens,[576] não poderá pretender afastar a disputa no momento em que tiver de promover a contratação de seu interesse, sob pena de violar um dos princípios fundamentais da República.[577]

Afinal, lembrando Ferrara, se o Estado abandona o seu pedestal para entrar em coordenação com os súditos, deve pautar-se pelas normas a eles aplicáveis. O dispositivo só resguarda o fato da descentralização: a pessoa jurídica criada pelo Estado para prestar serviços inerentes às atividades da Administração Pública para ela própria.

Em remate ao exposto, é oportuna a seguinte assertiva de Marcus Juruena Villela Souto, equacionando com sabedoria a questão:

> [...] é mister frisar que só cabe a contratação direta com a entidade descentralizada se ela foi criada para o fim específico de só atender à Administração, independentemente da data de sua criação - a busca de clientes externos, mesmo em outras Administrações, já descarac-

---

todas as modalidades de radiodifusão educativa sonora e de sons e imagens [...] com finalidade educacional, artística, cultural e informativa). Acórdão julgado improcedente devido à extrapolação do fim específico. BRASIL. Tribunal de Contas da União. Processo TC nº 005.866/2004-1. Acórdão nº 328/2005 - Plenário. Relator: Ministro Guilherme Palmeira. **Diário Oficial da União**, Brasília, DF, 7 abr. 2005. Seção 1.

[575] MAXIMILIANO, Carlos. **Hermenêutica e Aplicação do Direito**. Rio de Janeiro: Forense, 2018, p. 110.

[576] a) A Secretaria de Segurança Pública do DF estava adquirindo alimentos de supermercado estatal. O TCDF decidiu que as aquisições de gêneros alimentícios em geral e de produtos de limpeza devem ser precedidas de licitação, tendo em vista que tais despesas não se enquadram na dispensa prevista no inciso VIII do art. 24 referido. DISTRITO FEDERAL. Tribunal de Contas do Distrito Federal. Processo nº 6.047/1994. Decisão nº 809/1995, de 21 de fevereiro de 1995. **Diário Oficial do Distrito Federal**, Brasília, DF, 10 mar. 1995

b) Em processo de Nota de Empenho do próprio Tribunal, o Pleno decidiu determinar à Diretoria Geral de Administração que realize licitação para compra de gêneros alimentícios, exceto para os casos previstos nos incisos II e XII do art. 24 da Lei nº 8.666/93, uma vez que as aquisições junto à Superintendência de Abastecimento de Brasília, sociedade de economia mista, sem licitação, não se enquadram na dispensa prevista no art. 24, inc. VIII, da citada norma legal. DISTRITO FEDERAL. Tribunal de Contas. Processo nº 4.217/1994. Decisão nº 2.599/1995, de 22 de março de 1995. Disponível em: www.tc.df.gov.br. Acesso em: 26 jun. 2014.

c) O TCDF alertou a CLDF de que a dispensa de licitação prevista no inciso VIII do art. 24 da Lei nº 8.666/93 não é aplicável às aquisições junto à Superintendência de Abastecimento de Brasília, tendo em vista que aquela empresa não se amolda à regra excepcional contemplada no mencionado dispositivo legal. DISTRITO FEDERAL. Tribunal de Contas. Processo nº 5.796/1994. Decisão nº 5.649/1995, de 15 de maio de 1995, sessão ordinária nº 3.079. **Diário Oficial do Distrito Federal**, Brasília, DF, 24 maio 1995.

[577] BRASIL. **Constituição da República Federativa do Brasil**. Organização dos textos e índice por J. U. JACOBY FERNANDES. 3. ed. Atualizada até a EC nº 102/2019. Belo Horizonte: Fórum, 2020. Arts. 170, inc. IV, e 173, § 1º.

terizada a descentralização administrativa para transformar a entidade em concorrente da iniciativa privada, o que, na maioria dos casos, além de exigir a licitação, ultrapassa os limites impostos pelo art. 173, § 1º, Constituição Federal.[578]

É desconcertante verificar que alguns órgãos públicos, menos atentos ao texto legal e ignorando os princípios constitucionais da ordem econômica adotada em nosso país, vêm promovendo contratações de empresas públicas que não foram criadas para a finalidade específica de atender às necessidades da Administração, pretendendo amparar a contratação direta no inciso VIII do art. 24, na nova Lei, previsto no inciso IX do art. 75[579], em comento. Em governos anteriores, a União passou a constituir empresas estatais em áreas em que iniciativa privada já atuava, contrariando o princípio fundamental da livre iniciativa; o Poder Público não pode concorrer com empresas privadas. Inteligência do art. 1º, inc. IV, da Constituição Federal[580].

4.20.3.4 Preço compatível com o mercado

Sobre esse requisito, recomenda-se a leitura dos comentários ao art. 72, inc. VII, da lei em comento. Esse requisito aqui foi inserido para reforçar o comando geral que está naquele dispositivo.

Mesmo no caso desse inciso, portanto, deverá o responsável pela contratação direta sem licitação demonstrar, no processo, a compatibilidade dos preços cobrados com os praticados no mercado, significando que compatível é o que se ajusta a uma média do mercado, sendo despiciendo que seja o mais vantajoso ou o menor: há de ser compatível, razoável, tão-somente.

Poderiam os menos avisados sustentar que, nessa hipótese, não há dano à Fazenda Pública, uma vez que os recursos, mesmo que superfaturada a contratação, continuam integrando a Administração Pública, *lato sensu*, e em qualquer cofre os recursos estariam voltados à satisfação do interesse público.

Tal argumentação, à primeira vista sedutora, não deve ser acolhida, visto que chancela, com o desvio de finalidade, o carreamento dos recursos públicos para destinatário diverso do pretendido pela Lei Orçamentária, maculando com a eiva de ilegalidade a sua prática.

---

[578] Extraído do **Boletim de Licitações e Contratos** nº 11/94, p. 536, em comentário ao inciso XVI do art. 24.
[579] BRASIL. **Lei nº 14.133, de 1º de abril de 2021.** Lei de Licitações e Contratos Administrativos. Organização de textos, remissões da Lei nº 8.666/1993, Lei nº 10.520/2002 e Lei 12.462/2011 e índices por Ana Luiza Jacoby Fernandes e J. U. Jacoby Fernandes. Belo Horizonte: 2021.
[580] BRASIL. **Constituição da República Federativa do Brasil.** Organização dos textos e índice por J. U. JACOBY FERNANDES. 3. ed. Atualizada até a EC nº 102/2019. Belo Horizonte: Fórum, 2020.

4.20.3.5 Entidade que explora atividade econômica

Por força de mandamento constitucional,[581] ao Poder Público é vedado exercer atividade econômica em respeito a um dos fundamentos da República, que assegura a livre iniciativa[582]. Essa proibição tem duas exceções, também consagradas na Constituição: quando houver possibilidade de comprometimento da segurança nacional ou relevante interesse coletivo.

O Supremo Tribunal Federal assentou, interpretando a regra constitucional, que a "legitimidade da participação do Estado na economia se fundamenta em três conceitos fundamentais: segurança nacional, serviço público econômico e interesse público."[583]

Desse modo, vêm alguns sustentando que, se a entidade exerce atividade econômica, não poderá ser contratada com fundamento no inciso IX, do art. 75, ora em comento[584]. Acrescem outros ainda que, como a regra é a licitação, se for viável a competição a dispensa não pode prevalecer.

Ambas as teses pretendem reduzir o abuso da aplicação da norma; igualmente, ambas inserem restrições não previstas na Lei. A atuação de uma entidade, além da órbita admitida pela Constituição, não pode refletir sobre o agente público que promove a dispensa. Encontrando a atuação exorbitante, o órgão de controle deve recomendar o fato ao Ministério Público para arguição de inconstitucionalidade. O que parece inadequado é pretender que o gestor público não utilize a norma porque a entidade tem sua criação contrária à Constituição.

Com relação ao segundo argumento - impossibilidade de aplicação do dispositivo diante de eventual viabilidade de competição, o erro é manifesto. Ser viável ou não a competição é requisito da aplicação do art. 74, que cuida da inexigibilidade de licitação.

O interesse de restringir a aplicação deste inciso IX é plenamente satisfeito pela exigência dos requisitos "fim específico do objeto" e "compatibilidade de preços" vistos.

Quanto à constitucionalidade, por ferir os fundamentos da ordem econômica, há que se vislumbrar a situação mediante análise de caso a caso. É que a Constituição, por exceção, admite[585] a exploração de atividade econômica pelo Estado diante de imperativo da segurança nacional ou de relevante interesse coletivo,

---

[581] BRASIL. **Constituição da República Federativa do Brasil**. Organização dos textos e índice por J. U. JACOBY FERNANDES. 3. ed. Atualizada até a EC nº 102/2019. Belo Horizonte: Fórum, 2020. Confira o art. 173.

[582] *Ibidem*, art. 1º, inc. IV.

[583] BRASIL. Supremo Tribunal Federal. Recurso Extraordinário nº 220.906 - DF. **Informativo do STF** nº 213 (transcrições).

[584] Nesse sentido: RODRIGUES, Eduardo Azeredo. Da dispensa de licitação na contratação de órgão ou entidade exploradora de atividade econômica. **Direito Federal** - Revista da Associação dos Juízes Federais do Brasil, Rio de Janeiro, n. 73, p. 81-92, jun. 2003.

[585] BRASIL. **Constituição da República Federativa do Brasil**. Organização dos textos e índice por J. U. JACOBY FERNANDES. 3. ed. Atualizada até a EC nº 102/2019. Belo Horizonte: Fórum, 2020. Confira o art. 173. Art. 1º, inc. IV, 170, inc. IV e art. 173.

conforme definido em lei. Portanto, não é o fato de haver dispositivo assegurando a contração direta que legitimará a sua constitucionalidade, mas sim o uso que faz da norma e o que pretende realizar com a gestão que levará a merecer elogio ou censura determinado ato.

4.21 Art. 75, inc. X – Intervenção no domínio econômico

> Art. 75. É dispensável a licitação:
> [...]
> X - quando a União tiver que intervir no domínio econômico para regular preços ou normalizar o abastecimento;

Dispositivos correspondentes na Lei nº 8.666/1993[586]:
Art. 24. É dispensável a licitação:
VI - quando a União tiver que intervir no domínio econômico para regular preços ou normalizar o abastecimento;

As considerações a seguir correspondem aos comentários feitos ao dispositivo de igual teor da Lei nº 8.666/1993, vez que não teve alteração.

Essa autorização para contratação direta sem licitação foi estabelecida apenas para a União Federal e deve ser interpretada em consonância com o disposto nos arts. 170 a 181 da Constituição Federal[587]. Domínio econômico é uma expressão que deve ser acolhida como técnica, de conteúdo correspondente ao âmbito da ciência econômica,[588] abrangendo, contudo, o amplo espectro da troca de riqueza e suas manifestações.

Para adequada compreensão, deve-se ter em conta que o Brasil adotou o regime capitalista, fundado na valorização do trabalho humano e na livre iniciativa, sustentada pelos princípios insculpidos no art. 170 da Constituição, entre os quais estão a propriedade privada, a função social da propriedade e a livre concorrência.

É possível que comerciantes, num país que consagra o princípio da livre concorrência, tentem buscar a dominação de mercado, seu natural desvirtuamento, promovendo a organização de trustes, coalizões ou cartéis, com prejuízo à sociedade.

O Estado, encarregado da defesa da ordem econômica, necessitará então intervir para trazer os preços à normalidade, possuindo, para tanto, diversos instrumentos de ação, seja como agente normativo ou regulador, seja pelo poder de império, mediante a desapropriação, seja pela aquisição de produtos para revenda ou prestação de serviços por preço inferior ao de custo.

---

[586] BRASIL. **Lei nº 8.666/93 (Versão Bolso)**. Organização dos textos e índice por J. U. JACOBY FERNANDES. 21. ed. ampl., rev. e atual. Belo Horizonte: Fórum, 2020. Livro digital.
[587] BRASIL. **Constituição da República Federativa do Brasil**. Organização dos textos e índice por J. U. JACOBY FERNANDES. 3. ed. Atualizada até a EC nº 102/2019. Belo Horizonte: Fórum, 2020.
[588] FERREIRA, Aurélio Buarque de Holanda. **Novo Dicionário da Língua Portuguesa**. 2. ed., 25ª impressão. Rio de Janeiro: Nova Fronteira, 1986, p. 607.

O mesmo fenômeno guarda consigo várias facetas ou papéis que o Estado pode desempenhar, cada qual com seus reflexos positivos e negativos para a sociedade.

Para promover a venda de bens do seu acervo, poderá a Administração utilizar-se das alternativas consagradas no art. 76 da nova lei[589].

Pode ocorrer, porém, que a Administração necessite comprar ou contratar sem atender às condições mais vantajosas, como ocorre com a garantia de preços mínimos de safras agrícolas. Duas situações podem ser vislumbradas:

1ª. a busca da proposta mais vantajosa se contrapõe com o interesse público de incentivar a produção, objetivo esse amparado nos princípios constitucionais da função social da propriedade, da redução das desigualdades regionais e sociais. Diante de tal quadro, optou acertadamente o legislador pela possibilidade de contratação direta, permitindo que a União intervenha no domínio econômico para regular preços; e

2ª. a União tem outro objetivo na aquisição direta, qual seja: normalizar o abastecimento. Nesse caso, as compras procedidas pela Administração visam atender ao mercado, com a revenda. É o caso, por exemplo, da aquisição mediante importação de produtos nos períodos de entressafra. Enquanto, no caso do parágrafo anterior, a Administração almeja garantir os preços de mercado para o produtor, neste, o objetivo direto é atender às necessidades de consumo da população. Se a Administração Pública comprar pelo menor preço, em processo de licitação, estará aumentando a demanda.

Os objetivos mediatos de ambos têm o propósito de interferir no mercado econômico, afetando a oferta ou a procura. Os imediatos parecem ser bem distintos: evitar a ruína do produtor pelo excesso de oferta em determinado período ou atender às necessidades da população. Ainda os diferencia o fato de que a primeira hipótese se esgota com a compra, ou aquisição, enquanto, na segunda, isso só será atingido com a futura e posterior venda do produto que, para tanto, deverá observar as normas pertinentes sobre a alienação de bens móveis da Administração.

Seja para regular preços, seja para normalizar o abastecimento, a Lei nº 14.133/2021[590] autoriza, em ambos os casos, que a Administração dispense o processo licitatório e adquira diretamente do fornecedor.

Merece registro que a efetivação da contratação direta deve ter por escopo um dos dois objetivos estabelecidos pelo legislador e vir acompanhada e documentada, no processo, de parecer de análise econômica que demonstre os efeitos esperados da medida e a qualidade[591] dos produtos adquiridos, que deverão se mostrar compatíveis com a finalidade pretendida, como, por exemplo, o consumo pela população.

---

[589] BRASIL. **Lei nº 14.133, de 1º de abril de 2021**. Lei de Licitações e Contratos Administrativos. Organização de textos, remissões da Lei nº 8.666/1993, Lei nº 10.520/2002 e Lei 12.462/2011 e índices por Ana Luiza Jacoby Fernandes e J. U. Jacoby Fernandes. Belo Horizonte: 2021.
[590] *Idem*.
[591] A padronização, mensuração e qualidade são atividades de engenheiro, arquiteto e agrônomo, conforme BRASIL. Conselho Federal de Engenharia e Agronomia. Resolução nº 430, de 13 agosto de 1999. **Diário Oficial da União**, Brasília, DF, 15 set. 1999. Seção 1, p. 45.

O processo empírico não pode ser promovido à custa do erário. Ainda que seja forçoso reconhecer certa dose de aleatoriedade quanto aos efeitos da intervenção do Estado na economia, constitui dever indeclinável dos agentes públicos, em operações de razoável vulto de recursos, como costumam ser as dessa natureza, ampararem-se em instrumental técnico que evidencie a escolha da melhor alternativa. A justificativa referida no art. 72 assemelha-se à prova pré-constituída do Direito Processual ou à vulgarmente conhecida exigência de "transparência" da Administração Pública.[592]

Entre os documentos que devem integrar a justificativa, está a questão da escolha do fornecedor, que deve ser efetivada com observância do princípio da impessoalidade e garantia de isonomia dos administrados.

Relevante situação, que demonstra literal afronta aos princípios precitados, ocorreu, certa feita, quando a União necessitava adquirir tantas toneladas de determinados produtos visando, pela subtração de oferta do mercado, provocar a elevação de preços até o limite garantido: os estudos indicavam que, com apenas a compra daquela quantidade, o mercado seria normalizado, permanecendo a Administração como mera reguladora, embora a União continuasse ofertando, sob o aspecto formal, determinado nível de preços. A justificativa técnica foi procedida corretamente, mas a aquisição se processou em atendimento a pedidos de políticos de uma região que pretendiam ver seus eleitores privilegiados com o pagamento imediato dos produtos, sendo adquiridos até produtos não colhidos, em atenção ao interesse partidário local.

Por fim, cabe registrar que, quando houver abuso do poder econômico, deve também, a Administração buscar as medidas coibitivas de tal prática.

4.21.1 Crimes contra a economia popular e as relações de consumo

Sobre a caracterização de crimes contra a economia popular e as relações de consumo, vale consultar a Lei nº 8.137, de 27 de dezembro de 1990, Lei nº 8.176,

---

[592] a) Em cumprimento à determinação expressa no Decreto nº 5.482, de 30 de junho de 2005, e na Portaria Interministerial nº 140, de 16 de março de 2006, que dispõem sobre a divulgação de dados e informações pelos órgãos e entidades da Administração Pública Federal na *Internet*, o Governo passou a disponibilizar aos cidadãos as páginas de Transparência Pública, ampliando ainda mais as condições de conhecimento e controle do uso dos recursos gerados pelo pagamento dos impostos. As páginas de Transparência Pública apresentam os dados referentes às despesas realizadas pelos órgãos e entidades da Administração Pública Federal, com informações sobre execução orçamentária, licitações, contratações, convênios, diárias e passagens, entre outras. Aqui essas informações serão apresentadas de forma clara e fácil, permanentemente atualizadas. Disponível em: www.portaldatransparencia.gov.br.

b) posteriormente, foi aprovada a Lei nº 12.527, de 18 de novembro de 2011. Regula o acesso a informações previsto no inciso XXXIII do art. 5º , no inciso II do § 3º do art. 37 e no § 2º do art. 216 da Constituição Federal; altera a Lei nº 8.112, de 11 de dezembro de 1990; revoga a Lei nº 11.111, de 5 de maio de 2005, e dispositivos da Lei nº 8.159, de 8 de janeiro de 1991; e dá outras providências.

de 13 de fevereiro de 1991, Lei nº 8.383, de 31 de dezembro de 1991; art. 16, *caput* e § 4º, da Lei de Responsabilidade Fiscal.[593]

4.22 Art. 75, inc. XI - Contrato de programa com ente federativo

> Art. 75. É dispensável a licitação:
>
> [...]
>
> XI - para celebração de contrato de programa com ente federativo ou com entidade de sua Administração Pública indireta que envolva prestação de serviços públicos de forma associada nos termos autorizados em contrato de consórcio público ou em convênio de cooperação;

Dispositivos correspondentes na Lei nº 8.666/1993[594]:
Art. 24. É dispensável a licitação:
[...]
XXVI - na celebração de contrato de programa com ente da Federação ou com entidade de sua administração indireta, para a prestação de serviços públicos de forma associada nos termos do autorizado em contrato de consórcio público ou em convênio de cooperação.

Os consórcios públicos em gestão associada possuem personalidade jurídica de Direito Público e integram a Administração indireta de todos os entes da Federação consorciados, conforme se pode verificar da leitura do art. 6º da Lei nº 11.107/2005.

Os contratos de programa estão previstos no art. 13 da Lei nº 11.107/2005,[595] que introduziu mais essa hipótese de dispensa de licitação no ordenamento jurídico da época. Conforme o dispositivo mencionado, o contrato de programa é condição de validade da constituição e regulação das obrigações firmadas por entes da federação entre si ou com consórcio público em gestão associada, que tenham por escopo a "prestação de serviços públicos ou a transferência total ou parcial de encargos, serviços, pessoal ou de bens necessários à continuidade dos serviços transferidos."

4.22.1 Divergência doutrinária quanto à natureza jurídica do instituto

Parte da doutrina sustenta entendimento no sentido de que o pressuposto de inviabilidade de competição recomendaria o enquadramento do presente dispositivo no rol da inexigibilidade de licitação, visto que contrato de programa se carac-

---

[593] BRASIL. Lei Complementar nº 101, de 04 de maio de 2000. Estabelece normas de finanças públicas voltadas a responsabilidade na gestão fiscal e dá outras providências. **Diário Oficial da União**, Brasília, DF, 5 maio 2000.
[594] BRASIL. **Lei nº 8.666/93 (Versão Bolso)**. Organização dos textos e índice por J. U. JACOBY FERNANDES. 21. ed. ampl., rev. e atual. Belo Horizonte: Fórum, 2021. Livro digital.
[595] BRASIL. **Lei nº 11.107, de 6 de abril de 2005**. Dispõe sobre normas gerais de contratação de consórcios públicos e dá outras providências. **Diário Oficial da União**, Brasília, DF, 07 abr. 2005.

teriza pela conjugação de esforços e recursos de diversos entes federativos, sem transferência de encargos para a iniciativa privada.[596]

A definição da lei pela licitação dispensável não é incorreta, pois pode o mesmo consórcio, por problemas sazonais, periódicos ou não, decidir por contratar fora do consórcio, promovendo a licitação. Assim, a possibilidade de contratação direta sem licitação é precisamente correspondente à licitação dispensável.

4.22.2 Requisitos

São requisitos para a dispensa de licitação que:
a) exista um consórcio público;
b) seja formalizado entre os consorciados um contrato de programa;
c) o contratante e o contratado sejam integrantes do consórcio ou alternativamente, que o contratante e o contratado firmem convênio com o consórcio.

É preciso compreender a necessidade dessa dispensa de licitação. Para tanto, exemplifica-se: três municípios decidem consorciar-se para execução de um programa de saúde; o consórcio, firmado a partir de um contrato de programa, constituirá nova pessoa jurídica.

Desse modo, para cada município contratar os serviços prestados pelo consórcio, deveria observar a regra da licitação, o que de certo modo constituiria em óbice intransponível.

Daí a necessidade de explicitar-se nova dispensa de licitação.

É nesse prisma que pode ocorrer situação alheia à vontade de um dos consorciados, para que não se justifique a dispensa em caso determinado. Em continuidade a essa perspectiva, se um serviço médico é realizado em consórcio, mas um município desenvolve posteriormente serviços próprios, poderá manter-se consorciado e contributivo para as demandas em caráter suplementar.

4.23 Art. 75, inc. XII – Produtos estratégicos para o SUS

Art. 75. É dispensável a licitação:

[...]

XII - para contratação em que houver transferência de tecnologia de produtos estratégicos para o Sistema Único de Saúde (SUS), conforme elencados em ato da direção nacional do SUS, inclusive por ocasião da aquisição desses produtos durante as etapas de absorção tecnológica, e em valores compatíveis com aqueles definidos no instrumento firmado para a transferência de tecnologia;

---

[596] JUSTEN FILHO, Marçal. **Comentários à Lei de Licitações e Contratos Administrativos**. 11ª ed. São Paulo: Dialética, 2005, p. 271. No mesmo sentido: MOTTA, Carlos Pinto Coelho. **Eficácia nas Licitações & Contratos**: Estrutura da Contratação, Concessões e Permissões, Responsabilidade Fiscal, Pregão - Parcerias Público-Privadas. 10ª ed. Belo Horizonte: Del Rey, 2005, p. 228.

Dispositivos correspondentes na Lei nº 8.666/1993[597]:
Art. 24. É dispensável a licitação:
[...]
XXXII - na contratação em que houver transferência de tecnologia de produtos estratégicos para o Sistema Único de Saúde - SUS, no âmbito da Lei no 8.080, de 19 de setembro de 1990, conforme elencados em ato da direção nacional do SUS, inclusive por ocasião da aquisição destes produtos durante as etapas de absorção tecnológica.

A redação do inciso é de teor idêntico ao que constava da Lei nº 8.666/1993, tendo sido acrescido, como requisito a obrigação de que os valores sejam "compatíveis com aqueles definidos no instrumento firmado para a transferência de tecnologia".

Reconhecendo as melhorias que a transferência tecnológica tem trazido para a saúde no Brasil, e visando descomplicar o seu processo de contratação, a Lei nº 12.715, de 17 de setembro de 2012[598], incluiu essa hipótese de contratação direta sem licitação, especificamente para a transferência de tecnologias de produtos estratégicos para o Sistema Único de Saúde – SUS, inclusive por ensejo da aquisição desses produtos durante as etapas de absorção dessa tecnologia.

O inciso é a concretização de um planejamento do Poder Público que visa à transferência de tecnologia para posterior produção, e não apenas compra, o que pressupõe um eminente avanço na forma de gerenciamento, além de representar diminuição nos gastos públicos.

Essa possibilidade de contratação de transferência de tecnologia de produtos estratégicos para o SUS é uma situação peculiar. Considerando que produtos estratégicos são aqueles definidos na Portaria nº 3.089, de 11 de dezembro de 2013[599], a tecnologia corresponde ao conhecimento técnico ou científico empregado na criação desses produtos, como, por exemplo, o processamento da fórmula de medicamentos. Para as etapas de absorção dessa tecnologia será permitido, inclusive, adquirir esses produtos.[600]

Antes da inclusão do aludido inciso, a Administração costumava adquirir produtos, ou tecnologias de produtos estratégicos, por meio de convênios. A partir dessa hipótese, a contratação é realizada de forma direta e não há necessidade de passar pelos óbices burocráticos do processo licitatório, o que pode proporcionar maior eficiência à gestão.

---

[597] BRASIL. **Lei nº 8.666/93 (Versão Bolso)**. Organização dos textos e índice por J. U. JACOBY FERNANDES. 21. ed. ampl., rev. e atual. Belo Horizonte: Fórum, 2020. Livro digital.
[598] BRASIL. Lei nº 12.715, de 17 de setembro de 2012. [...] altera a Lei 8.666 de 21 de junho de 1993 [...]. **Diário Oficial da União**, Brasília, DF, 18 set. 2012.
[599] BRASIL. Ministério da Saúde. Gabinete do Ministro. **Portaria nº 3089, de 11 de dezembro de 2013**. Redefine a lista de produtos estratégicos para o Sistema Único de Saúde (SUS) e as respectivas regras e critérios para sua definição. Disponível em: http://bvsms.saude.gov.br/bvs/saudelegis/gm/2013/prt3089_11_12_2013.html.
[600] Deve ser observado o disposto no art. 72 da nova Lei de Licitações e Contratos.

4.24 Art. 75, inc. XIII – Contratação de profissionais para comissão

> Art. 75. É dispensável a licitação:
>
> [...]
>
> XIII - para contratação de profissionais para compor a comissão de avaliação de critérios de técnica, quando se tratar de profissional técnico de notória especialização;

Dispositivos correspondentes na Lei nº 8.666/1993: não há.

Sob a regência da Lei nº 8.666/1993[601], a contratação para compor comissão de notáveis implicaria em processo de inexigibilidade. A instrução do processo tornava-se muito trabalhosa, pois, às vezes, a necessidade implica em contratar profissionais com visões completamente diferentes entre si, para que a avalição dos produtos do concurso ou da licitação fosse completa. Por exemplo, para emitir um laudo visando a seleção de projeto para construção de uma ponte, seriam escolhidos engenheiros de vários ramos, como calculista, de pontes, ambiental, de materiais, de segurança do trabalho, elétrica, mecânica, além de arquitetos. Provinha dessa possibilidade de contratar vários a dificuldade de indicar o que na lei anterior se exigia: a singularidade. Agora, não mais sendo necessária a singularidade, o legislador simplifica inserindo como licitação dispensável.

4.24.1 Requisitos

São requisitos para a regularidade da contratação:
a) contratação de profissionais técnicos;
b) o profissional deve ser notório especialista, aproveitando-se o conceito do art. 74, § 3º, "o profissional [...] cujo conceito no campo de sua especialidade, decorrente de desempenho anterior, estudos, experiência, publicações, organização, aparelhamento, equipe técnica ou outros requisitos relacionados com suas atividades, permita inferir que o seu trabalho é essencial e reconhecidamente adequado à plena satisfação do objeto do contrato."[602]
c) a finalidade estrita: compor a comissão para avaliação de critérios de técnica.

---

[601] BRASIL. **Lei nº 8.666/93 (Versão Bolso)**. Organização dos textos e índice por J. U. JACOBY FERNANDES. 21. ed. ampl., rev. e atual. Belo Horizonte: Fórum, 2020. Livro digital.
[602] O mesmo conceito está no art. 6º da Lei nº 14.133/2021: o profissional ou a empresa cujo conceito no campo de sua especialidade, decorrente de desempenho anterior, estudos, experiência, publi-cações, organização, aparelhamento, equipe técnica ou outros requisitos relacionados com suas ativida-des, permita inferir que o seu trabalho é essencial e reconhecidamente adequado à plena satisfação do objeto do contrato.

4.24.2 Profissional ou empresa

Dúvidas podem ocorrer se o "profissional" também pode ser pessoa jurídica. Procede a dúvida, porque o conceito de notório especialista alude a pessoa física ou jurídica, e o inciso só se refere a profissionais.

A primeira conclusão e que parece mais correta é que a lei, em todas as referências a profissional, quando quis incluir a pessoa jurídica, usou termos apropriados como "empresa".

Como o inciso está no elenco de normas que abrem exceção à regra de licitar, a interpretação não pode ser, neste caso, ampliativa. Há de ser estrita.

4.24.3 Finalidade estrita

Quando a norma indica como um dos requisitos da finalidade estrita de compor "comissão para avaliação de critérios de técnica", retirou a possibilidade de uso desse permissivo da contratação direta sem licitação para composição de outras comissões.

A primeira impressão que se tem, interpretando o dispositivo, é que a avaliação de critérios de técnica somente ocorre na licitação do tipo técnica e preço ou melhor técnica. Como se observará adiante, essa comissão foi denominada de "banca".

Há outras situações em que a Administração Pública pode formar comissão e definir a competência para avaliação de critérios de técnica.

Esses exemplos colhidos ao correr da pena, indicam essa possibilidade:
a) Comissão técnica de recebimento do objeto;[603]
b) Comissão técnica de julgamento de habilitação técnica na pré-qualificação[604];
c) Comissão técnica de julgamento de produtos ou serviços especiais[605].

Quando o legislador utiliza finalidade, deve-se ter em conta que não cabem desvios de função para outras atividades administrativas.

---

[603] BRASIL. Lei nº 14.133, de 1º de abril de 2021. Lei de Licitações e Contratos Administrativos. Organização de textos, remissões da Lei nº 8.666/1993, Lei nº 10.520/2002 e Lei 12.462/2011 e índices por Ana Luiza Jacoby Fernandes e J. U. Jacoby Fernandes. Belo Horizonte: 2021: "Art. 140. O objeto do contrato será recebido: I – em se tratando de obras e serviços: a) provisoriamente, pelo responsável por seu acompanhamento e fiscalização, mediante termo detalhado, quando verificado o cumprimento das exigências de caráter técnico; b) definitivamente, por servidor ou comissão designada pela autoridade competente, mediante termo detalhado que comprove o atendimento das exigências contratuais; II – em se tratando de compras: a) provisoriamente, de forma sumária, pelo responsável por seu acompanhamento e fiscalização, com verificação posterior da conformidade do material com as exigências contratuais; b) definitivamente, por servidor ou comissão designada pela autoridade competente, mediante termo detalhado que comprove o atendimento das exigências contratuais."

[604] Idem: Art. 78, inc. II, art. 80, inc. II, em especial o § 7º.

[605] Idem: Art. 8º, § 2º.

As referidas comissões não foram nominadas pela Lei como "comissão técnica". O adjetivo, aqui posto, visou reforçar a explicação e a compreensão de que parte do trabalho das comissões já previstas poderá ser "avaliação de critérios de técnica".

4.24.4 Comissão ou banca

Por atecnia, o legislador usou termos distintos para indicar a mesma coisa. A comissão técnica, que avalia as propostas técnicas na licitação de técnica e preço ou melhor técnica, foi denominada no art. 37 de banca.

Nesse dispositivo encontra-se a regra de compor a banca, com no mínimo três membros, que tanto podem ser servidores efetivos ou empregados públicos pertencentes aos quadros permanentes da Administração Pública, ou "profissionais contratados por conhecimento técnico, experiência ou renome na avaliação dos quesitos especificados em edital, desde que seus trabalhos sejam supervisionados por profissionais designados conforme o disposto no art. 7º desta Lei".

Logo, esse dispositivo deve ser interpretado em harmonia com o que consta do inc. XIII deste art. 75.

Como dito, há evidente atecnia nos termos utilizados, exigindo do intérprete boa vontade para compreensão. Note que a "banca" admite profissional que não é necessariamente "notório especialista" no rigor das exigências do conceito jurídico desse termo. Contenta-se aqui o legislador "por conhecimento técnico, experiência ou renome na avaliação dos quesitos". Somente renome poderia estar associado a "cujo conceito no campo de especialidade [...] permita inferir que o seu trabalho é essencial e indiscutivelmente o mais adequado à plena satisfação do objeto do contrato" [606].

Para orientar o intérprete, pode-se considerar que a contratação do profissional do art. 37 pode ser feita com profissional que ainda não seja detentor do conceito elevado no campo de sua especialidade. Esse profissional pode ser contratado até por dispensa de licitação pelo valor, conforme autoriza o art. 75, incisos I e II. Sendo notório especialista, aplica-se o inciso XIII, até porque não será raro que o valor ultrapasse o limite dos incisos I e II.

4.25 Art. 75, inc. XIV – Associação de pessoas com deficiência física

Art. 75. É dispensável a licitação:

[...]

XIV - para contratação de associação de pessoas com deficiência, sem fins lucrativos e de comprovada idoneidade, por órgão ou entidade da Administração

---

[606] BRASIL. **Lei nº 14.133, de 1º de abril de 2021.** Lei de Licitações e Contratos Administrativos. Organização de textos, remissões da Lei nº 8.666/1993, Lei nº 10.520/2002 e Lei 12.462/2011 e índices por Ana Luiza Jacoby Fernandes e J. U. Jacoby Fernandes. Belo Horizonte: 2021. Art. 74, §3º.

> Pública, para a prestação de serviços, desde que o preço contratado seja compatível com o praticado no mercado e os serviços contratados sejam prestados exclusivamente por pessoas com deficiência;

Dispositivos correspondentes na Lei nº 8.666/1993[607]:
Art. 24. É dispensável a licitação:
[...]
XX - na contratação de associação de portadores de deficiência física, sem fins lucrativos e de comprovada idoneidade, por órgãos ou entidades da Administração Pública, para a prestação de serviços ou fornecimento de mão-de-obra, desde que o preço contratado seja compatível com o praticado no mercado.

Compete à União, aos Estados, ao Distrito Federal e aos Municípios cuidar da saúde e assistência públicas, da proteção e garantia das pessoas portadoras de deficiência, nos termos do art. 23, inciso II, da Constituição Federal.

Uma das formas estabelecidas pelo Constituinte para alcançar esse objetivo foi estatuída no art. 203, quando dispôs que a seguridade social teria por objetivo buscar a habilitação e a reabilitação do deficiente e a promoção de sua integração à vida comunitária.[608]

Além de constituir um objetivo da seguridade social, expressando a consciência coletiva, no art. 227 da Constituição Federal, foi assentado indelevelmente que constitui dever da família, da sociedade e do Estado, a ser efetivado por meio, inclusive de entidades não governamentais, a criação de programas de prevenção e atendimento especializado para os portadores de deficiência física, sensorial ou mental, bem como de integração social do adolescente portador de deficiência, mediante o treinamento para o trabalho e a convivência e facilitação do acesso aos bens e serviços coletivos, com a eliminação de preconceitos e obstáculos arquitetônicos.[609]

A ênfase dada ao trabalho como forma de habilitação e reabilitação também foi enfatizada no art. 37, inciso VIII, da Constituição Federal[610]. Aliás, sinais expressivos da evolução de uma sociedade são a eliminação de grandes círculos de preconceitos e a redução da parcela ociosa da sociedade, pelo engajamento ao trabalho. A participação social pelo trabalho representa o meio mais eficaz de integração social, trazendo o inegável benefício da redução da carga tributária, em prol de toda população economicamente ativa.

Honra-se, assim, a antiga lição de Marcus Jullius Cicero (Roma, 55 anos a.C.): "o orçamento nacional deve ser equilibrado. As dívidas públicas devem ser reduzidas, a arrogância das autoridades deve ser moderada e controlada. [...] As pessoas devem novamente aprender a trabalhar, em vez de viver por conta pública".

---

[607] BRASIL. **Lei nº 8.666/93 (Versão Bolso)**. Organização dos textos e índice por J. U. JACOBY FERNANDES. 21. ed. ampl., rev. e atual. Belo Horizonte: Fórum, 2020. Livro digital.
[608] BRASIL. **Constituição da República Federativa do Brasil**. Organização dos textos e índice por J. U. JACOBY FERNANDES. 3. ed. Atualizada até a EC nº 102/2019. Belo Horizonte: Fórum, 2020. Confira art. 203, inc. II.
[609] Idem: Art. 227, § 1º, inc. II.
[610] Idem.

Com esse propósito de buscar a integração pelo trabalho, criou o legislador uma desigualdade jurídica no universo dos licitantes, visando, sobretudo, resguardo de outros valores também tutelados pelo Direito.

Verifica-se, pois, quão harmônico é o Direito: quando o legislador permite abandonar o princípio da isonomia, está agasalhando outros princípios tutelados pela própria Constituição Federal, resguardando a harmonia do sistema jurídico.[611]

4.25.1 Requisitos

O legislador estabeleceu três requisitos para a regularidade da contratação direta:

a) o primeiro, atinente às qualificações do contratado, que deverá ser:

　a.1) associação de portadores de deficiência física;

　a.2) sem fins lucrativos; e

　a.3) de comprovada idoneidade.[612]

b) o segundo, referente ao objeto pretendido, qual seja:

　b.1) prestação de serviços;

　b.2) fornecimento de mão de obra;

　b.3) sejam prestados exclusivamente por pessoas com deficiência.

c) o terceiro, referente ao preço do contrato, que deve ser compatível com o praticado no mercado.

Sobre os requisitos cabem as seguintes observações.

4.25.1.1 Qualificação do contratado

A forma jurídica do contratado deverá ser associação civil congregadora dos portadores de deficiência física ou de seus responsáveis. Outras entidades não estão abrangidas, como fundações de amparo aos deficientes físicos, sociedades beneficentes que auxiliem deficientes, igrejas e empresas, que não podem se utilizar desse dispositivo para serem contratadas diretamente.

O legislador apaniguou apenas as pessoas jurídicas revestidas de forma associativa, possivelmente porque nelas o interesse dos deficientes seria representado pelos próprios interessados. De qualquer modo, como as normas que versam sobre

---

[611] É viável a contratação direta de associação de portadores de deficiência física para fornecimento de mão de obra, com fulcro no art. 24, inc. XX, desde que justificada a necessidade e a inviabilidade de competição. PGDF. Parecer nº 5.875/1998 da Procuradora Dra. Ana Virgínia Christofoli Alvim, 1ª SPR da Procuradoria Geral do DF, Processo GDF nº 146.000.742/98.

[612] No Tribunal de Contas do Distrito Federal discutia-se sobre denúncia acerca da idoneidade ou não da Associação de Deficientes de Brasília, também objeto de processo na Justiça Comum. A Relatora do Processo em que se pedia a anulação do contrato com a referida instituição, por estar descaracterizado um dos requisitos da contratação, pediu o sobrestamento do processo até decisão final do Poder Judiciário. DISTRITO FEDERAL. Tribunal de Contas. Processo nº 5117/1992. Disponível em: http://www.tc.df.gov.br. Acesso em: 07 abr. 2014.

dispensa de licitação abrem exceção à regra da obrigatoriedade da licitação, recomenda a hermenêutica que a interpretação seja sempre restritiva, não comportando ampliação.

Além de possuir a forma de associação, não poderá ter finalidade lucrativa, embora possa exercer atividade remunerada. O interesse social de cooperação e filantropia entre os associados deve predominar em toda sua extensão.

Enquanto, no inciso XV, o legislador exigiu inquestionável reputação ético-profissional, aqui empregou o termo "comprovada idoneidade".

As revelações à imprensa, ocorridas no curso da investigação da CPI do orçamento, nos idos de 1993 e 1994, demonstraram que, sob o manto da filantropia, são praticados atos vergonhosos e contrários ao interesse público.

Não há no Brasil cartório de idoneidade onde se possa tirar certidões. Como já foi referido anteriormente, o conceito moral é um tanto etéreo, pouco concreto, mas nem por isso inaferível. A comprovada idoneidade, como prova negativa, se faz na inversa positiva, ou seja, para provar que alguém não tem comprovada idoneidade, deve-se demonstrar que há máculas de ordem moral que afetam substancialmente o conceito que a sociedade detém da instituição. Não se impõe a necessidade de condenação criminal, porque não se estará buscando a comprovação de prática de crime, mas muito menos almejar-se-á, apenas, demonstrar a violação de normas de natureza moral, aquelas que provocam a repugnância no *bonus pater familis*.

O exemplo referido anteriormente pode justificar o impedimento à contratação direta enquanto a entidade ou seus dirigentes estiverem respondendo por crime de apropriação indébita ou estelionato.

4.25.1.2 Deficientes mentais

Resolvendo uma celeuma existente na Lei nº 8.666/1993, a Lei nº 14.133/2021 não traz restrição a sua aplicação em favorecimento de associação de deficientes físicos, abarcando qualquer tipo de deficiência. Para ilustrar a necessidade da alteração realizada, conforme discutido no II Encontro Nacional de Reabilitação Profissional,[613] basta esclarecer que, no Japão, tanto para atingir a integração como para reduzir o ônus para a sociedade, existem programas que utilizam mão de obra até de deficientes mentais em serviços compatíveis com o nível de comprometimento, fato que tornava injustificável a restrição do dispositivo aos deficientes físicos, conforme redigido na Lei nº 8.666/1993.

Aliás, o estatuto do servidor público federal, copiado em muitos estados e municípios, embora exija a aptidão mental para ingresso na carreira,[614] permite a

---

[613] Ocorrido em Brasília, em maio de 1987, sob os auspícios do Centro de Reabilitação Profissional, à época dirigido pela Dra. Leila Silva Cannalonga. Notas pessoais do autor.
[614] **Lei nº 8.112, de 11 de dezembro de 1990.** Dispõe sobre o regime jurídico dos servidores públicos civis da União, das autarquias e das fundações públicas federais: "Art. 5º. São requisitos básicos para

readaptação e, portanto, o aproveitamento do servidor que foi acometido de doença mental.[615] Superar os preconceitos dessa natureza é um dever para a evolução humana. Afinal, a Organização das Nações Unidas tem por divisa que nenhuma nação será deixada para trás e, acrescentamos nós, que para isso ser possível, é preciso não deixar para trás ninguém.

4.25.1.3 O objeto do contrato

A entidade contratada funcionará como prestadora de serviço, de terceirização de mão-de-obra.

Ou seja, o legislador permite que a entidade congregadora dos deficientes físicos apenas permite a prestação de serviços, não mais através do fornecimento de mão-de-obra.

A associação será a empregadora, regendo-se, em relação aos seus associados, pela Consolidação das Leis do Trabalho, com os encargos normais, ou empreiteira agregando/supervisionando autônomos. A supervisão de seus empregados, no primeiro caso, é feita por seu próprio pessoal, ficando firme e inabalável o vínculo de subordinação direta entre o deficiente e a Associação. Agregando autônomos, serão esses subempreiteiros.[616]

Vale rememorar que não é lícito à Administração contratar qualquer mão de obra, por qualquer tempo.[617]

4.25.1.4 Restrições ao contratante

Não foram estabelecidas pelo legislador restrições à contratação de prestação de serviços e ao fornecimento de mão de obra, mas elas existem no mundo jurídico e merecem ser aqui lembradas, pois também implicam a legalidade do ato.

A terceirização dos serviços administrativos é um tema que possui forte componente político, variável segundo as circunstâncias em que se busque ampliar

---

investidura em cargo público: [...] VI - aptidão física e mental. [...] Art. 14. A posse em cargo público dependerá de prévia inspeção médica oficial. Parágrafo único. Só poderá ser empossado aquele que for julgado apto física e mentalmente para o exercício do cargo."

[615] **Lei nº 8.112, de 11 de dezembro de 1990.** Dispõe sobre o regime jurídico dos servidores públicos civis da União, das autarquias e das fundações públicas federais: "Art. 24. Readaptação é a investidura do servidor em cargo de atribuições e responsabilidades compatíveis com a limitação que tenha sofrido em sua capacidade física ou mental verificada em inspeção médica. § 1º. Se julgado incapaz para o serviço público, o readaptando será aposentado. § 2º. A readaptação será efetivada em cargo de atribuições afins, respeitada a habilitação exigida, nível de escolaridade e equivalência de vencimentos e, na hipótese de inexistência de cargo vago, o servidor exercerá suas atribuições como excedente, até a ocorrência de vaga. [Redação dada pela Lei nº 9.527, de 10.12.97]"

[616] Entendemos que a associação pode contratar o trabalho de não deficiente para gerenciar a prestação do serviço. Essa conduta tanto mais se justifica quando podem os deficientes, por exemplo, serem todos portadores de dificuldades de locomoção.

[617] Sobre o assunto, consulte a Decisão do TCU que impede a contratação indireta de mão de obra, quando as tarefas pretendidas são inerentes a cargos permanentes do órgão contratante. Processo TC nº 575.098/92-8. Decisão nº 153/1994 - Plenário. Relator: Ministro Auditor Bento José Bugarin. **Diário Oficial da União**, Brasília, DF, 11 abr. 1994, p. 5180.

ou restringir a atividade estatal. Mas alguns postulados firmaram-se na melhor doutrina e jurisprudência. Para saber mais sobre o tema recomenda-se o livro **Terceirização: legislação, doutrina e jurisprudência**[618].

Esquematicamente, poder-se-ia alinhar as premissas em que se admite tal contratação:

a) contratação eventual

    a.1) a atividade não integra o rol de atribuições dos agentes da Administração,

    a.2) a atividade integra o rol de atribuições, mas faz-se necessário atender grande demanda eventual.

b) contratação não eventual (política de terceirização)

    b.1) contratação de empresa prestadora de serviços,

    b.2) contratação de fornecimento de mão de obra.

4.25.1.4.1 Contratação eventual

A possibilidade de contratação, em caráter eventual, é amplamente admitida pela doutrina. Na aplicação deste inciso, a Associação não precisa ser empresa de trabalho temporário.

Tem-se a contratação eventual quando se pretende atender a um fato incerto, casual ou acidental. Poderá ser previsível ou não, mas não poderá ser periódico, no sentido de se repetir a curtos intervalos de tempo.

Certos fatos que ocorrem exigem do Estado e dos órgãos uma atividade: a prestação de um serviço, que tanto pode ser para atender à comunidade, quanto a interesses internos da própria repartição, constituindo-se, nesse último caso, em meio para a atividade-fim do Poder Público.

Pode então ocorrer que, para atender a essa demanda, a Administração necessite da atividade que não se encontre descrita no elenco daquelas próprias dos cargos que possui. Por exemplo, se, em um determinado município, a Prefeitura não tivesse em seu quadro o cargo de eletricista, deveria contratar tal serviço de um particular, pessoa física ou jurídica, sempre que necessitasse promover reparos ou manutenção em suas instalações; outro exemplo pode ocorrer quando o órgão possui um cargo com as atribuições de que necessita, mas na localidade o quadro não comporta tal profissional, como se daria em uma pequena unidade regional de um Ministério.

Sendo a atividade eventual, a contratação em caráter permanente de profissional na área ou a criação do cargo mostra-se antieconômica. Nessa hipótese, pode a Administração contratar uma empresa ou profissional, mediante regular processo licitatório, que poderá ser efetivado mediante a modalidade de convite, tomada de

---

[618] JACOBY FERNANDES, Jorge Ulisses (Coord.); JACOBY FERNANDES, Murilo (Coord). **Terceirização**: legislação, doutrina e jurisprudência. 2. ed., rev. e ampl. Belo Horizonte: Fórum, 2018 (Coleção Jacoby de Direito Público; v.15), p. 533.

preços, concurso ou concorrência. Será possível, ainda, a contratação sem licitação quando houver na localidade associação de deficientes físicos de comprovada idoneidade que tenha entre os seus deficientes pessoas com aptidão para desenvolver a tarefa pretendida. Nesse caso, poderá, como referido anteriormente, a associação assumir uma das duas seguintes posições no polo contratual: ou se torna a prestadora de serviço ou intermedeia o fornecimento de mão de obra.

Outra hipótese de contratação eventual poderá ocorrer mesmo quando a atividade consta do elenco das atribuições dos cargos da unidade contratante, mas sobrevém tal demanda extraordinária que a carga de trabalho, embora de caráter eventual, é incompatível com a mão de obra disponível nos quadros da Administração. Um exemplo elucidará melhor a questão: um Tribunal Regional Eleitoral possui em seu quadro digitadores, mas na época das eleições poderá contratar prestadoras de serviço para digitação dos boletins de apuração eleitoral. Também nesse caso a contratação é plenamente admissível pelo Direito e poderia ser efetivada com prévio procedimento licitatório ou dispensando-o, se a contratada fosse associação de deficientes de comprovada idoneidade e pudesse fornecer tal mão de obra.

Questão interessante ocorreu em um município, segundo nos relatou seu Secretário de Administração. A Prefeitura necessitava contratar os serviços de 30 digitadores, mas a associação só poderia fornecer 12 profissionais da área; para atender ao restante da necessidade de mão de obra, o município foi obrigado a promover licitação e acabou contratando empresa de fora da localidade; no momento do fechamento do contrato, apareceu outra entidade de deficientes, com sede em outra localidade, pretendendo a contratação direta dos serviços. Por decisão do referido Secretário, foi mantida a contratação dos 18 digitadores da empresa vencedora da licitação, não se favorecendo a entidade de deficientes da outra localidade, vez que o processo de licitação já estava encerrado e a dispensa, aqui tratada, constitui autorização estabelecida em favor da Administração Pública, não caracterizando, em princípio, dever. A propósito, acrescentou o referido Secretário que, para contratação de maior número de funcionários, sua experiência tem indicado que uma parcela, ainda que pequena, não deve integrar o contingente de deficientes, ou o tipo de deficiência deve ser diferente para que, no conjunto, sempre possa contar com todas as qualificações físicas, evitando ter que promover grandes adaptações de ambientes ou condições de trabalho. Assim, no caso exemplificado, preferiu que nem todos os digitadores fossem deficientes auditivos, ficando com uma parcela com capacidade de audição, mas dificuldade de locomoção.

Outro episódio memorável ocorreu envolvendo empresa estatal - Eletronorte - quando necessitou contratar vigilância para a subestação de Calçoene, no Amapá: as empresas de vigilância convidadas não aceitaram prestar o serviço, restando a companhia contratar pessoa física para prestar serviços de vigilância. O caso acabou parando na Justiça do Trabalho e no TCU. Coube ao Ministro Ubiratan Aguiar, em mais um escólio, ponderar a eventualidade da contratação e, como fez a Justiça do Trabalho, admitiu a regularidade do contrato de prestação do serviço, sem caracterização da relação de trabalho.[619]

4.25.1.4.2 Contratação não eventual - terceirização

Existe, ainda, a possibilidade de contratação em caráter não eventual de prestadoras de serviços pela Administração. Desde a origem do Decreto-Lei nº 200/67, foi estabelecido como princípio corolário da descentralização a terceirização de certas atividades, nada obstante o fato de que essa última expressão só ingressou para o jargão nos últimos anos.

Efetivamente, estabelece o precitado diploma legal em norma que continua em vigor:

> [...] para melhor desincumbir-se das tarefas de planejamento, coordenação, supervisão e controle, e com o objetivo de impedir o crescimento desmesurado da máquina administrativa, a Administração procurará desobrigar-se da realização material das tarefas executivas, recorrendo, sempre que possível, à execução indireta, mediante contrato, desde que exista, na área, iniciativa privada suficientemente desenvolvida e capacitada a desempenhar os encargos de execução.[620]

Na implantação dessa diretiva, ocorreram graves distorções, ensejando que o Poder Judiciário se opusesse a certos tipos de contratações que num exame perfunctório poderiam se mostrar nocivas ao princípio da isonomia, pois, não raro, encontravam-se trabalhando lado a lado servidores vinculados à Administração, com salários compatíveis com seus encargos e pessoa contratada por interposta empresa, percebendo salário aviltante e, muitas vezes, com produtividade muito maior que a do servidor. Tomada a comparação de salários nominais, a ofensa à isonomia é evidente. Tomados os regimes de contratação, salário, vantagem, benefícios e direito à aposentadoria à conta do erário, a situação revela a impossibilidade de comparação de regimes jurídicos.

Na atualidade, as distorções ocorridas no processo de terceirização têm sido mais enfrentadas pelos órgãos de controle da Administração Pública, pois, como a Constituição Federal[621] impôs como formalidade essencial a participação em concurso público, mesmo a Justiça do Trabalho não tem decidido pelo reconhecimento da relação de emprego com o tomador do serviço quando este integra a Administração Pública *lato sensu*.

O Tribunal de Contas da União decidiu por considerar irregular a contratação de empresa prestadora de serviço que locava a mão de obra de ascensorista, garçom e copeiro, tendo em vista que o órgão possuía no seu plano de

---

[619] BRASIL. Tribunal de Contas da União. Processo TC nº 015.232/2001-0. Decisão nº 1724/2002 - Plenário. Relator: Ministro Ubiratan Aguiar. **Diário Oficial da União**, Brasília, DF, 7 jan. 2003.
[620] BRASIL. **Decreto-Lei nº 200, de 25 de fevereiro de 1967**. Dispõe sobre a organização da Administração Federal, estabelece diretrizes para a reforma administrativa e dá outras providências. **Diário Oficial da União**, Brasília, DF, 27 dez. 1967. Art. 10, § 7º.
[621] BRASIL. **Constituição da República Federativa do Brasil**. Organização dos textos e índice por J. U. JACOBY FERNANDES. 3. ed. Atualizada até a EC nº 102/2019. Belo Horizonte: Fórum, 2020.

carreira cargos com essas atividades, ainda que com outros nomes.[622] O substrato jurídico da decisão repousa no fato de que os cargos são criados por lei ou por norma interna, no caso das empresas estatais, e, portanto, ao decidir que determinado grupo de tarefas integra o elenco de atribuições de um cargo, não poderia, depois, a Administração, sem amparo legal, transferir o cometimento do encargo a terceiro. A jurisprudência nesse sentido cristalizou-se.

Para correta aplicação do instituto da terceirização, nos cursos ministrados tem-se proposto que, preliminarmente, sejam contrastadas as tarefas previstas para os cargos com aquelas que se pretende terceirizar. A terceirização deve ser procedida em etapas, com a extinção do cargo, ou, simplesmente, decreto vedando novas admissões naquele cargo, respeitando sempre o direito adquirido dos exercentes. Mostra-se antieconômico e até imoral, no âmbito da Administração direta, colocar o ocupante do cargo em disponibilidade em razão de pretendida terceirização. A propósito, na extinção do cargo, deve ser observado o § 1º, do art. 28, da Lei nº 8.112/1990 para a Administração Pública federal, direta, autárquica e fundacional.

O servidor ocupante de cargo, cujas tarefas pretende-se ver terceirizadas, deve ser mantido no quadro e produzindo normalmente. O ato que motiva a terceirização, os limites pretendidos e o interesse da Administração em extinguir os cargos transferindo suas atribuições devem ser consubstanciados em um documento, adotado ou ratificado pela cúpula diretiva da entidade, a fim de que os empregados das empresas prestadoras de serviços contratadas não venham a ter êxito em pleitos de equiparações ou isonomia.

Tornando transparentes os propósitos de terceirização, inclusive com observância do princípio da publicidade do ato que a estabelece, as contratações serão legítimas. Como já esclarecido, o tema hoje é regulado pela Lei nº 13.429, de 31 de março de 2017, que alterou dispositivos da Lei nº 6.019, de 3 de janeiro de 1974, e dispôs sobre o trabalho temporário nas empresas urbanas e relações de trabalho na empresa de prestação de serviços a terceiros.

Até aqui, foram apreciados os problemas que podem ocorrer com a terceirização,[623] cabendo, agora, analisar a possibilidade de contratação não eventual[624] que foi colocada na epígrafe.

A forma prevista na Lei consiste na contratação de empresa prestadora de serviços que assumirá, então, os encargos da contratação da mão de obra, orientação técnica dos empregados, supervisão da frequência, e que se constituirá no verdadeiro empregador, do qual a contratante usufruirá apenas os resultados do trabalho.

A associação de deficientes colocará a serviço da contratante mão de obra de pessoas deficientes, não importando se são associados ou não da entidade, desde

---

[622] BRASIL. Tribunal de Contas da União Processo TC nº 575.098/92-9. Decisão nº 153/1994 - Plenário. Relator: Ministro Auditor Bento José Bugarin. **Diário Oficial da União**, Brasília, DF, 11 abr. 1994. Seção 1, p. 5180.
[623] Sobre terceirização, não deixe de consultar o **Decreto nº 2.271, de 07 de julho de 1997**, cujas normas temos recomendado que sejam adotadas por Decretos estaduais e municipais.
[624] Consulte a propósito o capítulo 3, subtítulo 3.7.1.2 serviços advocatícios e serviços contábeis.

que ostentem a condição de deficientes físicos. Será admissível, no entanto, que sejam supervisionados, orientados ou dirigidos por profissional não deficiente, vez que o maior objetivo é a integração social e produtiva da pessoa que se pretende ver tutelada pelo Direito.

Exemplo interessante de aplicação dessa hipótese ocorreu no Distrito Federal, onde firmou-se um contrato administrativo que tinha por objeto a prestação de serviços de mão de obra, por preço global, composta de 50 (cinquenta) empregados portadores de deficiência física a serem aproveitados no Viveiro I do Departamento de Parques e Jardins – DPJ, da Diretoria de Urbanização, Novacap.

O assunto foi submetido ao Poder Judiciário local, que deliberou pela regularidade do ajuste.[625]

Em relação ao enquadramento da despesa, o tema sofreu inovações face à Lei de Responsabilidade Fiscal, exigindo do Ordenador de Despesas cuidados especiais em relação aos custos da terceirização, que agora devem ser enquadrados como "Outras Despesas de Pessoal", conforme dispõem os arts. 18, § 1º, e 72, *in verbis*:

> Art. 18. Para os efeitos desta Lei Complementar, entende-se como despesa total com pessoal: o somatório dos gastos do ente da Federação com os ativos, os inativos e os pensionistas, relativos a mandatos eletivos, cargos, funções ou empregos, civis, militares e de membros de Poder, com quaisquer espécies remuneratórias, tais como vencimentos e vantagens, fixas e variáveis, subsídios, proventos da aposentadoria, reformas e pensões, inclusive adicionais, gratificações, horas extras e vantagens pessoais de qualquer natureza, bem como encargos sociais e contribuições recolhidas pelo ente às entidades de previdência.
>
> § 1º Os valores dos contratos de terceirização de mão de obra que se referem à substituição de servidores e empregados públicos serão contabilizados como "Outras Despesas de Pessoal".
> [...]
> Art. 72. A despesa com serviços de terceiros dos Poderes e órgãos referidos no art. 20 não poderá exceder, em percentual da receita corrente líquida, a do exercício anterior à entrada em vigor desta Lei Complementar, até o término do terceiro exercício seguinte.[626]

4.25.1.5 Preço

Exige o inciso XIV, em comento, que o preço seja compatível com o praticado no mercado.

---

[625] DISTRITO FEDERAL. Tribunal de Justiça do Distrito Federal e Territórios. Processo RMO nº 2000.01.1.092866-6 - 3ª Turma. Relator: Desembargador Jerônymo de Souza. **Diário da Justiça [da] República Federativa do Brasil**, Brasília, DF, 28 maio 2003, Seção 3, p. 66.

[626] BRASIL. **Lei Complementar nº 101, de 4 de maio de 2000.** Estabelece normas de finanças públicas voltadas para a responsabilidade na gestão fiscal e dá outras providências.

O tema está tratado na instrução de processo de contratação direta sem licitação, no art. 72, inc. VI, da nova Lei de Licitações e Contratos[627].

4.26 Art. 75, inc. XV – Desenvolvimento científico, pesquisa e capacitação

> Art. 75. É dispensável a licitação:
>
> [...]
>
> XV - para contratação de instituição brasileira que tenha por finalidade estatutária apoiar, captar e executar atividades de ensino, pesquisa, extensão, desenvolvimento institucional, científico e tecnológico e estímulo à inovação, inclusive para gerir administrativa e financeiramente essas atividades, ou para contratação de instituição dedicada à recuperação social da pessoa presa, desde que o contratado tenha inquestionável reputação ética e profissional e não tenha fins lucrativos;

Dispositivos correspondentes na Lei nº 8.666/1993[628]:
Art. 24. É dispensável a licitação:
[...]
XIII - na contratação de instituição brasileira incumbida regimental ou estatutariamente da pesquisa, do ensino ou do desenvolvimento institucional, ou de instituição dedicada à recuperação social do preso, desde que a contratada detenha inquestionável reputação ético-profissional e não tenha fins lucrativos;

Esse dispositivo melhorou a redação da inovação por meio da contratação direta sem licitação, introduzida pela Lei nº 8.666/1993[629]. Quando essa hipótese foi introduzida no ordenamento jurídico, mereceu o aplauso dos melhores doutrinadores pátrios.

Nesse sentido, asseriu Jessé Torres Pereira Júnior, que "a lei licitatória cumpre, neste inciso, a ordem do art. 218 da Constituição Federal, que incumbe o Estado de promover e incentivar o desenvolvimento científico, a pesquisa e a capacitação tecnológica.[630]

A lei estabeleceu uma desigualdade jurídica no universo dos licitantes visando, sobretudo, resguardar outros valores, também tutelados pelo Direito. No

---

[627] BRASIL. **Lei nº 14.133, de 1º de abril de 2021.** Lei de Licitações e Contratos Administrativos. Organização de textos, remissões da Lei nº 8.666/1993, Lei nº 10.520/2002 e Lei 12.462/2011 e índices por Ana Luiza Jacoby Fernandes e J. U. Jacoby Fernandes. Belo Horizonte: 2021.
[628] BRASIL. **Lei nº 8.666/93 (Versão Bolso).** Organização dos textos e índice por J. U. JACOBY FERNANDES. 21. ed. ampl., rev. e atual. Belo Horizonte: Fórum, 2020. Livro digital.
[629] *Idem.*
[630] PEREIRA JÚNIOR, Jessé Torres. **Comentários à Lei das Licitações e Contratações da Administração Pública:** Lei nº 8.666/93. Rio de Janeiro: Renovar, 1994, p. 161.

aparente conflito, deve o legislador estabelecer, com sabedoria, a prevalência do bem jurídico fundamental, no caso.[631]

Lição da finalidade da norma colhe-se desse excerto do voto do eminente Ministro-Substituto José Antonio Barreto de Macedo o qual veio a dar o matiz do posicionamento da Egrégia Corte de Contas:

> 5.2.1 A nosso ver, o propósito do art. 24, XIII, do Estatuto é estimular as instituições que menciona, favorecendo-lhes a obtenção de contratos com o serviço público como forma de ajudar-lhes no seu autocusteio. Com isso, o Estado estará estimulando, em cumprimento aos mandamentos constitucionais, ainda que por via indireta, as ações voltadas para o ensino, a pesquisa e o desenvolvimento institucional. Nesse sentido, pouco importa o objeto específico da contratação, desde que seja compatível com os objetivos sociais da instituição contratada e possa ser satisfatoriamente prestado com sua própria estrutura.[632]

O próprio Tribunal de Contas da União, consolidando vasta jurisprudência dominante em seus julgados, publicou súmula delimitando as fronteiras permissivas ao uso desse dispositivo, nos seguintes termos:

> A contratação de instituição sem fins lucrativos, com dispensa de licitação, com fulcro no art. 24, inciso XIII, da Lei nº 8.666/1993, somente é admitida nas hipóteses em que houver nexo efetivo entre o mencionado dispositivo, a natureza da instituição e o objeto contratado, além de comprovada a compatibilidade com os preços de mercado.[633]

Poucos perceberam, mas a redação do dispositivo na nova norma permitiu que as fundações de apoio sejam contratadas, também, para apoiar as atividades administrativas e financeiras dos órgãos públicos que estejam encarregados do ensino, pesquisa, extensão, desenvolvimento institucional, científico e tecnológico e estímulo à inovação. Ou seja, concretizou o "sonho" dos pesquisadores e profissionais correlatos de livrarem-se das burocráticas funções administrativas e financeiras.

Recentemente, o Observatório Nacional disciplinou seu relacionamento com as fundações de apoio a que se refere o art. 1º da Lei nº 8.958/1994. Por meio de

---

[631] A Universidade Federal do Paraná transferia à FUNPAR a prática de atos de competência exclusiva do Hospital de Clínicas da Universidade, como a aquisição de materiais e a contratação de serviços específicos. O TCU determinou a suspensão dessa prática. BRASIL. Tribunal de Contas da União. Processo TC nº 550.070/95-8. Decisão nº 293/1995 - Plenário. Relator: Ministro Homero Santos. **Diário Oficial da União**, Brasília, DF, 24 jul. 1995. Seção 1, p. 11042. No mesmo sentido: Processo TC nº 010.037/2002-0. Acórdão nº 1590/2004 - Plenário. Relator: Ministro Marcos Vinicios Vilaça. **Diário Oficial da União**, Brasília, DF, 25 out. 2004. Seção 1.

[632] BRASIL. Tribunal de Contas da União. Processo TC nº 001.199/97-8. Decisão nº 657/1997 - Plenário. Relator: Ministro-Substituto José Antonio Barreto de Macedo. **Diário Oficial da União**, Brasília, DF, 14 out. 1997. Seção 1, p. 23209. No mesmo sentido: Processo TC nº 003.261/2002-7. Acórdão nº 2.582/2005 - 1ª Câmara. Relator: Ministro Augusto Nardes. **Diário Oficial da União**, Brasília, DF, 28 out. 2005. Seção 1.

[633] BRASIL. Tribunal de Contas da União. Súmula nº 250, aprovada na Sessão Ordinária de 27 de junho de 2007. **Diário Oficial da União**, Brasília, DF, 29 jun. 2007.

Portaria, autorizou o estabelecimento de colaboração com uma ou mais fundações de apoio, que se encarregarão dos aspectos de administração e gestão financeira de projetos de pesquisa, ensino, extensão, desenvolvimento científico, tecnológico e inovação, desenvolvimento institucional e, até atividades e prestação de serviços técnicos especializados, mediante contratos, convênios, acordos, ajustes individualizados ou planos de trabalho, nos termos da legislação vigente.[634]

Um passo importante, sem dúvida, para aproveitar as benesses da inovação trazida pela Lei nº 14.133/2021.

4.26.1 Requisitos

A lei preocupou-se em estabelecer vários requisitos,[635] muitos voltados para a pessoa do futuro contratado, como será visto a seguir.

4.26.1.1 Instituição brasileira

Embora a expressão "instituição brasileira" pareça simples à primeira vista, uma análise mais pormenorizada demonstra a necessidade de analise termo a termo.

4.26.1.1.1 Instituição[636]

A lei usa o termo "instituição", que não apresenta conteúdo jurídico preciso.

O institucionalismo foi um movimento de ideias que se iniciou na França com Maurice Hauriou. A instituição consiste numa ideia de obra ou de empreendimento que se realiza e pereniza juridicamente em um determinado grupo, havendo por parte dos membros desse grupo um interesse de comunhão dirigido e regulado por procedimento previamente estabelecido.[637]

Miguel Reale, circundado por Amauri Mascaro Nascimento assinala que surge uma "instituição" toda vez que uma ideia diretora se impõe objetivamente a um grupo de homens, e as atividades reciprocamente se autolimitam segundo regras

---

[634] BRASIL. Observatório Nacional. **Portaria nº 82, de 20 de maio de 2021.**
[635] Em decisão do TCU, são explicitados todos os requisitos para a contratação com base no inciso XIII. BRASIL. Tribunal de Contas da União. Processo TC nº 017.537/96-7. Decisão nº 114/1999 - Plenário. (anexo TC nº 017.229/96-0). Relator: Ministro Marcos Vinicios Vilaça. **Diário Oficial da União**, Brasília, DF, 26 dez. 1997. Seção 1, p. 31402-23.
[636] Nota: a inexigibilidade de licitação não é, por lei, requisito essencial à aplicação de dispensa do art. 24, inc. XIII da Lei nº 8666/1993. No entanto, a jurisprudência se firma nesse sentido: TCU considerou impropriedade: "[...] 9.8.2. contratação da Fundação para o Desenvolvimento Científico e Tecnológico em Saúde - Fiotec por dispensa de licitação, por meio do processo nº 25380006773/2007-88, para executar serviço de processamento de dados, tendo em vista que havia possibilidade de concorrência, por existirem outras empresas em condições de prestar os serviços demandados, descumprindo o art. 24, inc. XIII da Lei nº 8.666/93 e a jurisprudência do Tribunal de Contas da União [...]." BRASIL. Tribunal de Contas da União. Processo TC nº 022.674/2008-9. Acórdão nº 9554/2011 - 1ª Câmara. Relator: Ministro Valmir Campelo. **Diário Oficial da União**, Brasília, DF, 04 nov. 2011. Seção 1, p. 139.
[637] HAURIOU, Maurice. *La Théorie de l'Institution et de la Fondation*, 1925.

sociais indispensáveis à consecução do fim, em cuja função a autoridade do todo se constitui e se exerce"[638].

No magistério do professor Carlos Motta, "[...] o vocábulo instituição é geralmente compreendido em um sentido amplo e abrangente, que pode conter todos os grupos sociais oficiais, como escolas, sindicatos, órgãos de governo e também empresas".[639]

4.26.1.1.2 Nacionalidade brasileira

Tomando emprestados os parâmetros do art. 171, inciso I, da Constituição Federal[640] - que, a propósito, nesse particular seguiu o Decreto-Lei nº 2.672/1940 - admissível por analogia, é válido conceituar instituição brasileira como aquela que se tenha constituído sob as leis brasileiras e que tenha sua sede e administração no País.

Mesmo com a revogação do art. 171 pela Emenda Constitucional nº 6, o conceito continua válido, pois o fato da revogação implica o caso em lacuna, suprível pela norma inferior, que continua válida. Se pretendesse o constituinte extirpar qualquer desigualdade, tê-lo-ia feito expressamente. Com a revogação do art. 171, deixou de haver desigualdade na disputa no regime licitatório, em favor da empresa brasileira, permanente e absoluta, ficando, ao prudente arbítrio do legislador ordinário, estabelecer em cada caso, se, e como haverá diferença.[641]

4.26.1.1.3 Instituição pública de outra esfera de governo

Há discussão doutrinária a respeito da possibilidade de contratação de instituição de outra esfera da Administração. O TCU admitiu a regularidade da contratação feita pelo Ministério da Educação com a Fundação do Instituto de Administração da Universidade de São Paulo e vem dando espaço à tese de que não se deve restringir o uso do inciso à mesma esfera de governo.[642] Desse modo, o precedente invocado serve apenas para ilustrar que não há impedimento às contratações entre esferas de governo distintas.

---

[638] NASCIMENTO, Amauri Mascaro. **Compêndio de Direito do Trabalho**. São Paulo: Ed. LTr, 1976, p. 305.
[639] MOTTA, Carlos Pinto Coelho. **Eficácia nas licitações & contratos**: estrutura da contratação, concessões e permissões, responsabilidade fiscal, pregão - parcerias público-privadas. 10. ed. Belo Horizonte: Del Rey, 2005, p. 221.
[640] BRASIL. **Constituição da República Federativa do Brasil**. Organização dos textos e índice por J. U. JACOBY FERNANDES. 3. ed. Atualizada até a EC nº 102/2019. Belo Horizonte: Fórum, 2020.
[641] Consulte a propósito da revogação do art. 171: a) Parecer/CONJUR/MCT nº 231/95, do Dr. Ailton Carvalho Freitas; b) Parecer PGFN/CAT/nº 2119/96. **Diário Oficial da União**, Brasília, DF, 10 out. 96. Seção 1, p. 20302/20303.
[642] BRASIL. Tribunal de Contas da União. Processo TC nº 001.198/97-1. Decisão nº 100/1998 - 1ª Câmara. Relator: Ministro Carlos Átila Alvares da Silva. **Diário Oficial da União**, Brasília, DF, 05 maio 1998. Seção 1, p. 112-3.

4.26.1.2 Estatuto ou regimento e objetivo da instituição

Impõe a norma que deve constar expressamente do estatuto ou regimento interno o objeto em tese da contratação, para que a contratação direta sem licitação seja regular. Evita, com isso, a contratação de instituições que atendem a objetos ocasionais, numa aventura para obter recursos públicos.

4.26.1.2.1 Dedicação ao ensino, pesquisa e extensão

Com relação ao ensino, pesquisa e extensão, deve-se observar o seguinte:
a) as expressões são muito abrangentes, não identificando com precisão o objeto do ensino, pesquisa e extensão, permitindo até inferências que só terão validade se contrastadas com o interesse público;
b) embora a entidade seja dedicada à pesquisa, algo absolutamente imensurável, o objeto pretendido pela Administração, mesmo diante dos contratos firmados com dispensa de licitação, deve atender aos requisitos dos arts. 47 a 50;

Objetos vagos, para os fins da Lei, são ilegais, dispondo o Estado de outros meios para realizar tais atividades, inclusive mediante subvenção. Aqui, busca-se serviço ou o bem absolutamente definido e mensurável, com programação de etapas perfeitamente claras. A atividade poderá, inclusive, nem ser a pesquisa, embora firmada com uma entidade dedicada à pesquisa, havendo compatibilidade com o objeto.[643] Tal ocorreria, por exemplo, se uma Prefeitura firmasse um contrato de treinamento do pessoal acerca de agressões de cobras e aracnídeos e de fornecimento de vacinas com o Instituto Butantã ou com a Fundação Osvaldo Cruz.
c) de igual modo, é possível o ajuste de um contrato que guarde correlação com a atividade de ensino e extensão sem que o objeto seja propriamente este.

Lembra-se, aqui, o exemplo de outra Prefeitura que firmou contrato com uma Escola Técnica para manutenção de seus computadores, quando vislumbrou nociva cartelização do setor. Busca-se uma correlação entre as instituições e o objeto do futuro contrato, embora a lei expressamente não o exija, sob pena de desautorizar a causa justificadora da norma.

4.26.1.2.2 Desenvolvimento institucional

De todas as expressões utilizadas no inciso pelo legislador, o "desenvolvimento institucional" foi a mais ampla. Se a doutrina se debate, até agora, por açambarcar e analisar as acepções da palavra instituição, a rigor, "desenvolvimento institucional"[644] compreenderia crescimento, progresso, de qualquer coisa em que

---

[643] BRASIL. Tribunal de Contas da União. Processo TC nº 011.768/2001-1. Acórdão nº 1045/2006 - Plenário. Relator: Ministro Benjamin Zymler. **Diário Oficial da União**, Brasília, DF, 30 jun. 2006.
[644] O TCU negou provimento a pedido de reexame e manteve entendimento sobre a impossibilidade de a Universidade de Brasília contratar diretamente a [...] para prestação de serviços não caracterizados

possa estar compreendido o termo instituição. Cuidam do desenvolvimento institucional tanto uma empresa que possui um centro de controle de qualidade, como uma faculdade, sindicato ou associação de moradores, qualquer "instituição", portanto, que se dedique a um fim. Por óbvio, impõe o interesse público a restrição ao termo, a fim de que este se harmonize com o ordenamento jurídico.

Há entidades que, a toda evidência, foram criadas pela conjugação de esforços de outras, com o objetivo de promover o desenvolvimento institucional que lhes é inerente.

Dois nítidos exemplos podem ser citados: a ASBACE e o IEL.[645]

A Associação Brasileira dos Bancos Estaduais enquadra-se no permissivo legal, assim como o Instituto Euvaldo Lodi, destinado ao desenvolvimento institucional da indústria.

Aliás, sobre o primeiro, pronunciou-se o Dr. Fernando Dusi Rocha, ao responder à questão pertinente ao tema, merecendo destaque o seguinte excerto de sua judiciosa manifestação:

> 1º quesito: Dentro das características da ASBACE, sociedade civil sem fins lucrativos que tem como associados os bancos comerciais estaduais e que está credenciada pelo Banco Central do Brasil a representar seus associados nas Câmaras de Compensação (Circular BACEN nº 2.481), e com base na natureza dos serviços pretendidos, poder-se-ia enquadrar Dispensa de Licitação na hipótese de exceção prevista no inciso XIII do art. 24 da Lei nº 8.666/1993.
>
> [...] Constitui objeto social da Consulente, basicamente, 'conjugar esforços para a consecução de fins que interessem às atividades de seus associados, pertinentes às peculiaridades de sua situação como bancos oficiais das unidades da Federação', como disposto no inciso I do art. 2º do seu estatuto social. A partir dessa finalidade primeira e institucional, a ASBACE desenvolve outras, como a promoção de estudos e o intercâmbio de soluções acerca de questões econômicas, financeiras e técnicas de interesse nacional, regional ou atividade bancária (inciso II), ou como o favorecimento da atualização permanente dos associados, através da disseminação de conhecimentos oriundos de estudos, pesquisas e por trabalhos técnico-científicos (inciso X), ambos diretamente ligados à pesquisa e ao ensino. Por fim, não pretendendo esgotar o rol de finalidades da instituição, é preciso destacar o objetivo de 'contribuir para a criação de estruturas organizacionais nas instituições filiadas voltadas para a administração de produtos e serviços' (inciso IX), que diz respeito especificamente à prestação de serviços de representação dos associados nas Câmaras

---

como de desenvolvimento institucional. [...] O objeto do contrato era assessoramento e organização do acervo histórico, higienização superficial, agrupamento e armazenamento de documentos. BRASIL. Tribunal de Contas da União. Processo TC nº 013.184/1999-7. Acórdão nº 777/2004 - Plenário. Relator: Ministro Walton Alencar Rodrigues. **Diário Oficial da União**, Brasília, DF, 2 jul. 2004. Seção 1.

[645] A CEB contratou o Instituto Euvaldo Lodi e o TCDF aceitou a justificativa, com base no art. 24, inc. XIII, condicionada à observância do art. 26, inc. IV - documento de aprovação dos projetos de pesquisa aos quais os bens serão alocados. DISTRITO FEDERAL. Tribunal de Contas do Distrito Federal. Processo nº 3.036/1997. Disponível em: http://www.tc.df.gov.br. Acesso em: 1º abr. 2014.

de Compensação, constante do quesito.

[...] II - com a incumbência, expressa no estatuto ou no regimento de pesquisa, de ensino ou de desenvolvimento institucional, aí residindo o núcleo da hipótese de dispensabilidade. Trata-se da avaliação objetiva da qualidade da pessoa a ser contratada sem licitação. Se o objetivo da contratação direta, no caso do inciso em exame, é o de auxiliar, com recursos estatais, o desenvolvimento de atividades voltadas à realização do interesse público ou social, é mister que tais finalidades resultam fartamente demonstradas.

III - com inquestionável reputação ético-profissional, exigindo-se da Consulente comprovada capacitação para o correto desempenho das atividades que lhes são cometidas. Afora o fato de ser uma instituição que congrega bancos estaduais (o que lhe assegura os atributos de confiabilidade e eficiência, por servir aos seus destinatários finais), a ASBACE, tal como as raras entidades de classe de âmbito nacional enunciadas na Circular BACEN nº 1.565/90, detém a representação das instituições bancárias que congrega, exatamente por reunir condições que atestam sua probidade perante o órgão fiscalizador da atividade bancária no Brasil.

Há, portanto, sobejas razões de ordem objetiva para o perfeito enquadramento da ASBACE nos pressupostos do inciso XIII do art. 24, prescindindo-se de inferências carregadas de subjetividade e dando-se mais segurança ao administrador que opte pela sua contratação direta.

Eventualmente, instituições como o IEL e a ASBACE podem ainda ser comtratadas diretamente, com fulcro no art. 74, *caput*, ou 74, inc. III, da nova Lei de Licitações, dependendo do objeto que a administração pretenda. São situações possíveis de ocorrer, mas com menos frequência. Seria necessária, então, a ocorrência da absoluta inviabilidade de competição (art. 74, *caput*) ou serviço técnico profissional que exija uma instituição notoriamente especialista, como será demonstrado nos comentários a esses dispositivos.

Em relação ao inciso em comento, o que **não** parece razoável é:

a) fazer um contrato tipo 'guarda-chuva'[646] entre o órgão público e uma entidade, de tal modo que tudo o que o primeiro necessite seja realizado pelo segundo;

b) que a instituição contratada transfira/subcontrate o objeto do contrato na sua totalidade.

---

[646] O TCU renovou determinação no sentido de se abster: "[...] abstenha-se de firmar contrato com objeto amplo e indefinido do tipo "guarda-chuva", em observância ao art. 26 do Regulamento de Licitações e Contratos do SESI e à Sumula TCU nº 177 [...]." BRASIL. Tribunal de Contas da União. Processo TC nº 020.73/2007-7. Acórdão nº 2888/2011 - 2ª Câmara. Relator: Ministro Raimundo Carreiro. **Diário Oficial da União**, Brasília, DF, 18 mai. 2011.

No primeiro caso, porque é objeto indeterminado e como tal acarreta manifesta burla ao princípio da licitação; no segundo, porque há vedação no art. 74, § 4º, da nova Lei de Licitações[647].

Fácil visualizar casos de regularidade nas contratações, como, por exemplo, todo e qualquer treinamento de pessoal que envolva direta ou indiretamente a atividade bancária (p. ex., atendimento a clientes, gerência de patrimônio bancário, consultoria de *marketing*) ou atividades das empresas estatais (licitação de serviços/terceirização na Administração Pública, recebimento de dívidas em precatórios, controle externo etc.), ou, ainda, outra atividade que para os instituidores tenha relação com o desenvolvimento. Irregular, porém, será pretender ampliar o escopo das atividades dessas instituições - ASBACE e IEL - para admitir, por exemplo, que ministre cursos de especialização em Direito ou aulas de secretariado. Nesse caso, a irregularidade pode implicar crime de dispensa.

Cabe ainda asserir que a licitação é, por força da Constituição Federal, a forma impositiva de seleção dos futuros contratantes e tem por objetivo fundamental a garantia do princípio da isonomia. A lei infraconstitucional só pode permitir ao Administrador Público afastar-se do procedimento licitatório quando buscar harmonizar o princípio da isonomia com outro tão intensamente relevante quanto este. Inconcebível, assim, o afastamento do processo licitatório, se o desenvolvimento institucional não estiver consentâneo com os valores tutelados pelo constituinte, como o amparo à infância, ao deficiente, ao menor abandonado e outros valores constantes do Texto Fundamental.[648]

Diversamente do que ocorreu no inciso VIII, neste caso o legislador permitiu que as instituições a serem contratadas diretamente fossem criadas posteriormente à edição da lei, a qualquer tempo. De igual modo, é admissível que uma instituição altere seus estatutos e deles passe a constar o objetivo desta alínea.

4.26.1.2.3 Fundações de apoio

Há entidades que, a toda evidência, foram criadas pela conjugação de esforços de outras, com o objetivo de promover o desenvolvimento institucional que lhes é inerente.

O inciso ora em estudo, vem representando, efetivamente, importante fonte de recursos para essas instituições[649]. A Folha de São Paulo anunciou que a Universidade de Brasília, mediante prestação de serviços, consultorias, convênios e desen-

---

[647] BRASIL. **Lei nº 14.133, de 1º de abril de 2021**. Lei de Licitações e Contratos Administrativos. Organização de textos, remissões da Lei nº 8.666/1993, Lei nº 10.520/2002 e Lei 12.462/2011 e índices por Ana Luiza Jacoby Fernandes e J. U. Jacoby Fernandes. Belo Horizonte: 2021.
[648] BRASIL. **Constituição da República Federativa do Brasil**. Organização dos textos e índice por J. U. JACOBY FERNANDES. 3. ed. Atualizada até a EC nº 102/2019. Belo Horizonte: Fórum, 2020. Confira arts. 3º, 170, 200, 214, 216, § 1º, 217, entre outros.
[649] TCU considerou irregular a contratação tendo em vista que "a documentação acostada aos autos indica que a fundação foi contratada para intermediar a contratação de mão de obra": BRASIL. Tribunal de Contas da União. Processo TC nº009.830/2010-3. Acórdão nº 1319/2011 – Plenário. Relator: Ministro Ubiratan Aguiar. **Diário Oficial da União**, Brasília, DF, 01 jun. 2011.

volvimento de projetos, têm conseguido angariar o equivalente a 1/3 dos recursos que recebe do orçamento da União, com a vantagem de que essa fonte não sofre contingenciamentos. Enquanto a Universidade proporciona aos seus estudantes e pesquisadores a oportunidade de aplicar os conhecimentos teóricos, recebe os recursos e os aplica desenvolvendo e qualificando ainda mais os setores envolvidos.

Coerentemente com sua jurisprudência, o TCU - paradigma do controle externo[650] - firmou entendimento de que os recursos repassados a fundações de apoio às universidades continuam com natureza pública. Assim, decidiu que:

> 9.1. [...] a expressão "recursos públicos" a que se refere o art. 3º, *caput*, da Lei 8.958/1994 abrange não apenas os recursos financeiros aplicados nos projetos executados com fundamento na citada lei, mas também toda e qualquer receita auferida com a utilização de recursos humanos e materiais das Instituições Federais de Ensino Superior, tais como: laboratórios, salas de aula; materiais de apoio e de escritório; nome e imagem da instituição; redes de tecnologia de informação; documentação acadêmica e demais itens de patrimônio tangível ou intangível das instituições de ensino utilizados em parcerias com fundações de apoio, sendo obrigatório o recolhimento de tais receitas à conta única do Tesouro Nacional; [...]."[651]

Por esse motivo, ordenou ao Ministério da Educação que elaborasse norma definindo procedimentos "regulamentando o relacionamento das Instituições Federais de Ensino Superior com suas fundações de apoio"[652].

Essa orientação deve guiar todas as contratações a esse respeito.

Decidiu o TCU que, quando for contratada Fundação vinculada à Universidade, com base no art. 24, inc. XIII, deve a mesma Fundação seguir a Lei nº 8.666/1993[653], por força da Lei nº 8.958/1994, art. 3º, inc. I.[654] Tal entendimento continua aplicável à Lei nº 14.133/2021 e seu inciso XV.

A oportunidade oferecida pela Lei de Licitações deve ser aproveitada como uma solução concreta e eficaz à sobrevivência de instituições que desenvolvem tra-

---

[650] Ver: BRASIL. Tribunal de Contas da União. Súmula nº 222. **Diário Oficial da União**, Brasília, DF, 05 jan. 1995, Seção 1.

[651] Ver: BRASIL. Tribunal de Contas da União. Processo TC nº 017.177/2008-2. Acórdão 2731/2008 - Plenário. Relator: Ministro Aroldo Cedraz. **Diário Oficial da União**, Brasília, DF, 1º dez. 2008, Seção 1.

[652] *Idem*, item 9.2.

[653] BRASIL. **Lei nº 8.666/93 (Versão Bolso)**. Organização dos textos e índice por J. U. JACOBY FERNANDES. 21. ed. ampl., rev. e atual. Belo Horizonte: Fórum, 2021. Livro digital.

[654] a) BRASIL. Tribunal de Contas da União. Processo TC nº 013.258/97-4. Decisão nº 839/1997 - Plenário. Relator: Ministro-Substituto Lincoln Magalhães da Rocha. **Diário Oficial da União**, Brasília, DF, 12 dez. 1997. Seção 1, p. 29842-4.

b) A jurisprudência do TCU é pacífica, no sentido de considerar irregulares as contratações das fundações de apoio para a prestação de serviços de informática. BRASIL. Tribunal de Contas da União. Processo TC nº 002.690/1998-5. Decisão nº 302/1998 - 1ª Câmara. Relator: Ministro Humberto Souto. **Diário Oficial da União**, Brasília, DF, 16 out. 1998. No mesmo sentido: Decisões Plenárias nºs 830/1998, 252/1999, 968/2001, 030/2002; Acórdão nº 98/2008 - 1ª Câmara; e Acórdãos nºs 427/2002, 1614/2003, 839/2004 todos do Plenário.

balhos de relevante importância ao progresso do país, desde que sejam fielmente observados os requisitos legais.

Conquanto a dimensão seja bastante ampla, não deverá a Administração curvar-se a instituições que só preenchem literalmente a extensão desse inciso. Não raras vezes, instituições voltadas para objetivos elevados e nobres mascaram interesses escusos de sobreviver à custa do erário numa Administração cara e ineficiente, mas que apanigua "amigos do rei". Em todos os momentos, deve o administrador ter em linha de consideração que o seu dever de eficiência não lhe permite ser um mero submisso e cego às expressões literais; deve enxergar mais longe e verificar se a contratação atenderá ao interesse público, que é o seu real objetivo, sem favorecer indiscriminada ou injustificadamente instituições que verdadeiramente mascaram o desenvolvimento tecnológico ou a filantropia.[655]

Importante salientar que tais requisitos são verdadeiramente *intuitu personae*, obrigando o contratado à execução direta dos serviços, visto que está subjacente um objetivo maior, que é o de prestigiar a finalidade da instituição por meio do trabalho desta. Se a subcontratação total é em regra vedada, nesse caso, com muito mais razão há de sê-lo.[656]

Na tentativa de resolver a polêmica conceituou-se, por meio do Decreto nº 5.205/2004[657], o que seria desenvolvimento institucional. Essa norma foi revogada pelo Decreto nº 7.423/2010, que dispõe:

> [...] Art. 2º Para os fins deste Decreto, entende-se por desenvolvimento institucional os programas, projetos, atividades e operações especiais, inclusive de natureza infraestrutural, material e laboratorial, que levem à melhoria mensurável das condições das IFES e

---

[655] a) A Súmula nº 02 da Consultoria Zênite, publicada no ILC nº 24, de fevereiro de 1996, estabelece: "Configura a hipótese do inciso XIII do art. 24 da Lei nº 8.666/93, quando o objeto do contrato a ser celebrado consistir na pesquisa, no ensino, ou no desenvolvimento institucional, não bastando apenas que se trate de instituição que se dedique às referidas atividades".

b) No passado, a posição do Tribunal de Contas da União foi mais flexível, como se infere no exame do Processo TC nº 014.470/94-2, Decisão nº 228/1995 - 2ª Câmara, em que a Fundação Universidade de Brasília foi contratada para realizar serviços de informática, por meio do CESPE/UnB. Na atualidade, porém, exige-se estrita relação entre o objeto do contrato e a natureza da instituição. Chegou ao fim a era dos contratos "guarda-chuva" que abrigavam qualquer objeto e excluíam essas fundações da competitividade.

[656] BRASIL. Tribunal de Contas da União. Processo TC nº 017.537/96-7. Decisão nº 881/1997 - Plenário. Relator: Ministro Marcos Vinicios Vilaça. **Diário Oficial da União**, Brasília, DF, 26 dez. 1997. Seção 1, p. 31374. No mesmo sentido: Processo TC nº 019.365/95-0. Decisão nº 138/1998 - Plenário. Relator: Ministro Adhemar Paladini Ghisi. **Diário Oficial da União**, Brasília, DF, 07 abr. 1998. Seção 1, p. 77.

[657] Chamamos a atenção da comunidade do EGP para o conteúdo do § 3º, art. 1º do Decreto nº 5.205, de 14.09.2004 (DOU de 15.09.2004), o qual oferece uma definição para "desenvolvimento institucional", qual seja: "§ 3º Para os fins deste Decreto, entende-se por desenvolvimento institucional os programas, ações, projetos e atividades, inclusive aqueles de natureza infra-estrutural, que levem à melhoria das condições das instituições federais de ensino superior e de pesquisa científica e tecnológica para o cumprimento da sua missão institucional, devidamente consignados em plano institucional aprovado pelo órgão superior da instituição". BRASIL. Tribunal de Contas do Distrito Federal, **Diário Oficial do Distrito Federal**, Brasília, DF, 11 abril. 2008, p. 183.

demais ICTs, para o cumprimento eficiente e eficaz de sua missão, conforme descrita no Plano de Desenvolvimento Institucional, vedada, em qualquer caso, a contratação de objetos genéricos, desvinculados de projetos específicos.[658]

Espera-se que com a vedação expressa da contratação de "objetos genéricos, desvinculados de projetos específicos", as fundações de apoio deixem de ser contratadas para abrigar contratos cujo objeto se enquadre perfeitamente na regra da licitação. Mais, subtraindo da sala de aula o já reduzido efetivo de professores universitários dedicados ao magistério que passaram a desenvolver qualquer serviço, inclusive na área de informática.[659]

4.26.1.2.4 Desenvolvimento científico e tecnológico e estímulo à inovação

As temáticas relativas a desenvolvimento institucional, científico e tecnológico e estímulo à inovação guardam profunda relação com a Lei nº 10.973/2004 e os comentários realizados no inciso IV, alíneas c e d e no inciso V do art. 75 da nova Lei[660].

4.26.1.2.5 Recuperação social do preso

Sobre o produto do trabalho do preso e a importância da participação do Estado na sua recuperação, a legislação processual penal acessória, também lembrada pelo precitado professor Carlos Motta, tentou equacionar a questão dispensando a licitação, nos seguintes termos:

> Lei nº 7.210, de 11 de julho de 1984
>
> Art. 35. Os órgãos da administração direta ou indireta da União, Estados, Territórios, Distrito Federal e dos Municípios adquirirão, com dispensa de concorrência pública, os bens ou produtos do trabalho prisional, sempre que não for possível ou recomendável realizar-se a venda a particulares.
>
> Parágrafo único. Todas as importâncias arrecadadas com as vendas reverterão em favor da fundação ou empresa pública a que alude o

---

[658] BRASIL. **Decreto nº 7.423, de 31 de dezembro de 2010.** Regulamenta a Lei nº 8.958, de 20 de dezembro de 1994, que dispõe sobre as relações entre as instituições federais de ensino superior e de pesquisa científica e tecnológica e as fundações de apoio, e revoga o Decreto nº 5.205, de 14 de setembro de 2004. **Diário Oficial da União**, Brasília, DF, 31 dez. 2010 – Edição Extra.

[659] Elucida bem essa perspectiva o seguinte excerto de acórdão: "[...] 1.1 observe que as dispensas de licitação com amparo no inc. XIII, art. 24 da Lei nº 8.666/1993, só são possíveis quando houver nexo entre o objeto pretendido e as atividades de ensino, pesquisa ou desenvolvimento institucional, o que não seria o caso de serviços ordinários de informática, e mesmo os de desenvolvimento de sistemas nos termos de entendimento prolatado nas Decisões/TCU nºs 830/98-P; 362/99-P e nos Acórdãos/TCU nºs 427/02-P e 1616/03-P. [...]" BRASIL. Tribunal de Contas da União. Processo TC nº 009.073/2004-0. Acórdão 998/2008 – 1ª Câmara. Relator: Ministro Adylson Martins Motta. **Diário Oficial da União**, Brasília, DF, 11 abr. 2008. Seção 1, p. 183.

[660] BRASIL. **Lei nº 14.133, de 1º de abril de 2021.** Lei de Licitações e Contratos Administrativos. Organização de textos, remissões da Lei nº 8.666/1993, Lei nº 10.520/2002 e Lei 12.462/2011 e índices por Ana Luiza Jacoby Fernandes e J. U. Jacoby Fernandes. Belo Horizonte: 2021.

artigo anterior ou, na sua falta, do estabelecimento penal.[661]

Além de utilizar como gênero o termo "concorrência pública", já superado então pelo Decreto-Lei nº 200/1967, que nesse particular revogou o Código de Contabilidade Pública, o legislador desconheceu o fato de que muitos estabelecimentos penais constituíam meros órgãos despersonalizados da Administração Direta e, portanto, o ingresso de receitas para os presídios acabava por constituir receita do próprio tesouro. Quando o comprador era a própria entidade que mantinha o presídio, o "negócio" era extremamente vantajoso, visto que a lei não vinculava a receita à finalidade de incentivo e recuperação do trabalhador preso. Além de tais aspectos, a falta de vontade política fez com que esse dispositivo não encontrasse a dimensão que se pretendia, embora inolvidável que possuía a didática orientação de preferência de aquisição pelo setor privado.

Com o sistema legalmente instituído, em relação ao trabalho do preso, a lei inovou substancialmente:

a) enquanto antes a Administração tinha o dever de comprar, na atualidade, a aquisição fica condicionada à necessidade e ao interesse da Administração e, mesmo assim, foi definida como uma possibilidade a ser permitida ao agente público;

b) a aquisição funda-se num contrato com uma instituição[662] que pode até ser, por exemplo, da Prefeitura com o Estado que mantém um presídio. A condição do agente e a finalidade a que se dedica são fatores que motivam a contratação;

c) a dispensa de licitação, agora, poderá ocorrer para qualquer das modalidades, com exceção do leilão, que é próprio para a alienação de bens da Administração e, no caso, está-se pretendendo adquirir bens ou serviços para a Administração.

4.26.1.3 Inquestionável reputação ético-profissional

Reputação é também requisito à válida aplicação desse inciso e diz respeito ao conceito de que desfruta a instituição perante a sociedade na qual exerce as funções, bem como a sua fama e renome.

Estabelece a lei que a reputação seja avaliada pelos fatores ético-profissionais, sem considerar, portanto, a localidade,[663] o patrimônio ou mesmo esses fatores, se condizentes diretamente com as pessoas instituidoras da entidade. Não só "o que

---

[661] BRASIL. **Lei nº 7.210, de 11 de julho de 1984.** Institui a Lei de Execução Penal.

[662] O TCDF, em exame a contrato celebrado entre a CEB e a Fundação de Amparo ao Trabalhador Preso, decidiu ser inaplicável a CLT, exceto para regime aberto; possível, entretanto, o uso de convênio. Processo nº 3836/95. Disponível em: http://www.tc.df.gov.br. Acesso em: 1º abr. 2014.

[663] O Estado de Minas Gerais, aplicando o art. 48 da Lei estadual nº 7.291/1978, instituiu os "tributos devidos ao Estado" como critério de julgamento das licitações, concedendo preferência em razão da localidade. O STF declarou a inconstitucionalidade da expressão "tributos devidos ao Estado", contida no referido dispositivo legal. BRASIL. Supremo Tribunal Federal. Processo RE nº 152449-9 - 1ª Turma. Representação nº 1.308-1/MG. Relator: Ministro Ilmar Galvão. **Diário da Justiça [da] República Federativa do Brasil**, Brasília, DF, 09 abr. 1999, p. 34.

faz", mas também "por que faz", já que não pode ter fins lucrativos, como também a forma como realiza a sua função.

Não raro, vislumbra-se que são confundidos os conceitos das pessoas físicas que criaram a entidade com esta própria, ou, então, o que é pior, confunde-se reputação ético-profissional com a ausência de comentários depreciativos sobre uma entidade. São coisas bastante distintas. Exige a lei "inquestionável reputação ético-profissional", sendo insuficiente a ausência de comentários negativos ou a existência simultânea de fatores positivos e depreciativos, com prevalência do primeiro; mas, é suficiente que a instituição só seja conhecida no âmbito restrito dos que atuam naquele segmento do mercado (caso típico das instituições dedicadas à recuperação do preso que são até "famosas" entre os que se dedicam a esse tipo de filantropia, mas absolutamente ignoradas pela grande maioria da sociedade).

No campo das licitações, outro conceito, que será visto depois, guarda semelhança: a "notória especialização", que assim como a "inquestionável reputação" não exige que seu detentor esteja frequentando as primeiras páginas dos jornais, bastando que a comunidade de determinada atividade laboral o conheça, nos limites e características definidos na lei.

A propósito, é evidente que não há reputação ético-profissional em favor da instituição, quando contratada fora do seu ramo de atividade.[664]

Bem, por isso, o TCU recomendou que o gestor "verifique, tanto nas licitações como em suas dispensas e inexigibilidades, se o ramo da atividade da empresa licitante ou se a finalidade da instituição sem fins lucrativos é compatível com o objeto a ser contratado".[665]

4.26.1.4 Reputação ético-profissional e notória especialização

Não raro, ouvem-se críticas a tais conceitos, que são bastante etéreos ou abstratos e, em última essência, impeditivos de serem contrastados judicialmente.

Devido ao subjetivismo que envolve os conceitos de reputação ético-profissional e notória especialização, a doutrina ainda não se pacificou sobre o assunto. Como forma de ilustração, trazemos excerto do voto do Ministro Iram Saraiva, que com propriedade lança suas luzes sobre o assunto:

> Como se vê, embora se possa estabelecer alguma relação entre a notória especialização de que trata o art. 25, II, da Lei nº 8.666/1993 e a inquestionável reputação ético-profissional mencionada no art. 24, XIII, da mesma lei, os dois termos não se confundem. O primeiro deles, quando aliado à singularidade do objeto, afasta a licitação por inviabilidade de competição (inexigibilidade). Já o segundo, atendidos os demais requisitos postos em lei (art. 24, XIII), enseja a dispensa da licitação, mesmo quando a competição se revela viável. É uma

---

[664] TCU decidiu: "[...] 9.1.3. deixe de celebrar contratos e convênios com fundações de apoio que não preencham critérios de habilitação técnica e jurídica, inclusive por ausência de credenciamento". BRASIL. Tribunal de Contas da União. Processo TC nº 018.852/2008-6. Acórdão nº 6.109/2009 – 2ª Câmara. **Diário Oficial da União**, Brasília, DF, 20 nov. 2009.

[665] BRASIL. Tribunal de Contas da União. Processo TC nº 010.055/2003-7. Acórdão nº 2505/2006 - 2ª Câmara. **Diário Oficial da União**, Brasília, DF, 08 set. 2006, p. 119.

faculdade deferida por lei ao administrador e que não implica qualquer ofensa ao princípio da igualdade, já que a Constituição Federal tutela outros valores além da isonomia, como o desenvolvimento do ensino, da pesquisa e da capacitação tecnológica (art. 218 e 219 da Constituição Federal de 1988, dentre outros).[666]

A tradição doutrinária do nosso Direito e a remansosa jurisprudência dos Tribunais acabaram por estabelecer que os atos administrativos não podem ter o mérito aferido ou julgado pelo Poder Judiciário. Numa feliz síntese dessa linha de pensamento, ficou assentado que ao Poder Judiciário só competia "patrulhar as fronteiras da legalidade" dos atos da Administração Pública. Enquanto o Judiciário inibiu-se, avolumou-se a descrença de alguma tutela sobre o gestor de recursos públicos, até que, em boa hora, o Constituinte pôs definitivamente por terra todas as concepções que tornaram invioláveis os atos da Administração, impondo indelevelmente, e ao contrário do que até então ocorria, que os atos deveriam ser plenamente examinados, não só quanto à legalidade, mas também quanto à legitimidade, à moralidade, à eficiência e à eficácia, atendendo-se ainda a outros atributos, como a economicidade, estabelecendo essa competência para os Tribunais de Contas.

Mesmo o Poder Judiciário tem dado importantes passos rumo ao questionamento de conceitos abstratos como a idoneidade ou a reputação ilibada, como se tem notícias em alguns acórdãos.[667]

São fatos significativos que afetam irremediavelmente a reputação ético-profissional, por exemplo, a sonegação de tributos e contribuições parafiscais, a exploração aviltante da mão de obra, o contumaz descumprimento da legislação obreira ou a subcontratação, o frequente e grande volume de reclamações trabalhistas procedentes, a reiterada impontualidade no cumprimento das obrigações, o descumprimento de normas técnicas, o uso da atividade para a obtenção de interesses escusos e também a exiguidade de tempo de existência da empresa.[668]

Encontram-se na doutrina comentários associando a dispensa de licitação tratada nesse inciso com a notória especialização que, em suma, declararia inexigível a licitação.[669]

Sustentam alguns renomados mestres do Direito que a licitação seria dispensável se não houvesse possibilidade de competição e que, em havendo, seria indeclinável o procedimento licitatório para garantir a efetividade do princípio da isonomia.

---

[666] BRASIL. Tribunal de Contas da União. Processo TC nº 275.423/95-6. Decisão nº 172/1996 - Plenário, citada no Processo TC nº 017.537/96-7 (Anexo nº 017.229/96-0). Relator: Ministro Marcos Vinicios Vilaça. **Diário Oficial da União**, Brasília, DF, 26 dez. 1997. Seção 1, p. 31402-23.
[667] BRASIL. Supremo Tribunal Federal. Processo RE nº 167.137-8/TO - Ação Popular. Relator: Ministro Paulo Brossard. **Diário da Justiça [da] República Federativa do Brasil**, Brasília, DF, 25 nov. 1994, p. 32312 (vide fls. 39 do voto).
[668] BRASIL. Tribunal de Contas da União. Processo TC nº 017.537/96-7. Decisão nº 881/1997 - Plenário. Relator: Ministro Marcos Vinicios Vilaça, em citação ao estudo feito pela 6ª Secex. **Diário Oficial da União**, Brasília, DF, 26 dez. 1997. Seção 1, p. 31374.
[669] SOUTO, Marcus Juruena Villela: **Licitações & Contratos Administrativos**. Rio de Janeiro: Esplanada/ADCOAS, 1993, p. 95; FERRAZ, Sérgio e FIGUEIREDO, Lúcia Valle. **Dispensa e Inexigibilidade de Licitação**. São Paulo: Malheiros, p. 59.

Outros, não menos ilustres, relacionam o requisito "inquestionável reputação ético-profissional" com a notória especialização, ensejando a igual conclusão de que seria inexigível a licitação.

O assunto merece detida reflexão: em primeiro plano, deve-se observar que as hipóteses de dispensa de licitação elencadas no art. 75, em exame, constituem, como exposto no capítulo 3, o reconhecimento prévio pelo legislador do "conflito" entre valores tutelados pelo Direito, os quais adredemente a lei resolveu, permitindo a contratação direta. Na inexigibilidade de licitação, ao contrário, o legislador partiu do fato de que seria inviável a competição, deixando ao prudente arbítrio do agente público o enquadramento dos fatos à norma. Corolário dessa assertiva é que, em quase todos os casos de dispensa, poderá o administrador promover a licitação se entender conveniente, embora o legislador lhe tenha permitido a contratação direta. Não há nisso, evidentemente, afronta ao princípio da isonomia, vez que a Constituição tutela outros princípios além do da igualdade.

Em segundo, não há que se associar "inquestionável reputação ético-profissional" com notória especialização.

Por ora, basta salientar que pode uma instituição ser detentora da primeira adjetivação sem possuir qualquer notoriedade em qualquer especialidade. Aliás, não raro pululam instituições probas, sérias, que vêm levando a cabo, nos mais estritos limites da ética profissional, o seu mister na sua área de desenvolvimento, seja no ensino ou outro ramo. Em tese, pelo menos, seria também possível encontrar um notório especialista a quem faltasse a inquestionável reputação ético-profissional, mas cujo conceito no ramo de atividades fosse de tal ordem capaz de credenciá-lo a um mister, em que, por exemplo, para prestigiar antiga parêmia, os "fins justificassem os meios".

Na área do ensino, a diferença que se almeja demonstrar mais se evidencia, porquanto mais frequente. A contratação de escolas técnicas ou de profissionalização pode ser efetivada sem atendimento a qualquer requisito de notória especialização, sendo suficiente a reputação ético-profissional dos seus trabalhos e a estrita correlação entre a matéria do curso e o objeto do contrato.

Para que a contratação de empresa possa basear-se no inciso XV do art. 75, é necessário que a empresa preencha todos os requisitos exigidos pelo dispositivo. A exiguidade de tempo de existência da empresa é motivo suficiente para descaracterizar a hipótese do inciso XV, conforme lição do Ministro Marco Vinicios Vilaça, em citação ao relatório da 6ª Secex daquela Corte.[670]

---

[670] a) BRASIL. Tribunal de Contas da União. Processo TC nº 017.537/96-7. Decisão nº 881/1997 - Plenário. (Processo Anexo nº 017.229/96-0). Relator: Ministro Marcos Vinicios Vilaça. **Diário Oficial da União**, Brasília, DF, 26 dez. 1997. Seção 1, p. 31402-23.
b) A propósito, o TCU, interpretando o art. 24, inciso XIII e sua aplicação a treinamento, recomendou: "[...] efetue as contratações de entidades executoras do Programa com dispensa de licitação, fundamentada no art. 24, inciso XIII, c/c art. 13, inciso V, da Lei nº 8.666/93, somente em casos excepcionais devidamente justificados, conforme determinação contida no item 8.2.2 'b' da Decisão nº 354/2001

4.26.1.5 Objeto do contrato

À primeira vista, o inciso XV do art. 75 nada dispôs sobre o objeto do contrato. Exame mais atento, porém, revela que, ao referir-se à reputação ético-profissional, implicitamente erigiu estreita relação entre o que a Administração pretende e em que consiste a atividade do contratado (profissão). Somente as instituições encarregadas da recuperação social do preso não precisam ter reputação profissional na área do objeto pretendido, bastando reputação ética nas suas relações.

Mais do que isso, é preciso que o objeto que será contratado seja a causa da reputação da instituição pelo modo diferenciado qualitativamente que executa.[671] Por isso, não se concebe - e é irregular - que uma instituição seja contratada para objetos distintos, diferentes.[672] Há que ser sempre objeto da mesma natureza em todas as contratações fundadas no art. 75, inc. XV, da Lei nº 14.133/2021[673]. Se uma instituição ora é contratada para realizar serviço de informática, noutra de pesquisa médica, noutra de treinamento, fica evidenciado que sua múltipla funcionalidade não é pertinente à reputação ético-profissional.

TCU-Plenário, realizando a respectiva licitação nos casos em que não se configure a situação de singularidade dos cursos oferecidos e a excepcionalidade da entidade executora [...]." BRASIL. Tribunal de Contas da União. Processo TC nº 017.889/2002-2. Acórdão nº 191/2003 - Plenário. **Diário Oficial da União**, Brasília, DF, 12 mar. 2003.

c) No mesmo sentido, o TCU decidiu: "[...] 1.1.12. nas relações com a FAURG, observe o que dispõe o artigo 1º da Lei 8.958/94, combinado com o disposto nos artigos 1º e 3º, § único do Decreto 5.205/94, abstendo-se de firmar contratos para execução de projetos e serviços de caráter continuado, bem como evite a contratação de pessoal pela fundação de apoio para a prestação de serviços de caráter permanente na UFRG, conforme disposto no artigo 4º, § 3º, do Decreto 5.205/94; [...] 1.1.16. observe, nas contratações efetuadas com a FAURG, com base no inciso XIII do art. 24 da Lei 8.666/93 c/c o art. 1º da Lei 8.958/94, a devida formalização do processo de dispensa, em especial realizando prévia pesquisa de preço de mercado, e o devido processo de liquidação de despesa, abstendo-se de efetuar repasse antecipado dos recursos [...]." BRASIL. Tribunal de Contas da União. Processo TC nº 013.582/2005-1. Acórdão nº 2774/2006 - 2ª Câmara. **Diário Oficial da União**, Brasília, DF, 05 out. 2006, p. 96.

d) Sobre a execução de vestibulares, o TCU determinou: "[...] 9.3.3. não mais se valha da Lei nº 8.958/1994 e do art. 24 da Lei nº 8.666/1993 para a contratação de fundação de apoio para a prestação de serviços de execução de vestibulares, planejando antecipadamente os devidos processos licitatórios [...]." BRASIL. Tribunal de Contas da União. Processo TC nº 004.139/2002-5. Acórdão nº 6/2007 - Plenário. **Diário Oficial da União**, Brasília, DF, 22 jan. 2007, p. 67.

[671] BRASIL. Tribunal Regional Federal da 1ª Região. Processo nº 1998.01.00.084552-3. AC nº 01000845523/DF. 3ª Turma Supl. **Diário da Justiça [da] República Federativa do Brasil**, Brasília, DF, 20 out. 2003, p. 104. Seção 3.

[672] BRASIL. Tribunal de Contas da União. Processo TC nº 010.4331/1999-6. Acórdão nº 245/2004 - 1ª Câmara. Relator: Ministro Augusto Sherman Cavalcanti. **Diário Oficial da União**, Brasília, DF, 3 mar. 2004. No mesmo sentido: Processo TC nº 004.265/2003-9. Acórdão nº 506/2004 - Plenário. Relator: Ministro Guilherme Palmeira. **Diário Oficial da União**, Brasília, DF, 17 abr. 2004. Seção 1.

[673] BRASIL. **Lei nº 14.133, de 1º de abril de 2021**. Lei de Licitações e Contratos Administrativos. Organização de textos, remissões da Lei nº 8.666/1993, Lei nº 10.520/2002 e Lei 12.462/2011 e índices por Ana Luiza Jacoby Fernandes e J. U. Jacoby Fernandes. Belo Horizonte: 2021.

Nesse sentido, a jurisprudência firmou-se exigindo estrita conexão entre o objeto do contrato e a causa da reputação.[674]

Também não se deve admitir a contratação de objetos genéricos, indeterminados. Ao contrário, só é regular a dispensa de objeto preciso e certo, embora possa ser de longa duração e até de indeterminado prazo.[675]

É indispensável para a regularidade da contratação - no caso de pesquisa, ensino ou desenvolvimento institucional - estrita conexão entre o objeto pretendido e o motivo da reputação.

Nesse sentido é pacífica a jurisprudência do Tribunal de Contas da União, extensível inclusive a estados, Distrito Federal e municípios.[676]

O TCU já considerou irregular:

a) contratar a Fundação Getúlio Vargas - FGV para prestação de serviços de assessoria e consultoria técnica para estudos de meio ambiente[677], porque viável a competição; e

---

[674] TCU determinou: "[...] 2.1.19. abstenha-se de contratar a instituição com dispensa de licitação fundamentada no art. 24, inciso XIII, da Lei nº 8.666/1993 sem que haja nexo entre esse dispositivo, a natureza da instituição contratada e o objeto contratual, este, necessariamente relativo a ensino, pesquisa ou a desenvolvimento institucional, o que não é o caso da realização de Plano Diretor para o campus de São Cristóvão (AC- 1349-21/03-1, AC-0388-09/04-2. Acórdão nº 1.613/2004 - Plenário. Decisão nº 404/02-18 Câmara) [...]." BRASIL. Tribunal de Contas da União. Processo TC nº 007.665/2005-0. Acórdão nº 822/2006 - 2ª Câmara. Relator: Ministro Walton Alencar Rodrigues. **Diário Oficial da União**, Brasília, DF, 18 abr. 2006. Seção 1, p. 142. É importante notar que o Tribunal de Contas da União deixou de penalizar os agentes que acolheram interpretação literal do dispositivo, em vários casos, até que ficasse consolidada a jurisprudência. Nesse sentido, destaca-se o seguinte ilustrativo escólio: O TCU "[...] pela Decisão nº 830/1998 - Plenário, conferiu ao mencionado dispositivo legal interpretação restritiva, no sentido de que somente será aplicável essa espécie de contratação direta aos casos em que haja nexo entre o referido dispositivo, a natureza da instituição e o objeto a ser contratado, sendo este objeto necessariamente relativo ao ensino, à pesquisa ou ao desenvolvimento institucional. 5. Quanto à proposta de apenação dos responsáveis, observo que as decisões desta Corte, ao se deparar com falhas de idêntica natureza e ocorridas à mesma época ou anteriormente às ora verificadas, têm sido predominantemente no sentido de se expedir determinação corretiva às entidades e órgãos faltosos, promovendo o apensamento dos autos às respectivas contas anuais, sem aplicar multa aos gestores (Decisões nºs 830/1998, 346/1999, 252/1999, 1.101/2002, 1.232/2002, 955/2002, 145/2002, todas do Plenário), medida que considero apropriada ao caso em exame, mormente tendo em vista que, no caso concreto, não se apurou dano ao erário, não se vislumbrando, ademais, dolo ou má-fé na atuação dos responsáveis. [...]." BRASIL. Tribunal de Contas da União. Processo TC nº 014.874/01-8. Acórdão nº 767/2005 - Plenário. Relator: Ministro Walton Alencar Rodrigues. **Diário Oficial da União**, Brasília, DF, 23 jun. 2005.

[675] Fundação de apoio. **Diário Oficial da União**, Brasília, DF, 22 maio 2009, Seção 1, p. 163. Determinação à UTFPR para que se abstenha de celebrar, renovar ou às prescrições da Lei nº 8.958/1994, especialmente quando configurada a contratação indireta de obras, aquisição de bens e serviços, atividades de manutenção ou que o contrato não esteja diretamente vinculado a projeto com prazo de conclusão e produto bem determinados, sendo vedada a contratação de atividades continuadas e de objeto genérico (item 1.5.1.7, TC nº 019.781/2007-9, Acórdão n.º 2.461/2009- 2ª Câmara).

[676] Q. cfr. Súmula nº 128 do Tribunal de Contas da União.

[677] BRASIL. Tribunal de Contas da União. Processo TC nº 003.317/2001-6. Decisão nº 145/2002 - Plenário. Relator: Ministro Ubiratan Aguiar. **Diário Oficial da União**, Brasília, DF, 27 mar. 2002. Seção 1.

b) contratar a FUNCATE para prestar serviços de processamento de dados.[678]

4.26.1.6 Contratado sem fins lucrativos

Essa exigência, que constitui obviamente um dos elementos essenciais da instituição, deve fazer parte do próprio registro, como característica inafastável da finalidade.[679]

A ausência de fim lucrativo não impede que a instituição cobre remuneração pelo serviço que presta ou pelo produto que vende, fato absolutamente natural e até próprio de tais instituições. O que se lhe impede é a finalidade lucrativa. Lembra Marçal Justen Filho, com seu habitual senso de oportunidade, que tais instituições só podem se revestir de personalidade jurídica de direito civil, pois é impróprio à atividade mercantil não buscar lucro.[680]

Por diversos episódios colhidos na prática, percebe-se que instituições que buscam o lucro e, muitas vezes, de forma exagerada, abrigam-se no sofisma inverso para usufruir favores do Estado e chancelar ainda mais a espoliação. Planos de saúde, escolas de inglês e faculdades ostentam publicamente que não almejam lucro para obter isenção de tributos, adquirir terrenos, firmar "convênios".[681]

Por inexistirem meios de controle prévio sobre os atos constitutivos e também posteriores, pululam essas instituições "hipócritas", que geram a indignação da comunidade.

Na área das licitações e contratos, porém, as Cortes de Contas, que podem apreciar o mérito do ato administrativo, inclusive quanto à economicidade e à legitimidade, têm podido obstruir esse "mascaramento", impondo que não prossigam os contratos firmados com irregular dispensa de licitação.

Devem ser julgados com rigor os agentes que compactuam dessa prática, não só porque a lei considera crime dispensar a licitação fora dos casos legalmente previstos, como também porque é dever do administrador verificar com cautela a qualidade do agente com quem contrata. Notadamente, a reputação ético-profissional na comunidade.

---

[678] BRASIL. Tribunal de Contas da União. Processo TC n° 001.199/1197-8. Decisão n° 657/1997 - Plenário. Relator: José Antonio Barreto de Macedo. **Diário Oficial da União**, Brasília, DF, 14 dez. 1997. Seção 1.
[679] Admite-se, no caso particular de entidades do Sistema "S", que esteja implícita a ausência de fins lucrativos. Consulte, porém, a respeito, a explanação sobre a relatividade da subcontratação, no capítulo 3, subtítulo 3.7.2.
[680] JUSTEN FILHO, Marçal. **Comentários à lei de licitações e contratos administrativos**. 11 ed. São Paulo: Dialética, 2005, p. 253.
[681] A Procuradoria do DF exarou parecer pela inviabilidade e não pagamento de ressarcimento de despesas médicas, pleiteado por clínica particular que recebeu paciente oriundo do Sistema Único de Saúde, com base no art. 24 da **Lei n° 8.080/90**, sobre participação complementar da iniciativa privada. Inexistência de convênio ou contrato. Desrespeito ao estatuto das licitações. Parecer n° 5.257/97 - 1ª SPR. Processo n° 060.000.473/97.

4.26.2 Viabilidade de competição

Alguns doutrinadores de nomeada, com frequência, examinando incisos do art. 75, colocam para contraste a questão da isonomia e concluem que, havendo mais de uma instituição, o objeto deve ser licitado.[682]

Cabe obtemperar que a licitação não é o único meio de garantir a efetividade dos princípios da isonomia e da impessoalidade. Ainda, o legislador pátrio não pode abrir, ao seu talante, possibilidades de contratação direta sem acatamento ao princípio da licitação se não tiver a sustentá-lo outro princípio, também consignado na Constituição Federal[683].

É importante lembrar que a inviabilidade de competição só é requisito para a contratação direta por inexigibilidade, conforme expressamente estabelece o art. 74. Não se pode criar, pela via doutrinária, palavras que não existem na lei. Logo, mesmo existindo várias instituições com igualdade de condições - se forem exatamente iguais, o que é pouco provável -, a escolha pode ser feita por uma pesquisa de preços, por exemplo. Mais adequado seria que a justificativa da escolha do contratado[684] tivesse relação com a capacidade da instituição e o objeto do contrato, e não só com o preço.

Em importante acórdão, o TCU firmou entendimento sobre essa questão e definiu que "atendidos os demais requisitos postos em lei" (art. 24, inciso XIII), enseja a dispensa de licitação, mesmo quando a competição se revela viável.[685]

No âmbito do TCU, contudo, o tema não é pacífico.[686]

---

[682] Nesse sentido: DALLARI, Dalmo de Abreu. **Folha de São Paulo**, 12 de janeiro de 1996, caderno 1, p. 3; e JUSTEN FILHO, Marçal. **Comentários à lei de licitações e contratos administrativos**. 11 ed. São Paulo: Dialética, 2005, p. 253.

[683] BRASIL. **Constituição da República Federativa do Brasil**. Organização dos textos e índice por J. U. JACOBY FERNANDES. 3. ed. Atualizada até a EC nº 102/2019. Belo Horizonte: Fórum, 2020.

[684] BRASIL. **Lei nº 8.666/93 (Versão Bolso)**. Organização dos textos e índice por J. U. JACOBY FERNANDES. 21. ed. ampl., rev. e atual. Belo Horizonte: Fórum, 2020. Livro digital. Q. cfr. o art. 26, parágrafo único, inc. II.

[685] BRASIL. Tribunal de Contas da União. Processo TC nº 017.537/96-7. Acórdão nº 114/1999 - Plenário. Relator: Ministro Marcos Vinicios Vilaça. **Diário Oficial da União**, Brasília, DF, 26 dez. 1997. Seção 1, p. 31402-23. Releva notar que há decisão do TCU em sentido contrário: "[...] determinar à Eletrobrás que [...] quando da contratação de instituição sem fins lucrativos, com fulcro no art. 24, inc. XIII, da Lei nº 8.666/93, demonstre a inexistência de outras entidades em condições de prestar os serviços a serem contratados, caso contrário, deve ser feita licitação entre essas entidades para escolha da melhor proposta técnica, em obediência ao princípio constitucional da isonomia;" BRASIL. Tribunal de Contas da União. Processo TC nº 003.317/2001-6. Decisão nº 145/2000 - Plenário. Relator: Ministro Ubiratan Aguiar. **Diário Oficial da União**, Brasília, DF, 27 mar. 2002.

[686] O TCU recomendou: "[...] 1.7.8. Se abstenha de promover dispensas de licitação fundamentadas no art. 24, inciso XIII, da Lei nº 8.443/1992, quando os serviços requeridos exigirem o emprego de técnica dominada por diversas empresas no mercado. BRASIL. Tribunal de Contas da União. Acórdão nº 5660/2008 2ª Câmara; **Diário Oficial da União**, Brasília, DF, 8 dez. 2008.

4.26.3 Dispositivos correlatos

Duas exigências são relevantes à contratação, com fundamento nesse inciso e regulados em outros dispositivos. A primeira, atinente a preço; a segunda, ao próprio objeto referente a terceirização.

Além dessas exigências, inerentes aos casos de contratação direta, em geral, também as regras do art. 47 a 50 da Lei nº 14.133/2021[687] devem ser observadas.

Mesmo para os casos de contratação direta sem licitação, exige-se a observância de outras regras da Lei de Licitações, inclusive o rigoroso acatamento dos princípios vetoriais.

Interessante precedente foi enfrentado pelo eminente Procurador Gabriel de Britto Campos ao examinar a pretensão de um Secretário de Estado em contratar instituição privada sem fim lucrativo de cujo Conselho Deliberativo fazia parte. O fato foi descoberto pelo próprio Procurador em pesquisa que empreendeu. Destacou, então:

> Tal constatação por si só constitui motivo suficiente para indeferir de plano qualquer pretensão de contratação da entidade, por violação ao princípio da moralidade administrativa. insculpido no art. 37 da Constituição Federal e art. 19 da Lei Orgânica do Distrito Federal.

De fato, não é possível que um mesmo agente figure nos dois polos da relação processual, ainda que indiretamente; ofende a moralidade, privilegia uma instituição em detrimento da isonomia.

4.26.3.1 Preço

A questão pertinente ao preço contratado foi examinada com mais detalhe nos comentários ao art. 72. Ao ensejo, cabe destacar, porém, que o inciso não exige que o preço seja compatível com o de mercado, aceitando-se justificativa para o descompasso entre o preço contratado e o praticado no comércio.[688]

Às vezes, a vantagem auferida com a contratação direta não está no preço, mas em algum outro fator.[689]

A propósito, não se justificam pagamentos feitos sem qualquer critério, sob o argumento de que o contrato tem a finalidade de incentivar o desenvolvimento

---

[687] BRASIL. **Lei nº 8.666/93 (Versão Bolso).** Organização dos textos e índice por J. U. JACOBY FERNANDES. 21. ed. ampl., rev. e atual. Belo Horizonte: Fórum, 2020. Livro digital.

[688] Nesse sentido, o TCU recomendou: "[...] restringir as contratações por dispensa de licitação, com fulcro no art. 24, inc. XIII, da Lei 8.666/93, aos específicos casos em que esteja comprovado o nexo entre o mencionado dispositivo, a natureza da instituição e o objeto a ser contratado, instruindo o processo com documentos que comprovem a razoabilidade do preço cotado". Processo TC nº 010.055/2003-7. Acórdão nº 2505/2006 2ª Câmara. **Diário Oficial da União**, Brasília, DF, 08 set. 2006, p. 119.

[689] O TCU entende que, para realizar concurso, é possível contratar com base no art. 24, inc. XIII. BRASIL. Tribunal de Contas da União. Processo TC nº 014861/93-3. Decisão nº 470/1993 Plenário. Relatora: Ministra Élvia L. Castello Branco. **Diário Oficial da União**, Brasília, DF, 16 nov. 1993. Seção 1, p. 17186.

institucional ou social. Parece melhor ajustar-se à legislação dos contratos a ideia de que o Estado continua buscando as condições mais vantajosas ou iguais às de mercado. O favorecimento que o legislador assegurou, apaniguando tais instituições, expira com a possibilidade de contratação direta, dispensando-as da licitação e da competição com outras congêneres do mercado, sem, contudo, estabelecer reservas de mercado para tais instituições.

Nesse sentido, não cabe contratar com fundações de apoio objetos genéricos a serem pagas com taxa.[690]

Em reforço a tais considerações, é importante assinalar que a Lei de Licitações e Contratos não constitui instrumento autorizador de intervenção na ordem econômica, sendo prudente em assegurar a isonomia dos administrados, como princípio fundamental, destacado em preâmbulo no art. 3º da Lei nº 8.666/1993[691].

4.26.3.2. Limites à terceirização

As atividades inerentes aos cargos e empregos da Administração Pública não podem ser objeto de terceirização, como regra.[692]

O próprio Tribunal de Contas da União, com frequência, faz recomendação no sentido de impedir esse tipo de terceirização, inclusive mediante a aplicação do inc. XIII, do art. 24, relacionado ao inciso XV do art. 75, em comento.[693]

---

[690] BRASIL. Tribunal de Contas da União. Processo TC nº 018.852/2008-6. Acórdão nº 6109/2009 – 2ª Câmara. **Diário Oficial da União**, Brasília, DF, 20 nov. 2009: "[...] 9.1.2 por ausência de base legal, abstenha-se de contratar fundação de apoio mediante o pagamento de taxas de administração ou similares, regime de contratação denominado "administração contratada" que atenta contra o princípio da economicidade na medida em que mantém a cargo da Administração Pública os custos fixos da contratação, assegurando ao contratado, sem os riscos do empreendimento, remuneração fixa, cujo valor é atrelado ao custo total do contrato."

[691] BRASIL. **Lei nº 8.666/93 (Versão Bolso)**. Organização dos textos e índice por J. U. JACOBY FERNANDES. 21. ed. ampl., rev. e atual. Belo Horizonte: Fórum, 2020. Livro digital.

[692] a) A propósito, consulte o **Decreto nº 2.271, de 7 de julho de 1997**, que regula a terceirização no âmbito da Administração Pública Federal, e o livro **Responsabilidade Fiscal - Questões Práticas**, da editora Brasília Jurídica.

b) O art. 24, inc. XIII autoriza a dispensa de licitação para a instrução que tenha capacidade de executar o objeto. É irregular, portanto, a execução indireta bem como a cessão e a sub-rogação do contrato, e a subcontratação de parcela substancial. Nesse sentido: BRASIL. Tribunal de Contas da União. Processo TC nº 013.225/2005-9. Acórdão nº 5243/2014 – 2ª Câmara. Relator: Ministro José Jorge. **Diário Oficial da União**, Brasília, DF, 08 out. 2014.

[693] Nesse sentido, o TCU determinou: "[...] restrinja a contratação por dispensa de licitação, com fulcro no art. 24, inciso XIII da Lei de Licitações, às situações em que o objeto da avença estiver compreendido entre atividades de ensino, pesquisa ou desenvolvimento institucional, este caracterizado pela melhoria mensurável da eficácia e eficiência no desempenho da instituição beneficiada, deixando de contratar diretamente o serviço relacionado a atividade fim do Instituto, como a realização de censos". BRASIL. Tribunal de Contas da União. Processo TC nº 012.217/2005-2. Acórdão nº 2526/2006 1ª Câmara. **Diário Oficial da União**, Brasília, DF, 15 set. 2006, p. 155.

4.27 Art. 75, inc. XVI – Insumos estratégicos para a saúde

> Art. 75. É dispensável a licitação:
>
> [...]
>
> XVI - para aquisição, por pessoa jurídica de direito público interno, de insumos estratégicos para a saúde produzidos por fundação que, regimental ou estatutariamente, tenha por finalidade apoiar órgão da Administração Pública direta, sua autarquia ou fundação em projetos de ensino, pesquisa, extensão, desenvolvimento institucional, científico e tecnológico e de estímulo à inovação, inclusive na gestão administrativa e financeira necessária à execução desses projetos, ou em parcerias que envolvam transferência de tecnologia de produtos estratégicos para o SUS, nos termos do inciso XII do *caput* deste artigo, e que tenha sido criada para esse fim específico em data anterior à entrada em vigor desta Lei, desde que o preço contratado seja compatível com o praticado no mercado.

Dispositivos correspondentes na Lei nº 8.666/1993[694]:
Art. 24. [...]
XXXIV - para a aquisição por pessoa jurídica de direito público interno de insumos estratégicos para a saúde produzidos ou distribuídos por fundação que, regimental ou estatutariamente, tenha por finalidade apoiar órgão da administração pública direta, sua autarquia ou fundação em projetos de ensino, pesquisa, extensão, desenvolvimento institucional, científico e tecnológico e estímulo à inovação, inclusive na gestão administrativa e financeira necessária à execução desses projetos, ou em parcerias que envolvam transferência de tecnologia de produtos estratégicos para o Sistema Único de Saúde – SUS, nos termos do inciso XXXII deste artigo, e que tenha sido criada para esse fim específico em data anterior à vigência desta Lei, desde que o preço contratado seja compatível com o praticado no mercado.

Sem sombra de dúvida, esse dispositivo consiste no dispositivo de contratação direta que exige leitura mais atenta, considerando a quantidade de requisitos e condições pormenorizadas existentes.

Iniciamos dos pontos menos polêmicos.

4.27.1 Do objeto

Apesar da redação confusa, o dispositivo refere-se exclusivamente à aquisição de **insumos estratégicos para a saúde**.

4.27.2 Do contratante

Por outro lado, a aquisição, prevista neste inciso, pode ser efetivada por qualquer pessoa jurídica de direito público interno.

Conforme redação do art. 41 do Código Civil, são pessoas jurídicas de direito público interno: a União; os Estados, o Distrito Federal e os Territórios; os Municípios; as autarquias, inclusive as associações públicas; e fundações públicas.

---

[694] BRASIL. **Lei nº 8.666/93 (Versão Bolso)**. Organização dos textos e índice por J. U. JACOBY FERNANDES. 21. ed. ampl., rev. e atual. Belo Horizonte: Fórum, 2020. Livro digital.

Apesar da amplitude do texto legal, torna-se evidente que apenas aqueles entes, órgãos e entidades que tenham finalidades afetas à saúde devem se utilizar do dispositivo.

4.27.3 Dos potenciais contratados

É neste ponto que a precária redação torna ainda mais difícil a sua interpretação.

Podemos dividir os potenciais contratados em dois grupos:

a) fundação que, regimental ou estatutariamente, tenha por finalidade apoiar órgão da Administração Pública direta, sua autarquia ou fundação em projetos de ensino, pesquisa, extensão, desenvolvimento institucional, científico e tecnológico e de estímulo à inovação, inclusive na gestão administrativa e financeira necessária à execução desses projetos;

b) parcerias que envolvam transferência de tecnologia de produtos estratégicos para o SUS, nos termos do inciso XII, e que tenha sido criada para esse fim específico em data anterior à entrada em vigor desta Lei.

O primeiro grupo, portanto, restringe-se a fundação com finalidade de apoio em projetos de ensino, pesquisa, extensão, desenvolvimento institucional, científico e tecnológico e de estímulo à inovação. Aplica-se aqui os comentários relativos ao tema, trazidos no inciso XV do art. 75.

O segundo grupo traz alguns complicadores.

4.27.3.1 Das parcerias

De plano, destaca-se que a nova Lei, bem como a anterior, não conceitua "parcerias", limitando-se a referenciar o inciso XII do art. 75 da Lei[695]. Necessário, desse modo, consultar a Lei nº 13.204/2015, responsável pela inclusão dos dispositivos na Lei nº 8.666/1993, que alterou a Lei nº 13.019/2014. Esta Lei regula as parcerias entre a Administração pública e as organizações da sociedade civil.

Ainda acerca do tema, o fato da parceria envolver transferência de tecnologia de produtos estratégicos, atrai os comentários e as preocupações esboçadas no inciso XII do art. 75 da nova Lei.

4.27.3.2 Da compatibilidade dos preços

Do mesmo modo que em outros dispositivos, o inciso referencia a compatibilidade do preço ao praticado no mercado, atraindo os comentários do art. 72 da nova Lei[696].

---

[695] BRASIL. **Lei nº 14.133, de 1º de abril de 2021.** Lei de Licitações e Contratos Administrativos. Organização de textos, remissões da Lei nº 8.666/1993, Lei nº 10.520/2002 e Lei 12.462/2011 e índices por Ana Luiza Jacoby Fernandes e J. U. Jacoby Fernandes. Belo Horizonte: 2021.
[696] Idem.

4.28 Das hipóteses previstas na Lei nº 8.666/1993 e não incluídas na nova Lei

Como é de fácil percepção, mesmo a partir da nova sistemática de organização da Lei nº 14.133/2021, diversas hipóteses de dispensa de licitação previstas na Lei nº 8.666/1993 foram omitidas na nova Lei:

a) para a impressão dos diários oficiais, prevista no inciso XVI da Lei nº 8.666/1993;

b) fornecimento ou suprimento de energia elétrica e gás natural, prevista no inciso XXII da Lei nº 8.666/1993;

c) contratação de subsidiárias pelas estatais, prevista no inciso XXIII da Lei nº 8.666/1993;

d) contratação de organizações sociais, prevista no inciso XXIV da Lei nº 8.666/1993;

e) no âmbito do Programa Nacional de Assistência Técnica e Extensão Rural na agricultura Familiar e na Reforma Agrária, prevista no inciso XXX da Lei nº 8.666/1993;

f) para implementação de cisternas e outras tecnologias sociais de acesso à água, prevista no inciso XXXIII da Lei nº 8.666/1993;

g) construção e reforma de estabelecimentos penais, prevista no inciso XXV da Lei nº 8.666/1993.

Obviamente, a contratação de subsidiárias pelas Empresa Públicas e Sociedades de Economia Mista é tratada em Lei própria, a Lei nº 13.303/2016.

Ainda que consideremos as hipóteses que permitem serem dispensadas por estarem incluídas em dispositivos mais abrangentes, como a contratação para impressão de diários oficiais (dispensável ainda pelo disposto no inciso IX da Lei nº 14.133/2021) e a construção e reforma de estabelecimentos penais, em situação de grave e iminente risco à segurança pública (evidentemente dispensada em virtude da emergência, previsto no inciso VIII da Lei nº 14.1333/2021), existem hipóteses que simplesmente deixaram se incluir em hipótese de dispensa.

Considerando que a contratação direta é exceção à regra geral de licitar, não é possível inovar hipóteses sem o correspondente amparo legal, sob pena de violar o art. 37, inc. XXI da Constituição Federal.

Desse modo, evidente que as hipóteses de dispensa previstas na Lei nº 8.666/1993 e não incorporadas na Lei nº 14.133/2021 apenas poderão ser utilizadas até dia 31/03/2023, data em que será revogada a Lei nº 8.666/1993, conforme art. 193 da nova LLCA.

Outra hipótese apenas seria possível com a alteração legislativa da própria Lei nº 14.133/2021, do modo como aconteceu inúmeras vezes com a Lei nº 8.666/1993 ou por meio de Lei Complementar, conforme abordamos no item 1.3.

À propósito, a recente Lei Complementar nº 182, de 1º de junho de 2021, conhecida como marco legal das *startups*, instituiu modalidade licitatória especial para a contratação de teste de soluções inovadoras e, em seu art. 15, permitiu a dispensa de licitação para a contratação de fornecimento do produto resultante da licitação, por meio de contrato de fornecimento.

ÍNDICE REMISSIVO ALFABÉTICO DE ASSUNTOS

Abastecimento
cartão corporativo 223
de água - emergência 267
efetivos militares - necessidade 225
ou suprimento de efetivos militares - contratação direta - requisitos 222

ABNT
certificação e padronização 218

Ação
agentes de controle - balizamento 61
popular - desvio de finalidade 233

Acompanhamento
de obras - recursos de imagem e vídeos - sistema - dever da administração, L14133, art. 19, III 46

Acordo(s)
internacional - aprovação 203
internacional - aquisição desvantajosa 204
internacional - autoriza dispensa, L14133, art. 75, IV, b 202
internacional - autoriza dispensa, L8666, art. 24, XIV 202
internacional - conceito 203
internacional - referendo do Congresso Nacional - contratação direta 204
internacional - requisitos - contratação direta 203

Adaptação
instrução da contratação direta 69

ADI
nº 927-3 - alienação de bens 36

Aditamento(s)
contratual - publicação, L8666, art. 61, p.ú. 90

Adjudicação
ausência de interesse - contratação direta 192
contrato imperfeito 189
desinteresse dos licitantes 189
direta, L8666, art. 24, VII 187
licitação - preço acima do estimado 193

Administração
abuso de poder econômico - medidas 292
ação imediata - contratação por emergência 73
aferição da exclusividade - INPI 122
assessoria jurídica, L14133, art. 19, IV 46
atividade - LOA não aprovada 81
avaliar conveniência - parcelamento, justificativa para o estudo técnico 76
competência - norma operacional, L8666, art. 115 46
condições do mercado privado - preço praticado 126
contratação - de deficientes físicos, L8666, art. 24, XX 299
contratação - de outro órgão, L14133, art. 75, IX 277
contratação - de outro órgão, L8666, art. 24, VIII 277
contrato – comprometimento da segurança nacional - hipótese de dispensa 250
de materiais, obras e serviços - deveres, L14133, art. 19 46
deve instituir modelos de minutas, L14133, art. 19, IV 46
direta da União, estados, municípios e Distrito Federal 25
documentos em bancos de dados - habilitação e qualificação 84
documentos exigidos - habilitação - contratação direta 83
finalidade da entidade - aquisição de obra de arte 231
formalização da demanda - notório especialistao - processo de escolha 86
função do ordenador de despesa 89

gestão por competência -agente de contratação 59
imóveis - áreas e rateio de despesas 162
instrução para contratação direta - inexigibilidade e dispensa 72
inviabilidade de competição – atestado de inexigibilidade, L14133, art. 74, § 1º 113
limitação - validade da declaração de exclusividade 115
limite aos interesses e caprichos - artista 76
locação de imóvel - regularidade do locador com a seguridade social 158
locação urbana de seus imóveis 168
manual de padrão de ocupação - venda de imóveis 170
minutas de modelos - licitações e contratos - assessoria jurídica, L14133, art. 19, IV 46
na condição de inquilino 165
normas complementares à Lei - expedição, L8666, art. 115 46
ocupação de imóvel particular - Lei nº 8.245/1991 165
ocupação de imóvel particular - regra comum de locação 165
participação em SPE - requisitos 246
poder regulamentar - normas - procedimentos operacionais 46
preços diferenciados - exclusividade 126
princípio da isonomia - contrato de gestão 54
pública - agente de contratação x notório especialista 102
pública - aquisição direta do fornecedor - regulação de preços 291
pública - competência para anular licitação.. 274
pública - declaração de exclusividade pelo próprio interessado - 118
pública - delineamento básico, CF, art. 37, XXI 34
pública - edital para seleção de especialistas 102
pública - finalidade - imóvel, inexigibilidade.................................... 154
pública - finalidade não especificada obriga a licitação 286
pública - financiamento internacional - não se aplica a L14133........................55
pública - formalização da demanda - instrução do processo de contratação direta... 72
pública - infantilização e hipertrofia do controle.. 64
pública - licitação dispensável e inexigível... 69
pública - licitação, princípio básico, CF art. 37, XXI 34
pública - livre concorrência - equiparação a particular.................. 287
pública - obrigatoriedade de licitar ... 34
pública - órgãos de níveis diferentes 284
pública - poder de império - aquisição de obra de arte.. 229
pública - prazo da L8245 165
pública - prazo para divulgar e manter informações da contratatação direta 91
pública - processo separados ou continuados na contratação direta . 194
pública - recomendações do TCU - serviços técnicos 141
pública - regulamentação da Lei nº 14.133/2021 25
pública – TCU pode sugerir aprimoramento das atividades, mas não legislar.. 91
pública - violando a impessoalidade o dever de licitar 75
publicidade do contrato, L8666, art. 61, p.ú. 90
quadro permanente - agente de contratação 89
relação prévia com o futuro contratado - contratação direta............................ 77
sem licitação - alienação 35

Advocacia
pública - defesa de servidor/autoridade - não aplicabilidade, L14133, art. 10, § 1º.. 58
pública - defesa por ato de parecer jurídico - autoridade/servidor, L14133, art. 10... 58

Advocacia Geral da União
exame de editais 79

Advogado
causas judiciais ou administrativas - notória especialização - inexigibilidade, L14133, art. 74, III, e...................... 133

Agência(s)
de fomento - contratação direta, L14133, art. 75, IV, d 208
de fomento - contratação direta, L8666, art. 24, XXV 208
de fomento - hipótese de dispensa de licitação, L14133, art. 75, IV, d 208
de fomento - hipótese de dispensa, L8666, art. 24, XXV 208
executiva - contratação - valor para dispensa de licitação, L14133, art. 75, § 2º 175
executiva - percentual de dispensa de licitação, L8666, art. 24, § 1º 176
executiva - valor de dispensa de licitação 178
reguladoras - competência regulamentar autônoma? 51
reguladoras - sujeição à L14.133 52
reguladoras - sujeição à L14.133 com benefícios 52
reguladoras - sujeição à L8.666 - debates 51

Agente de contratação
certificação do conhecimento pelas escolas de governo 99
conceito 89
controle interno - segurança jurídica. 27
culpa *in eligendo* 59
e autoridade - conceitos distintos 89
e ordenador de despesa - distinção necessária 89
parecer jurídico e técnico - atendimento aos requisitos 78
procedimento - instrução processual. 28
realiza a contratação direta 69
requisitos para nomeação 59
responsabilidade exclusiva - irregularidade na contratação direta 105
x autoridade - conceitos distintos 89

Agente(s)
autoridade contratante - responsável pela persecução penal 234
contratação de artista - cuidados 75
contratado - qualidade - dever de verificação do administrador 325
de controle - ações - balizamento 61
de controle - desempenho da função 61
público - conhecimento poderá levar à isenção 99
público - ordenador de despesa - funções 82
público - prestigiado na L14133/21. 26
público - responsabilidade pelos atos praticados 50
público - responsabilização - definida e precisa 26
público aposentado - defesa por ato praticado, L14133, art. 10, § 2º 58
público exonerado - defesa por ato anterior com base em parecer, L14133, art. 10, § 2º 58
responsabilização no superfaturamento, L8666, art. 25, § 2º 102

Água
abastecimento - emergência 267

Alienação
bens e serviços - não previsto em dispensa 36
bens e serviços - sem contratação direta 35
bens móveis e imóveis - L14133/21, art. 76 e 77 69
de bens - legislação pelas esferas do governo 36
em razão do valor - não há previsão 182
licitação dispensada - bens e serviços 35

Alteração
de edital - republicação, L14133, art. 54 40

Aluguel
dispensa de licitação, L14133, art. 74, V 152
dispensa de licitação, L8666, art. 24, X 153
imóvel – inexigibilidade - estudo 153
renovação - inexigibilidade, L14133, art. 74, V 152
renovação, L8666, art. 24, X 153

Ampla defesa
atestado falso 123
declaração falsa 123

Análise
de riscos - compreensão 73
de riscos - exigências na instrução do processo de contratação direta 72

ANATEL
adaptação do regulamento de licitações 51

Anexo(s)
  do edital - inalterabilidade 190
Anulação
  licitação - competência 275
  licitação - indenização 275
Aplicativo(s)
  compra exigida por conferencista 76
Aposentadoria
  agente de contratação/autoridade - direito à defesa por ato praticado com base em parecer, L14133, art. 10, § 2º 58
Apuração sumária
  ato culposo de agente - contratação direta indevida 103
Aquisição
  e contratação de bens e serviços - centralização dos procedimentos, L14133, art. 19, I 46
  equipamento - rastreamento/obtenção de provas - sigilo - dispensa, L14133, art. 75, IV, l 233
  insumos estratégicos para a saúde .. 329
  insumos estratégicos para a saúde - contratante 329
  insumos estratégicos para a saúde - parcerias 330
  insumos estratégicos para a saúde – potenciais contratados 330
  insumos estratégicos para a saúde - preços 330
  medicamentos - doenças raras - hipótese de dispensa, L14133, art. 75, IV, m 236
  produtos para pesquisa e desenvolvimento - engenharia 206
ARP
  publicadas - implementação do PNCP 37
Arquitetura
  e engenharia - serviços e obras - licitação por BIM ou tecnologia e processos integrados, L14133, art. 19, § 3º 47
Artista(s)
  conceito - contratação direta 128
  consagração geográfica - justificativa da contratação direta 130
  consagração pela crítica especializada ou público 130
  contratação - interesse público 129
  contratação com exigências 74

contratação direta - princípios 131
contratação sem parcelamento 74
contratações paralelas - regularidade 75
deve estar inscrito na Delegacia Regional do Trabalho - Lei da Liberdade Econômica 128
escolha deve ser justificada, L8666, art. 26, II 83
inexigibilidade de licitação - ocorrência, L14133, art. 74, II 127
inexigibilidade de licitação, quando ocorre, L8666, art. 25, III 127
inscrição - contratação direta 128
notória especialização 130
obrigação *intuitu personae* 128
pagamento - recibo 128
preço da contratação deve ser justificado, L8666, art. 26, III 74
subcontratação parcial 128
ASBACE
  atividades - restrições 315
  características, bancos 313
  contratação direta - banco 314
Assessoria
  jurídica - exame de editais, L14133, art. 19, IV 46
  notória especialização - inexigibilidade, L14133, art. 74, III, c 133
Assinatura
  de contrato - publicação resumida, L8666, art. 61, p.ú. 90
Associação
  catadores de materiais recicláveis - dispensa de licitação, L14133, art. 75, IV, j 225
  de portadores de deficiência - contratação direta - faculdade 304
  de portadores de deficiência - preço compatível - justificativa 307
  de portadores de deficiência física - hipótese de dispensa, L8666, art. 24, XX 299
  de portadores de deficiência, lucro - idoneidade 301
  portadores de deficiência física - hipótese de dispensa, L14133, art. 75, XIV 298
Atestado(s)
  de exclusividade - autoridade competente para emitir 116

de exclusividade - autorrestritivo ou autolimitativo 116
de exclusividade - federação, confederação e sindicato 118
de exclusividade do próprio interessado 118
de exclusividade emitido pela junta comercial 117
de exclusividade emitido por órgão do comércio local 117
de exclusividade, L8666, art. 25, I.. 111
exclusividade - comprovação........... 113
exclusividade - falso 123
exclusividade - forma de comprovação 114
exclusividade - responsabilidade..... 123
exclusividade, inviabilidade de competição - inexigibilidade, L14133, art. 74, § 1º.................................. 113
falso - recomendações TCU............ 123
fornecedor exclusivo - quem atesta? L8666, art. 25, I 111

Atividade(s)
administração de materiais, obras e serviços - deveres, L14133, art. 19.....46
compartilhamento - desenvolvimento e inovação tecnológica..................... 242
comuns - condomínio e *facilities* 159
de encubação - envolvimento da empresa - desenvolvimento e inovação tecnológica 243
de encubação - remuneração - desenvolvimento e inovação tecnológica 242
de fiscalização dos imóveis 169
descentralizada - contratação direta 279
desenvolvimento e inovação tecnológica - hipótese de dispensa.. 241
desenvolvimento e inovação tecnológica - SPE................... 244
fim - Poderes Judiciário - regulamentação das licitações............48
financiamento por órgãos internacionais - não se aplica a L14133 55

Ato(s)
administrativo - atestar fatura - regularidade e responsabilidade 198
administrativo - exame................... 321
administrativo - mérito 321
administrativo - Poder Judiciário.... 321
administrativos - imóveis cessão de uso 169
administrativos - inversão da presunção de legitimidade 75
administrativos praticados pela autoridade - competência.................. 50
autorização da contratação direta - sítio eletrônico oficial............................. 90
aval prévio - infantilização da gestão. 64
com base em parecer jurídico - defesa da autoridade/servidor - advocacia pública, L14133, art. 10................................ 58
culposo - apuração por escrito - contratação direta sem licitação...... 103
da inexigibilidade de licitação - divulgação, L14133, art. 72, p.ú. 40, 90
de licitação ou de dispensa de licitação – condição do agente que pratica 49
dispensa de licitação - publicidade.. 183
do contrato - autorização - publicação 90
formal - reconhecimento de calamidade 263
ilícitos no processo - prova - defes pública incabível, L14133, art. 10, § 1º, II 58
jurídicos - grave perturbação da ordem - hipótese de dispensa 257
normativo, Lei nº 14.133/2021, art. 188.. 32
que autoriza - a dispensa e inexigibilidade - divulgação, L14133, art. 72, p.ú. 40, 90
questionamento - infantilização da gestão 64
responsabilidade da autoridade - erro grosseiro... 104
simulado nulo - responsabilidade administrativa.................................. 225

Atraso(s)
na publicação da dispensa e inexigibilidade - afetam a eficácia, L8666, art. 26.................................. 70
na publicação do contrato - afeta a eficácia, L8666, art. 61, p.ú. 90
na ratificação da dispensa e inexigibilidade - afetam a eficácia, L8666, art. 26.................................. 70

Atualização
monetária - valores de modalidade, L8666, art. 120............................... 176

monetária anual - valores legais - PNCP, L14133, art. 182 176

Auditoria
financeira ou tributária - notória especialização - inexigibilidade, L14133, art. 74, III, c 133

Autarquia(s)
natureza jurídica próxima da fundação 281
sujeição à Lei nº 8.666/1993 51
valor de dispensa de licitação 178

Autenticidade
certificada - obra de arte ou objeto histórico 228

Autoridade(s)
afastamento de servidores para prática de atos 50
agente de contratação - conceito 89
agente de contratação - conceitos distintos 89
autoriza dispensa e inexigibilidade, L14133, art. 72, VIII 88
competência normativa, L8666, art. 115, p.ú. 46
competência p/ autorizar contratação direta - ordenador de despesa 89
competente - aquisição direta de medicamentos 236
competente - defesa do servidor 58
competente - persecução penal 235
competente – verificação de ato culposo - contratação direta sem licitação 103
contratante - agente público - responsável pela persecução penal . 234
corresponsáveis por eventuais violações a direitos 104
decisão - erro grosseiro 104
defesa - advocacia pública - ato baseado em parecer jurídico, L14133, art. 10.58
discordância do parecer - cuidados. 105
homologa dispensa e inexigibilidade, L8666, art. 26 70
policial ou Ministério Público - contratação direta 234
repasses dos recursos - contingenciamento 268
retardamento imotivado da obra ou serviço - ratificação e publicação, L8666, art. 26 70

Autorização
alienação de bens - contratar diretamente 282
requisito da licitação, L8666, art. 38 78

Avaliação
parecer e perícia - notória especialização - inexigibilidade, L14133, art. 74, III, b 133
prévia - imóvel - competência 163
prévia e compatibilidade de preços - imóveis 163

Aviso(s)
resumo do edital - publicação, L14133, art. 54 40

Banca de avaliação.....ver também Comissão de avaliação

BASA
regulamento próprio de licitações 50

Bem(ns)
administração – competência e deveres da Administração 46
compra ou locação - estudo custo-benefício 153
e serviços - alienação, licitação dispensada 35
e serviços - operações de paz no exterior - contratação direta, L14133, art. 75, IV, h 220
e serviços de entidade pública – contratação direta 277
especializados – contratação pelo Poder Judiciário, L14133/21, art. 75 48
móveis e imóveis - alienação, L14133/21, art. 76 e 77 69
móveis e imóveis - licitação dispensável e inexigível 69
natureza diferente - compra separada 181
produzidos no exterior 202
restauração - obras de arte - notória especialização - inexigibilidade, L14133, art. 74, III, g 133
serviços - contratação e aquisição - centralização dos procedimentos - dever da administração, L14133, art. 19, I 46

BID
contratos com - não se aplica a L14133 55

BIM
acompanhamento e controle de obras 47
para obras e serviços de engenharia e arquitetura - preferência, L14133, art. 19, § 3º 47

BIRD
contratos com - não se aplica a L14133 55

Boas práticas
chamamento público - locação/compra de imóvel 155
manualização de rotinas 276
manutenção de equipamentos 200
regulamentação das licitações 50

Building Information Modelling
....ver BIM

Built to suit
imóveis - locação sob medida 155

Burocracia
declaração de exclusividade 119

Cadastro
unificado de licitantes - implementação do PNCP 37

CADE
transferência de informações das sanções 106

Calamidade
pública - autoriza a contratação direta, L14133, art. 75, VIII........................ 259
pública - autoriza a contratação direta, L8666, art. 24, IV 259
pública - limitação temporal 271
pública - negligência - ato imprevisível 263
pública - reconhecimento por declaração 262

Capacitação
de pessoal - notória especialização - inexigibilidade, L14133, art. 74, III, f 133
do servidor - por objeto da licitação ..60
redução dos prazos nas licitações, celeridade 43
servidores para fiscalização do contrato - estudo técnico preliminar 60

Cargo(s)
ato praticado com base em parecer-defesa - advocacia pública, L14133, art. 10, § 2º 58

Cartão
corporativo - abastecimento 223
corporativo - pagamento de contratações - valor reduzido 183
corporativo - União - regulado pelo D5.355 186
de pagamento - contratações, art. 75 da L14133 95
pagamento - contratação direta em razão do valor - PNCP, L14133, art. 75, § 4º 175

Catadores
de materiais recicláveis - requisitos para contratação direta 227

Catálogo
de materiais, art. 19 da L14133/21.. 47
eletrônico - competência regulamentar da administração 46
eletrônico - critério de julgamento - menor preço ou maior desconto, L14133, art. 19, § 1º 47
eletrônico - padronização de compras, serviços e obras - dever da administração, L14133, art. 19, II.... 46
eletrônico de padronização federal - livre adoção por entes federativos, L14133, art. 19, II 46
eletrônico, padronização - implementação do PNCP 37
eletrônico, padronização e modelos de minuta - não utilização - justificativa no processo licitatório, L14133, art. 19, § 2º 47

Celeridade
apuração fraude ou erro grosseiro - contratação direta indevida 103

Certidão
de exclusividade - emitido pela junta comercial 117
falsa - irregularidade na contratação direta 105
juntada - processo de dispensa - preço 214

Certificação
de conhecimento - escola de governo 99

Chamamento público
compra ou aluguel de imóvel 155
convocação de interessados 151
e credenciamento 249

Checklist
órgão jurídico e técnico - emissão dos pareceres 80

Cisterna(s)
sem previsão de contratação direta na L14133 331

CNPq
desenvolvimento e inovação tecnológica - hipótese de dispensa .. 240

Código Penal
crimes de licitações e contratos 57
crimes na nova lei 56

Combustível
efetivos militares - hipótese de dispensa, L14133, art. 75, IV, i 222
hipótese de dispensa, L8666, art. 24, XVIII 222

Comissão
de avaliação - contratação de profissionais para compor 297
de avaliação - nota técnica 297
ou banca técnica -avaliação das propostas 298
padronização de bens e materiais ... 218
para compra de materiais para as forças armadas - parecer, L8666, art. 24, XIX 215
técnica - recebimento do objeto 297

Comitê
gestor - PNCP – centralização das compras - governo federal 92

Compatibilidade
orçamentária - contratação direta, L14133, art. 72, IV 80

Competência
administração de materiais, obras e serviços - deveres 46
agente de contratação x autoridade competente 89
aprovação de acordo internacional 203
assistência à saúde e pública 299
atos administrativos praticados pela autoridade 50
celebração de tratados e atos internacionais 203
concorrente, CF, art. 24 29
de setor determinado - parecer jurídico e técnico 78
declaração de compatibilidade orçamentária - ordenador de despesa 82
desempenho da função administrativa, L14133/21, art. 156, § 6º, II 50
do Distrito Federal p/ legislar sobre alienação direta de bens 36
jurídica dos agentes públicos 163
legislativa - diversificação de normas 33
legislativa do DF e municípios - licitações 42
legislativa estadual e municipal - normas gerais 30
legislativa supletiva – legislação na lei de licitações e contratos 44
legislativa supletiva - veto 33
p/ autorizar contratação direta 89
para anular licitação 274
para edição de normas - não exclusão aos estado, municípios e Distrito Federal 29
privativa da União - lei complementar 29
privativa da União, princípio constitucional 36
proteção a bens de valor histórico .. 228
proteção e garantia - pessoas portadoras de deficiência 299
regulamentar autônoma - agências reguladoras 51
repartição constitucional 28
SPU - imóveis - demarcação de terrenos marginais 169

Competição
entre os habilitados - preço 87
inviabilidade - atestado - inexigibilidade, L14133, art. 74, § 1º 113
inviabilidade - hipótese de inexigibilidade de licitação, L14133, art. 74 110
inviabilidade - hipótese de inexigibilidade, L8666, art. 25 102
inviável - contratação direta 109
inviável - hipótese de inexigibilidade de licitação 110

Competitividade
e simplificação dos procedimentos - venda de imóveis 170
licitação nula - comparecimento somente de um licitante 188

restrição - garantia técnica............... 201

Compliance
exacerbado - afastamento de bons profissionais..64

Compra(s)
armazenamento - contratação direta 213
componentes estrangeiros - tributos 198
contratação direta - fornecedor exclusivo.. 111
contratação direta em razão do valor, L14133, art. 75, II............................ 175
contratação direta em razão do valor, L8666, art. 24, II............................. 176
contratação única........................... 181
cotação por item............................ 181
de bens perecíveis - hipótese de dispensa, L14133, art. 75, IV, e..... 210
de bens perecíveis - hipótese de dispensa, L8666, art. 24, XII.......... 210
de imóvel - inexigibilidade, L14133, art. 74, V... 152
de imóvel para o serviço público - inexigibilidade, L14133, art. 74, V. 152
de imóvel para o serviço público, L8666, art. 24, X..................... 153
de imóvel, L8666, art. 24, X........... 153
de peças p/ manutenção - sem licitação, L14133, art. 75, IV, a.................. 195
de peças p/ manutenção - sem licitação, L8666, art. 24, XVII 195
desatendimento da condição mais vantajosa.. 291
direta de bens - operações de paz no exterior.. 221
direta do estrangeiro - tributos 198
dispensa da licitação - limite de valor, L14133, art. 75, II............................ 175
dispensa da licitação - limite de valor, L8666, art. 24, II............................. 176
equipamentos - investigação sigilosa 233
falta de planejamento 211
forças armadas - requisitos 216
fornecedor exclusivo - inexigibilidade de licitação, L14133, art. 74, I............... 111
fornecedor exclusivo - inexigibilidade, L8666, art. 25, I............................. 111
fraude - razões pela administração pública.. 212
gêneros perecíveis - contratação direta, L14133, art. 75, IV, e..................... 210

gêneros perecíveis - licitação obrigatória 212
gêneros perecíveis, L8666, art. 24, XII 210
imóvel – inexigibilidade - estudo 153
manutenção do equipamento - contratação...................................... 112
materiais para as forças armadas - hipótese de dispensa, L14133, art. 75, IV, g.. 215
materiais para as forças armadas - hipótese de dispensa, L8666, art. 24, XIX.. 215
modalidades diversas..................... 181
objetos históricos - contratação direta 228
obras de arte - contratação direta.... 228
para abastecimento de navios e outros - hipótese de dispensa, L8666, art. 24, XVIII... 222
para abastecimento ou suprimento militar - hipótese de dispensa, L14133, art. 75, IV, i............................ 222
serviços e obras - catálogo eletrônico de padronização - dever da administração, L14133, art. 19, II............... 46
situação emergencial - limitação temporal.. 271
valor total...................................... 181

Comprovação.....v. também Demonstração e Documentação
autenticidade - objeto histórico, tombamento................................... 228
exclusividade................................. 113

Comunicação
de dispensa e inexigibilidade, L14133, art. 72, p.ú.................................40, 90
de dispensa e inexigibilidade, L8666, art. 26... 70

Conceito
acordo internacional 203
artista - contratação direta............... 128
calamidade pública......................... 262
consórcios públicos - gestão associada 293
contratação emergencial, L14133, art. 75, § 6º... 259
contrato de programa..................... 293
contrato de programa..................... 293
desenvolvimento institucional - instituições.. 312

emergência - dispensa de licitação, L14133, art. 75, VIII........................ 259
empresário exclusivo - inexigibilidade, L14133, art. 74, § 2º........................ 131
entidades - criadas por lei 282
gênero perecível 212
gestor do contrato........................... 198
inquestionável - reputação ético-profissional... 319
instituição - obra ou empreendimento 310
instituição - sede brasileira.............. 311
instituições científicas e tecnológicas 209
laudo de avaliação........................... 229
normas de convergência 56
normas gerais - regulamentação.........30
notória especialização 148
notória especialização - qualidade do profissional ou empresa '....................99
notória especialização - reputação ético-profissional... 320
notória especialização, L14133, art. 74, § 3º... 133
notória especialização, L8666, art. 25, § 1º... 134
obra de arte 228
órgão - contratado........................... 281
persecução penal............................. 234
pessoa jurídica de direito público interno... 280
princípio da deferência.......................63
serviço autorizado 283
serviço comum de engenharia 179
serviço de engenharia:..................... 179
serviço especial de engenharia 179
serviço técnico-profissional............. 146
SPE - desenvolvimento e inovação tecnológica 245

Concessão
fiscalização do Poder Público - serviços 283
titularidade do Poder Público - serviços 283

Concorrência
contratação entre entidades públicas 279
editais - publicação, L14133, art. 54..40

Condomínio
de órgãos públicos........................... 162
despesas - imóvel - avaliação............ 159

e *facilities*.. 159
e *facilities* - balizamento do tema - TCU 159
e *facilities* - economicidade............. 161
e *facilities* - Economicidade............ 160
e *facilities* - normativo próprio......... 160
e *facilities* - projeto básico 160

Conduta
culposa - direito de defesa................. 26

CONFEA
conselhos de profissionais - regulamento...................................... 206
definição de serviços de engenharia 179
Resolução nº 430/1999................... 216

Conferencista
compra de livro - exigência................ 76
contratação sem parcelamento 76

Confiança
notória especialização..................... 139
STF - regularidade da contratação .. 139

Congresso Nacional
aprovação.. 203
liberação de recursos deve ser tempestiva - recomendação do TCU 268

Conhecimento
confusão 101
pode levar à isenção do agente público 99

Conselho(s)
aplicação da nova lei 27
de fiscalização do exercício da profissão - sujeição à L14133 até regulamentação própria.. 52
de fiscalização do exercício da profissão - sujeitam-se aos órgãos de controle .. 52

Consequencialismo
com base em evidências - implicações das decisões dos TC's........................ 64

Consórcio(s)
público - contratação por dispensa de licitação - valor, L14133, art. 75, § 2º 175
público - programa de cooperação - contratação direta, L14133, art. 75, XI 293
público - publicação do edital de licitação - site, L14133, art. 54, § 2º . 41
público - valor de dispensa de licitação 178

públicos - em gestão associada - conceito 293

Constituição Federal
art. 218 - pesquisa - contratação direta 206
art. 22, XXI e XXVII - repartição de competência 28
art. 24 - competência concorrente 29
art. 37, § 8º - autonomia gerencial da administração 54
art. 37, princípios - alienação de bens 36
art. 37, XXI - delineamento básico da administração pública 34
art. 59, p.ú. inconstitucional, L14133/21, art. 188 32
descentralização - entidades 288
livre concorrência 290
repartição de competências 28

Consulta
modalidade de licitação - agências reguladoras 51

Consultoria
contratação - atividades de perícia do TC 48
técnica - notória especialização - inexigibilidade, L14133, art. 74, III, c 133

Contratação direta
aplicação expressa da norma 27
artista - requisitos 128
artista profissional 128
artistas amadores - vedação 128
associação de deficientes – objeto do contrato 302
associação de deficientes - restrições ao contratante 302
associação de deficientes físicos - qualificação 300
associação de deficientes físicos - requisitos 300
associação de deficientes físicos, L14133, art. 75, XIV 298
atividade exercida pelo agente de contratação 69
ato de autorização - divulgação, L14133, art. 72, p.ú 40, 90
aumento dos valores 94
autoridade policial ou Ministério Público 234
autorização no processo, L14133, art. 72, VIII 88
autorização por agente político ou outro 89
autorização por ordenador de despesa 89
bens de ente público - requisitos 280
comprometimento - segurança nacional - hipótese de dispensa 251
consumada - indevida 102
contratados por credenciamento - inexigibilidade 152
criação de novas hipóteses - inconstitucionalidade x possibilidade 36
de concessionário - objeto do contratado 278
de organizações sociais - sem previsão na L14133 331
de subsidiárias pelas estatais - sem previsão de contratação direta na L14133 331
deficientes mentais 301
dever de manter informação disponível 91
dispensa de licitação - alimentos perecíveis, L14133, art. 75, IV, e 210
divulgação independentemente do valor 91
divulgação no DO e jornal de grande circulação 93
divulgação no PNCP 93
documentos necessários 71
dolo, fraude ou erro grosseiro 103
duas espécies 69
edital sem forma obrigatória 102
emergencial 269
emergencial - liberação de recursos, término do exercício 269
empresário exclusivo - conceito 132
empresário exclusivo de artista - restrição a local e evento - vedação, L14133, art. 74, § 2º 131
empresário exclusivo de artista - vedações 132
entre órgãos da Administração - condições 283
estimativa da despesa 74
exclui a modalidade pregão 31
exigências na instrução do processo . 72
facultativa - licitação conveniente ... 322

fornecedor exclusivo - requisitos do art. 25, I 111
hipóteses 35
hipóteses de dispensa ampliadas 94
indevida - não há previsão de tentativa 102
indevida - responsabilidade, L14133, art. 73 102
inexigibilidade - profissional do setor artístico, L14133, art. 74, II 127
inexigibilidade e dispensa - instrução do processo 70
instituição sem fins lucrativos - requisitos 310
instrução - diferenças entre a L8.666 e L14133 71
instrução do processo - documentos, L14133, art. 72 .... 40, 70
irregularidade - esfera de competência do servidor 105
irregularidade - responsabilidade exclusiva do agente de contratação 105
licitação deserta - dispensa de, L14133, art. 75, III 186
licitação dispensável - hipóteses, L14133, art. 75 .... 28, 175
licitação dispensável, L8666, art. 24153
licitação inexigível, L8666, art. 25.. 102
matriz de risco 73
não exige edital 96
normas da L14133/21 - políticas públicas 26
numerus clausus - princípios 109
objetivo na intervenção estatal - formalização 292
objeto histórico - requisitos 228
obras de arte - requisitos 228
para persecução penal - publicidade não é requisito 235
Poder Judiciário, L14133/21, art. 75 48
pós licitação deserta - processo 194
prazo para divulgar e manter informações 91
preço deve ser justificado 87
processo - justificativa de preço, L14133, art. 72, VII 87
processo - novas regras 68
processo - razão da escolha do contratado, L14133, art. 72, VI 85
processo separados ou continuados 194
profissionais - compor comissão técnica - Requisitos 296

profissional ou empresa - compor comissão técnica 297
recursos orçamentários - compatibilidade da previsão, L14133, art. 72, IV 80
responsabilidade p/ autorizar - normatização interna 51
risco - inalterabilidade do objeto 191
sem competição - conformidade de preço 87
sem licitação - limite de valor 207
sem licitação - prévia publicação 94
sem licitação - punição, tipificação . 102
sem licitação - recomenda-se o uso ... 27
treinamento - notória especialização 147
valor do objeto 69
vantagem auferida 327
via sistema de registro de preços 94
vigência imediata 28

Contratação(ões)
agente - parecer jurídico e técnico - atendimento aos requisitos 78
agente de - conceito 89
agente de e função do ordenador de despesa 89
agente de x autoridade - conceitos distintos 89
artista - objeto - interesse público.... 129
atividade-fim - função administrativa 48
compatibilidade orçamentária - LOA81
competência para edição de normas 29
condomínio e *facilities* - TCU recomenda cautela- 159
consultoria - atividades de perícia do TC 48
de artista - contratação acessória ou até paralela 74
de artista - relação por escrito de serviços e fornecimentos acessórios 75
de bens, serviços e aquisição - centralização dos procedimentos - dever da administração, L14133, art. 19, I 46
de mão de obra eventual - demanda extraordinária 304
de mão de obra eventual - economicidade - caracterização 303
de mão de obra eventual - licitação - modalidade cabível 303
de mão de obra não eventual - prestadora de serviço 305

de mão de obra nociva - princípio da isonomia 305
de profissional - julgamento do fator técnica 101
de teste de soluções inovadoras - *startups* - LC182 332
desenvolvimento e inovação tecnológica - hipótese de dispensa, L14133, art. 75, V 237
direta - contrato - autorização - publicação 90
direta de licitação - inexigibilidade, L14133, art. 74 110
direta em razão do valor - divulgação - prazo, L14133, art. 75, § 3º 175
direta em razão do valor - pagamento por cartão - PNCP, L14133, art. 75, § 4º 175
direta em razão do valor - prazo para divulgação, L14133, art. 75, § 3º.... 175
emergencial - conceito, L14133, art. 75, § 6º 259
emergencial - continuidade do serviço público - dispensa de licitação, L14133, art. 75, § 6º 259
entre unidades da federação 283
eventual de mão de obra - requisitos 303
fator do estado de guerra - hipótese de dispensa 255
manutenção de veículos - dispensa. 179
não eventual de mão de obra - requisitos 303
não se limitam à vigência da LOA 81
normas gerais da CF, art. 22, XXVII.29
notório especialista - competição inviável - serviços técnicos 136
notório especialista - contratação direta 70
notório especialista - vedada a subcontratação - inexigibilidade, L14133, art. 74, § 4º 134
planos anuais - implementação do PNCP 37
por emergência - ação imediata da administração pública 73
produtos para pesquisa e desenvolvimento - engenharia 206
profissionais - compor comissão técnica - dispensa de licitação, L14133, art. 75, XIII 296

regular - formalização p/ exercício vigente 81
restrição à licitação - vedação 36
segurança nacional - hipótese de dispensa, L14133, art. 75, VI 249
sem licitação, L14.133/21, art. 72.... 67
serviços técnicos - disputa por técnica e preço 137
transferência de tecnologia - produtos estratégicos - SUS - dispensa de licitação, L14133, art. 75, XII 294

Contratado(s)
contratação direta - fornecedor exclusivo 112
criação de órgão anterior a vigência 280
criado para o fim específico do objeto 286
diretamente - balizas para qualificação e habilitação 83
ente público - requisitos para contratação direta 280
entidade da Administração Pública 281
estimativa da despesa - processo de contratação direta 74
irregularidade na contratação direta 105
notória especialização - reputação... 320
notório especialista - qualificação e motivação 86
objeto - serviços técnicos especializados - sigilo 234
órgão da Administração Pública 281
prestador de serviço público delegado 283
razão da escolha - contratação direta, L14133, art. 72, VI 85
reputação - avaliação - conceito 319
reputação ético-profissional 319
requisitos de habilitação e qualificação - contratação direta, L14133, art. 72, V 82
requisitos para contratação direta de ente público 280
responsabilidade pela escolha - normatização interna 50
sem fins lucrativos - personalidade jurídica do direito civil 325
serviços técnicos - requisitos para contratação direta - competição inviável 135

Contratante
    autorização legal - contratar diretamente 282
    ente público - requisitos para contratação direta de bens de outro órgão 280
    lesão - importação 198

Contrato(s)
    aditamento - deve ser publicado, L8666, art. 61, p.ú. 90
    administrativos - imóveis cessão de uso 169
    alteração do valor – correção monetária 180
    aplicação da L14133/21 27
    aplicação da L8666/93 27
    artista - objeto - interesse público ... 129
    crimes - L8666 56
    crimes no Código Penal - L14133 57
    de exclusividade - declaração do fabricante 125
    de exclusividade - inviabilidade de competição - comprovação 113
    de exclusividade - sem firma reconhecida - irregularidade - TCU 115
    de exclusividade – validade, L14133 125
    de gestão - frente aos particulares, nada pode afetar 54
    de gestão - imóveis da União 161
    de gestão - objetivo 54
    de gestão para ocupação de imóveis públicos - possibilidade 161
    de programa - conceito 293
    de programa - consórcio público - contratação direta, L8666, art. 24, XXVI 293
    de programa - consórcio público - hipótese de dispensa, L14133, art. 75, XI 293
    de programa - consórcio público - hipótese de dispensa, L8666, art. 24, XXVI 293
    de programa - consórcio público/convênio - contratação direta, L14133, art. 75, XI 293
    de programa - convênio de cooperação - contratação direta, L8666, art. 24, XXVI 293
    de programa - convênio de cooperação - hipótese de dispensa, L14133, art. 75, XI 293
    de programa - convênio de cooperação - hipótese de dispensa, L8666, art. 24, XXVI 293
    de programa - dispensa de licitação - requisitos 294
    de programa - inexigibilidade de licitação 293
    dispensa ou inexigilidade - ato de autorização - publicação 90
    divulgação - implementação do PNCP 37
    e licitação - defesa de ato baseado em parecer jurídico - advocacia pública, L14133, art. 10 58
    e licitação - órgão da administração - deveres, L14133, art. 19 46
    eficácia - divulgação no PNCP 38
    emergencial - prazo 271
    emergencial - prazo máximo de duração, L14133, art. 75, VIII 259
    emergencial - prazo máximo de duração, L8666, art. 24, IV 259
    emergencial - prorrogação - vedada, L14133, art. 75, VIII 259
    emergencial - prorrogação vedada... 271
    emergencial - suspensão da licitação272
    emergencial ou provisório - Tribunal de Contas 211
    empresário exclusivo - comprovação para contratação direta 132
    Estatais - não se aplica a Lei nº 14.133/21 26
    exame prévio da assessoria jurídica, L14133, art. 19, IV 46
    exclusividade - comprovação 122
    execução - relatório de visitas do CREA 199
    firmado na vigência da Lei nº 8.666/1993 25
    formal - manutenção do vínculo obrigacional 200
    futuro - preços praticados em outros contratos 77
    inexigibilidade - exclusividade regional 125
    leasing - equipamento da administração 199
    locação de imóvel - regularidade com a seguridade social 158

locação de imóvel sob medida - *built to suit*...... 155
minuta - aprovação, L14133, art. 19, IV 46
normas dos laboratórios - desenvolvimento e inovação tecnológica...... 242
objeto - desenvolvimento e inovação tecnológica - hipótese de dispensa.. 238
objeto - peças genuínas 196
objeto do - satisfação - notória especialização......86
obrigação futura - termo de garantia 200
órgãos internacionais - L4133 inaplicável......55
paralelos - futuro contratado 77
prazo indeterminado - lei de locação - Administração...... 165
prorrogação - do resumo do contrato, L8666, art. 61, p.ú. 90
prorrogação - emergência - vedada, L8666, art. 24, IV 259
prorrogação - publicação dispensada, L8666, art. 61, p.ú. 90
prorrogação - publicação do resumo, L8666, art. 61, p.ú. 90
provisório - suspensão da licitação . 272
publicação resumida do contrato, L8666, art. 61, p.ú. 90
qualificação - requisito legais ou normativos -......83
relação jurídica - desenvolvimento e inovação tecnológica...... 243
segurança nacional - hipótese de dispensa...... 250
serviços técnicos - competição inviável - requisitos...... 134
servidor público - defesa nas esferas administrativas......58
tipo 'guarda-chuva - impossibilidade' 314
vincula cláusula de garantia...... 200

Controle
agentes - desenvolvimento e inovação tecnológica - hipótese de dispensa.. 238
de obras, informatizar - BIM......47
de qualidade e tecnológico - notória especialização - inexigibilidade, L14133, art. 74, III, h...... 133
externo - exame dos documentos - padronização...... 219
externo não é gestor de políticas públicas...... 64
facil acesso às informações - processo - contratação direta...... 70
função - controlador - respeito à matéria técnica...... 63
hipertrofia - possível infantilização da gestão pública...... 64
interno - auxiliar do gestor...... 27
limite à ação do...... 62
linhas de defesa - continuidade do serviço público...... 26
órgãos - Tribunais de Contas 269

Convênio(s)
aprovação jurídica, L14133, art. 19, IV 46
licitação eletrônica, regra do governo federal...... 44
programa - cooperação - contratação direta, L14133, art. 75, XI 293
relação jurídica - desenvolvimento e inovação tecnológica...... 243
transparência...... 292

Convocação
para licitação - publicidade, L14133, art. 54 40

Cooperativa(s)
catadores de materiais recicláveis - dispensa de licitação, L14133, art. 75, IV, j...... 225

Cópia
edital - cobrança, L14133, art. 176, p.ú., II 38

Correção monetária
valor do contrato...... 180

CPC
regras aplicáveis ao processo de contratção direta...... 68

CREA
relatório de visitas - atesta execução do contrato 199

Credenciado(s)
seleção por terceiros...... 152

Credenciamento
divulgação de edital no PNCP...... 152
instituição para auxiliar na verificação de qualidade de produtos e marcas 152
leiloeiro - inexigibilidade...... 152
objeto contratado - inexigibilidade, L14133, art. 74, IV...... 151

realizado pelo STF - atividade-fim 49
todos são contratados 152

Crime(s)
contra as relações de consumo - L8137 293
culposo - licitações e contratos - sem previsão..57
de responsabilidade - Código Penal, Código de Ética, Lei de Improbidade 106
declaração falsa ou ideologicamente falsa... 118
documento falso - apresentação...... 123
doloso - L14133 e Código Penal 57
economia popular........................... 292
extinção da forma culposa 58
formal - divergência no STF 57
licitações e contratos - quebra de sigilo 57
na L8666 56
tipificação - conduta culposa 26

Critério(s) ..... v. também requisitos
de julgamento - menor preço ou maior desconto - catálogo eletrônico, L14133, art. 19, § 1º...47

Culpa
contratação direta indevida - arquivamento do processo, sem novas providências..................................... 103

Culpa in eligendo
certificação de conhecimento do agente de contratação..................... 100

Cumprimento
dos prazos - fatores além do planejamento, dispensa 267

Curso(s) v. capacitação, conferencista, escola de contas e treinamento
conteúdo programático - treinamento 182

Dano(s)
contratação direta superfaturada, L8666, art. 25, § 2º........................ 102

Decisão
autorização de contratação direta - instrução...70

Declaração
compatibilidade orçamentária - competência do ordenador de despesa 82
de exclusividade - conteúdo 116
de exclusividade - reconhecimento de firma 114
de exclusividade - segurança jurídica 119
de exclusividade da próprio empresa interessada 119
de exclusividade validade - limitação pela Administração 115
de exsclusividade - pelo próprio interessado - requisitos 120
de inidoneidade - atestado falso...... 123
do fabricante – comprovação de exclusividade................................... 113
do fabricante - inviabilidade de competição - inexigibilidade, L14133, art. 74, § 1º...................................... 113
empresário exclusivo - comprovação - contratação direta............................ 132
falsa ou ideologicamente falsa - crime 118
previsão da despesa na LOA ou no projeto 81
próprio interessado - exclusividade. 118

Decreto nº 5.355/2005
cartão corporativo 186

Decreto nº 10.024/2019
induz aplicação do pregão eletrônico - recursos da União 45

Decreto-Lei nº 200/1967
reforma administrativa...................... 50
revogação do Código de Contabilidade 319

Decreto-Lei nº 2.300/1986
submissão de instituições à Lei geral de licitações 54

Decreto-Lei nº 4.657/1942.......... v. LINDB

Defesa
causas judiciais ou administrativas - notória especialização - inexigibilidade, L14133, art. 74, III, e...................... 133
nacional - hipótese de dispensa de licitação, L14133, art. 75, IV, f....... 214
nacional - hipótese de dispensa, L8666, art. 24, XXVIII 214

por ato baseado em parecer jurídico - advocacia pública, L14133, art. 10....58
Deficiente(s)
associação - prestadora de serviço - dispensa de licitação, L14133, art. 75, XIV 299
Delegação
de competência............................... 263
Demanda
formalização - normatização interna..51
Demonstração...v. também comprvação e documentação
capacidade técnica - laudo de avaliação 229
Desburocratização
habilitação e qualificação....................84
Desenvolvimento
e inovação tecnológica - hipótese de dispensa, L14133, art. 75, V........... 237
institucional - conceito..................... 312
Deserta
licitação - justificativa do gestor 192
Desinteresse
na licitação - dispensa, L8666, art. 24, V 186
Despesa(s)
com aquisição de edital, L14133, art. 176, p.ú., II..38
com reprodução de edital, L14133, art. 176, p.ú., II..38
como estimar..76
comuns em imóveis de uso especial 162
de condomínio - imóvel - avaliação 159
estimativa deve considerar..................76
licitação deve indicar recurso, L8666, art. 38 78
limite de valor - dispensa de licitação 177
LOA - gestor - obrigação assumida 81
na LOA...81
objetos de mesma natureza - somatório 175
somatório - dispensa de licitação em razão do valor, L14133, art. 75, § 1º, I 175
somatório no exercício financeiro.. 177
tempo - corresponde ao exercício financeiro 177

Dever
administração de obras, serviços e material - deveres do órgão da Administração, L14133, art. 19........ 46
administrador - verificar qualidade do contratado 325
da Administração - exercício da função por servidor qualificado 59
de quem recebe recursos públicos - prestar contas 55
Didática
e singularidade 98
Direito
à qualificação - servidor..................... 58
Diretrizes
para conhecer a nova lei 25
Discricionariedade
contratação de artista 130
Dispensa
agência de fomento, L8666, art. 24, XXV.. 208
agências executivas - percentual, L8666, art. 24, § 1º...................................... 176
alienação - guerra, estado de defesa ou sítio, L14133, art. 75, VII 253
alienação, L8666, art. 24, III 253
alimentos perecíveis, L8666, art. 24, XII 210
alta complexidade tecnológica, L8666, art. 24, XXVIII 214
aquisição - de peças durante o período de garantia, L14133, art. 75, IV, a.. 195
aquisição - de peças durante o período de garantia, L8666, art. 24, XVII.... 195
aquisição - ou restauração de obras de arte e objetos históricos, L14133, art. 75, IV, k... 227
aquisição - ou restauração de obras de arte e objetos históricos, L8666, art. 24, XV... 227
associação de portadores de deficiência física, L8666, art. 24, XX 299
aviões - abastecimento, L8666, art. 24, XVIII... 222
bens-serviços de organização internacional, L8666, art. 24, XIV . 202
cabimento, L14133, art. 75 175
cabimento, L8666, art. 24, I a XXII 153
calamidade pública, L8666, art. 24, IV 259

coleta seletiva de lixo, L8666, art. 24, XXVII 225
compra ou locação de imóvel - inexigibilidade, L14133, art. 74, V. 152
compra ou locação de imóvel, L8666, art. 24, X... 153
compra/serviços de pequeno valor, L8666, art. 24, II............................... 176
comunicação à autoridade superior, L8666, art. 26...70
contratação - de instituição brasileira, L8666, art. 24, XIII........................ 308
contrato de programa em consórcio público, L14133, art. 75, XI 293
contrato de programa em consórcio público, L8666, art. 24, XXVI........ 293
contrato de programa em convênio de cooperação, L14133, art. 75, XI 293
contrato de programa em convênio de cooperação, L8666, art. 24, XXVI.. 293
de licitação - agência de fomento, L14133, art. 75, IV, d 208
de licitação - agências executivas - valor, L14133, art. 75, § 2º 175
de licitação - alimentos perecíveis, L14133, art. 75, IV, e....................... 210
de licitação - alta complexidade tecnológica, L14133, art. 75, IV, f . 214
de licitação - associação de portadores de deficiência física, L14133, art. 75, XIV 298
de licitação - ato que autoriza, L14133, art. 72, p.ú............................... 40, 90
de licitação - aviões - abastecimento, L14133, art. 75, IV, i 222
de licitação - bens e serviços - acordo internacional, L14133, art. 75, IV, b 202
de licitação - bens e serviços - operações de paz no exterior -, L14133, art. 75, IV, h.. 220
de licitação - calamidade pública, L14133, art. 75, VIII...................... 259
de licitação - competição viável - manutenção................................. 195
de licitação - compra - Forças Armadas 216
de licitação - compra/serviços de pequeno valor, L14133, art. 75, II . 175
de licitação - comunicação à autoridade superior, L14133, art. 72, p.ú..... 40, 90

de licitação - concessionários de serviço público.. 283
de licitação - contratação - produto de soluções inovadoras - *startups* - LC182 332
de licitação - contratação de instituição brasileira científica e tecnológica, L14133, art. 75, XV 308
de licitação - contrato de programa - requisitos 294
de licitação - defesa nacional, L14133, art. 75, IV, f................................ 214
de licitação - divulgação antes e depois da decisão 183
de licitação - elementos p/ instrução, L14133, art. 72........................... 40, 70
de licitação - em favor de órgão público 280
de licitação - em razão do valor do objeto.. 176
de licitação - emergência, L14133, art. 75, VIII 259
de licitação - Forças Armadas.......... 223
de licitação - fundações públicas..... 281
de licitação - instituição científica e tecnológica, L14133, art. 75, IV, d. 208
de licitação - instituições científica de tecnológicas - requisitos.................... 209
de licitação - intervenção no domínio econômico, L14133, art. 75, X 290
de licitação - inviabilidade de competição 326
de licitação - limitação do objeto - emergência 270
de licitação - manutenção da garantia técnica 195
de licitação - notório especialista - necessidade da Administração Pública 102
de licitação - o que deve instruir o processo?, L14133, art. 72........... 40, 70
de licitação - obras e serviços de engenharia, L14133, art. 75, I 175
de licitação - pareceres técnicos ou jurídicos - juntada ao processo, L14133, art. 72, III 78
de licitação - pesquisa, ensino e desenvolvimento, L14133, art. 75, XV 308
de licitação - pessoa jurídica de direito público, L14133, art. 75, IX 277

de licitação - preços superiores aos do mercado, L14133, art. 75, III, b 186
de licitação - processamento e divulgação, L14133, art. 72, p.ú. 40, 90
de licitação - produto para pesquisa e desenvolvimento - engenharia, L14133, art. 75, IV, c 205
de licitação - publicação em sítio oficial, L14133, art. 72, p.ú. 40, 90
de licitação - recuperação social do preso, L14133, art. 75, XV 308
de licitação - regras processuais - L9784/99 68
de licitação - regulação de preços ou normalização de abastecimento, L14133, art. 75, X........................... 290
de licitação - superfaturamento de preços, L14133, art. 75, III, b 186
de licitação - transferência de tecnologia estratégica - SUS, L14133, art. 75, XII 294
defesa nacional, L8666, art. 24, XXVIII 214
e inexigibilidade de licitação - distinção 109
elementos p/ instrução, L8666, art. 26, p.ú.............................71
gêneros alimentícios perecíveis, L8666, art. 24, XII......................... 210
guerra, estado de defesa ou sítio, L14133, art. 75, VII................ 253
guerra, L8666, art. 24, III 253
inexistência de interessados, L8666, art. 24, V................................. 186
instituição científica e tecnológica, L8666, art. 24, XXV................... 208
insumos estratégicos para saúde - desenvolvimento, pesquisa, extensão, L14133, art. 75, XVI................. 329
insumos estratégicos para saúde, desenvolvimento, pesquisa, extensão, L8666, art. 24, XXXIV................ 329
intervenção federal, L14133, art. 75, VII 253
intervenção no domínio econômico, L8666, art. 24, VI 290
justificação, L8666, art. 26 70
material p/ forças armadas, L14133, art. 75, IV, g................................ 215
material p/ forças armadas, L8666, art. 24, XIX................................ 215

não comparecimento de interessados, L8666, art. 24, V................... 186
o que deve instruir o processo? L8666, art. 26, p.ú. 71
obras de arte - restauração, L14133, art. 75, IV, k............................ 227
obras de arte - restauração, L8666, art. 24, XV............................... 227
obras e serviços - de engenharia, L8666, art. 24, I................................ 176
operações de paz no exterior - bens e serviços, L8666, art. 24, XXIX........ 220
organização - internacional, L14133, art. 75, IV, b 202
organização - internacional, L8666, art. 24, XIV................................ 202
pareceres técnicos ou jurídicos - juntada ao processo, L8666, art. 38, VI........ 78
peças/manutenção de equipamentos, L14133, art. 75, IV, a..................... 195
peças/manutenção de equipamentos, L8666, art. 24, XVII...................... 195
perturbação da ordem, L14133, art. 75, VII........................... 253
perturbação da ordem, L8666, art. 24, III 253
pesquisa - ensino, L8666, art. 24, XIII 308
pessoa jurídica de direito público, L8666, art. 24, VIII...................... 277
por emergência - casos de, L8666, art. 24, IV................................. 259
preços superiores aos do mercado, L8666, art. 24, VIII...................... 187
processamento de dispensa, L8666, art. 26 70
produto para pesquisa e desenvolvimento, L8666, art. 24, XXI 205
produtos e processos inovadores, L8666, art. 24, XXXI................. 237
publicação na imprensa oficial, L8666, art. 26................................. 70
quando não acudirem interessados, L8666, art. 24, V................... 186
ratificação, L8666, art. 26 70
recuperação social do preso, L8666, art. 24, XIII 308
regulamentação específica para obras e serviços de engenharia, L14133, art. 75, § 5º................................. 205

regular preços ou normalizar abastecimentos, L8666, art. 24, VI 290
responsabilidade - sanções, L8666, art. 25, § 2º 102
restauração de obras de arte e objetos históricos, L14133, art. 75, IV, k ... 227
restauração de obras de arte e objetos históricos, L8666, art. 24, XV 227
segurança nacional, L8666, art. 24, IX 249
superfaturamento de preços, L8666, art. 24, VII 187
superfaturamento de preços, L8666, art. 25, § 2º 102
transferência de produtos estratégicos para o SUS, L8666, art. 24, XXXII 295

Disponibilidade
cargo x terceirização 306

Distrito Federal 29
competência administrativa - autonomia 284
competência p/ legislar sobre licitação 42
competência para legislar sobre licitação 42
incentivo à cultura - valor artístico . 127
livre adoção de modelos de minutas federais, L14133, art. 19, IV 46
livre adoção do catálogo eletrônico de padronização federal, L14133, art. 19, II 46
pode legislar sobre a alienação direta dos bens 36
poder regulamentar e a aplicação da L14133/21 41
proteção a bens de valor histórico .. 228

Divergência(s)
de exegese - entendimento do TCU .. 63

Divulgação
adicional - edital de licitação - site oficial do órgão, L14133, art. 54, § 2º 41
contratação direta - ato de autorização, L14133, art. 72, p.ú 40, 90
contratação direta - independentemente do valor 91
contratação por dispensa de licitação em razão do valor, L14133, art. 75, § 3º 175
editais de licitação - publicidade, L14133, art. 54 40

extrato do cartão de pagamento - compras por dispensa de licitação, L14133, art. 75, § 4º 175
obra, serviço ou fornecimento - segurança nacional - hipótese de dispensa 251
PNCP - exclusividade 114
valores fixados - implementação do PNCP 38

Documentação
e procedimentos da licitação - catálogo eletrônico - critérios de julgamento, L14133, art. 19, § 1º 47

Documento(s)
atestado de exclusividade - forma de comprovação 114
compatibilidade com a previsão dos recursos orçamentários 81
da fase do processo licitatório - implementação do PNCP 37
de formalização - contratação direta, L14133, art. 72, I 71
de formalização da demanda 72
de formalização da demanda - contratação por emergência 73
de formalização, plano de contratações anual - planejamento estratégico 82
de habilitação - contratação direta - normatização interna 51
em bancos de dados - qualificação e habilitação 84
exigidos - habilitação 83
falso - apresentação - crime 123
formalização da demanda - notório especialista - processo de escolha 86
formalizador da demanda - contratação emergencial 272
idôneo - inviabilidade de competição - inexigibilidade, L14133, art. 74, § 1º 113
idôneo, inviabilidade de competição - comprovação 113
instrução para contratação direta - inexigibilidade e dispensa 70
juntada - processo de dispensa - preço 214
necessários para a contratação direta 71
outros - comprovação de empresário exclusivo - contratação direta 132
padronização - controle externo 219

para inclusão plano de contratações anual - planejamento estratégico 82
preço - publicação - jornal de grande circulação............... 213
qualificação e habilitação - contratação direta 84

Dolo
atos ilícitos - processo administrativo ou judicial............... 58
contratação direta 103
contratação direta indevida - responsabilidade, L14133, art. 73 .. 102

Dotação
orçamentária - condição p/ iniciar - licitação de obra e serviço, L8666, art. 7º, § 2º, III 80
orçamentária - deve - ser indicado no processo, L8666, art. 38 78

Doutrina
chapa branca - perigo da qualificação unificada 60
chapa branca – riscos da capacitação 101

DRT
inscrição de artista - Lei da Liberdade Econômica 128

Duplo grau decisório administrativo
princípio - contratação direta 88

Economicidade
condomínio e *facilities* 160, 161
norteamento dos atos administrativos 176
padronização impositiva 218
prevalência - dispensa de licitação .. 176

Edital
aprovação, L14133, art. 19, IV 46
chamamento público - locação/compra de imóvel 155
custo de reprodução pode ser cobrado, L14133, art. 176, p.ú., II 38
de licitação - íntegra - manutenção no site do órgão, L14133, art. 54, § 2º ... 41
de licitação - publicidade de avisos, L14133, art. 54 40
de licitação para registro de preços 95
e anexos - divulgação e manutenção - site do órgão, L14133, art. 54, § 2º ... 41
exame - AGU 79
exame - órgão jurídico, L14133, art. 19, IV 46
fornecimento de cópia - pagamento, L14133, art. 176, p.ú., II 38
minuta - deve ser examinada pelo órgão jurídico, L14133, art. 19, IV 46
para seleção de especialistas - administração pública 102
preço - para fornecimento de cópia, L14133, art. 176, p.ú., II 38
publicados - implementação do PNCP 37
resumos - publicação, L14133, art. 54 40
sem obrigatoriedade de forma - contratação direta 102
vedado prévio recolhimento de taxas, L14133, art. 176, p.ú., II 38

Eficácia
atos administrativos 321
nova LLCA - constitucionalidade 28

Eficiência
legitimidade *versus* legalidade 269

Egresso
do sistema prisional - políticas públicas 27

Elemento(s)
instrução para contratação direta - inexigibilidade e dispensa 70

Eletrônico
catálogo - padronização de compras, serviços e obras - dever da administração, L14133, art. 19, II 46

Emenda Constitucional nº 19
contratos de gestão - aplicação da L14133 54

Emergência . ...v. também dispensa
caracterização - requisitos da dispensa de licitação 260
caracterização: 260
conceito, L14133, art. 75, VIII 259
conceituação, L8666, art. 24, IV 259
contratação direta - continuidade do serviço público, L14133, art. 75, § 6º 259
contratação direta - limites, L14133, art. 75, VIII 259
Coronavírus 262
dispensa de licitação, L14133, art. 75, VIII 259

dispensa de licitação, L8666, art. 24, IV 259
documento formalizador da demanda e projeto básico 272
fato previsível e inevitável 267
hipótese de dispensa de licitação, L14133, art. 75, VIII 259
hipótese de dispensa, L8666, art. 24, IV 259
instrução processual 73
limitação temporal - compra 271
negligência - dispensa de licitação .. 264
preços de mercado 269
prorrogação do contrato - forma de contagem 272
recontratação de empresa - vedação, L14133, art. 75, VIII 259
sem a existência de risco gera multa 269
situação - distinção 261
situação de -responsabilidade do agente que deu causa, L14133, art. 75, § 6º 259
situações - riscos à segurança 269

Emolumentos
cobrança é vedada, L14133, art. 176, p.ú., II 38

Empenho
emissão, DL200 82

Emprego
ato anterior com base em parecer - defesa - advocacia pública, L14133, art. 10, § 2º 58

Empresa(s)
conceito - serviços técnicos - notória especialização 149
de notória especialização - sem licitação, L14133, art. 74, § 3º 133
de notória especialização - sem licitação, L14133, art. 74, III 133
de notória especialização - sem licitação, L8666, art. 25, § 1º 134
de notória especialização - sem licitação, L8666, art. 25, II 134
distinções vedadas, L8666, art. 25, II 134
fornecedora exclusiva - hipótese de inexigência, L8666, art. 25, I 111
fornecedora exclusiva - hipótese de inexigibilidade de licitação, L14133, art. 74, I 111
privada - competitiva 284
privada - fornecedora dos mesmos bens que a administração 278
pública - contratações pela Lei nº 13.303/2016 281
públicas .... v. Empresas Estatais
tempo de existência – restrição 322

Empresário
exclusivo - conceito - contratação direta de artista, L14133, art. 74, § 2º 131

Empresas estatais
crimes de licitações e contratos - Código Penal 26
não se aplica a Lei nº 14.133/21 26
sistema de contrato de gestão 54

Energia elétrica
sem previsão de contratação direta na L14133 331

Engenharia
e arquitetura - serviços e obras - licitação por BIM ou tecnologia e processos integrados, L14133, art. 19, § 3º 47
produtos para pesquisa em obras e serviços - contratação direta - limite de valor 207
serviços e obras - modelo digital - dever da administração - processo integrado e tecnologia, L14133, art. 19, V 46

Entidade(s)
conceito - criadas por lei 282
descentralizada - contratação direta 287
funções - criadas por lei 282
personalizados - criadas por lei 282
privada - presta contas - L14133 inaplicável 55
privadas - aplicação dos recursos públicos 55
que explora atividade econômica - contratação 289

Entressafra
garantia de preços mínimos 291

Equipamento
compra ou locação - investigação sigilosa 233
manutenção - fornecedor exclusivo 112

Erro grosseiro
alerta de parecer técnico ou jurídico - contratação direta indevida 103
contratação direta 103
discordância do parecer 105

Escola de contas
capacitação pelos tribunais de contas 60
orçamento e qualificação 100
remuneração pelos serviços de treinamento - possibilidade 100
riscos futuros 100

Escola de governo
gênero - escola de contas - espécie .. 100
missão - certificação de conhecimento 99
orçamento e qualificação 100
remuneração das instituições - custos do curso 100
remuneração pelos serviços de treinamento - possibilidade 100
riscos futuros 100

Escola(s)
locação urbana 167

Especialização
notória - satisfação do objeto do contrato 86

Estabelecimentos penais
construção e reforma - sem previsão de contratação direta na L14133 331

Estado(s)
competência legislativa concorrente .. 42
competência para normatizar sobre licitação - limites 31
de defesa - causas 263
de defesa - decretação - hipótese de dispensa 255
de defesa ou sítio - hipótese de dispensa, L14133, art. 75, VII 253
de sítio - caracterização - hipótese de dispensa 256
incentivo à cultura - valor artístico . 127
limites a competência para normatizar sobre licitação 31
livre adoção de modelos de minutas federais, L14133, art. 19, IV 46
livre adoção do catálogo eletrônico de padronização federal, L14133, art. 19, II 46
podem legislar sobre a alienação direta dos bens 36
poder regulamentar e a aplicação da L14133/21 41
proteção a bens de valor histórico .. 228

Estatuto
ou regimento - objeto da instituição - contratação direta 312

Estimativa(s)
da despesa - artista 77
da despesa - como fazer 76
da despesa - conferencista 77
da despesa - processo de contratação direta 74
de despesa calculada - contratação direta, L14133, art. 72, II 73
de despesas - abrangência 74
do processo licitatório - implementação do PNCP 37

Estudo(s)
técnico - exigências na instrução do processo de contratação direta 72
técnico na contratação direta - conceito 72
técnicos - documentos de formalização - contratação direta, L14133, art. 72, I 71
técnicos - notória especialização - inexigibilidade, L14133, art. 74, III, a 133
técnicos - padronização 218

Exclusividade
âmbito a ser declarado 113
atestado - comprovação 113
atestado - forma de comprovação ... 114
atestado - inviabilidade de competição - inexigibilidade, L14133, art. 74, § 1º 113
atestado falso – consequências - recomendações TCU 123
autoridade competente para emitir atestado/declaração 116
comprovação - outro documento idôneo 122
confederação patronal - sindicato ... 118
de fornecedor - contratação direta, L14133, art. 74, I 111
de fornecedor, L8666, art. 25, I 111
de serviço - monopólio, Petrobrás .. 279
falsidade - ampla defesa 123
fornecedor em débito com FGTS e INSS 121
municipal - inadmissível para contratar diretamente empresário 132
no local - contratação - meio de prova 114

preços diferenciados p/ Administração 126
regional - representantes 125
requisitos do atestante 123
requisitos do contratado exclusivo - inexigibilidade 121
superfaturamento - medidas administrativas e penais 125

Execução
direta - instituições contratadas 317

Executor
de contratos imperfeitos - responsabilidade 198

Exoneração
agente de contratação/autoridade - direito à defesa por ato anterior com base em parecer, L14133, art. 10, § 2º 58

Fabricante
declaração de exclusividade - inviabilidade de competição - comprovação 113

Facilities
possibilidade, imóvel 160

Fato(s)
infração penal - persecução penal - serviços técnicos especializados 235
previsível e inevitável - emergência . 267

Fatura
atestar - regularidade e responsabilidade 198

Fazenda Pública
lesão - importação 198

Final
de exercício - investimento - atraso - emergência 268

Finalidade
desvio - ação popular 233
desvio - aquisição de medicamentos 236

Financiamento
e licitação - SIVAM - segurança nacional - hipótese de dispensa 252

FINEP
desenvolvimento e inovação tecnológica - hipótese de dispensa .. 240

Fiscal
de contrato - atribuição 199

Fiscalização
obras - notória especialização - inexigibilidade, L14133, art. 74, III, d 133

Forças Armadas
abastecimento - unidades aéreas/tropas - dispensa, L14133, art. 75, IV, i 222
abastecimento - unidades aéreas/tropas, L8666, art. 24, XVIII 222
aquisição - objeto do contrato 216
aquisição por contratação direta - autorização 219
dispensa de licitação - polícias militares 223
hipótese de dispensa de licitação, L8666, art. 24, XIX 215
justificativa legítima - escolha do fornecedor 216
materiais - hipótese de dispensa de licitação, L14133, art. 75, IV, g 215
material de uso pessoal e administrativo - licitção 217
padronização - objeto oportuno 216

Forças multilaterais
supranacionais - militares em operações no exterior 220

Formalização
da demanda - notório especialista - processo de escolha 86
da demanda, instrução para contratação direta - inexigibilidade e dispensa 72

Fornecedor
exclusivo do produto ou serviço - contratação direta 112
exclusivo sem habilitação 85
original do equipamento – manutenção de equipamento 200
único - em débito com FGTS e INSS 121
único - nepotismo 184
venda direta à Administração – regulação de preços 291

Fornecimento
de material - bens - dispensa, L8666, art. 24, VIII 277
de material - exclusivo - conceito, L8666, art. 25, I 111
material e bens - entre órgãos da Admintração -dispensa, L14133, art. 75, IX 277
material exclusivo - conceito, L14133, art. 74, I 111

Fracassada
licitação - justificativa do gestor 192

Fracionamento
de despesa - dispensa de licitação em razão do valor, L14133, art. 75, § 1º, I 175
do objeto do contrato 177
regra não se aplica à manutenção de veículos, L14133, art. 75, § 7º 176
treinamento - valor é aferido por conteúdo do curso 99

Fraude
contratação direta 103
contratação direta indevida - responsabilidade, L14133, art. 73 .. 102
elementos objetos e subjetivos - contratação direta indevida 103
inserção de documento falso - contratação direta indevida 103
ou erro grosseiro, providências - contratação direta sem licitação 103

Função
de controle não se confunde com a função gestora 61
estruturação de carreiras - agente de contratação 89
exoneração - ato anterior baseado em parecer - defesa - advocacia pública, L14133, art. 10, § 2º 58

Fundação 318
classificação - contornos constitucionais 281
contratação - empresa pública distrital 284
de apoio - contratação direta - desenvolvimento institucional e científico 315
finalidade específica - contratação por dispensa de licitação, L14133, art. 75, XVI 329
natureza jurídica - contornos constitucionais 281
natureza jurídica próxima da autarquia 281
tertium genus - natureza jurídica 281
valor de dispensa de licitação 178
vinculada a Universidade 316

Fundamentação
discordância do parecer 105

Garantia(s)
de preços mínimos de safras agrícolas 291
normas gerais da CF, art. 22, XXI 28
renúncia - vantagens - contratação direta 196
técnica - entrega e pagamento, após vencimento 199
técnica - executor do contrato - manutenção do equipamento 198
técnica - manutenção - dispensa de licitação 195
técnica - peças - compradas s/ licitação, L8666, art. 24, XVII 195
técnica - peças compradas s/ licitação, L14133, art. 75, IV, a 195
técnica - período 199
técnica do produto - hipótese de dispensa, L14133, art. 75, IV, a 195
técnica do produto - hipótese de dispensa, L8666, art. 24, XVII 195
técnica estendida - acessório da aquisição 112
técnica junto ao fornecedor original - dispensa de licitação 195
vigência - aquisição junto ao fornecedor 201

Gás natural
sem previsão de contratação direta na L14133 331

Gênero(s)
perecíveis - fornecedor exclusivo - contratação direta, L14133, art. 74, I 111
perecíveis - fornecedor exclusivo, L8666, art. 25, I 111
perecíveis - hipótese de dispensa, L14133, art. 75, IV, e 210
perecíveis - hipótese de dispensa, L8666, art. 24, XII 210
perecível - conceito 212
perecível - preço 213

Gerenciamento
obras ou serviços - notória especialização - inexigibilidade, L14133, art. 74, III, d 133

Gestão
cadastramento e fiscalização dos imóveis pela União 169
e contratos - imóveis cessão de uso . 169

garantia da impessoalidade - ordens e normas 45
licitação eletrônica, regra do governo federal 44
limite - cargo específico - agente de contratação 89
por competência - agente de contratação 59
prazo para emissão do parecer - segurança jurídica 79
programa SPU+ - procedimentos para imóveis... 170
pública - implementação do PNCP ...37

Gestor
consequências - poder controlador....64
despesas de condomínio - imóvel - avaliação 159
deve indicar compatibilidade orçamentária - despesa, LOA..............81
dever de instruir processo c/ motivação da escolha do futuro contratado 85
discordância do parecer - cuidados. 104
do contrato - acompanhamento de troca de peças 199
do contrato - auxiliado pelo fiscal de contrato 199
do contrato - conceito 198
do contrato - prova das declarações - responsabilidade 198
do contrato - regularidade e responsabilidade 198
documentos de habilitação exigidos na contratação direta 83
habilidade na contratação de artista..74
norma interna - atribuições - obrigatoriedade do parecer 79
TCU recomenda cautela - condomínio e *facilities*.. 159

Governança
aumento - implementação do PNCP 37

Grave perturbação da ordem
caracterização - hipótese de dispensa 257

Guerra
declaração pelo Presidente da República - hipótese de dispensa.... 254
ou grave perturbação da ordem - hipótese de dispensa, L14133, art. 75, VII 253

ou grave perturbação da ordem - hipótese de dispensa, L8666, art. 24, III 253
razão da decretação - hipótese de dispensa 255

Habilitação
comprovação da qualificação - licitação 83
contratação direta - balizas 83
contratação direta -documentos - normatização interna 51
contratação direta igual à licitação - exceção.. 84
desburocratização 84
e qualificação - distinção 83
e qualificação do contratado - requisitos - contratação direta, L14133, art. 72, V 82
exigências inalteráveis 190
fornecedor exclusivo - ausência......... 85
jurídica - contratação direta 84
na contratação direta - momento...... 83
regra - seleção do licitante vencedor . 83
serviços técnicos profissionais 146
taxas/emolumentos, L14133, art. 176, p.ú., II 38
técnica - comissão técnica................ 297

Hipótese(s)
contratação direta previstas na L8.666/1993 e não incluídas na L14133.. 331

Homologação
da dispensa e inexigibilidade, L8666, art. 26.. 70

Hortifrutigrangeiros
dispensa de licitação, L14133, art. 75, IV, e 210

Hospital
locação urbana................................. 167

IBAMA
licença atraso - emergência.............. 267

ICTs
contratação direta pela Administração - requisitos 248
contratação direta, L14133, art. 75, IV, d 208
contratação direta, L8666, art. 24, XXV 208
contratação para incentivo - dispensa de licitação, L14133, art. 75, V 237

hipótese de dispensa de licitação, L14133, art. 75, IV, d 208
hipótese de dispensa, L8666, art. 24, XXV 208

Idoneidade
crimes afetos - certidão 301

IEL
atividades - restrições 315
contratação direta - banco 314

IGPM
índice de correção dos valores fixados na Lei n° 8.666/93, L8666, art. 120 176

Imóveis
avaliação prévia e compatibilidade de preços 163
chamamento público para compra ou locação 155
condições para regularidade da dispensa 154
consulta ao órgão próprio administrador 164
da Administração alugado a terceiros 168
da União - contrato de gestão 161
da União - normas - aplicação restrita 169
da União no exterior - gestão 171
facilities - possibilidade 160
identificação do objeto pretendido 154
Locação sob medida - *built to suit*.... 155
preço de mercado e média dos laudos de avaliação 164

Impessoalidade
na justificativa - escolha do fornecedor 292
pessoa física e jurídica - escolha do fornecedor 184
princípio - contratação direta - artista 131

Imprensa
oficial - publicação - de normas relativas à licitação, L8666, art. 115, p.ú. 46
oficial - publicação - de ratificação de dispensa e inexigibilidade, L8666, art. 26 70

Impressão
dos diários oficiais - sem previsão de contratação direta na L14133 331

Imprevisibilidade

emergência 264

Inconstitucionalidade
criação de novas hipóteses de contratação direta 36

Indenização
anulação licitação 275
revogação licitação 275

Inexigibilidade
artistas, L8666, art. 25, III 127
casos, L8666, art. 25 102
contratação de serviços técnicos - notória especialização - Súmula do TCU 140
contrato administrativo - publicidade - dispensa, L8666, art. 61, p.ú. 90
de licitação - abastecimento/suprimento de efetivos militar 222
de licitação - artistas, L14133, art. 74, II 127
de licitação - ato que autoriza, L14133, art. 72, p.ú. 40, 90
de licitação - casos, L14133, art. 74 110
de licitação - competição viável 326
de licitação - contratação por credenciamento, L14133, art. 74, IV 151
de licitação - contrato de programa 293
de licitação - credenciamento e serviços exclusivos 110
de licitação - declaração de exclusividade - conteúdo 116
de licitação - distinção 109
de licitação - elementos p/ instrução, L14133, art. 72 .... 40, 70
de licitação - exclusividade, L14133, art. 74, I 111
de licitação - fornecedor exclusivo, L14133, art. 74, I 111
de licitação - hipóteses de contratação 35
de licitação - hipóteses, L14133, art. 74 110
de licitação - inviabilidade de competição 35
de licitação - inviabilidade de competição - requisito 326
de licitação - inviabilidade de competição, L14133, art. 74 110
de licitação - notória especialização 320
de licitação - objeto histórico 227

de licitação - obra de arte 227
de licitação - pareceres técnicos ou jurídicos - juntada ao processo, L14133, art. 72, III 78
de licitação - processamento, L14133, art. 72, p.ú. 40, 90
de licitação - publicação - sítio oficial, L14133, art. 72, p.ú. 40, 90
de licitação - regras processuais - L9784/99 68
de licitação - requisitos do contratado exclusivo 121
de licitação - singularidade do objeto 227
de licitação - viabilidade de competição - enquadramento das normas 322
elementos p/ instrução, L8666, art. 26, p.ú., I a III 71
exclusividade, L8666, art. 25, I 111
fornecedor exclusivo, L8666, art. 25, I 111
hipóteses, L8666, art. 25 102
inviabilidade de competição, L8666, art. 25 102
justificação, L8666, art. 26 70
não admitida para serviços técnicos de publicidade e divulgação 145
objeto singular, L14133, art. 74, III 133
objetos singulares, L8666, art. 25, II 134
pareceres técnicos ou jurídicos - juntada ao processo, L8666, art. 38, VI 78
processamento, L8666, art. 26 70
profissional do setor artístico, L8666, art. 25, III 127
publicação na imprensa oficial, L8666, art. 26 70
publicidade do contrato, L8666, art. 61, p.ú. 90
ratificação, L8666, art. 26 70
responsabilidades, L8666, art. 25, § 2º 102
serviços técnicos, L14133, art. 74, III 133
serviços técnicos, L8666, art. 25, II 134
superfaturamento - responsabilidades, L8666, art. 25, § 2º 102

Inexigilidade
contratação de treinamento - notória especialização 147

Inovação
científica e tecnológica - contratação direta 208
gestão administrativa - dispensa de licitação - contratação, L14133, art. 75, XV 329
tecnológica - dispensa de licitação - contratação, L14133, art. 75, XV ... 308
tecnológica - requisitos p/ contratação direta 238

INPI
consulta - aferição da exclusividade 122

Instituição...v. também ASBACE, IEL e Entidades
brasileira - contratação de, L14133, art. 75, XV 308
brasileira - contratação de, L8666, art. 24, XIII 308
brasileira - incumbida da pesquisa, do ensino e do desenvolvimento institucional - contratação direta, L14133, art. 75, XV 308
brasileira - incumbida da pesquisa, do ensino e do desenvolvimento institucional, L8666, art. 24, XIII .. 308
científica e tecnológica - conceito ... 209
científica e tecnológica - qualificações 209
científica e tecnológica - requisitos para dispensa de licitação 209
conceito - obra ou empreendimento 310
conceito - sede brasileira 311
contratação direta - desenvolvimento institucional 312
contratação direta – objeto estatutário ou regimental 312
dedicada à pesquisa - engenharia 206
ensino - contratação direta 312
esfera diversa - administração pública 311
nacionalidade brasileira 311
particular - justificativa da transferência de recursos 55
personalidade jurídica de direito civil - remuneração 325
pesquisa e extensão - contratação direta 312
privada - modelo de organização 55
sem fins lucrativos - personalidade jurídica 325

Instituição Científica e Tecnológica .... v. também ICT
Instrução
contratação direta 69
contratação direta - diferenças entre a L8.666 e L14133 71
contratação direta - recomendação prática 70
contratação direta - se for o caso 73
Instrumento
de contrato - resumido - publicidade, L8666, art. 61, p.ú. 90
Insumo(s)
estratégicos - produzidos por fundação, dispensa de licitação, L8666, art. 24, XXXIV 329
estratégicos para saúde – fundação - dispensa de licitação, L14133, art. 75, XVI 329
Intendência
operações de paz no exterior 220
Interesse
na adjudicação - ausência – contratação direta 192
Interesse público
cautelas resguardadoras 230
desenvolvimento institucional - ordenamento jurídico 313
emergência - requisitos da dispensa de licitação 260
execução direta - contratação de instituições 312
indicação das características do imóvel 154
objeto histórico - tombamento 228
obra de arte - tombamento 228
resguardo - contratação direta 267
Internet...v. também divulgação, transparência, publicação
Interpretação
juridicamente razoável - tolerância do controle 61
possível ou admitida pelos TC's - risco da capacitação unificada 61
Intervenção
da União no Domínio Econômico - hipótese de dispensa de licitação, L14133, art. 75, X 290

da União no Domínio Econômico - hipótese de suspensão, L8666, art. 24, VI 290
federal - perturbação da ordem - hipótese de dispensa, L14133, art. 75, VII 253
federal - situações ocorridas - hipótese de dispensa 257
Investimento
atraso - emergência 268
Inviabilidade
de competição - atestado - inexigibilidade, L14133, art. 74, § 1º 113
de competição - confiança - justificativa 139
de competição - inexigibilidade de licitação 110
IPCA-E
índice de atualização dos valores fixados na L14133, art. 182 176
Irregularidade
contratação direta - esfera de competência do servidor 105
na contratação direta - esfera de competência do contratado 105
na contratação direta – responsabilidade exclusiva do agente de contratação 105
na contratação direta com dano ao erário - responsabilidade solidária .. 105
Isonomia
interesse nacional de intercâmbio entre nações 202
na justificativa - escolha do fornecedor 292
na terceirização - contratação nociva 305
princípio - preço do dia/local praticado - gêneros perecíveis 213
princípio - reputação ético-profissional 326
Julgamento
critério de menor preço ou maior desconto - catálogo eletrônico, L14133, art. 19, § 1º 47
do fator técnica - contratação de profissional 101

Junta Comercial
    não atesta comprovação de exclusividade.. 117
Jurídico...v. também Órgão Jurídico
Jurisprudência
    acolhida na L14133 67
Justificativa(s)
    anulação da licitação - parecer fundamentado.................................. 275
    anulação de licitação - parecer 275
    da contratação direta de artista - consagração geográfica.................... 130
    da contratação direta, L8666, art. 26 70
    de preço - contratação direta, L14133, art. 72, VII...87
    documentos - escolha do fornecedor 292
    escolha do notório especialista x preço 87
    formalidade indispensável - órgão adquirente....................................... 205
    legítima - escolha do fornecedor..... 216
    não repetição da licitação - contração direta 192
    não utilização - catálogo eletrônico, padronização e modelos de minuta, L14133, art. 19, § 2º...........................47
    omissão - crime - órgão adquirente. 205
    preço de notório especialista - cuidados 87
    preço na contratação direta 87
    vantagens contratação direta internacional.................................... 205
Laudo(s)
    de avaliação - conceito - valor.......... 229
    de avaliação - profissão regulamentada 229
LDO
    harmonização com PPA e LOA - planejamento......................................26
Leasing
    contrato - equipamento da administração................................... 199
Legalidade
    princípio aplicável às avaliações de imóveis.. 163
    versus eficiência e legitimidade........ 269

Lei Complementar nº 95/1998
    elaboração, redação, alteração e consolidação das leis 43
Lei Complementar nº 101/2000
    art. 18, § 1º e 72 - enquadramento da despesa.. 307
    art. 25 - transferência voluntária....... 44
    compatibilidade orçamentária - contratação direta............................. 80
    competência para declarar compatibilidade orçamentária.......... 82
    crimes contra economia popular e relações de consumo 293
    Lei de Responsabilidade Fiscal 49
    ordenador da despesa - declaração - compatibilidade orçamentária 80
Lei Complementar nº 107/2001
    elaboração, redação, alteração e consolidação das leis 43
Lei Complementar nº 182/2021
    marco legal das *startups* 332
Lei da Liberdade Econômica
    artista - inscrição na DRT 128
Lei da Segurança Jurídica.........ver também Segurança Jurídica
Lei de Diretrizes Orçamentárias ....ver também LDO
Lei de Introdução às normas do Direito Brasileiro - LINDB
    interpretação da L14133................. 189
    interpretação de normas de gestão pública 68
Lei nº 5.194/1996
    regula as profissões de engenheiro, arquiteto e engenheiro-agrônomo .. 178
Lei nº 8.137, de 27 de dezembro de 1990
    crimes contra economia popular e relações de consumo 293
Lei nº 8.666/1993
    aplicação - opção irretratável............. 27
    aplicada a autarquias especiais......... 51
    art. 24, VI - regulação de preços...... 290
    art. 26, margem de preferência 51
    art. 115 - normas e procedimentos operacionais....................................... 46
    art. 118 - adaptação da norma 31
    art. 82 - atos em desacordo pelos agentes 35

finalidade em regulamentar 34
hipóteses do art. 17 podem ser ampliadas por autoridade 36
norma adequada ao interesse público 44
organização 67
vedação de combinação com a nova lei 41
vigência concomitante com a Lei nº 14.133/2021 25

Lei nº 8.883/1994
alterações já incluídas na Lei nº 8.666/1993 90

Lei nº 9.648/1998
alterações já incluídas na Lei nº 8.666/1993 176

Lei nº 9.649/1998
conselhos de fiscalização - personalidade jurídica 52

Lei nº 9.784/1999
aplica-se à contratação direta 68
prazo - parecer 79

Lei nº 10.520/02
vedação de combinação com a nova lei 41

Lei nº 11.107/2005
alterações já incluídas na Lei nº 8.666/1993 70

Lei nº 11.445/2007
marco regulatório do saneamento básico 226

Lei nº 12.462/11
vedação de combinação com a nova lei 41

Lei nº 12.715/2012
alterações já incluídas na Lei nº 8.666/1993 176
transferência de tecnologia 295

Lei nº 12.850/2013
define organização criminosa e dispõe sobre a investigação criminal 233
obtenção de provas - contratação de equipamento 48

Lei nº 13.303/2016
contratações por empresas públicas 281

Lei nº 13.655/2018....v. LINDB e Segurança Jurídica

Lei nº 13.726/2018

racionalização dos atos e procedimentos administrativos 120

Lei nº 14.011/2020
imóvel público da União - contrato de gestão 161

Lei no 14.026/2020
atualiza o marco legal do saneamento básico 226

Lei nº 14.133/2021
aplicação - opção irretratável 27
aplicação imediata e dependência do PNCP 37
aplica-se aos conselhos de fiscalização até regulamentação própria 52
art. 10, defesa do servidor 58
art. 10,§ 1, II, não se aplica atos ilícitos dolosos 58
art. 10,§ 2, agente público, não ocupação do cargo 58
art. 156, § 6º, II, desempenho da função administrativa 50
art. 187 - aplicação de regulamentos pela União 45
art. 187 - competência legislativa supletiva 33
art. 188 - erro do veto 32
art. 188, direito de regulamentação .. 42
art. 19, § 2º, catálogo eletrônico de padronização 47
art. 19, § 3º, *Building Information Modelling* 47
art. 19, competência regulamentar dos órgãos da Administração 46
art. 19, I, unificação dos processos em unidade 47
art. 19, III, sistema informatizado 47
art. 19, IV, modelos de minutas de editais 47
art. 19, V, tecnologia e processo integrados 47
art. 1º - normas gerais 49
art. 1º, § 3º - recursos de empréstimos ou doações 56
art. 74 - normatização interna 50
art. 75 - normatização interna 50
art. 76 - bens móveis e imóveis da administração 37
como estudar e aplicar 27
constitucionalidade 28

contratação - atividade administrativa - TC's e Poderes Judiciário e Legislativo 49
diretrizes para conhecer 25
interpretação - desconsiderar precedentes..26
licitações internacionais - art. 52 - 56
não prevê crime culposo 57
pessoa inidônea - licitação internacional - art. 14, § 5º..56
possibilidade de regulamentação.......44
regulamentação - órgãos da administração pública.........................25
restrita às pessoas jurídicas da administração direta da União, estados, municípios e Distrito Federal............25
submissão - personalidade jurídica....54
vigência concomitante com a Lei nº 8.666/1993 25

Lei Orçamentária Anual............ver também, LOA
compatibilidade - despesa 81
compatibilidade - despesa contraída..81
harmonização com LDO e PPA - planejamento...26
não aprovada - compatibilidade - despesa..81

Leilão
ato convocatório - publicidade, L14133, art. 54 40

Leiloeiro
credenciamento - inexigibilidade..... 152

Liberdade
de gestão - ação do controle - princípio da razoabilidade 62

Licença
ambiental - atraso - emergência........ 267

Licenciamento
direito de uso - contratação direta .. 208

Licitação
adjudicação - contrato imperfeito... 189
alienação de bens e serviços - aplicação da L14133/21 36
anulação - recorrer ao poder judiciário 274
aplicação expressa da norma..............27
ato baseado em parecer jurídico - defesa da advocacia pública, L14133, art. 10 58
competência do DF..............................42

competência dos municípios 42
competência legislativa dos estados-membros - limites 31
competência legislativa dos municípios 42
competência para edição de normas 29
condições inalteráveis...................... 190
conhecimento específico - procedimento 101
conveniência - faculdade da Administração 322
crimes - L8666 56
crimes nas Estatais - não se aplica com a Lei nº 14.133/21 26
crimes no Código Penal- L14133 57
cronograma de vencimentos 276
deserta - contratação direta - dispensa, L14133, art. 75, III............................. 186
deserta - dispensa de licitação, L14133, art. 75, III.. 186
deserta - justificativa 276
deserta e fracassada - justificativa do gestor.. 192
deserta, L8666, art. 24, V 186
dispensa - desenvolvimento e inovação tecnológica - uso e compartilhamento 242
dispensa - rol taxativo 35
dispensada e inexigível na L14133 ... 67
dispensável - hipóteses, L14133, art. 75 175
dispensável e inexigível - espécies da contratação direta.............................. 69
dispensável e inexigível, L8666......... 67
dispensável, L8666, art. 24 153
documentos do processo licitatório - implementação do PNCP 37
e contratos - órgão de administração - deveres, L14133, art. 19..................... 46
eletrônica, regra do governo federal . 44
empresário exclusivo - conceito - contratação direta.............................. 132
entidades privadas - não se aplica a L14133... 55
falta de interessados, L8666, art. 24, V 186
fracassada - justificativa 276
fracassada - preço acima do estimado 193
fracassada, L8666, art. 24, V........... 186
hipóteses de dispensa, L14133, art. 75 175

inexigibilidade - diferença de dispensa 278
inexigibilidade - hipóteses, L14133, art. 74 110
inexigibilidade não admitida - serviços técnicos, publicidade e divulgação . 145
inexigível - hipóteses, L14133, art. 74 110
inexigível, L8666, art. 25 102
internacional - imposição do agente financiador 56
legislação local ou regional - competência 42
mantença obrigatória das condições anteriores 190
melhor técnica, técnica e preço e menor preço - valores - correção pelo IGPM, L8666, art. 120 176
normas - operacionais - requisitos p/ expedição, L8666, art. 115 46
normas gerais da CF, art. 22, XXVII .29
nos conselhos de fiscalização - aplica-se a L14133 até regulamentação própria 53
nula - comparecimento somente de um licitante 188
objetivo fundamental - princípio da isonomia 315
obras e serviços de engenharia e arquitetura - adoção preferencial do BIM ou tecnologia e processos integrados de, L14133, art. 19, § 3º..47
obrigatoriedade da administração pública 34
obstrução, liminar - recorrer ao poder judiciário 274
permissão e concessão de serviços públicos, L8666, art. 24 153
planejamento - justificativa - recorrer ao Poder Judiciário 276
pode ser anulada pela Administração - recorrer ao poder judiciário 274
possibilidade em criar código de licitações e contratos 43
preço decorre da competição entre os habilitados 87
princípio básico da administração pública, CF art. 37, XXI 34
procedimento e documentação - catálogo eletrônico - critérios de julgamento, L14133, art. 19, § 1º 47

processo - justificativa - não utilização de catálogo eletrônico, padronização e modelos de minuta, L14133, art. 19, § 2º............... 47
processo administrativo da Lei nº 8.666/93 - L8666, art. 38, I a XII..... 78
publicidade, L14133, art. 54............ 40
qualificação do servidor para cada objeto............... 60
quem está obrigado? 34
regulamentação - Poderes Legislativo e Judiciário 48
regulamentação - TC's............... 48
repetição - não comparecimento do licitante 188
revogação - recorrer ao poder judiciário 274
serviços técnicos - disputa por técnica e preço 137
servidor público - defesa nas esferas administrativas 58
suspensa - contrato provisório 272
sustada por liminar 274
taxas/emolumentos - vedação à cobrança, L14133, art. 175, p.ú., II.. 38
valores - correção anual pelo IPCA-E, L14133, art. 182............... 176
viável para restauração de obra de arte 230

Licitante(s)
cadastro unificado - implementação do PNCP............... 37
capacidade jurídica - documento de habilitação 121
não comparecimento - repetição da licitação............... 188
só um comparece - deserta ou fracassada 188

Liminar
suspendendo licitação - contrato provisório............... 272

Limitação
validade da declaração de exclusividade pela Administração 115

Limite(s)
à ação do controle 62
à terceirização 328
aferição do valor - dispensa de licitação, L14133, art. 75, § 1º............... 175
competência legislativa dos estados-membros 31

da União, estados, municípios e Distrito Federal 28
de dispensa - obras e serviços de engenharia, L14133, art. 75, I 175
de dispensa - para obras e serviços de engenharia, L8666, art. 24, I 176
de dispensa - para outros serviços e compras, L8666, art. 24, II 176
dispensa de - compras e outros serviços, L8666, art. 24, II 176
dispensa de - obras e serviços - engenharia, L8666, art. 24, I 176
dispensa de licitação - compras e outros serviços, L14133, art. 75, II 175
dispensa de licitação - obras e serviços de engenharia, L14133, art. 75, I 175
dispensa de licitação - outros serviços e compras, L14133, art. 75, II 175

Livre iniciativa 35

Livro(s)
compra exigida por conferencista 76

Lixo
coleta seletiva - hipótese de dispensa, L8666, art. 24, XXVII 225
contratação de catadores - dispensa de licitação, L14133, art. 75, IV, j 225

Locação
de equipamentos - Poder Judiciário, L14133/21, art. 75 48
de imóvel - singularidade 164
equipamento sigiloso - dispensa de licitação, L14133, art. 75, IV, l 233
equipamentos - investigação sigilosa 233
imóveis - dispensa de licitação - requisitos 157
imóveis - p/ serviço público, L8666, art. 24, X 153
imóveis p/ serviço público - inexigibilidade, L14133, art. 74, V. 152
sob medida de imóvel - *built to suit*. 155
urbana - hospitais e escolas 167
urbana para a Administração - balizamentos 166

LRF
avaliação de resultados - contratação emergencial. 269
dever da transparência e prestação de contas 92
necessidade de estrutura de custos . 269
terceirização - enquadramento da despesa 307

Maior desconto
ou menor preço - critério de julgamento, catálogo eletrônico, L14133, art. 19, § 1º 47

Manifestação
de conformidade com a lei - instrução - contratação direta 70

Manual
de gestão de contratos - implantação de boas práticas 276

Manualização
de rotinas - boas práticas 276

Manutenção
de imóvel .... v. também *facilities*
de veículos - licitação dispensável - valor 180
de veículos - não se aplica a regra do fracionamento, L14133, art. 75, § 7º 176
do equipamento - contratação direta 112
fixar prazo para correção 200
peças podem ser adquiridas s/ licitação? L8666, art. 24, XVII 195
peças podem ser adquiridas s/ licitação?, L14133, art. 74, IV, a 195
redução de custos - princípio da economicidade 218

Mão de obra
contratação pela administração 302
reputação ético-profissional - aferição 321

Maranhão
regulamento próprio de licitações 50

Marca(s)
do produto, não vedada na contratação direta - fornecedor exclusivo 112
e produtos - aferição de qualidade - credenciamento 152
específica - preferência - vedação - inexigibilidade, L14133, art. 74, § 1º 113
indicação - possibilidade jurídica - fornecedor exclusivo 112
inexigibilidade de licitação, L14133, art. 74, I 111
inexigibilidade de licitação, L8666, art. 25, I 111

Material
exclusivo - fornecedor exclusivo - contratação direta, L14133, art. 74, I 111
exclusivo - fornecedor exclusivo, L8666, art. 25, I 111
obras e serviços - administração - deveres do órgão, L14133, art. 19 46

Medicamento(s)
compra pelas unidades setoriais públicas de saúde 236
fármacos - doenças raras - hipótese de dispensa, L14133, art. 75, IV, m 236
fármacos - doenças raras - requisitos p/contratação direta, L14133, art. 75, IV, m 236

Melhor técnica
comissão de avaliação - profissional 297

Menor preço
ou maior desconto - critério de julgamento - catálogo eletrônico, L14133, art. 19, § 1º 47

Mercado(s)
compatibilidade de preços - licitação superfaturada, L14133, art. 75, III, b 186
compatibilidade de preços - p/ contratação de associação de deficientes, L8666, art. 24, XX 299
compatibilidade de preços - p/ contratar com órgão público, L14133, art. 75, IX 277
compatibilidade de preços - p/ contratar com órgão público, L8666, art. 24, VIII 277
compatibilidade de preços - p/ contratar, se licitação foi superfaturada, L8666, art. 24, VII 187
compatibilidade de preços - p/ locação e compra de imóvel, L14133, art. 734, V 152
compatibilidade de preços - p/ locação e compra de imóvel, L8666, art. 24, X 153
compatibilidade de preços - para contratação de associação de deficientes, L14133, art. 75, XIV ... 298
fluidos - seleção 152
intervenção - dispensa de licitação, L14133, art. 75, X 290
intervenção, L8666, art. 24, VI 290

Militar....ver também operações de paz no exterior

Ministério Público
contratação de equipamento para obtenção de prova 49
transferência de informações das sanções 106

Minuta(s)
acordo, L14133, art. 19, IV 46
convênio, L14133, art. 19, IV 46
editais e contratos, L14133, art. 19, IV 46
modelos e padronização - catálogo eletrônico - não utilização, justificativa no processo licitatório, L14133, art. 19, § 2º 47
termos de referência - modelos, L14133, art. 19, IV 46

Modalidade
correção monetária não afeta - fato superveniente 180
inversão de fases no procedimento... 31
normas gerais da CF, art. 22, XXVII 29

Modelo(s)
de minuta e padronização - catálogo eletrônico - não utilização - justificativa no processo licitatório - atividades do órgão da administração, L14133, art. 19, § 2º 47
digital de obras e serviços de engenharia - processo integrado e tecnologia, L14133, art. 19, V 46
minutas - padronização - dever da administração, L14133, art. 19, IV .. 46

Monopólio
Petrobrás - exclusividade de serviço 279

Moralidade
atos administrativo 321

Motivação
demonstração da legalidade e a regularidade 75
escolha do contratado - adequação dos fatos à norma 86
escolha do futuro contratado - instrução do processo 85
escolha do futuro contratado - princípio da impessoalidade 86
padronização 218

Mulher
vítima de violência doméstica - reserva mínima - contrato de mão de obra - previsão no edital, L14133, art. 25, § 9º, I 27

Multa 267, 270

Município(s)
até 20mil hab. - prazo para adequação à nova lei, L14133, art. 176 38
competência legislativa concorrente .. 42
competência para legislar sobre licitação 42
livre adoção de modelos de minutas federais, L14133, art. 19, IV 46
livre adoção do catálogo eletrônico de padronização federal, L14133, art. 19, II 46
podem legislar sobre a alienação direta dos bens 36
poder regulamentar e a aplicação da L14133/21 41
prazo para adequação do PNCP 38
proteção a bens de valor histórico .. 228
que não adotarem o PNCP - deveres para contratações, L14133, art. 176, p.ú. 38

Negociação
preço acima do estimado 193

Nepotismo
ofensa à moralidade e impessoalidade 184
Resolução CNJ nº 7, de 18 de outubro de 2005
    nepotismo 184
    único fornecedor 184
    único prestador de serviços 184

Nomeação
de agente de contratação - certificação por escola de governo 100

Norma(s)
competência regulamentar, art. 19 da L14133/21 46
da L14133/21 - políticas públicas 26
de convergência - conceito 56
definição da nova lei - estados, municípios e Distrito Federal 30
dos laboratórios - desenvolvimento e inovação tecnológica 242
e diretrizes - órgão de controle - fatores imprevistos 61

é um poder implícito à direção - regulamentação 45
função consolidadora, L14133/21, art. 188 32
gerais - competência legislativa estadual e municipal 30
gerais - competência privativa da União, CF, art. 22 30
gerais - conceito - regulamentação 30
importância prática - impessoalidade da gestão 45
interna - atribuições - obrigatoriedade do parecer 79
interna - prazo - emissão do parecer - segurança jurídica 79
L8666/93, regulamento adequada ao interesse público 44
procedimentos operacionais - expedição pela Administração 46
regulamentadora - compartilhamento e transferência de tecnologia 243

Normatização
interna - habilitação para contratação direta 51
interna - responsabilidade - emissão do parecer técnico 50
interna - responsabilidade p/ autorizar contratação direta 51
interna - responsabilidade para justificar a escolha do contratado 50
parâmetros para formalização de demanda 51

Nota fiscal
publicadas - implementação do PNCP 37

Notória especialização
conceito 148
conceito - qualidade do profissional ou empresa 99
conceito, L14133, art. 74, § 3º 133
conceito, L8666, art. 25, § 1º 134
confiança 139
discricionariedade do administrador - aferição por outros elementos 150
parâmetros para aferição 149
reputação ético-profissional inquestionável 322
serviço técnico - requisitos - inexigibilidade de licitação, L14133, art. 74, III 133

serviço técnico - requisitos de inexigência, L8666, art. 25, II 134
serviços técnicos profissionais - habilitação 149
singularidade do objeto - inexigibilidade 320

Notório especialista
conceito decorrente 86
conceito mitigado 98
contratação - competição inviável - serviços técnicos 136
contratação - ministrar curso e fazer avaliação 100
contratação direta - visão do TCU 88
contratação para comissão técnica - dispensa de licitação, L14133, art. 75, XIII 296
escolha - motivação e documentação.86
fatos anteriores comprovados 86
inexigibilidade - subcontratação vedada, L14133, art. 74, § 4º 134
necessidade da Administração Pública 102
notoriedade mitigada pela nova lei 102
qualificação 86
relação prévia com o futuro contratado 77

NUCLEP
regulamento próprio de licitações 50

OAB ...v. conselhos de fiscalização

Objeto
ato constitutivo da sociedade - desenvolvimento e inovação tecnológica 245
autenticidade certificada 228
características do imóvel de acordo com interesse público 154
compartilhamento ou permissão - desenvolvimento e inovação tecnológica 243
compra ou locação de equipamento - infração penal - persecução penal... 235
conexão com a causa da reputação. 324
contratação direta - fornecedor exclusivo 111
contratação direta - qualificação e habilitação 84
contratado - finalidade - persecução penal 234
contratado - serviços técnicos especializados - sigilo 234
contratado por credenciamento - inexigibilidade, L14133, art. 74, IV 151
da contratação direta de serviços técnicos - competição inviável - requisitos 134
descrição, padronização, art. 19 da L14133/21 47
do contrato - parcelamento ou fracionamento 177
do contrato - satisfação - notória especialização 86
do contrato, desenvolvimento e inovação tecnológica - hipótese de dispensa 238
emergencial - dispensa de licitação, L14133, art. 75, VIII 259
emergencial, L8666, art. 24, IV 259
especificação - catálogo eletrônico, L14133, art. 19, § 1º 47
estimativa da despesa - processo de contratação direta 74
exigências p/ licitação, L8666, art. 7º, § 2º 80
histórico - distinção 228
histórico - tombamento 228
instrução para contratação direta - inexigibilidade e dispensa 72
intervenção federal, bem jurídico - hipótese de dispensa 257
medicamento - tratamento exclusivo - hipótese de dispensa 237
peças genuínas – contratação direta 196
reputação ético-profissional da empresa 323
singularidade não é exigida do notório especialista 102
SIVAM - licitação e financiamento - segurança nacional - hipótese de dispensa 252

Obra e serviço
condição p/ licitação e contratação, L8666, art. 7º 80
de engenharia - modelo digital - dever da administração - processo integrado e tecnologia, L14133, art. 19, V 46
de engenharia e arquitetura - licitação por BIM ou tecnologia e processos integrados, L14133, art. 19, § 3º 47
engenharia - dispensa de licitação, L8666, art. 24, I 176
nulidades, L8666, art. 7º 80

obrigatoriedade de recurso orçamentário, L8666, art. 7º, § 2º, III 80

Obra(s)

acompanhamento - sistema informatizado - imagem e vídeos dever da administração, L14133, art. 19, III 46
administração - deveres da Administração..................................46
complexa - edital com registro de preços 96
controle, informatizar - BIM..............47
de arte - abrangência........................ 228
de arte - conceito.............................. 228
de arte - contratação direta - contraentes restritos 231
de arte - hipótese de dispensa, L14133, art. 75, IV, k..................................... 227
de arte - hipótese de dispensa, L8666, art. 24, XV....................................... 227
de arte - licitação obrigatória 231
de arte - poder de império 229
de arte - restauração - notória especialização - inexigibilidade, L14133, art. 74, III, g 133
e serviços - valor de mercado 181
engenharia - dispensa de licitação, L14133, art. 75, I............................. 175
etapas, L8666, art. 7º 80
gerenciamento - notória especialização - inexigibilidade, L14133, art. 74, III, d 133
monitoramento - parâmetros específicos - notória especialização - inexigibilidade, L14133, art. 74, III, h...................... 133
para seleção de especialistas - administração pública...................... 102
requisitos legais para início do procedimento licitatório, L8666, art. 7º, § 2º..80
serviços e compras - catálogo eletrônico de padronização - dever da administração, L14133, art. 19, II.....46

Ônus

da prova é do acusador - crime em licitações e contratos 57

Operações de paz

no exterior...........................ver militar
no exterior - compras - contratação direta 220
no exterior - contratações nacionais e não nacionais................................... 220
no exterior - diferença de emergência 221
no exterior - planejamento e coordenação 220
no exterior - proposta mais vantajosa 221
no exterior não se assemelham à guerra 220
requisitos para contratação direta... 221

Ordenador de despesa

autoridade p/ autorizar contratação direta.. 89
declaração - aumento de despesa - adequação orçamentária, LC101...... 80
inscrição, DL200 82
LOA não aprovada – compatibilidade orçamentária...................................... 81
origem do termo e funções, DL200.. 82

Organização

internacional - contratação direta, L14133, art. 75, IV, b 202
internacional - contratação direta, L8666, art. 24, XIV.......................... 202
social - contratação direta sem previsão na L14133 331

Órgão(s)

administração, materiais, obras e serviços - deveres, L14133, art. 19 46
conceito - contratado....................... 281
despersonalizado 282
elementos ensejadores da criação - objeto de interesse 286
inexistência de vontade própria...... 282
jurídico - atribuição - exame de minutas - edital, L14133, art. 19, IV............... 46
jurídico e técnico - emissão dos pareceres - *checklist* 80
jurídico, auxiliar o gestor - controle interno 27
prerrogativas funcionais 282
próprio administrador de imóveis - consulta 164
públicos - condomínio 162

PAD

apuração, fraude ou erro - contratação direta sem licitação 103

Padronização

ABNT - certificação 218
bens e materiais - escolha da comissão 218
compras - Forças Armadas 216
de compras, serviços e obras - catálogo eletrônico - dever da administração, L14133, art. 19, II 46
de materiais das forças armadas - hipóteses de dispensa, L14133, art. 75, IV, g 215
de materiais das forças armadas - hipóteses de dispensa, L8666, art. 24, XIX 215
decisão 219
deve ser precedida de estudos técnicos 218
e modelos de minuta - catálogo eletrônico - não utilização - justificativa no processo licitatório, L14133, art. 19, § 2º 47
Forças Armadas - objeto oportuno . 216
impositiva 216
impositiva - princípio da economicidade 218
modelos de minutas, L14133, art. 19, IV 46
motivação 218
parecer de comissão instituída por decreto 216
princípio informativo das compras em geral, ... 218
Resolução nº 430/99 - CONFEA .. 216

Pagamento(s)

artistas - recibo 128
cartão - divulgação no PNCP 186
contratação direta em razão do valor - cartão - PNCP, L14133, art. 75, § 4º 175
e entrega - garantia técnica, após vencimento 199
extrato dos cartões - implementação do PNCP 37
obras - previsão orçamentária, L8666, art. 7º, § 2º, III 80
via cartão - contratação direta em razão do valor - PNCP, L14133, art. 75, § 4º 175

Palestra ....v. Treinamento

PAR

apuração, fraude ou erro - contratação direta sem licitação 103

Paraestatais

privilégios - vedação 35

Parcelamento

ou fracionamento do objeto do contrato 177
regras - justificativa - estudo técnico .. 76

Parceria público-privada . Ver PPP

Parecer

análise econômica - qualidade 291
discordância do gestor - cuidados ... 104
exclusão do processo - conduta grave 105
jurídico - AGU - exame de editais 79
jurídico - ato baseado - visão do TCU 61
jurídico - base para prática de ato - defesa de autoridade/servidor - advocacia pública, L14133, art. 10 ... 58
jurídico - responsabilidade pela emissão – normatização interna 50
jurídico - última peça da instrução - contratação direta 70
jurídico e técnicos, L14133, art. 72, III 78
jurídico e técnico - atendimento aos requisitos 78
jurídico e técnico - possibilidade de flexibilizar 78
obrigatoriedade - normas internas - atribuições 79
perícia e avaliação - notória especialização - inexigibilidade, L14133, art. 74, III, b 133
prazo - L9784 79
técnico - instrução - contratação direta 70
técnico - responsabilidade - normatização interna 50
técnico e jurídico - importância 79
técnico ou jurídico - alerta de erro grosseiro 103

Patrocínio

causas judiciais ou administrativas - notória especialização - inexigibilidade, L14133, art. 74, III, e 133

Peça(s)
    compra s/ licitação, L14133, art. 75, IV, a 195
    compra s/ licitação, L8666, art. 24, XVII 195
    genuínas - contratação direta - garantia 201
    originais - aquisição não obrigatória 196
    originais - aquisição para manutenção - requisitos 196
    originais - garantia técnica 201
    originais - manutenção de elevadores 200
    originais - preço abusivo - cotação .. 196
    originais - princípios da eficiência e da economicidade 196
    para veículos do contratante - não se aplica a regra do fracionamento, L14133, art. 75, § 7º 176
    troca - acompanhamento pelo gestor ou fiscal do contrato 199

Pena
    contratação direta indevida não consumada - inviabilidade 102

Perícia
    parecer e avaliação - notória especialização - inexigibilidade, L14133, art. 74, III, b 133

Permissão
    unilateral - características 283

Persecução penal
    criminal - conceito 234

Pesquisa
    científica e tecnológica - ambiente produtivo - contratação direta 208
    e desenvolvimento - engenharia - dispensa de licitação, L14133, art. 75, IV, c 205
    requisitos p/ contratação direta 238

Pesquisador
    formar equipe - desenvolvimento e inovação tecnológica - hipótese de dispensa 241

Pessoa física
    atividades econômicas - desenvolvimento e inovação tecnológica 244
    contratação imposta - princípio do parcelamento 76
    e jurídica - escolha do fornecedor - impessoalidade 184
    sancionada ou inidônea - licitação internacional 56
    vigilância - contratação 304

Pessoa jurídica
    administração direta da União, estados, municípios e Distrito Federal 25
    autonomia patrimonial - SPE - desenvolvimento e inovação tecnológica 245
    contratação imposta - princípio do parcelamento 76
    de direito público interno - abrangência 280
    de direito público interno - conceito 280
    de direito público interno - Distrito Federal 280
    de direito público interno - estados 280
    de direito público interno - fundações públicas 281
    de direito público interno - municípios 280
    de direito público interno - União . 280
    e física - escolha do fornecedor - impessoalidade 184
    sancionadas ou inidônea - rol das entidades 56
    sistema de contrato de gestão 54

Pessoa(s)
    com deficiência .... c. Deficiente(s)

Planejamento
    compras - processo licitatório 211
    contingenciamento de orçamento .. 268
    estudos técnicos - notória especialização - inexigibilidade, L14133, art. 74, III, a 133
    harmonização com PPA, LDO e LOA 26
    instrução para contratação direta - inexigibilidade e dispensa 72
    nas contratações, normas da L14133/21 - políticas públicas 26
    Plano de Contratações Anual 181
    prazo, cumprimento - dispensa de licitação 267

Plano de Contratações Anual
    planejamento 181
    regulamento - planejamento estratégico 82

Plano plurianual
LRF - compatibilidade orçamentário - contratação..................................80
Plano Plurianual ....ver PPA
PNCP
criação - centralização das compras - no governo federal...................................91
criação - inovação da nova lei 37
divulgação - inviabilidade de competição - exclusividade.............. 114
divulgação anual dos valores legais atualizados -IPCA-E, L14133, art. 182 176
divulgação das contratações diretas...93
divulgação do extrato do cartão - pagamentos - contratações direta por valor, L14133, art. 75, § 4º............. 175
ferramenta de auxílio à gestão..........38
futuro..92
não adoção pelos municípios - deveres para contratações, L14133, art. 176, p.ú..38
precedente histórico..........................92
prestação de contas 92
publicação e disponibilização - licitações e contratos..........................91
sanção pela omissão na integração de sítios - não há 92
segurança jurídica - contratos celebrados...38
Poder
controlador - uso irrazoável - consequências....................................64
discricionário - limitação pelo poder de regulamentar 45
público não pode exigir aplicação da L14133 por entidade privada..........55
Poder Executivo
estrutura orgânica - rigidez hierárquica 49
Poder Judiciário
conceitos abstratos - idoneidade ou reputação ilibada............................. 321
estrutura orgânica - coordenação.......49
L14133/21, art. 75, contratação direta 48
legalidade dos atos administrativos 321
mérito aferido ou julgado por ato administrativo 321

obrigatoriedade de aplicação da normas de licitação... 49
regulamentação - licitações............... 48
Poder Legislativo
estrutura orgânica - coordenação...... 49
limites à ação..................................... 63
obrigatoriedade de aplicação das normas de licitação 49
Política
de contingenciamento de liberação de recursos - consequências................. 268
públicas - normas da L14133/21...... 27
Portal Nacional de Compras Públicas .... v. PNCP
divulgação de edital de credenciamento 152
PPA
harmonização com LDO e LOA - planejamento.................................... 26
PPPs
aplicação de uma SPE - desenvolvimento e inovação tecnológica...................................... 245
Prazo(s)
atualização cadastral dos imóveis.... 170
compra de gêneros perecíveis - planejamento.................................. 211
contratação de mão de obra eventual - economicidade 303
cumprimento - fatores além do planejamento, dispensa................... 267
determinado - desenvolvimento e inovação tecnológica 242
divulgação - contratação direta em razão do valor, L14133, art. 75, § 3º........ 175
dos procedimentos - segurança nacional - hipótese de dispensa...................... 251
emissão do parecer - segurança jurídica - norma interna 79
entre licitação deserta e contratação direta... 190
fixação para correção - manutenção 200
indeterminado - locação de imóvel para Administração - TCU 166
lançamento e cobrança das taxas - procedimentos para imóveis........... 171
locação - Administração pública, L8245 165

municípios com até 20mil hab. - adequação à nova lei, L14133, art. 176 38
para municípios - adequação do PNCP 38
parecer - L9784..................79
validade da declaração de exclusividade - limitada pela Administração -....... 116

Preço(s)
abusivo - cotação - peças originais... 196
acima do estimado - licitação fracassada 193
aquisição - insumos estratégicos para a saúde.................. 330
banco - implementação do PNCP 37
certidão - juntada - processo de dispensa 214
compatível com o mercado - bens de entidade pública.................. 288
compatível com o mercado - contratação direta - desenvolvimento científico.................. 327
conformidade - contratação direta 87
contratação de artista - estimativa de despesa..................76
cotação - contratação de notório especialista..................88
de mercado - contratação emergencial 269
de mercado e média dos laudos de avaliação - imóveis.................. 164
diferenciados p/ Administração - exclusividade.................. 126
do dia/ local praticado - princípio da isonomia - gêneros perecíveis.......... 213
internacional - redução - tributos ... 198
justificativa - associação de portadores de deficiência.................. 307
justificativa - contratação direta, L14133, art. 72, VII..................87
justificativa - gêneros perecíveis 213
licitação - competição entre os habilitados..................87
não é baliza para razão de escolha de notório especialista..................86
não justificado - irregularidade na contratação direta.................. 105
pesquisa - associação de portadores de deficiência - justificativa.................. 307
pesquisa informal - gêneros perecíveis 213

pesquisa, normas da L14133/21 - políticas públicas.................. 26
praticado - condições do mercado privado.................. 126
praticados em outros contratos – notório especialista.................. 77
responsabilidade pela comprovação/justificativa - normatização interna.................. 50
serviços técnicos - contratação pode ser danosa.................. 136

Prédio histórico
aquisição.................. 228

Preferência(s)
adoção da BIM para obras e serviços de engenharia e arquitetura, L14133, art. 19, § 3º.................. 47
marca específica - vedação - inexigibilidade, L14133, art. 74, § 1º 113

Pregão 181, 222
modalidade licitatória - agências reguladoras.................. 51
modalidade obrigatória.................. 31
obrigatoriedade - recursos da União. 45

Pré-qualificação
comissão técnica - habilitação......... 297

Preso .... v. também egresso
contratação sem licitação de entidade dedicada a recuperação social, L8666, art. 24, XIII.................. 308
entidade dedicada a recuperação social, contratação sem licitação, L14133, art. 75, XV.................. 308
recuperação social do - contratação direta de instituições.................. 318

Prestação de contas
PNCP.................. 92

Prestador
de serviço único - nepotismo.......... 184

Presunção
de inocência - servidor - crime em licitações e contratos.................. 57
de legitimidade - ato administrativos - inversão.................. 75
relativa em favor do agente público.. 75

Previsibilidade
e contingenciamento do orçamento - emergência.................. 268

Princípio(s)

adstritos ao controle 58
aplicação - controle interno, segurança jurídica... 27
balizamento com os custos da contratação 176
constitucional - competência privativa da União... 36
da aderência a diretrizes e normas..... 61
da aderência a diretrizes e normas - controle interno................................. 62
da competitividade, licitação nula - comparecimento somente de um licitante.. 188
da isonomia - contrato de gestão....... 54
da padronização - informativo das compras em geral, ... 218
da razoabilidade - liberdade de gestão e ação do controle................................ 62
da responsabilidade fiscal - contratação direta 81
da segregação das funções na L14133 26
da segurança jurídica na L14133/21 28
deferência - aplicabilidade 63
deferência - autocontenção do controle 63
deferência - conceito 63
deferência - respeito dos órgãos de controle 63
do parcelamento – estimativa de despesa.. 76
duplo grau decisório administrativo - contratação direta 88
economicidade - dispensa de licitação 176
eficiência... 34
federalismo e autogoverno - licitações e contratos de cada órgão 91
função social da propriedade 291
fundamentais - propriedade privada 165
impessoalidade 34
impessoalidade - contratação direta - artista.. 131
impessoalidade - escolha do fornecedor 292
impessoalidade - motivação da escolha do futuro contratado 86
isonomia - escolha do fornecedor... 292
isonomia - objetivo fundamental da licitação... 315
isonomia - preço do dia praticado - gêneros perecíveis............................ 213
legalidade 34
legalidade - compatibilidade de preços - imóveis.. 163
livre concorrência - constituição federal 290
livre concorrência - equiparação ao particular... 287
livre iniciativa - dispensa de licitação 35
moralidade.. 34
publicidade... 34
publicidade - implantação do PNCP 40
redução das desigualdades regionais e sociais.. 291
segregação das funções - contratação direta... 88
segregação das funções - gerir e controlar... 61
segregação de função - organização sistêmica... 69
segurança jurídica - função administrativa...................................... 48

Procedimento(s)

administrativos – racionalização, L13726... 120
alugar imóvel - edital com descrição 155
áreas e rateio de despesas - imóveis da Administração..................................... 162
atividades de fiscalização dos imóveis 169
cadastramento e fiscalização dos imóveis pela União 169
centralização das aquisições e contratação de bens e serviços - atividade do órgão da administração, L14133, art. 19, I 46
complementar - divulgação no PNCP 40
comprometimento - segurança nacional - hipótese de dispensa..................... 251
contratação direta................... v. Processo
da licitação e documentação - catálogo eletrônico, critérios de julgamento , L14133, art. 19, § 1º 47
dispensa/inexigência - comunicação, L8666, art. 26................................... 70
dispensa/inexigência - instrução, L8666, art.26, p.ú................................ 71
dispensa/inexigência de licitação - comunicação, L14133, art. 72, p.ú.. 40, 90

dispensa/inexigência de licitação - instrução, L14133, art. 72 .... 40, 70
envelope com os documentos exigidos 83
início, L8666, art. 38 78
instituição privada - modelo de organização...55
licitação que exige conhecimento específico.. 101
licitatório - procedimento, L8666, art.38 78
licitatórios - simplificação - conselhos de fiscalização...53
operacionais - normas expedidas pela Administração......................................46
operacional interno - oportunidade de disciplinamento..47
operacional p/ execução dos licitantes, L8666, art.115..................................46
publicidade do ato - implantação do PNCP..40
requisitos, L8666, art.38.....................78

Processo(s)
administrativo - da licitação - normas, L8666, art.38...............................78
aplicação expressa da norma..............27
atos ilícitos de servidor/autoridade - defesa pública incabível, L14133, art. 10, § 1º, II 58
centralização, art. 19 da L14133/21 .47
contratação direta - sumário e indexação 70
contratação direta na L14133 - novas regras 68
contratados por credenciamento - inexigibilidade.................................. 152
criminal - crime culposo - servidor como réu..57
de contratação direta – recomendações 69
elementos para apuração, fraude ou erro - contratação direta sem licitação 103
exigências na instrução da contratação direta 72
inovador - hipótese de dispensa, L8666, art. 24, XXXI 237
instrução para contratação direta - inexigibilidade e dispensa 70
integrado e tecnologia - obras e serviços de engenharia - modelos digitais - dever da administração, L14133, art. 19, V46

integrado e tecnologia ou, preferencialmente BIM para obras e serviços de engenharia e arquitetura, L14133, art. 19, § 3º....................... 47
irregularidade tentada - contratação direta sem licitação......................... 103
licitatório - divulgação no PNCP 40
licitatório - justificativa - não utilização do catálogo eletrônico, padronização e modelos de minuta, L14133, art. 19, § 2º.. 47
licitatório – simplificação -agências reguladoras 51
licitatório, documentos - implementação do PNCP 37
licitatório, estimativa - implementação do PNCP 37
normas - dosimetria do Código Penal 68
pesquisa de preços - informal.......... 213
separados – licitação deserta e contratação direta............................ 194

Produto(s)
inovador - hipótese de dispensa, L8666, art. 24, XXXI 237
natureza diferente - compra separada 181
para pesquisa e desenvolvimento - dispensa, L8666, art. 24, XXI 205
para pesquisa e desenvolvimento - dispensa, por procedimento especial, L14133, art. 75, § 5º 205
para pesquisa e desenvolvimento - engenharia - dispensa de licitação, L14133, art. 75, IV, c..................... 205

Produtor
exclusivo...v. também inexigibilidade de licitação

Profissional
conceito - serviços técnicos - notória especialização.................................... 149
contratação para julgamento do fator técnica... 101
do setor artístico - contratação direta, L14133, art. 74, II........................ 127
do setor artístico, L8666, art. 25, III 127
notório especialista - capacidade e motivação 86
notório especialista - contratação direta - preço 87

subjetividade na caracterização 138
técnico - contratação para compor comissão de avaliação técnica - dispensa de licitação, L14133, art. 75, XIII .. 296

Programa
regulariza+ - procedimentos para imóveis 170
SPU+ - procedimentos para imóveis 170

Projeto básico
documentos de formalização - contratação direta, L14133, art. 72, I71
e executivo - estudos técnicos - notória especialização - inexigibilidade, L14133, art. 74, III, a 133
exigências na instrução do processo de contratação direta 72
formalização da demanda - notório especialista 86
na contratação direta - conceito 72
obras e serviços - seqüência, L8666, art. 7º 80
obras e serviços, L8666, art. 7º 80

Projeto executivo
documentos de formalização - contratação direta, L14133, art. 72, I71
exigências na instrução do processo de contratação direta 72
formalização da demanda - notório especialista 86
na contratação direta - conceito 72
obras e serviços, L8666, art. 7º 80

Projeto(s)
de cooperação, desenvolvimento e inovação tecnológica - hipótese de dispensa 240
financiamento por órgãos internacionais - não se aplica a L14133 55

PRONAF
sem previsão de contratação direta na L14133 331

Proposta(s)
adicionais - contratação direta em razão do valor - divulgação, L14133, art. 75, § 3º 175
mais vantajosa - segurança nacional - hipótese de dispensa 251
válidas - ausência - licitação deserta - dispensa de licitação, L14133, art. 75, III, a 186

Prorrogação
contrato emergencial 272
prazo indeterminado - imóvel para a Administração - TCU 166

Proteção
do meio ambiente ....v. meio ambiente meio ambiente - políticas públicas 27

Prova(s)
em persecução penal - bens e serviços - contratação direta 233
ilícitos dolosos em licitações - processo administrativo ou judicial 58
obtenção - contratação de equipamento 49

Publicação
contratações - diário oficial - municípios que não adotarem o PNCP, L14133, art. 176, p.ú., I 38
contrato de inexigibilidade ou dispensa - informações mínimas 90
de editais - implementação do PNCP 37
extrato de contrato ou ato - informações mínimas 91
sítio oficial - divulgação do ato de dispensa e inexigibilidade, L14133, art. 72, p.ú 40, 90

Publicidade
e divulgação - inexigibilidade não admitida 145
edital de licitação, L14133, art. 54 ... 40
na contratação direta 94
não é requisito - persecução penal . 235
no PNCP - aplicação imediata da nova lei 41

Qualidade
do agente contratado - dever do administrador 325
produtos na entressafra - parecer 291

Qualificação
certificação profissional - agente de contratação 59
comprovação da habilitação - licitação 83
contratação direta - balizas 83
desburocratização 84
dever antes de punir 26
direito do servidor - obrigação em curso 100
direito do servidor público 59

do notório especialista - serviço incomum 86
e habilitação - distinção 83
escola de governo 100
genuína - inexigibilidade de licitação 201
habilitação - requisitos do contratado - contratação direta, L14133, art. 72, V 82
objeto do contrato - requisito legais ou normativos - 83
servidor - por objeto da licitação 60

Ratificação
da dispensa, L8666, art. 26 70
da inexigibilidade, L8666, art. 26 70
do retardamento da obra, L8666, art. 26 70

Razão
da escolha do contratado diretamente 85

Razão de escolha
notório especialista - preço não é baliza 86

Recomendação v. também Boas Práticas
checklist - órgão jurídico e técnico - emissão dos pareceres - 80
contratação de serviços jurídicos - União 142
prática - instrução do processo de contratação direta - r 70

Reconhecimento
de firma - declaração de exclusividade 114

Recontratação
de empresa - contratação direta por emergência - vedação, L14133, art. 75, VIII 259

Recuperação
social do preso 318

Recurso(s)
aproveitamento - compra emergencial - UFRS 269
constituição do patrimônio - submissão à L14133 54
da União – aplicação da forma eletrônica 45
internacionais - exigência da L14133 56
julgamento das propostas de preços ..83

liberação deve ser tempestiva - TCU 268
orçamentário - compatibilidade - contratação direta 80
orçamentário - compatibilidade da previsão - contratação direta, L14133, art. 72, IV 80
público - limite aos interesses e caprichos de artista 76
públicos - aplicação - entidades privadas 55
públicos - aplicação por particulares - L14133 inaplicável 55

Registro de preços
edital de licitação 95

Regra
do parcelamento - justificativa - estudo técnico 76
licitação - exceção dispensa e inexigibilidade 153

Regulamentação....ver também Normatização
autonomia - agência reguladora 51
interna ....v. também Normatização
interna - compartilhamento e transferência de tecnologia 243
interna - condomínio e facilities 160
interna - prazo - emissão do parecer - segurança jurídica 79
L14133 - boas práticas 50

Regulamento
competência legislativa supletiva, L14133/21, art. 187 33
de contratações - agências reguladoras - ADI nº 1.668 51
L8666/93, norma adequada ao interesse público 44
plano de contratações anual - planejamento estratégico 82
prazo para divulgar e manter informações sobre contratação direta 91
próprio - conselhos de fiscalização 53
próprio - motivos 51
próprio - Sistema S 53
próprio de licitação - órgãos em geral, L8666, art. 115 46
restrição - poder discricionário 31

Regularidade
do locador - seguridade social - TCU 158

Remuneração
escolas de governo por instituições - custos do curso.................. 100
melhor devido ao treinamento....... 101
serviços técnicos - menor preço - pode ser danosa......................... 136

Representação
judicial e extrajudicial - advocacia pública - defesa de autoridade, servidor e empregado público, L14133, art. 10 58

Reputação
ético profissional - objeto do contrato 323
ético-profissional - afetação............ 321
ético-profissional - conexão com o objeto do contrato....................... 324
ético-profissional e notória especialização................................ 320

Requisito(s)
abastecimento ou suprimento de efetivos militares - contratação direta 222
contratação de equipamento para investigação sigilosa..................... 234
contratação direta - acordo internacional.................................. 203
contratação direta - alínea a, art. 75, inc. III... 191
contratação direta - fornecedor exclusivo....................................... 111
contratação direta - peça para manutenção de equipamento......... 196
contratação direta -associação de deficientes físicos -........................ 300
contratação direta de artista - regularidade................................... 128
contratação direta de ICT.............. 248
contratação direta de inovação tecnológica e pesquisa.................... 238
contratação direta de instituição sem fins lucrativos................................ 310
contratação direta de medicamentos, L14133, art. 75, IV, m.................. 236
contratação direta de profissionais p/ compor comissão técnica............. 296
contratação direta por inviabilidade de competição..................................... 134
contratações por Instituição científica e tecnológica - dispensa de licitação.. 209

de habilitação e qualificação do contratado - contratação direta, L14133, art. 72, V....................... 82
desenvolvimento e inovação tecnológica - hipótese de dispensa.. 242
dispensa de licitação - gêneros perecíveis - regularidade................................ 211
dispensa de licitação - manutenção de veículos.. 180
forças armadas - compras............... 216
guerra, estado de defesa, estado de sítio, intervenção federal e grave perturbação da ordem - hipótese de dispensa..... 258
legais ou normativos - qualificação, objeto do contrato.......................... 83
para nomear agente de contratação.. 59
participação da Administração em SPE 246
responsabilidade solidária - irregularidade na contratação direta 106
subjetivos - erro grosseiro ou fraude - responsabilidade solidária............... 106

Resíduo(s)
sólidos urbanos - contratação de catadores - dispensa de licitação, L14133, art. 75, IV, j..................... 225

Resolução
CNJ nº 7, de 18 de outubro de 2005 - nepotismo...................................... 184
CONFEA nº 430/99 - padronização 216

Responsabilidade
agente político equiparado a autoridade administrativa.................................. 49
agente que deu causa à situação emergencial, L14133, art. 75, § 6º.. 259
agentes públicos - erro grosseiro 103
apuração 106
atestar fatura - regularidade............ 198
comprovação/justificativa do preço - normatização interna 50
contratação direta indevida, L14133, art. 73... 102
de quem decidiu pela discordância do parecer 105
do fabricante - vinculação 196
emissão do parecer técnico – normatização interna 50

exclusiva do agente de contratação - irregularidade na contratação direta 105
fiscal, aplicação de sanções - regulamentação 49
fiscal, normas da L14133/21 - políticas públicas..26
pela nomeação de agente de contratação 100
sanções e crimes 106
servidor vítima de fraude 106
solidária - irregularidade na contratação direta - requisitos............................. 106
solidária - irregularidade na contratação direta com dano ao erário 105

Restauração
de obra de arte - hipótese de dispensa, L14133, art. 75, IV, k 227
de obra de arte - hipótese de dispensa, L8666, art. 24, XV 227
obras de arte - notória especialização - inexigibilidade, L14133, art. 74, III, g 133

Resultado(s)
desejado - contratação de notório especialista...86

Retroatividade
correção monetária não afeta modalidade de licitação 180

Revogação
licitação - indenização 275

Risco(s)
a bens que não justificam contratação direta - situação de emergência 270
à segurança de bens - situação de emergência 269
à segurança de equipamentos - situação de emergência 269
à segurança de obras - situação de emergência 269
à segurança de pessoas - situação de emergência 269
à segurança de serviços - situação de emergência 269
análise de - compreensão 73
análise, documentos de formalização - contratação direta, L14133, art. 72, I 71
contratação direta - análise necessária 73
correlação do fato e o objeto - limitação do objeto na dispensa - emergência 270

grave prejuízo - limitação do objeto na dispensa - emergência....................... 270
objeto indispensável ao afastamento - limitação do objeto na dispensa - emergência.. 270
potencial e iminente - situação de emergência.. 270

Rol de responsáveis
TCU - autorização da contratação direta 89

Roraima
regulamento próprio de licitações 50

Sanções
Código Penal, Código de Ética, Lei de Improbidade..................................... 106
omissão na integração de sítio com PNCP - não há.................................. 92

Saneamento básico
marco legal.. 225

Seca
água - abastecimento - emergência .. 267

Sede
restrição à licitação - vedação 36

Segregação de funções
aplicação dos princípios - manifestação prévia 26
princípio - contratação direta............ 88

Segurança
das pessoas - emergência - dispensa de licitação, L14133, art. 75, VIII 259
nacional - hipótese de dispensa, L8666, art. 24, IX.. 249
nacional -comprometimento - contratação - hipótese de dispensa, L14133, art. 75, VI...................... 249

Segurança jurídica
declaração de exclusividade 119
norma interna - prazo - emissão de parecer 79
princípio - função administrativa...... 48
serviços técnicos - disputa por técnica e preço 137

Seguridade Social
fornecedor exclusivo inadimplente 121
fornecedor único inadimplente........ 85

Seleção
em mercados fluidos 152

Serviço(s)

administração - deveres do órgão, L14133, art. 19.....................46
autorizado - conceito................ 283
avaliação e ponderação da qualidade técnica............................. 137
bens, contratação e aquisição - centralização dos procedimentos - órgão da dever da administração, L14133, art. 19, I.....................................46
comum de engenharia - conceito.... 179
concessão - titularidade do Poder Público.. 283
condominiais inclusos ....v. *facilities*
contábeis - não exigência da singularidade................................ 143
contratação direta - fornecedor exclusivo..................................... 111
de engenharia - conceito:............... 179
de engenharia - definição pelo CONFEA..................................... 179
de engenharia - maior limite de valor 178
de engenharia - monitoramento - parâmetros específicos - notória especialização - inexigibilidade, L14133, art. 74, III, h..................... 133
de engenharia e arquitetura e obras - licitação por BIM ou tecnologia e processos integrados - atividades do órgão da administração, L14133, art. 19, § 3º..47
de engenharia e obras - modelo digital - dever da administração - processo integrado e tecnologia, L14133, art. 19, V...46
de manutenção de veículos automotores 179
de qualificação - escola de governo. 100
e bens - alienação, licitação dispensada 35
especial de engenharia - conceito ... 179
especializado - sigiloso - hipótese de dispensa, L14133, art. 75, IV, l....... 233
especializados – contratação pelo Poder Judiciário, L14133/21, art. 75 48
etapas de execução, L8666, art. 7º.....80
gerenciamento - notória especialização - inexigibilidade, L14133, art. 74, III, d 133
incomum - notório especialista - motivação 86

incomum ou singular - mudanças da L14133................................ 86
jurídicos - não exigência da singularidade 143
jurídicos - terceirização - municípios 142
jurídicos - União – recomendações para contratação 142
natureza contínua - liminar que suspende licitação........................... 272
obras e compras - catálogo eletrônico de padronização - dever da administração, L14133, art. 19, II................. 46
operações de paz no exterior – contratação direta 221
produzidos no exterior................... 202
publicidade e propaganda – licitação necessária....................................... 86
publicidade e propaganda - vedação à contratação direta............................. 86
público - continuidade - contratação por dispensa de licitação, L14133, art. 75, § 6º... 259
público - continuidade - segregação de função... 26
requisitos legais para início do procedimento licitatório, L8666, art. 7º, § 2º.. 80
restauração - hipótese 230
restauração - licitação obrigatória ... 232
restauração - projeto básico............ 231
situação emergencial - prazo do contrato 271
técnico - profissional especializado - rol 146
técnico - profissional especializado – rol exaustivo ou exemplificativo 147
técnico - profissional não enumerado 147
técnico profissional - conceito 146
técnico profissional especializado - artista, L14133, art. 74, II............... 127
técnico profissional especializado - contratação direta para obra 96
técnico profissional especializado - controle de obras 96
técnico profissional especializado - fiscalização de obra.......................... 96
técnico profissional especializado - inexigibilidade, L8666, art. 25, II... 127
técnico profissional especializado - julgametno de propostas 96

técnicos - disputa por técnica e preço 137
técnicos - singularidade 135
técnicos - terceirização 142
técnicos de publicidade e divulgação - inexigibilidade não admitida 145
técnicos especializados de natureza predominantemente intelectual 137

Servidor
aposentado/exonerado - defesa por ato anterior com base em parecer, L14133, art. 10, § 2º 58
crime em licitações e contratos - presunção de inocência 57
defesa - advocacia pública - ato baseado em parecer jurídico, L14133, art. 10.58
devido processo legal - crime em licitações e contratos 57
falsificação grosseira - negligência ... 124
público - defesa nas esferas administrativas 58
qualificado - exercício da função - direito e dever 59

Sigilo
bancário - quebra - instrumento do controle - 57
equipamento - rastreamento/obtenção de provas - dispensa, L14133, art. 75, IV, l 233
fiscal - quebra - instrumento do controle 57

Sindicância
apuração, fraude ou erro - contratação direta sem licitação 103

Singularidade
competição inviável - serviços técnicos 135
contratação direta de treinamento . 147
locação de imóvel 164
serviços contábeis e jurídicos não exigem 143

Sistema de registro de preços ..... v. Registro de preços e SRP

Sistema(s)
de contrato de gestão - inalterabilidade da situação jurídica 54
informatizado - acompanhamento de obras - recursos de imagem e vídeos - dever da administração, L14133, art. 19, III 46

S - regulamentação própria - licitações. 53

Sítio
eletrônico oficial - editais que devem ser publicados, L14133, art. 54 40

SIVAM
licitação e financiamento - segurança nacional - hipótese de dispensa 252

Sobrepreço
licitação fracassada - contratação direta 193
negociação 193

Sociedade de propósito específico .... v. SPE

Sociedades de Economia Mista. v. Empresas Estatais

SPE
ampliação das características - desenvolvimento e inovação tecnológica 244
conceito - desenvolvimento e inovação tecnológica 245
e a instituidora -relações - inovação tecnológica 245
e sua controladora - desenvolvimento e inovação tecnológica 246
integrada por ente estatal - desenvolvimento e inovação tecnológica 246
integrada por ente público - decisão do gestor - inovação tecnológica 246
riscos, sigilo comercial, prazos e oportunidades - desenvolvimento e inovação tecnológica 246

SRP
contratação direta 94
contratação por demanda - cursos e palestras 100
para contratação direta em escolas de governo 97
para contratação direta relacionada a obras 96
para contratação direta sem licitação. 95
para julgamento de técnica 101

S*tartup*
marco legal - LC182 332
modalidade especial de licitação - LC182 332

STF
ADI nº 1.668 - regulamento de contratações - agências reguladoras .. 51
direito provisório, covid-19 - contratação direta sem licitação 104
Súmula nº 473
    ato da Administração 276

Subcontratação
artista 76
atuação conjunta com artista.............77
conferencista 76
relação direta com êxito do trabalho - conferencista 76
relativização da vedação - notória especialização................................... 150
total - vedação.................................. 317
vedação - inexigibilidade por notória especialização, L14133, art. 74, § 4º134
vedação - serviços técnicos - notória especialização................................... 150

Subsidiária.. v. Empresas Estatais

Súmula
TCU - contratação direta de serviços técnicos - notória especialização 140

Superfaturamento
exclusividade - medidas administrativas e penais... 125

Supervisão
obras - notória especialização - inexigibilidade, L14133, art. 74, III, d 133

Suprimento de fundos
pagamento de contratações - valor reduzido.. 183

SUS
insumos com transferência de tecnologia, dispensa de licitação, L8666, art. 24, XXXIV.................. 329
insumos estratégicos - fundação - dispensa de licitação, L14133, art. 75, XVI 329
transferência de tecnologia - produtos estratégicos - dispensa de licitação, L14133, art. 75, XII 294

Suspensão
da licitação - contrato provisório 272

TCDF
prazo validade da declaração limitada pela administração pública - inviabilidade de competição, exclusividade.................................... 116

TCE
apuração, fraude ou erro grosseiro - contratação direta sem licitação 103

Tecnologia(s)
alta complexidade - hipótese de dispensa, L14133, art. 75, IV, f 214
alta complexidade - hipótese de dispensa, L8666, art. 24, XXVIII.... 214
processo integrado - modelos digitais para obras e serviços de engenharia - dever da administração, L14133, art. 19, V 46
produtos estratégicos - SUS - dispensa de licitação, L14133, art. 75, XII.... 294
transferência - contratação direta.... 208
transferência - SUS - fundação - dispensa de licitação, L14133, art. 75, XVI 329

TELEBRAS
regulamento próprio de licitações 50

Tentativa
crime em licitações e contratos - L14133 e Código Penal 57

Terceirização
de serviços - requisitos..................... 302
enquadramento da despesa - LRF... 307
limites 328
princípio da publicidade - ratificação 306
reconhecimento da relação de emprego 305
serviços técnicos especializados....... 141
tarefas e cargos................................. 306

Termo(s)
de referência - documentos de formalização - contratação direta, L14133, art. 72, I 71
de referência - exigências na instrução do processo de contratação direta 72
de referência - formalização da demanda - notório especialista......................... 86
de referência na contratação direta - conceito 72

Tomada de contas especial .... v. também TCE
apuração de fraude ou erro grosseiro - contratação direta sem licitação 103

Transferência(s)

de capital, desenvolvimento e inovação tecnológica - hipótese de dispensa.. 239
de tecnologia - contratação direta... 208
de tecnologia estratégica - SUS - dispensa de licitação, L14133, art. 75, XII.................. 294
e difusão de tecnologia - contratação direta - OSC, ICT 239, 240
recursos - justificativa - instituição particular..............55
voluntária, explicação 44
voluntária, licitação eletrônica, regra do governo federal.................44

Transparência

contratação direta - ato de autorização, L14133, art. 72, p.ú 40, 90
PNCP................92

Treinamento

como aferir o valor de mesma natureza 98
de agentes de contratação somente por agentes públicos - riscos 101
didática e singularidade 98
e fracionamento de despesas - inocorrência..................98
fracionamento - valor é aferido por conteúdo do curso 99
limite de valor de dispensa de licitação 98
notória especialização - inexigibilidade, L14133, art. 74, III, f 133
notória especialização contratação direta 147
por ramo de atividade..................... 182
redução dos prazos nas licitações, celeridade 43
singularidade................98
soma de valores 182
valor é aferido por conteúdo do curso 99

Tribunais de Contas

abuso de ação................63
apoio a ME/EPP, municípios............93
capacitação nas escolas de contas 60
consequencialismo da atuação - dosagem................64
contratação de consultoria.............48
contrato emergencial ou provisório 211
Distrito Federal - falta de planejamento 273
exame dos atos administrativos 321
fiscalização dos Conselhos Profissionais 52
importância e valor 269
limites à ação................. 63
máxima efetividade - PNCP 93
mecanismos de deferência e autocontenção................. 64
não pode legislar................. 91
obrigatoriedade de aplicação das normas de licitação 49
órgão de controle - importância...... 269
qualificação - ordenadores de despesas 60
regulamentação - licitações............. 48
responsabilidade do agente público . 49
sugestão de aperfeiçoamento das atividades da Administração............ 91
transferência de informações das sanções................ 106
valor e importância 269

Tribunal de Contas da União . 199

agentes - desenvolvimento e inovação tecnológica - hipótese de dispensa .. 238
ato baseado em parecer jurídico 61
contratação de mão de obra............ 305
contratação direta de instituição sem fins lucrativos 309
divergência de exegese - entendimento 63
locação por prazo indeterminado inaplicável - imoveis 166
não pode controlar a opção política dos estados-membros - organização do sistema 62
prazo validade da declaração de exclusividade..................... 116
recomendação ao Congresso Nacional - dotação tempestiva.......................... 268
recomendação de cautela ao gestor - condomínio e *facilities* 159
recomendações - consequências da exclusividade falsa 123
recomendações para serviços técnicos 141
respeito do controle à interpretação do administrator...................... 63
seguridade social - regularidade do locador................ 158

UNESCO
contrato com - não se aplica a L14133 55

União
competência legislativa supletiva, L14133/21, art. 187 33
guarda provisória dos imóveis 169
incentivo à cultura - valor artístico . 127
normalização - do abastecimento.... 291
normas - aplicação restrita aos imóveis 169
poder de império - desapropriação. 290
poder pregulamentar e aplicação da L14133/21....................................41
proteção a bens de valor histórico.. 228

Universidade Federal do Rio Grande do Sul
compra emergencial 269

Validade
declaração de exclusividade - limitada pela Administração 116

Valor
aferição - limites - dispensa de licitação, L14133, art. 75, § 1º 175
alteração da obra ou serviço 180
compatível com mercado................. 181
da licitação dispensável - vigência imediata..28
fato superveniente - correção monetária 180
fixados na Lei de Licitações e Contratos - atualização anual, L14133, art. 182 176
histórico - restauração de obras de arte - notória especialização - inexigibilidade, L14133, art. 74, III, g...................... 133
incomensurável - objeto histórico, bens singulares... 229
modificação por reajuste em obra .. 180
objeto histórico - bens singulares.... 229
reduzido do objeto - licitação x economicidade 176
relativo às modalidades - revisão pelo Poder Executivo Federal, L8666, art. 120... 176
soma de cursos/treinamentos......... 182

Vantagem
contratação direta............................ 327

Vedação(ões)
contratação por inexigibilidade - empresa de publicidade e divulgação, L14133, art. 74, III...................... 133

Veículo
automotor -serviço de manutenção 179

Veto
razões - atos normativos, L14133/21, art. 188 32

Viabilidade
de competição - contratação - desenvolvimento científico 326

Vigência
concomitante com a Lei nº 8.666/93 e Lei nº 14.133/21................................ 25
despesa - previsão na LOA 81

Vigilância
pessoa física - contratação 304

Violência
doméstica - mulher como vítima, políticas públicas 27

ÍNDICE ONOMÁSTICO

Adhemar Paladini Ghisi59, 164, 190, 252, 265, 271, 274, 317
Adilson de Abreu Dallari.......... 109
Adylson Martins Motta56, 59, 199, 201, 286, 318
Ailton Carvalho Freitas 311
Alice Gonzáles Borges 163
Amauri Mascaro Nascimento ... 310
Ana Virgínia Christofoli Alvim . 300
André de Carvalho..................... 156
Antonio Brunetti 245
Antonio Carlos Cintra do Amaral 260
Arnoldo Camanho 267
Aroldo Cedraz .. 115, 116, 265, 316
Augusto Nardes 263, 309
Augusto Sherman Cavalcanti 53, 277, 286, 323
Aurélio Buarque de Holanda Ferreira....................................... 224, 232
Baleeiro e Sá Filho 30
Benedito Gonçalves 192
Benjamin Zymler60, 62, 88, 110, 123, 166, 260, 312
Bento José Bugarin51, 110, 121, 190, 273, 274, 302
Bruno Dantas 64, 161
Carlos Ari Sundfeld 109, 151
Carlos Átila Álvares da Silva50, 63, 123, 138, 148, 154, 311
Carlos Maximiliano............ 139, 285
Carlos Pinto Coelho Motta51, 145, 215, 222, 294, 311
Carlos Veloso 36
Celso Bastos................................. 33

Celso de Albuquerque Mello 203
Celso Limongi..............................149
Cristiana Fortini 161
Dalmo de Abreu Dallari.............326
Diógenes Gasparini.....................211
Eduardo Azeredo Rodrigues 289
Eduardo de Moraes Oliveira 274, 275
Egon Bockmann Moreira 63
Élvia L. Castello Branco 327
Everson Biazon............................44
Fernando Dusi Rocha.................313
François Geny 139
Geraldo Ataliba 30
Gianturco.....................................139
Gierke...281
Gilmar Ferreira Mendes, ...34
Guilherme Palmeira 287, 323
Hamilton Bonatto.........................44
Hely Lopes Meirelles146, 254, 257, 281, 283
Hermann Jahrreis 34
Homero dos Santos52, 62, 284, 309
Humberto G. Souto.....................275
Humberto Guimarães Souto 117, 124, 165, 190, 197, 260, 267, 271, 273, 275, 316
Ilmar Galvão...............................319
Iram Saraiva 154, 201
Ivan Luz......................................22, 61
J. C. Mariense Escobar................109
Jaques Fernando Reolon 53
Jerônymo de Souza 307
Jessé Torres Pereira Júnior........195, 214, 217, 223, 308

José Anacleto Abduch 40
José Antonio Barreto de Macedo..
.... 62, 199, 232, 271, 309, 325
José Cretella Júnior 49
José Edwaldo Tavares Borba 245
José Jorge 276, 328
José Múcio Monteiro 115
Katia Abreu 67
Leila Silva Cannalonga 301
Leon Frejda Szklarowsky 53
Lincoln Magalhães da Rocha 35, 61, 114, 117, 118, 123, 213, 270, 272, 316
Lúcia Valle Figueiredo 110, 189, 217, 257, 321
Luciano Brandão Alves de Souza 199
Ludwig von Mises 59
Luis Roberto Barroso 63, 156
Luiza Dias Cassales 275
Marçal Justen Filho 294, 325, 326
Marco Aurélio 57, 139
Marcos Bemquerer 110, 201
Marcos Juruena Villela Souto .. 122, 203, 228, 321
Marcos Vinicios Vilaça 77, 109, 121, 150, 271, 276, 309, 310, 317, 321, 322, 326
Marcus Jullius Cicero 299
Mariense Escobar 264
Marlon Tomazzeti 244, 245
Martinho Luthero 101

Maurice Hauriou 310
Maurílio Silva 164
Miguel Reale 310
Napoleão Nunes Maia Filho 85
OG Fernandes 140
Olavo Drummond 213
Paulo Affonso Martins de Oliveira
 .... 121, 182, 200
Paulo Brossard 321
Paulo Teixeira 262, 264
Rafael Sérgio Oliveira 162
Raimundo Carreiro 314
Roberto Barroso 104
Ronny Charles 262, 264
Roseane Sarney 67
Samuel Smiles 101
Sepúlveda Pertence 140
Sérgio Ferraz 110, 189, 217, 321
Sidney Sanches 53
Toshio Mukai 195, 215
Ubiratan Aguiar 266, 305, 315, 324, 326
Valmir Campelo 63, 112, 209, 231, 266, 267, 269, 270, 271, 310
Vera Andrighi 276
Verônica Sanches Rios 262, 264
Vicente Martins da Costa Júnior 286
Victor Nunes Leal 33
Waldir Júlio Teis 156, 157
Walton Alencar Rodrigues 61, 265, 275, 313, 324
Weder de Oliveira 160, 178

Esta obra composta em fonte *Goudy Old Style*
17x24cm 3000 exemplares
Belo Horizonte/MG, julho de 2021.